SEGURANÇA DE REDES SEM FIO

O autor

Tyler Wrightson (CISSP, CCSP, CCNA, MCSE, Linux+) é fundador e presidente da Leet Systems e do Frigdo.com. Atualmente, é consultor sênior de segurança da Integralis, Inc, onde se especializou em ações de segurança ofensiva, testes de penetração, avaliações de vulnerabilidades, engenharia social e testes de penetração física. Tyler tem mais de onze anos de experiência na área de segurança de TI, com ampla vivência na implementação e proteção de redes sem fio. Também ministrou cursos de segurança sem fio e de rede para o CCNA. Encontre-o no Twitter @tbwrightson ou no blog http://blog.leetsys.com.

O editor técnico

Brock Pearson (MCP +I, MCSE Windows NT 4.0, MCP Windows 2000, CISSP, CRISC, A+, N+) é formado em Sistemas de Informação. Atua na indústria da tecnologia da informação há mais de 19 anos, desempenhando várias funções. Esteve envolvido em muitas instalações de SIEMs (Security Information and Event Management) usando sua experiência para ajudar em implementações de larga escala e em geração de resultados de sucesso. Em muitos desses esforços, forneceu treinamento sólido em produtos, em casos de uso personalizados e em adaptações avançadas de produtos dentro da infraestrutura de segurança.

W954s	Wrightson, Tyler. 　　Segurança de redes sem fio : guia do iniciante / Tyler Wrightson ; tradução: Aldir José Coelho Corrêa da Silva ; revisão técnica: Raul Fernando Weber. – Porto Alegre : Bookman, 2014. 　　xii, 340 p. : il. ; 25 cm 　　ISBN 978-85-8260-154-9 　　1. Informática. 2. Segurança de redes – Redes sem fio. I. Título. 　　　　　　　　　　　　　　　　　　　　　CDU 004.056.52

Catalogação na publicação: Ana Paula M. Magnus – CRB 10/2052

Tyler Wrightson

SEGURANÇA DE REDES SEM FIO
GUIA DO INICIANTE

Tradução:
Aldir José Coelho Corrêa da Silva

Revisão técnica:
Raul Fernando Weber
Doutor em Ciência da Computação pela Universidade de Karlsruhe, Alemanha
Professor associado do Instituto de Informática da UFRGS

2014

Obra originalmente publicada sob o título *Wireless Network Security – A Beginner's Guide*
ISBN 0-07-176094-6 / 978-0-07-176094-2

Edição original copyright ©2012, The McGraw-Hill Global Education Holdings, LLC, New York, New York, 10020.
Todos os direitos reservados.

Tradução para língua portuguesa copyright ©2014, Bookman Companhia Editora Ltda., uma empresa do Grupo A Educação S.A. Todos os direitos reservados.

Gerente editorial: *Arysinha Jacques Affonso*

Colaboraram nesta edição:

Editora: *Mariana Belloli*

Capa: *VS Digital*, arte sobre capa original

Leitura final: *Aline Grodt*

Editoração eletrônica: *Techbooks*

Reservados todos os direitos de publicação, em língua portuguesa, à
BOOKMAN EDITORA LTDA., uma empresa do GRUPO A EDUCAÇÃO S.A.
Av. Jerônimo de Ornelas, 670 – Santana
90040-340 – Porto Alegre – RS
Fone: (51) 3027-7000 Fax: (51) 3027-7070

É proibida a duplicação ou reprodução deste volume, no todo ou em parte, sob quaisquer formas ou por quaisquer meios (eletrônico, mecânico, gravação, fotocópia, distribuição na Web e outros), sem permissão expressa da Editora.

Unidade São Paulo
Av. Embaixador Macedo Soares, 10.735 – Pavilhão 5 – Cond. Espace Center
Vila Anastácio – 05095-035 – São Paulo – SP
Fone: (11) 3665-1100 Fax: (11) 3667-1333

SAC 0800 703-3444 – www.grupoa.com.br

IMPRESSO NO BRASIL
PRINTED IN BRAZIL

Para toda a minha família

Agradecimentos

Gostaria de agradecer à minha maravilhosa equipe editorial. Todos vocês foram muito prestativos durante este longo projeto. Sou extremamente grato a Megg Morin por se manter próxima e me guiar no decorrer do processo. Obrigado por me ajudar a compensar todos os prazos perdidos. E obrigado a Stephanie Evans e Amy Jollymore pelo grande auxílio. Também gostaria de agradecer a meu editor técnico, Brock Pearson, pelo ótimo e, às vezes, divertido feedback. Muito obrigado pelas magníficas ilustrações de um fantástico artista, Don Naylor. Para concluir, devo agradecer a minha namorada por me acompanhar no trabalho constante neste livro, mesmo durante vários períodos de férias.

Sumário

Introdução 1

Parte I   Fundamentos da tecnologia sem fio

1   Introdução à mentalidade da segurança sem fio 5

O que você aprenderá 6
Os 11 princípios da segurança 7
    Princípio 1: Segurança *versus* conveniência 7
    Princípio 2: É impossível eliminar todos os riscos 8
    Princípio 3: Regras para o cálculo de risco e controles de mitigação 9
    Princípio 4: Nem todos os riscos devem ser mitigados 13
    Princípio 5: Segurança não é apenas manter os criminosos do lado de fora 14
    Princípio 6: O cálculo do Retorno sobre o Investimento
    não funciona para a segurança 15
    Princípio 7: Defesa em Profundidade 15
    Princípio 8: Privilégio Mínimo 16
    Princípio 9: Tríade CID 16
    Princípio 10: Prevenção, detecção, impedimentos 16
    Princípio 11: Falhas na prevenção 17
Aspectos básicos da rede sem fio 18
    802.11a/b/g/n 18
    Pontos de acesso 20
    Autônomos *versus* baseados em controlador 21
    SSID, BSSID, endereço MAC 22
    Sinais e transmissões 22
    Associação e autenticação 22
    Criptografia 23
O que vimos 23

2 Ferramentas e gadgets de redes sem fio 24

Um laboratório só seu 25
Dispositivos clientes 26
    Telefones 26
    Impressoras 26
Pontos de acesso 26
    DD-WRT 27
    WRT54G 27
    Apple Airport Express 27
    Minipontos de acesso 27
    Hotspots móveis 28
    Smartphones 29
    Pontos de acesso de nível empresarial 30
Antenas 31
    Tipos de antenas 31
Gadgets 34
    GPS 34
    Smartphones e PDAs 34
    Scanners portáteis sem fio 35
    Analisador de espectro 35
    Sistema operacional escolhido 35
O que vimos 37

Parte II   Conheça o inimigo

3 Teoria de ataques em redes sem fio 41

Preparando o terreno 42
    Reconhecimento de elementos sem fio 43
    Revelando o SSID 44
    Capturas de pacotes passivas 45
    Armazene e decifre quando quiser 47
    Ataques de homem-no-meio 47
    Certo, existe o MITM, mas o que fazer? 52
Autenticação 53
    Autenticação WEP 54
Criptografia 55
    Cifras de fluxo *versus* cifras de bloco 56
Como o WEP funciona 56
    A história da quebra do WEP 60
    Atacando redes criptografadas com o WEP 62
Como o WPA funciona 64
    WPA-PSK 64
    WPA-Enterprise 64
    Algoritmos de criptografia do WPA-2 65

Atacando redes protegidas pelo WPA 65
Então, o que devo usar? 69
O que vimos 70

4 Ataque a redes sem fio 71

Reconhecimento de elementos sem fio 73
    O comando iwlist 75
    Kismet 78
    Kismac 84
    Wardrive 84
    Netstumbler 84
Atacando ativamente redes sem fio 85
    Quebrando a criptografia WEP 85
    Quebrando uma senha WPA 91
O que vimos 95

5 Ataque a clientes sem fio 97

Mundo sem fio 99
    Vulnerabilidades dos clientes sem fio 100
    Fatores que exacerbam as vulnerabilidades dos clientes sem fio 101
Reconhecimento de elementos sem fio 103
    Kismet 103
    Airodump 105
Capturando comunicações inseguras 105
    Capturando pacotes 108
    Podemos forçar o cliente a conversar conosco? 111
    Criando um ponto de acesso do Linux 112
    Forçando o cliente a conversar conosco 115
Operações padrão 116
Ataques de homem-no-meio 117
    DNS spoofing 118
    Autenticação Web falsa 119
    MITM no SSL 120
    SSL stripping 121
    Atualizações de AV falsas 122
O que vimos 123

Parte III   Defesas para a proteção de redes sem fio

6 Teoria da defesa para a proteção de redes sem fio 127

Preparando o terreno 128
    Contexto 128
    Realidade 128
    O invasor tem a vantagem 129

Fases da implantação de redes sem fio..........................130
    Novas implantações 130
    Redes sem fio existentes 131
    Atualização de redes sem fio 134
Princípios de projetos seguros para redes sem fio 135
    Defesa em profundidade 135
    Privilégio mínimo..136
    Segmentação da rede 137
    Avaliações da rede sem fio.................................138
    Proteja a infraestrutura 139
    Detecção de PA não autorizado 139
    Segurança física 139
    Altere as configurações padrão............................140
    Diligência prévia..140
    Confidencialidade, Integridade, Disponibilidade (CID)........140
Defesas inúteis..143
    Gaiola de Faraday 143
    Filtragem de endereços MAC 144
    Ocultação do SSID 145
    WEP 145
    Ocultação do WEP 145
Boas defesas para redes sem fio 146
    Firewalls...146
    Roteadores 148
    Switches...149
    Sistemas de detecção e sistemas de prevenção de intrusão...151
    Sistemas de detecção e sistemas de prevenção de intrusão de redes sem fio.....157
    Honeypots 158
    Gateways de autenticação na Web.........................158
O que vimos..158

7   A arquitetura do WPA2-Enterprise com certificados 161
Introdução ao WPA2-Enterprise com certificados digitais 162
Infraestrutura de Chaves Públicas e os certificados digitais 163
    Criptografia de chave pública: algoritmos de criptografia assimétricos....164
    Certificados digitais.......................................171
    Microsoft Certificate Services 179
Remote Authentication Dial-In User Service (RADIUS) 181
802.1x: controle de acesso baseado em porta 182
    O RADIUS e o 802.1x.....................................183
Arquitetura do WPA-Enterprise 184
O que vimos..187

8   Implantação de uma rede WPA-Enterprise com certificados.......188
Instale e configure a autoridade certificadora 189
    Instale Active Directory Certificate Services....................190

Sumário **xi**

       Configure o modelo de certificado e o autorregistro....................193
       Permita o uso da autenticação antes do login......................202
    Configure o servidor RADIUS 205
    Configure o ponto de acesso sem fio 210
       Autenticação na rede sem fio 210
    O que vimos...211

9 Implantação de redes sem fio seguras 213
    Redes sem fio WPA2-Enterprise 214
       Configure o servidor de diretivas de rede (RADIUS)..................215
       Configure o ponto de acesso sem fio 221
       Configure o cliente sem fio 223
    Solucionando problemas na autenticação PEAP....................226
       Solucionando problemas na autenticação RADIUS..................227
    Protegendo sua rede sem fio 230
    Segmentando redes sem fio 231
       Restringindo usuários..................................231
       Restringindo a hora 232
       Restringindo sub-redes e portas TCP da rede.....................232
    O que vimos...243

10 Tratamento do acesso de convidados à rede sem fio............ 244
    Redes de convidados e acesso à Internet 245
    Autenticando usuários convidados e gerenciando
    suas credenciais 246
       Usando portais cativos na Web............................248
       Somente usuários convidados 251
       Criptografando o tráfego 251
       Usando credenciais de vencimento automático 252
    Permitindo o acesso seguro a recursos internos 253
       Autenticando consultores 253
       Segmentando redes sem fio para convidados a partir de redes internas........254
       DMZ com estações de salto 255
       Rede virtual privada...................................257
    O que vimos...263

11 Tratamento de pontos de acesso não autorizados e o futuro da segurança de redes sem fio......................... 265
    Tratando pontos de acesso não autorizados 266
       Impedindo o acesso de redes sem fio não autorizadas..................267
       Detectando manualmente redes sem fio não autorizadas 273
       Rastreando pontos de acesso não autorizados e maliciosos 277
       Tratando pontos de acesso não autorizados 280
       Detecção automatizada de redes sem fio não autorizadas 283
    Outras tecnologias sem fio 284

Soluções de próxima geração 285
    Soluções sem fio leves 286
    Soluções sem fio baseadas em nuvem 287
    IDS específico de redes sem fio 289
Proteção do cliente 290
    Educação do usuário 290
    Soluções técnicas para a segurança de pontos de extremidade 291
    Objetos de diretiva de grupo 291
O que vimos 293

A Linux: O sistema operacional preferido do engenheiro de rede sem fio 295
O sistema operacional Linux 296
    BackTrack: a distribuição do Linux que usamos 297
    Baixando e gravando o BackTrack 298
    Inicializando o BackTrack a partir de uma unidade USB 299
    Inicializando o BackTrack 300
O ambiente gráfico do Gnome 301
Comandos básicos do Linux 302
    Entendendo o shell do Linux 302
    Executando comandos 303
    Obtendo ajuda com comandos do Linux 304
Navegando no sistema de arquivos do Linux 306
Instalando softwares no BackTrack 306
    Administração básica de usuários 308
Configuração básica da rede 310
    Entendendo as permissões de arquivos do Linux 312
    Criação de scripts básica 315
Conclusão 316

Glossário 317

Índice 325

Introdução

Poucas tecnologias avançaram tanto e tão rapidamente quanto as tecnologias sem fio*. Há apenas dez anos, as redes sem fio ainda eram consideradas caras para os consumidores e um luxo para uso comercial geral. Então, o mercado começou a precisar de acesso aos dados a qualquer momento e lugar, e as redes sem fio explodiram universalmente, permeando todos os aspectos de nossas vidas. Hoje quase todos os dispositivos novos (inclusive os que não precisam disso) são fabricados com serviços sem fio integrados.

Este livro foi projetado para profissionais de TI que precisam conhecer os riscos e as vulnerabilidades associados à implantação e ao gerenciamento de uma rede sem fio e tenham de ter uma boa base para o projeto e a implantação de redes sem fio seguras. Ele faz mais do que apenas detalhar ataques específicos; permite entender os vetores e as técnicas de ataque subjacentes para que ataques futuros possam ser rapidamente esclarecidos.

O livro foi escrito como um guia direto para você se atualizar sem deixar de lado os detalhes técnicos importantes. Tentei fornecer informações técnicas suficientes sem entrar em detalhes irrelevantes. Você, leitor, será a melhor pessoa para julgar se obtive sucesso.

Você conhecerá os vetores de ataque inerentes a todas as tecnologias sem fio, o que continuará sendo válido para tecnologias que ainda nem foram lançadas. Abordaremos deficiências específicas do WEP e do WPA assim como da operação de dispositivos clientes sem fio. Também abordaremos as ferramentas de ataque mais comuns usadas para burlar redes sem fio WEP e WPA.

Em seguida, você conhecerá defesas acionáveis que pode colocar imediatamente em prática para tornar sua rede sem fio o mais segura possível. Abordaremos a implementação de uma rede WPA2-Enterprise segura. Também veremos

---

* N. de E.: Neste livro, optamos por utilizar o termo "sem fio" em vez de seu equivalente em língua inglesa, "wireless", por entendermos que sua aplicação seja mais abrangente, dando conta de uma variedade maior de tecnologias.

como configurar o "Santo Graal" das redes sem fio seguras: o WPA2-Enterprise com autenticação baseada em certificado. Veremos uma implantação inteira, inclusive a configuração de um servidor RADIUS da Microsoft, os Certificate Services (Serviços de Certificado) da Microsoft, o autorregistro de certificados e configurações de Group Policy (Diretiva de Grupo) de redes sem fio.

Também abordaremos algumas das tecnologias auxiliares que podem ser usadas para dar suporte a um projeto seguro de rede sem fio, assim como opções tecnológicas estratégicas as quais você já deve conhecer, como os firewalls, o IDS/IPS, os *switches* e os roteadores.

As tecnologias sem fio estão entre as mais interessantes e divertidas em amplo uso atualmente. Espero que, além de aprender informações valiosas que o ajudarão a incrementar sua carreira, você se divirta conhecendo os vetores de ataque e as defesas adequadas.

Sobre a série

Trabalhei com o editor para desenvolver vários elementos editoriais especiais para esta série. Espero que você os considere úteis.

Jargão
Apresenta a terminologia da área de segurança, para que você não precise interromper a leitura devido a uma palavra ou expressão desconhecida.

EMHO
Abreviação de Em Minha Humilde Opinião. Quando se deparar com uma caixa EMHO, encontrará minha opinião franca e pessoal, baseada em experiências vividas na indústria de segurança.

Nota orçamentária
Projetada para você discutir requisitos de orçamentos de segurança com sua empresa. Fornece dicas e ideias para conversas sobre orçamentos.

Na prática
A teoria pode nos ensinar táticas empresariais inteligentes, mas há exceções práticas a qualquer regra. Saiba como e por que as coisas são feitas (bem como as exceções à regra).

Seu plano
Oferece ideias que podem ser úteis na fase de planejamento, no aperfeiçoamento do esboço de um plano ou no curso final de ação.

Em ação
Ajuda a partir para a ação no trabalho. Contém etapas, dicas e ideias que o ajudarão a planejar, priorizar e trabalhar da maneira mais eficaz possível.

PARTE I
Fundamentos da tecnologia sem fio

CAPÍTULO 1

Introdução à mentalidade da segurança sem fio

> **Neste capítulo, veremos**
> - O que você aprenderá
> - Os 11 princípios da segurança
> - Conceitos básicos da rede sem fio

Desde sua introdução, as tecnologias sem fio alcançaram rapidamente uma disseminação generalizada tanto no espaço comercial quanto no residencial. Um das principais vantagens do uso de tecnologias sem fio sobre as tecnologias tradicionais com fio é a facilidade de uso. Essa facilidade, como ocorre com muitas outras tecnologias, traz algumas preocupações sérias.

Devido a notícias divulgadas na mídia, você pode achar que as tecnologias sem fio estão cheias de falhas de segurança que são quase impossíveis de corrigir. Houve relatos de "*hackers*" dirigindo pela cidade, com laptops em punho e grandes antenas saindo de seus carros, que podem penetrar em qualquer rede sem fio com um clique de botão. Embora haja alguma verdade nesses relatos, quase sempre eles são sensacionalistas. Neste livro, você aprenderá os detalhes técnicos das vulnerabilidades das tecnologias sem fio e como explorá-las realmente. Também apresentarei soluções retiradas de exemplos reais e controles de redução que minimizam os riscos à segurança.

Se você for incumbido de gerenciar a segurança da rede sem fio existente em sua empresa ou de avaliar os riscos associados à implementação de uma nova rede sem fio, encontrará neste livro os recursos necessários para tomar decisões sólidas de gerenciamento dos riscos associados a tecnologias sem fio. Embora o livro seja destinado a profissionais de TI que queiram aprender rapidamente a proteger sua rede sem fio, se você tiver interesse nas atuais ameaças à segurança de tecnologias sem fio, em como explorá-las e em como se defender contra elas, também o achará interessante e esclarecedor. A base da redução de riscos à segurança é sempre uma boa educação. A sua começará agora.

O que você aprenderá

Neste livro, você *não* encontrará um cansativo conjunto de detalhes técnicos para a implementação de redes sem fio, *nem* uma descrição geral do uso de redes. Supõe-se que você tenha uma compreensão básica da configuração e implementação de redes sem fio. Para ver uma introdução às redes sem fio, consulte o livro de Bruce Hallberg *Networking: A Beginner's Guide, Fifth Edition* (McGraw-Hill, 2009).

Você encontrará as informações de que precisa para se atualizar nas questões de segurança e nas defesas para a redução de riscos das tecnologias sem fio. Também encontrará exemplos fáceis de seguir de experiências reais envolvendo ataques contra tecnologias sem fio e defesas de mitigação aplicáveis. Além disso, verá soluções reais para objetivos comuns do uso de redes sem fio. Seja para se atualizar na segurança de redes sem fio ou obter um novo conjunto de habilidades que o ajudarão a alavancar sua carreira, você achará as informações fáceis de assimilar e, acima de tudo, relevantes para a prática.

Os 11 princípios da segurança

Apesar de seu conhecimento dos fundamentos da segurança, uma revisão rápida é essencial, ainda que seja apenas para falarmos a mesma língua. Não se apresse nesta seção e certifique-se de entender todos os princípios de segurança antes de prosseguir.

Abaixo temos os 11 princípios que lhe serão importantes em qualquer processo de segurança de que participar. A maioria desses princípios será relevante em qualquer discussão de segurança, independentemente da tecnologia – seja rede sem fio, Bluetooth, segurança de rede ou até mesmo práticas de segurança físicas e não técnicas.

1. Segurança *versus* conveniência.
2. É impossível eliminar *todos* os riscos.
3. Regras para o cálculo de risco e controles de mitigação.
4. Nem *todos* os riscos devem ser mitigados.
5. Segurança não é apenas manter os criminosos do lado de fora.
6. O Retorno sobre o Investimento (ROI) não funciona para a segurança.
7. Defesa em Profundidade.
8. Privilégio Mínimo.
9. Tríade CID.
10. Prevenção, detecção, impedimentos.
11. Falhas na prevenção.

Princípio 1: Segurança *versus* conveniência

Normalmente, a segurança adicional vem acompanhada de inconveniências adicionais. Há muito debate sobre esse tópico, mas, em um nível bem básico, você sempre poderá adicionar mais segurança tornando as coisas mais inconvenientes. Não examinaremos isso em detalhes, contudo, você deve entender o conceito básico. Um exemplo simples ajudará a esclarecer.

Suponhamos que você tivesse alguns documentos pessoais que guardasse em um pequeno cofre. Para aumentar a segurança, você tranca o cofre dentro de outro maior. Agora, sempre que quiser ter acesso aos documentos, terá a inconveniência adicional de precisar abrir dois cofres além de ter de lembrar duas combinações diferentes.

No entanto, surge aí um paradoxo, conforme ilustrado na Figura 1-1, que mostra o que gosto de chamar de *curva de sino da segurança × conveniência*. Normalmente, à medida que aumentamos o fator inconveniência, também aumentamos a segurança, mas chega um momento em que a inconveniência tem efeito adverso sobre a segurança.

Um exemplo da curva de sino de segurança × conveniência seria a política de "frequência de alteração de senhas" de uma empresa. Inicialmente, ela exige que os usuários alterem suas senhas a cada seis meses. Em uma tentativa de tornar a empresa ainda mais segura, a política é modificada para que os usuários tenham de alterar suas senhas a cada três meses. No entanto, após algumas alterações, eles acham difícil lembrar as senhas e começam a anotá-las em bilhetinhos adesivos que são colados nos monitores ou embaixo de seus teclados. É claro que esses não são bons locais para dados confidenciais, o que acaba tornando a empresa menos segura.

Princípio 2: É impossível eliminar todos os riscos

Primeiro, comecemos com uma definição precisa de risco. De acordo com o Dictionary.com, *risco* é a "exposição com perigo de injúria ou perda" ou "uma oportunidade arriscada ou perigosa".

Isso é relativamente simples, logo, por que toda a confusão? A confusão vem do fato de que muitas pessoas acham que, para um determinado problema de segurança, deve haver uma "correção" que eliminará totalmente qualquer risco causado por ele. É preciso entender que é impossível eliminar todo o risco de qualquer tecnologia, sistema ou até mesmo situação. Para cada controle de miti-

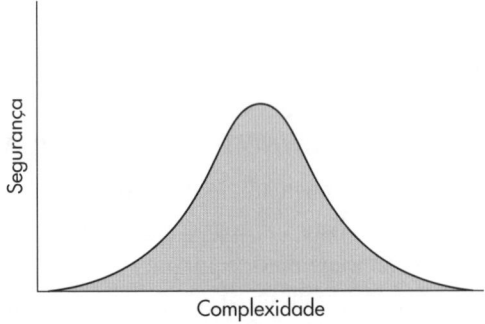

Figura 1-1 Curva de sino da segurança × conveniência.

gação há um discreto nível de risco, mesmo sendo minúsculo. O risco é inerente a tudo que fazemos e a cada decisão que tomamos todos os dias. Há séculos a ideia de risco *versus* retorno sobre investimento (ROI) está intimamente ligada ao processo de tomada de decisão de proprietários de empresas; o mesmo raciocínio pode ser aplicado às últimas tecnologias da área de segurança.

Podemos entender melhor examinando um exemplo. Quando crianças, nos pediam para olhar para os dois lados antes de atravessar a rua, logo, vejamos os riscos associados à travessia.

	Descrição
Risco	Ser atropelado por um carro
Controle de mitigação	Olhar para os dois lados antes de atravessar a rua (É fácil ver que o controle de mitigação da travessia da rua é adequado. Mas ele elimina todos os riscos da travessia?)
Outros riscos	Superfície escorregadia (cair e se machucar) Motorista distraído Tiros vindos de um automóvel Queda de avião

Claro que, se você começar a olhar para o céu para procurar aviões caindo sempre que sair de casa, seus amigos podem achar estranho – e com razão. Isso é apenas para provar que não podemos eliminar *todos* os riscos de uma determinada situação, não importa o quanto seja improvável que uma ameaça específica ocorra. Você poderia argumentar que, para eliminar todos esses riscos, simplesmente ficaria em casa e nunca atravessaria uma rua. Bem, nesse caso correria o *risco* de viver uma vida vazia ou pouco saudável, o que o exporia a problemas de saúde. Novamente, esse exemplo pode parecer estranho e extremo, mas é essencial que você entenda que há riscos inerentes a *qualquer* decisão que tomamos.

Também é preciso observar que nem sempre a finalidade da análise de risco é a seleção do caminho de menor risco, e sim a tomada de uma decisão embasada que melhor atenda à pessoa ou à empresa. Veremos mais sobre isso depois.

Princípio 3: Regras para o cálculo de risco e controles de mitigação

Para comparar apropriadamente riscos distintos, precisamos de um método de cálculo coerente. Embora haja várias equações disponíveis, a mais básica é essa:

Risco = Consequência × Probabilidade

Examinaremos cada componente da equação individualmente e, então, a aplicaremos aos exemplos anteriores de quedas de aviões e motoristas distraídos.

Custos quantitativos são aqueles referentes a qualquer coisa a qual você possa dar um valor fixo. Por exemplo, em termos quantitativos, o custo de substituição de um telefone de 100 dólares é – adivinhe – 100 dólares.

Os *custos qualitativos* são muito mais subjetivos e difíceis de definir e podem ser drasticamente diferentes entre pessoas ou empresas. A maneira mais fácil de entender os custos qualitativos é se pensarmos nos custos emocionais de um incidente. Por exemplo, se você receber um presente especial, ele pode valer apenas alguns dólares se tentar vendê-lo, mas trará muita tristeza se for perdido. Logo, o custo qualitativo de substituí-lo pode ser muito alto. Essa é uma maneira bem simplista de se considerar o custo qualitativo, mas deve ajudá-lo a entender o conceito.

Aqui estão alguns exemplos de impactos quantitativos:

- O impacto de ser atropelado por um carro vai de "feridas" até a "morte".
- O impacto de o pneu do carro estourar é o custo do estepe.
- O impacto de seu telefone ser roubado é o custo de um telefone substituto.

E aqui estão alguns exemplos de impactos qualitativos:

- O impacto de ser atropelado por um carro seria a dor física e emocional assim como a recuperação a longo prazo, envolvendo uma vigorosa reabilitação física e mental.
- O impacto de o pneu do carro estourar poderia incluir a dor de cabeça de trocá-lo pelo estepe na hora do *rush*, se atrasar para uma entrevista importante e estragar seu terno favorito ao trocar o pneu.

> **JARGÃO**
> **Consequência** é o impacto sentido quando uma vulnerabilidade específica é explorada. Pode ser expressa em termos numéricos (quantitativos, conhecida como "custo") ou em termos mais subjetivos (qualitativos, como no caso do "sofrimento").

> **JARGÃO**
> **Probabilidade** é a possibilidade de uma vulnerabilidade ser explorada. Em certas circunstâncias é mais fácil definir a probabilidade do que em outras, mas, em geral, é simples obter uma resposta. Em determinados cálculos, podemos examinar dados históricos para obter uma boa resposta para a probabilidade.
> Digamos que, nos últimos dez anos, tivessem ocorrido 60 tornados no Kansas; isso daria aproximadamente seis tornados ao ano. Logo, existe uma boa probabilidade de que o estado do Kansas passe por seis tornados no próximo ano.

- O impacto de seu telefone ser roubado poderia ser a perda de vários contatos importantes, o aborrecimento de ser preciso esperar por um telefone substituto e o medo de alguém ler suas mensagens de texto.

O cálculo anterior resultará no *nível de risco* associado. O nome usado para o nível de risco poderia ser um número ou termo proveniente de uma matriz de risco correspondente, como a mostrada na Figura 1-2.

Para usar a matriz de risco da Figura 1-2, você só precisa identificar a probabilidade e o impacto de uma possível ameaça. Por exemplo, a probabilidade de alguém roubar um servidor pode ser baixa, assim como o impacto (se você criptografar suas unidades de disco rígido). Então, você representaria essa ameaça como pertencente ao quadrante inferior esquerdo e teria uma ameaça geral baixa. Em seguida, poderia compará-la com outras ameaças e lidar com elas conforme apropriado ao negócio.

A convenção de nomenclatura ou os números usados no cálculo de cada componente podem ser arbitrários contanto que o mesmo sistema seja usado para todos os cálculos. Por exemplo, não importa se o cálculo da probabilidade será em meses, anos ou décadas, desde que você use o mesmo período para todos os cálculos.

Se você estiver desenvolvendo um programa de segurança para sua própria empresa, sinta-se à vontade para começar do zero e inventar um sistema numérico

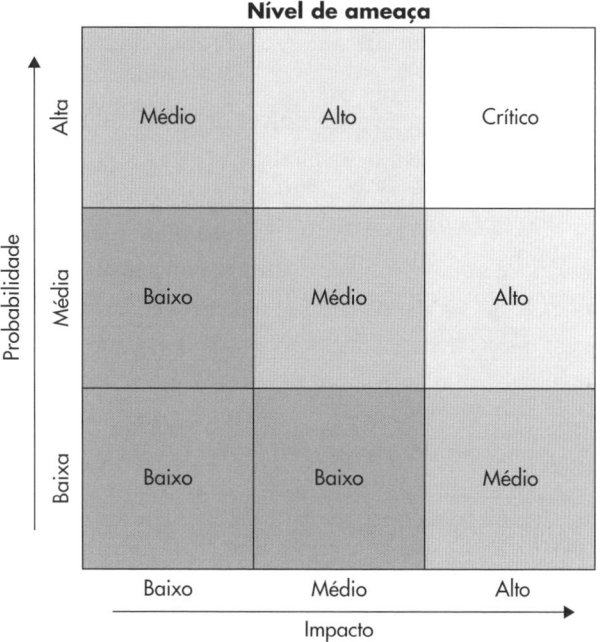

Figura 1-2 Matriz de risco.

ou de nomenclatura que atenda ao negócio. A chave aqui é a coerência: contanto que você esteja identificando níveis de risco usando um sistema comum, conseguirá detectar as áreas que quer atacar primeiro. Na Internet, você pode achar vários exemplos, portanto, procure um que atenda à sua empresa. O Department of Homeland Security fornece muitos recursos interessantes em www.dhs.gov.

Agora usaremos os exemplos anteriores para calcular o nível de risco associado a cada um. Antes definiremos um sistema arbitrário para cada componente. *Impacto* será um número entre 1 e 10, com 1 sendo o impacto mais baixo e 10 o mais alto. *Probabilidade* será a probabilidade anual baseada em informações estatísticas.

Vulnerabilidade	Queda de avião
Impacto	10 (morte)
Probabilidade	0,000001 (uma em cada 1.000.000 de pessoas morre devido a quedas de aviões todo ano nos Estados Unidos)
Nível de risco	0,00001 (10 × 0,000001)

Vulnerabilidade	Motorista distraído
Impacto	10 (morte)
Probabilidade	0,001 (uma em cada 1.000 pessoas morre devido a motoristas "distraídos" todo ano nos Estados Unidos)
Nível de risco	0,01

Como você pode ver, o nível de risco referente a motoristas distraídos é muito maior do que o de quedas de aviões. Logo, talvez seja melhor se proteger contra motoristas distraídos antes de se preocupar com quedas de aviões.

A parte difícil aqui é que pessoas diferentes podem definir probabilidades ou níveis de vulnerabilidade distintos para a mesma ameaça. Por exemplo, a probabilidade de ser atropelado por um carro ao atravessar a rua é muito maior para alguém que vive na cidade de Nova York do que para alguém que vive em uma comunidade rural do Kansas.

Nota

Várias organizações e segmentos industriais têm fórmulas um pouco diferentes para o cálculo do risco – seja apenas pelo uso de convenções de nomenclatura distintas para cada componente ou de um número diferente de componentes. Isso não deve ser considerado ruim; certos segmentos industriais e empresas se beneficiam de ter fórmulas mais complexas ou mais simples. No entanto, se você entender o exemplo que estamos abordando, terá uma base sólida para chegar a outras fórmulas.

> **Em ação**
>
> Está se perguntando como tudo isso se aplica às redes sem fio? Examinemos um exemplo real.
>
> Suponhamos que você tivesse 100 pontos de acesso sem fio implantados em sua empresa com 1.000 usuários. É lançada uma nova invasão que afeta a versão de firmware que atualmente está sendo executada em todos os seus pontos de acesso. A invasão permite que um usuário autenticado reinicialize o ponto de acesso sem fio. Calcularemos o nível de risco usando o esquema Alto/Médio/Baixo da Figura 1-2. (Lembre-se, a fórmula de cálculo do risco é Risco = Consequência × Probabilidade).
>
> - **Consequência** Seria baixa porque uma reinicialização só afetaria temporariamente o serviço prestado aos usuários.
> - **Probabilidade** Também seria baixa, já que só usuários autenticados podem explorar com sucesso essa vulnerabilidade.
>
> Logo, o cálculo do risco seria Baixo × Baixo = Baixo Risco.
>
> Se a aplicação de um patch a essa vulnerabilidade lhe custar quatro homens-hora por ponto de acesso, pode não compensar o custo de mitigação do risco. Em vez disso, talvez seja menos custoso conviver com ele e usar os 400 homens-hora em outro local.

Princípio 4: Nem todos os riscos devem ser mitigados

Nem todos os riscos à segurança devem ser mitigados. Sim, sei que para alguém que se dedica à área de segurança, isso soa contrário ao que acreditamos. Se há uma brecha na segurança, feche-a! Mas, na verdade, há muitos riscos que ainda não mitigamos. É importante conhecermos esses cálculos. Você já viu um exemplo claro – o risco da queda de aviões. Portanto, vejamos o custo de mitigação do risco da queda de um avião.

Por alguns milhões de dólares você poderia construir uma casa que resistisse ao impacto da queda de um avião, mas, se considerar a possibilidade extremamente remota de um avião atingir a casa, chegará à conclusão de que não vale a pena. Sim, esse é apenas outro exemplo extremo, logo, examinaremos um exemplo empresarial mais simples.

Foi criado um novo regulamento que afeta sua empresa. Se você não o seguir, será multado em 5.000 dólares ao ano. Você contratou uma firma externa para avaliar o custo de estar em conformidade com o regulamento e eles acham que isso lhe custará no mínimo 2.000.000 de dólares. Não é difícil ver que em termos empresariais faz mais sentido apenas pagar a multa em vez de tentar dar conformidade à empresa.

Quatro abordagens básicas podem ser usadas na gestão de riscos: você pode aceitar o risco, evitá-lo, transferi-lo ou mitigá-lo. Nos dois exemplos anteriores, optamos por aceitar o risco associado a cada cenário. Agora vejamos nossas outras opções para lidar com o risco associado ao novo regulamento.

Evitar	Suponhamos que o regulamento só se aplicasse a empresas operando no Texas. Se sua empresa pudesse prosperar sem fazer negócios no Texas, então, você conseguiria evitar o risco.
Transferir	Talvez você possa transferir o risco para terceiros. Se pudesse terceirizar a parte de seus negócios abordada pelo regulamento e permitir que terceiros se preocupassem com ela, então, teria transferido o risco.
Mitigar	Se em vez de evitar, transferir ou aceitar o risco, você decidisse implementar controles para aderir ao regulamento. Assim, mitigaria de maneira eficaz o risco de pagar uma multa por sua causa.

Princípio 5: Segurança não é apenas manter os criminosos do lado de fora

Segurança não é apenas manter os criminosos do lado de fora. Uma ideia errada extremamente comum é a de que a principal preocupação dos administradores de segurança é impedir que intrusos maliciosos acessem sistemas cruciais. É claro que esse é um componente vital de um plano de segurança abrangente; no entanto, certamente, não é a única preocupação. O problema de se adotar uma mentalidade do tipo "manter os criminosos do lado de fora" é o desenvolvimento da chamada rede "doçura", com uma dura casca externa e um delicioso recheio cremoso. Abordaremos esse tópico com mais detalhes posteriormente.

Você já deve ter ouvido muitos relatos dizendo que a maioria das brechas de segurança vem do pessoal interno. Embora, em teoria, eu concorde com essa afirmação, refletir um pouco pode nos ajudar a esclarecer o que ela quer dizer exatamente. Aqui estão alguns pontos-chave:

- *Como você define um comprometimento na segurança?* Por exemplo, um administrador de TI interno usando inadequadamente seus privilégios administrativos e lendo emails privados parece um comprometimento óbvio da segurança interna. No entanto, e quanto ao usuário que tem privilégios demais em um compartilhamento de arquivos e por um clique acidental em um botão exclui todos os arquivos do compartilhamento? Definiria esse último como um comprometimento da segurança, mas talvez a pessoa que redige os relatórios de incidentes não pense assim.
- *Como você define a causa raiz?* Como exemplo, é o que acontece quando um usuário final infecta acidentalmente seu laptop pessoal em casa e depois o traz para o escritório infectando outras estações de trabalho da em-

presa. A causa raiz desse comprometimento seria atribuída ao usuário malicioso que criou o vírus ou ao funcionário distraído que involuntariamente trouxe uma máquina infectada para o ambiente corporativo? Deixarei para você essa decisão.

- *O que são comprometimentos acidentais versus planejados?* Se levarmos em consideração os dois exemplos anteriores, o pesquisador faz a distinção entre comprometimentos de segurança intencionais e os puramente acidentais?
- *Isso significa que não devemos nos preocupar com nosso perímetro?* Para concluir, todos esses relatórios dizendo que a grande maioria dos comprometimentos de segurança tem como origem o pessoal interno significam que não devemos nos preocupar em proteger nosso perímetro e, em vez disso, voltar toda a atenção para impedir que usuários internos danifiquem nossas redes? Dificilmente! É fato que comprometimentos muito caros ocorrem a partir de grupos externos e, se deixássemos de manter a segurança de nossos perímetros, poderíamos ver rapidamente o número de comprometimentos externos subir a níveis estratosféricos!

Princípio 6: O cálculo do Retorno sobre o Investimento não funciona para a segurança

O cálculo tradicional de Retorno sobre Investimento (ROI, Return On Investment) não funciona para despesas de segurança. Em um nível muito básico, ele determina o lucro que será produzido se você investir uma quantia X de dinheiro (ou recursos) em algo. Usando o modelo ROI, você pode comparar vários investimentos e determinar qual é o mais apropriado. Logo, dinheiro gasto em segurança não pode ser justificado com a fórmula ROI, porque não se trata de um processo empresarial de geração de receitas. Em vez disso, você está gastando dinheiro (e recursos) para impedir que uma quantia maior em dinheiro (ou recursos) seja perdida. Lembre-se também dos riscos qualitativos, como à reputação, à imagem, e os efeitos a longo prazo de danos causados a esses valores.

Princípio 7: Defesa em Profundidade

Você pode melhorar a segurança com a Defesa em Profundidade. A verdadeira segurança não vem de um controle de mitigação de risco; em vez disso, vem da implementação de muitas soluções sinérgicas. Um dos exemplos mais básicos é bem conhecido: um banco. Os bancos não dependem apenas de um grande cofre para manter todos os seus bens seguros; eles também empregam guardas de segurança armados, câmeras, fechaduras, cercas, funcionários treinados, sistemas de alarme e assim por diante. Essa é a essência da Defesa em Profundidade e a base de uma ambiente mais seguro.

Princípio 8: Privilégio Mínimo

A segurança pode ser melhorada com privilégios mínimos. Um dos métodos mais importantes e com frequência ignorados para a configuração de dispositivos de segurança e implementação de políticas é o do privilégio mínimo. Privilégio Mínimo significa dar aos usuários os direitos mínimos para eles executarem suas tarefas e depois lhes dar privilégios adicionais quando necessário. A atitude oposta (a mais comum) é dar o maior número de privilégios e, então, remover os privilégios "perigosos" um a um. Isso também pode ser chamado de lista negra *versus* lista branca.

Princípio 9: Tríade CID

A Tríade CID é um modelo aceito pela indústria para a proteção de sistemas (especificamente, porém não exclusivamente, para dados). O acrônimo é a abreviação de Confidencialidade, Integridade, Disponibilidade. Cada um desses elementos é vital para assegurar a segurança dos dados:

- **Confidencialidade** Assegura que só quem tiver os direitos de visualização dos dados tenha acesso para fazê-lo e impede a exibição não autorizada de informações sigilosas.
- **Integridade** Assegura que só pessoas autorizadas façam alterações nos dados e impede modificações não autorizadas nos sistemas e dados.
- **Disponibilidade** Assegura que o acesso aos dados esteja disponível quando necessário e impede a interrupção do serviço e da produtividade.

Princípio 10: Prevenção, detecção, impedimentos

Na área de segurança, a maioria dos controles de redução de riscos se enquadra em pelo menos uma das três categorias básicas a seguir. Seguindo a linha de raciocínio da Defesa em Profundidade, é prudente implementar vários tipos de controles de segurança sempre que possível.

- **Prevenção** Visa deter uma determinada atividade antes que ela ocorra. Alguns exemplos seriam fechaduras em portas, barras em janelas, um firewall.
- **Detecção** Revela certas atividades. Exemplos seriam câmeras ativadas por movimentos e um sistema de detecção de invasão (IDS).
- **Impedimentos** São usados para impedir que as pessoas façam coisas que não deveriam. Os impedimentos podem ser de natureza física ou lógica. Por exemplo, uma cerca elétrica impediria que uma pessoa a pulasse porque correria o risco de ser eletrocutada. Câmeras de segurança podem agir como um impedimento lógico porque a prova do procedimento inadequado seria usada no litígio contra o criminoso.

Muitos controles de segurança se enquadram em várias categorias. Por exemplo, as câmeras tanto *detectam* quanto potencialmente *impedem* a atividade criminosa. Além de *prevenir* a entrada na propriedade, uma cerca elétrica também *impediria* que a pulassem.

Princípio 11: Falhas na prevenção

Outro tema comum na área de segurança é o fato de que (essencialmente) toda medida preventiva acaba falhando (ou pode falhar). Isso não significa que qualquer implementação de uma medida preventiva de segurança será burlada por alguém com más intenções, apenas que isso é possível. Outra abordagem seria a de que, na indústria da segurança, os atacantes e os defensores estão sempre tentando superar um ao outro. Considere os exemplos a seguir:

- Tenho uma cerca instalada para manter os invasores fora de minha casa. Eles pulam a cerca e entram em casa.
- Instalo arame farpado no alto de minha cerca para impedir que a saltem. Os invasores jogam um grande colchão em cima do arame farpado e pulam a cerca.
- Compro cães de guarda.
  Os invasores usam tranquilizantes para tirá-los de ação.

Novamente, esses exemplos são um pouco cômicos, mas conseguem demonstrar que você não pode confiar inteiramente na prevenção para proteger seu ambiente. Em vez disso, precisa de uma forte estratégia de Defesa em Profundidade que use bem técnicas de impedimento e métodos de detecção.

Definição de hacker

A definição apropriada da palavra *hacker* foi motivo de debates exaltados. Optei por usar a palavra para descrever pessoas com e sem más intenções. Para mim, a característica fundamental de um *hacker* é a habilidade obstinada e criativa de resolver problemas. Se a pessoa tem más intenções ou é um santo, é irrelevante.

Nota

Quer levar sua carreira ao próximo nível? Comece avaliando as despesas de segurança com o conhecimento que acabou de obter. Executivos de nível de diretoria não pensam se algo é seguro ou inseguro; pensam em termos de mitigação e gestão de riscos (isto é, essa tecnologia de segurança evitará que eu perca mais dinheiro do que ela custa?). Você tem que conseguir expressar despejos de pacotes e configurações de firewall em termos de gestão de riscos.

Logo, em um contexto empresarial você tem dois cálculos a considerar quanto a riscos:

- Os riscos introduzidos pela implementação de uma nova tecnologia valem o risco adicionado ao seu negócio?
- O custo de um controle de mitigação é menor do que as possíveis perdas provenientes dos riscos associados?

Para os usuários finais, há outro componente do cálculo que é um pouco mais difícil de ser definido devido a fatores emocionais. Por exemplo, algumas pessoas vivem em áreas muito seguras e mesmo assim compram armas para suas casas. Elas podem não precisar de uma arma para estar seguras, mas, já que emocionalmente isso as faz se sentir melhor, estão mais sujeitas a fazer despesas desnecessárias.

Aspectos básicos da rede sem fio

Uma breve introdução às diversas tecnologias sem fio é necessária para sabermos que estamos falando a mesma língua. Se você se sente à vontade com esses tópicos, não se incomode em saltar para o próximo capítulo. Nesta seção, examinaremos algumas definições que representam um conhecimento básico e vital das tecnologias sem fio. Não fornecerei qualquer informação de configuração de dispositivos; no entanto, as informações fornecidas são universais entre eles.

802.11a/b/g/n

802.11 é o nome do grupo de trabalho do Institute of Electrical and Electronic Engineers (IEEE) para redes locais sem fio. Os grupos de trabalho do IEEE são basicamente comitês de especialistas que definem padrões de operação para tecnologias específicas a fim de que os fabricantes construam padrões que possam operar entre si. Atualmente, há uma sopa de letrinhas virtual de tecnologias sem fio. Não nos concentraremos muito nas diferenças aqui; só é preciso saber que, geralmente, a cada nova geração há um aumento na largura de banda e/ou nos recursos de segurança.

O IEEE identifica cada padrão com uma letra. Por exemplo, 802.11a é diferente de 802.11b. Embora existam alguns atributos comuns entre as tecnologias, também há diferenças, assim como vantagens e desvantagens na seleção de uma e não de outra. As diferenças entre padrões costuman se dar na velocidade, técnicas de modulação e se eles são compatíveis com versões anteriores, e uma técnica de segurança que funcione para um funcionará para os outros. Por exemplo, mesmo com o 802.11g tendo sido desenvolvido após o 802.11b, ele também dá suporte ao WEP para assegurar a compatibilidade com versões anteriores.

No entanto, lembre-se de que algumas ferramentas específicas só funcionarão para um determinado padrão. Por exemplo, se um programa for escrito

CAPÍTULO 1 Introdução à mentalidade da segurança sem fio

especificamente para funcionar com o 802.11b, ele pode não funcionar para o 802.11a ou até mesmo para o 802.11g. Já que os protocolos subjacentes de como os dados são tratados são os mesmos entre os padrões, teoricamente os ataques e a defesa serão idênticos.

Os padrões 802.11 prescrevem as frequências usadas por essas tecnologias e os canais disponíveis para elas. Por exemplo, o padrão 802.11b opera na frequência 2.4 GHz e, nos Estados Unidos, tem 11 canais exclusivos disponíveis para uso (chamados de canais 1 a 11). Esses canais exclusivos permitem que as redes sejam fisicamente fechadas e não interfiram umas nas outras. No entanto, dependendo do país, os canais disponíveis para uso podem ser diferentes. Por exemplo, no Japão os canais vão do 1 ao 14. Há implicações de segurança porque um ponto de acesso operando no canal 14 pode passar completamente despercebido nos Estados Unidos. Veremos mais sobre isso depois.

Abaixo temos uma colinha simples dos padrões 802.11.

Padrão	Frequência	Velocidades	Interopera com
802.11a	5 GHz	54 Mbps	Nada
802.11b	2.4 GHz	11 Mbps	Nada
802.11g	2.4 GHz	54 Mbps	802.11b
802.11n	2.4 GHZ / 5 GHz	100 Mbps e superior	802.11b, 802.11g

Na prática
Alguns dos componentes de redes locais (LANs) sem fio foram reutilizados em outras tecnologias. A maioria das preocupações de segurança aplicável a LANs sem fio é diretamente aplicável a outras tecnologias. Por exemplo, ataques de escuta clandestina são uma preocupação em qualquer tecnologia sem fio e podem ser mitigados diferentemente dependendo da tecnologia. Ataques recentes possibilitaram a interceptação de conversas em que uma parte usava um fone de ouvido Bluetooth e a outra um telefone celular.

Várias tecnologias de LAN sem fio são muito semelhantes, o que é compreensível considerando-se que, normalmente, a nova geração de um padrão é compatível com seu predecessor. Tecnologias que forem exclusivas de uma geração específica de tecnologias sem fio serão mencionadas como tal.

As redes sem fio podem operar em um entre dois modos básicos: Infraestrutura e Ad-Hoc. No modo Infraestrutura, os clientes se conectam com um ponto de acesso. No modo Ad-Hoc, não há pontos de acesso envolvidos; em vez disso, os clientes se comunicam uns com os outros (ou com os nós de extremidade). Usaremos o termo *nó de extremidade* porque, atualmente, um cliente pode ser qualquer coisa, de um laptop a um telefone celular ou uma impressora com uma placa de rede interna sem fio.

> **Na prática**
>
> É preciso mencionar que operar no modo Ad-Hoc não significa necessariamente que você não terá conectividade a não ser com os clientes. Por exemplo, um dos clientes pode estar configurado para executar roteamento ou o Network Address Translation (NAT) e fornecer acesso à Internet para outros clientes. Esse é um ponto importante por razões de segurança e falaremos sobre ele novamente no Capítulo 5.

Pontos de acesso

Os pontos de acesso são um componente vital de qualquer rede sem fio escalável. Basicamente, o ponto de acesso conecta duas tecnologias diferentes, e um ponto de acesso sem fio representa o dispositivo físico que é a ligação entre comunicações sem fio e com fio. É importante mencionar que a comunicação back-end não tem de ser necessariamente com fio. Por exemplo, alguns fornecedores de celular começaram a oferecer pontos de acesso com placas de rede internas para a conexão com sua rede de celulares. Nesse caso, você ainda estaria se conectando com o ponto de acesso, mas ele não precisaria de uma conexão de rede com fio.

Os pontos de acesso evoluíram muito desde sua introdução. Vários recursos novos (alguns existentes e novos) foram adicionados. É o caso dos portais Web cativos que já existiam antes de as redes sem fio se popularizarem, mas foram implementados em muitos pontos de acesso. Não discutiremos todos os recursos disponíveis, porém, é preciso que você se lembre de que, do ponto de vista da segurança, toda essa funcionalidade adicionada traz seus próprios riscos. Por exemplo, enquanto antes só era possível configurar um ponto de acesso a partir de uma interface Web ou uma linha de comando limitada, agora há uma linha de comando bastante desenvolvida com ferramentas de rede comuns. Logo, ferramentas como Ping, Telnet, SSH e Traceroute tornam o ponto de acesso um alvo ainda mais atraente para um invasor melhorar sua posição e se infiltrar mais fundo na rede. Lembre-se também de que com a complexidade adicionada aumentam as chances de o ponto de acesso ser configurado erroneamente. Um conhecimento maior é necessário para a configuração segura de um ponto de acesso com mais recursos. Veremos isso com maiores detalhes no Capítulo 6.

Autônomos *versus* baseados em controlador

Originalmente, os pontos de acesso eram configurados um de cada vez; esses pontos de acesso são conhecidos como *autônomos* porque funcionam como unidades separadas. É claro que, para implantações em larga escala, isso requer muito tempo. Os sistemas de gerenciamento foram introduzidos para resolver esse problema e, agora, temos sistemas baseados em controlador que facilitam ainda mais a configuração.

Normalmente, um sistema de gerenciamento é instalado em um servidor (ou computador desktop) e interage com os protocolos de gerenciamento existentes, permitindo assim que os administradores automatizem algumas das tarefas mais comuns. Entre os protocolos de gerenciamento existentes estão ferramentas como Telnet, SSH e SNMP. Um administrador poderia, por exemplo, criar um perfil padrão com um SSID, um método de criptografia e um método de autenticação específicos e aplicar esse padrão a um ponto de acesso.

O sistema de gerenciamento se conectaria, então, com o ponto de acesso usando o Telnet (ou outro protocolo de gerenciamento) e aplicaria a configuração. É claro que isso requer que antes o administrador configure a conectividade IP básica no ponto de acesso e habilite o Telnet. Logo, há algum nível de responsabilidade administrativa associado à inclusão de novos pontos de acesso.

Para facilitar ainda mais a vida dos administradores, temos uma nova geração de pontos de acesso chamados de *pontos de acesso leves*. Alguns protocolos lidam com os pontos de acesso leves, principalmente o protocolo proprietário LWAPP (Lightweight Access Point Protocol) da Cisco e o CAPWAP (Control And Provisioning of Wireless Access Points), que é um protocolo padrão e interoperável baseado no LWAPP. Não é necessário conhecer as particularidades desses protocolos; eles serão discutidos com maiores detalhes posteriormente.

Em geral, os pontos de acesso leves permitem que um administrador execute 99% da configuração antecipadamente, o que reduz muito o esforço administrativo total. O administrador pode criar um perfil que configure totalmente um ponto de acesso. Quando um novo ponto de acesso é adicionado à rede, ele "descobre" o controlador e baixa e aplica automaticamente a configuração apropriada. Várias opções diferentes estão disponíveis para como o ponto de acesso descobrirá o controlador e como baixará sua configuração. Examinaremos essas opções no Capítulo 11. O importante a observar é que você não precisa nem mesmo de um endereço IP configurado em seu ponto de acesso leve. Pode literalmente tirar seu ponto de acesso novinho em folha da caixa, conectá-lo à sua rede e ele será configurado automaticamente e fornecerá serviços sem fio em minutos.

Pense em como isso seria benéfico para implantações em larga escala. No entanto, embora essa seja a melhor e mais recente tecnologia para a configuração de pontos de acesso sem fio, ela não é necessária em todas as novas implantações. Você ainda deve avaliar o retorno sobre o investimento. Em muitos casos, apenas configurar (alguns) pontos de acesso manualmente pode ser uma solução bem mais barata. Avaliaremos as diferentes opções para o uso do sistema baseado em controlador em alguns cenários de teste de capítulos posteriores.

SSID, BSSID, endereço MAC

O SSID, o BSSID e o endereço MAC são todos identificadores exclusivos essenciais para uma rede sem fio. O Service Set Identifier (SSID) é o nome legível por humanos associado a uma rede sem fio 802.11. Com frequência, é considerado o "nome da rede" sem fio e pode ser compartilhado por vários pontos de acesso. O Basic Service Set Identifier (BSSID) identifica de maneira exclusiva um ponto de acesso específico e tem o mesmo formato de um endereço MAC; logo, normalmente, é o endereço MAC do ponto de acesso. O Extended Service Set Identifier (ESSID) pode ser considerado um grupo de BSSIDs que compartilham a mesma rede de camada 2 e o mesmo SSID.

Sinais e transmissões

Os pontos de acesso enviam sinais, que são transmissões de rádio que divulgam as configurações sem fio de um BSSID específico. Normalmente, essas configurações contêm o SSID, o método de criptografia e, assim, por diante. Muitos pontos de acesso têm uma opção para a desativação da transmissão do SSID. A ativação dessa opção não costuma desativar os sinais e, sim, configura os pontos de acesso para enviar um sinal com um SSID em branco. No entanto, isso não impede que um invasor obtenha o SSID, problema sobre o qual você lerá no Capítulo 3.

Associação e autenticação

A associação e a autenticação são executadas pelos clientes quando eles querem se associar a uma rede sem fio. A associação a um ponto de acesso significa que seu cliente e o ponto de acesso "concordaram" com os parâmetros usados para assegurar uma comunicação apropriada. Coisas como o canal e o método de criptografia foram confirmadas como iguais. Autenticação é uma maneira de verificar se você está autorizado para se conectar com a rede. Há vários métodos de autenticação e ela ocorre antes da associação. Discutiremos as vulnerabilidades de certos mecanismos de autenticação no Capítulo 3 e também examinaremos exemplos de opções mais seguras.

Criptografia

A criptografia é utilizada como em qualquer outra tecnologia. Ela faz um trabalho de ocultação para que só pessoas "autorizadas" possam visualizar os dados reais. Existem muitas opções para a criptografia de dados de rede; algumas são novas implementações criadas para tecnologias sem fio e outras já existem há algum tempo. Nos Capítulos 3 e 4, examinaremos essas opções de criptografia além de quebrar algumas delas.

O que vimos

Neste capítulo, abordamos o conhecimento básico que você deve ter para aproveitar ao máximo este livro. Examinamos 11 princípios de segurança que se aplicam a muitos cenários e não só às redes sem fio. Também vimos os componentes básicos das comunicações sem fio, inclusive os fundamentos das redes sem fio. Voltaremos a ver com mais detalhes os tópicos introduzidos aqui em capítulos futuros, mas você sempre poderá recorrer a este capítulo para relembrar os aspectos básicos.

Os 11 princípios de segurança

- Segurança *versus* conveniência.
- É impossível eliminar *todos* os riscos.
- Regras para o cálculo de risco e controles de mitigação.
- Nem *todos* os riscos devem ser mitigados.
- Segurança não é apenas manter os criminosos do lado de fora.
- O Retorno sobre Investimento (ROI) não funciona para a segurança.
- Defesa em profundidade.
- Privilégio mínimo.
- Tríade CID.
- Impedimentos, prevenção, detecção.
- Falhas na prevenção.

Conceitos básicos das redes sem fio

- 802.11a/b/g/n
- Pontos de acesso
- Autônomos *versus* baseados em controlador
- SSID, BSSID e endereço MAC
- Sinais e transmissões
- Associação e autenticação
- Criptografia

CAPÍTULO 2

Ferramentas e gadgets de redes sem fio

CAPÍTULO 2 Ferramentas e gadgets de redes sem fio

> **Neste capítulo, veremos**
>
> - Criação de um ambiente de laboratório
> - Dispositivos clientes
> - Pontos de acesso
> - Antenas
> - Gadgets sem fio
> - Seleção de um sistema operacional de rede sem fio

Você já deve conhecer os pontos de acesso e as placas de rede sem fio, mas atualmente existem muitas outras ferramentas e "gadgets" para proteção, ataque, monitoramento, auditoria e acesso de redes sem fio. Neste capítulo, você conhecerá alguns dos produtos oferecidos no mercado atual e também algumas das ferramentas mais exóticas que têm implicações de segurança para as redes sem fio.

A discussão apresentada neste capítulo não tem por objetivo ser uma lista definitiva de todos os produtos encontrados no mercado atual. Foram selecionadas apenas ferramentas que exibem recursos específicos ou características exclusivas. Não pule este capítulo; além de conhecer vários brinquedinhos novos e divertidos, você receberá uma base de conhecimento completa relativa à segurança de redes sem fio.

Um laboratório só seu

Para aproveitar ao máximo este livro, você deve entender o maior número de exemplos possível. Para isso, precisará de um bom laboratório de teste de tecnologias sem fio. O custo de equipamentos sem fio caiu drasticamente desde sua introdução. Hoje, um laboratório bastante eficaz poderia lhe custar apenas 500 dólares. Lembre-se de que é provável que você (ou a empresa para a qual trabalha) já tenha o que precisa para testar quase tudo sobre o que está lendo neste livro.

No mínimo, você deve ter o equipamento a seguir:

- Dois clientes sem fio (de preferência laptops, mas também podem ser desktops)
- Duas placas de rede sem fio
- Um ponto de acesso

Dispositivos clientes

Não, não vou listar os tipos de laptops que você pode comprar. O mundo sem fio explodiu tão rapidamente que você precisa conhecer as implicações de segurança de todos os novos tipos de clientes sem fio. Ironicamente, algumas das maiores ameaças à segurança podem vir de dispositivos clientes somente porque quase sempre eles são subestimados ou ignorados.

Telefones

Os smartphones e PDAs estão em todos os lugares e sua presença só vem aumentando. Esses dispositivos serão abordados com maiores detalhes posteriormente no livro, mas, por enquanto, pondere que eles não são apenas clientes de sua rede que os invasores podem ter como alvo (normalmente contendo uma grande quantidade de dados sigilosos), mas também ferramentas de ataque muito furtivas para invasões à rede sem fio. Podem executar ferramentas avançadas de ataque à rede sem fio e armazenar os dados enquanto permanecem silenciosa e ocultamente no bolso de um visitante.

Impressoras

Muitos fornecedores oferecem impressoras com tecnologias sem fio embutidas. Isso proporciona um vetor de ataque muito interessante para um possível invasor. Se você conectar a impressora à rede anteriormente segura da empresa, esse seria um local fácil para se descobrir a senha de criptografia da rede sem fio? A senha está armazenada seguramente na impressora ou você pode imprimir a configuração e visualizar a senha em texto sem criptografia? Se sua impressora está conectada à rede usando tecnologias com fio, mas transmite um SSID ad-hoc padrão de rede sem fio, um invasor poderia se associar à rede ad-hoc e usar a impressora como um canal em sua rede com fio?

Pontos de acesso

Os pontos de acesso mudaram drasticamente desde que chegaram ao mercado. Entre outras coisas, eles mudaram em tamanho, funcionalidade, largura de banda e alcance. Do ponto de vista de um invasor, as duas mudanças mais interessantes são no tamanho físico e no conjunto de recursos. Esses novos pontos de acesso compactos e cheios de recursos fornecem um cenário de ataque muito fácil com relativamente pouco risco. Você só tem que entrar na empresa desejada, encontrar uma tomada de dados de rede disponível, conectar seu ponto de acesso e sair. Então poderá terminar seu trabalho execrável no estacionamento, e o pior que pode acontecer é a perda do ponto de acesso se ele for descoberto.

DD-WRT

O site do DD-WRT tem o seguinte a dizer sobre o firmware: "O DD-WRT é um firmware de fonte aberta alternativo baseado no Linux adequado para uma grande variedade de roteadores WLAN e sistemas embarcados".

Basicamente, você pode substituir o firmware padrão por um grupo muito grande de roteadores e pontos de acesso sem fio populares e transformá-los em dispositivos baseados no Linux com uma lista significativa de recursos. Alguns dos recursos mais interessantes são os seguintes:

- Suporte a VPN (rede virtual privada)
- *Daemon* SSH (Secure *Shell*)
- Suporte a cliente Samba e CIFS
- Roteamento SIP (VoIP)
- Monitoramento de tráfego e largura de banda

WRT54G

Um dos pontos de acesso mais populares tanto em empresas pequenas quanto em empreendimentos caseiros é o Linksys WRT54G (consulte a Figura 2-1). O WRT54G é vendido no varejo por cerca de 60 dólares e dá suporte ao firmware DD-WRT, o que o torna perfeito para implantações em empresas pequenas e em ambientes small office/home office (SOHO) – ou em seu laboratório caseiro.

Apple Airport Express

O Apple Airport Express fornece um fator de forma bonito e compacto perfeito para um invasor. Ele possui um plugue embutido para tomada elétrica, ou seja, você não precisa carregar um adaptador de energia externo adicional. Há alguns outros recursos interessantes, inclusive uma porta USB para impressora ou unidade USB.

Minipontos de acesso

Alguns fornecedores oferecem pontos de acesso ultraportáteis perfeitos para serem deixados em uma área confidencial. Um dos mais importantes é o D-Link DWL-G730AP, que pode ser comprado por apenas 40 dólares. O D-Link DWL-G730AP é convenientemente chamado de "roteador de bolso D-Link" porque tem cerca de três polegadas quadradas e menos de uma polegada de altura. A única desvantagem desse modelo é a necessidade de um adaptador de energia externo, que pode ser descoberto ou perdido.

Figura 2-1 Linksys WRT54G.

Hotspots móveis

Um novo produto interessante é o que vem sendo chamado de "hotspot portátil". Esse elegante meio de transmissão back-end para pontos de acesso é, na verdade, a rede de celulares. Um exemplo é o hotspot móvel Verizon 4G LTE (consulte a Figura 2-2). A conexão back-end (ou de Internet) é uma conexão 4G que pode alcançar velocidades de download de 1 Gbps.

Esse dispositivo fornece um vetor de ataque muito interessante. Considere o cenário a seguir: um invasor entra no complexo empresarial com um hotspot móvel, configurado com um SSID inócuo como, por exemplo, "Free Wifi Access". Um funcionário da empresa quer acessar sites que, de outra forma, seriam restritos, portanto, ele se conecta com a rede "Free Wifi Access". Ele verifica sua correspondência pessoal, seu site favorito na rede e talvez converse com alguns amigos. Não sabe que todo o seu tráfego foi interceptado pelo proprietário do hotspot móvel e que suas senhas enviadas sem criptografia foram capturadas. Considere quantos usuários reutilizam suas senhas e entenderá o impacto que isso poderia causar na rede da empresa.

Figura 2-2 Hotspot móvel Verizon 4G LTE.

Smartphones

Os smartphones não são mais apenas clientes acessando redes sem fio, mas também pontos de acesso completos para receber conexões de outros clientes. Atualmente, o sistema operacional mais versátil para smartphones é o Android OS do Google (*www.android.com*), que é baseado no sistema operacional Linux. O poder de processamento e armazenamento disponível nesses pequenos dispositivos é espantoso, e você pode ficar surpreso com algumas das ferramentas que já são executadas nesses telefones. O cenário anterior de um invasor oferecendo "serviços sem fio gratuitos" fica ainda mais fácil em um telefone como o Google Galaxy Nexus, da Samsung, que tem um processador dual-core de 1.2 GHz, 1 GB de RAM e 16GB de armazenamento! Logo, é muito fácil salvar diretamente no telefone todo o tráfego de rede capturado e, então, ir embora – e, sim, o Tcpdump já foi adaptado para funcionar no sistema operacional Android.

Na prática

Certo, tudo isso parece interessante, mas realmente acontece? Você pode estar pensando: "Duvido que precise me preocupar com alguém entrando fisicamente em minha propriedade para plantar um ponto de acesso." Errado! Eu mesmo usei essa técnica muitas vezes em testes de penetração. E não é só isso. Foi relatado que alguns dos invasores da TJX podem ter entrado fisicamente em algumas de suas instalações para plantar pontos de acesso não autorizados. No fim de 2006, a TJX Companies foi vítima de ataques de *hackers* em que mais de 45 milhões de clientes foram afetados. Alega-se que o comprometimento inicial veio de uma rede sem fio insegura a partir do qual os invasores podem ter plantado seus próprios pontos de acesso em locais adicionais.

Pontos de acesso de nível empresarial

Possivelmente, os dois maiores nomes dos sistemas sem fio e pontos de acesso de nível empresarial são a Cisco e a Aruba. As duas oferecem um extenso grupo de produtos sem fio – há de tudo, antenas, compartimentos de pontos de acesso, pontos de acesso, controladores de pontos de acesso e até mesmo softwares que ajudam a gerenciar a infraestrutura sem fio.

Surpreendentemente, os pontos de acesso sem fio de nível empresarial não oferecem tantos recursos sem fio além dos já oferecidos pelos pontos de acesso comuns. Grande parte da funcionalidade básica é a mesma entre pontos de acesso caseiros/de empresas pequenas e pontos de acesso de classe empresarial. Aqui estão as principais diferenças que você pode esperar dos produtos sem fio de classe comercial/empresarial:

- Construção muito mais robusta
- Sistemas baseados em controlador (operação leve)
- Sistemas de gerenciamento de software
- Opções de suporte do fornecedor

Um dos recursos mais importantes é a opção de suporte. Se você depende de sua rede sem fio para fazer funcionar processos empresariais básicos, irá querer ter certeza de que terá cobertura no caso de um ponto de acesso ou controlador falhar. A maioria dos contratos de suporte tem a opção 24/7 com substituição de hardware no dia seguinte, mas lembre-se, o custo é proporcional ao nível de suporte requerido.

Antenas

As antenas são um componente importante na avaliação de qualquer tecnologia sem fio, e entender como elas funcionam o ajudará a rever suas considerações sobre as implicações de segurança física das transmissões sem fio. O fato mais importante que devemos lembrar é que as antenas aumentam o alcance tanto do envio quanto do recebimento de dados. Ou seja, um laptop com uma antena pode não só enviar um sinal mais forte para o ponto de acesso como também captar sinais mais fracos vindos dele, o que aumenta a distância que pode haver entre os dois.

Mas por que isso é importante do ponto de vista da segurança? Bem, certamente deve fazê-lo reconsiderar a importância que você dá ao alcance de seus pontos de acesso. Sempre me causa aversão quando ouço alguém dizer: "Não protejo muito minha rede sem fio, mas não importa porque o sinal cai assim que você chega ao estacionamento". Com uma boa antena podemos captar sinais de tecnologias sem fio a alguns quilômetros de distância da fonte.

Normalmente, o aumento do sinal proporcionado pelas antenas é medido em dBi, que significa decibel isotrópico. Não irei chateá-lo com os cálculos matemáticos que envolvem ganho da antena e dBi. Você só precisa saber que, quanto mais alto o número, melhor. A maioria das antenas destinada aos consumidores tem um ganho que vai de 3 a 24dBi. Lembre-se também de que o cabo que conecta a antena ao adaptador pode prejudicar o sinal. Se você usar um cabo que for longo demais, estiver torcido ou até mesmo quebrado, pode perder todo o ganho no sinal fornecido pela antena. A única outra preocupação básica que você deve ter ao selecionar uma antena é se certificar se os conectores disponíveis se encaixam com os de sua placa de rede sem fio.

Tipos de antenas

Há antenas de muitas formas e tamanhos, e algumas até têm características óbvias que ajudam a avaliar a segurança. Os dois tipos mais importantes para os testadores da segurança são a direcional e a onidirecional. As antenas direcionais, também chamadas de *antenas yagi*, têm irradiações que se propagam apenas para frente (e um pouco inclinadas para um lado). São mais adequadas para a comunicação "um para um", em que se pode "apontar" para o alvo. As antenas onidirecionais têm irradiações que se propagam para fora uniformemente a partir do plano horizontal da antena. Ou quase isso. Na verdade, o padrão de irradiação de sinais é mais semelhante a uma rosquinha com a antena subindo pelo centro. Mmm, essas tecnologias sem fio são mesmo deliciosas.

Para o motorista invasor de redes (*wardriver*), talvez o melhor seja uma antena pequena, magnética e onidirecional. Geralmente, ela não tem mais de 10 centímetros de altura e possui um ímã bem forte na base para ser grudada no teto do carro. Uma antena dessas pode ser comprada na Internet por apenas 15 dólares.

A outra antena mais popular é a direcional (ou yagi). O padrão de radiação segue basicamente para frente na direção para a qual a antena está voltada, embora, muitas vezes, para obtenção de um sinal melhor, seja preciso incliná-la um pouco para fora do alvo.

Você pode encontrar muitos vídeos e recursos na Internet para ajudá-lo a construir sua própria antena direcional por cerca de 10 dólares. No entanto, se estiver procurando uma solução rápida, pode encontrar na Internet antenas direcionais adequadas e com um alcance surpreendentemente bom por menos de 20 dólares.

A Figura 2-3 mostra o exemplo de uma antena yagi personalizada comprada na Internet por aproximadamente 25 dólares.

> **JARGÃO**
> O termo **wardriving** faz referência ao *wardialing*, técnica em que vários números telefônicos são discados automaticamente em busca de um alvo interessante. *Wardriving* é dirigir um automóvel levando um cliente sem fio para detectar todas as redes sem fio que estiverem transmitindo sua presença. O mesmo pode ser feito de bicicleta (*warbiking*) e skate (*warskating*). E quando alguém é capturado onde não deveria estar, o *"warwalking"* vira *"war-running"*.

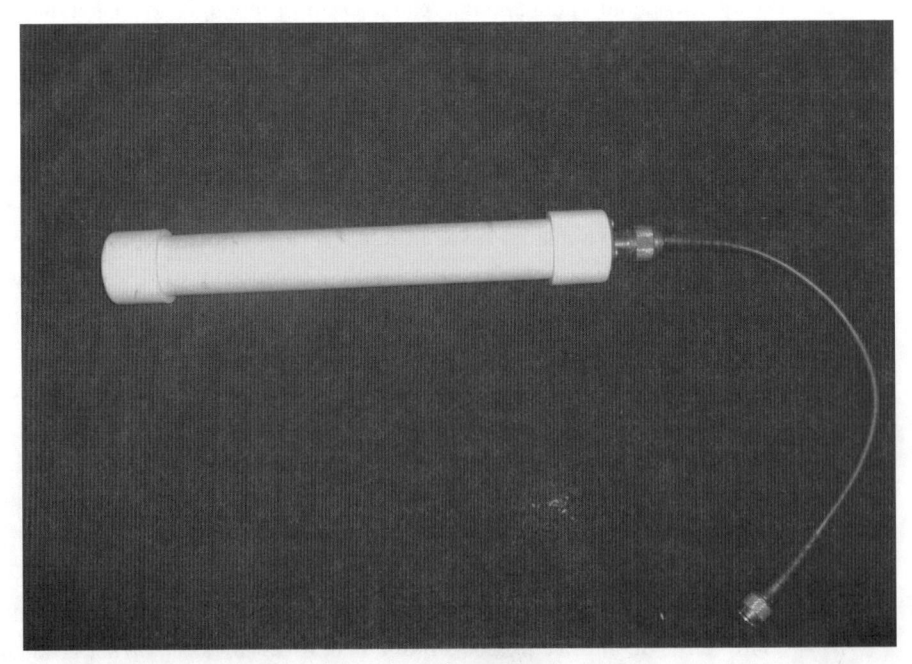

Figura 2-3 Antena direcional yagi feita de PVC.

Uma das antenas mais populares para entusiastas das tecnologias sem fio sempre será a chamada *cantena*, que, como era de se esperar, é, em parte, uma antena feita em casa a partir de uma lata (em inglês, *can*). A lata das batatas chips Pringles é uma das mais usadas, mas quase todas as latas servem, inclusive as de café. Uma cantena é uma antena yagi e, portanto, é direcional.

> **EMHO**
> Em minha opinião, hoje há antenas comerciais realmente boas com um preço aceitável. Costumava ser muito mais econômico construir a própria antena, mas agora isso só atrai quem adotou essa opção como um hobby.

Outra antena muito popular que provavelmente você já conhece é a parabólica (consulte a Figura 2-4). A melhor antena parabólica é a de prato de satélite. A antena parabólica é direcional e você pode encontrar algumas de ganho bem alto que lhe possibilitarão captar sinais de rede sem fio a literalmente quilômetros de distância.

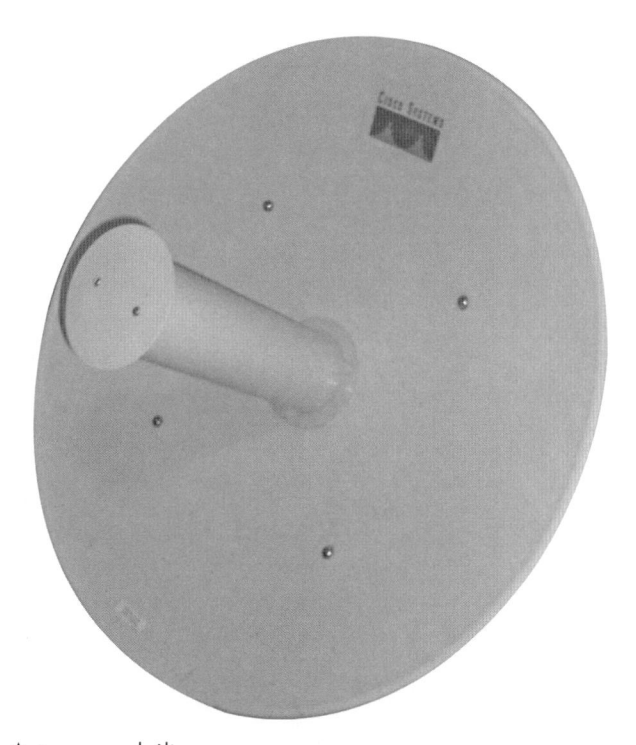

Figura 2-4 Antena parabólica.

Gadgets

Muitos outros gadgets divertidos e interessantes podem ser usados na descoberta ou penetração de redes sem fio. Alguns dos mais populares são os seguintes:

- GPS (Global Positioning System)
- Smartphones e PDAs
- Scanners portáteis sem fio
- Analisadores de espectro

GPS

Muitas unidades de GPS disponíveis podem ser integradas a softwares de wardriving, permitindo a detecção de onde foi descoberto o sinal mais forte de uma rede sem fio. Os dispositivos GPS, inclusive os conhecidos modelos Garmin, oferecem muitas opções, entre elas as mais novas com USB. A Figura 2-5 mostra um GPS Globosat Bu-353, que, por ser extremamente compacto, cabe facilmente na mão, e inclui um ímã na base da unidade.

Smartphones e PDAs

Sem dúvida, um dos novos dispositivos mais empolgantes e interessantes habilitados para redes sem fio é o smartphone. Atualmente, as três principais opções de smartphone com ferramentas sem fio são os iPhones, os smartphones baseados em Windows e os baseados em Android.

Figura 2-5 GPS Globosat Bu-353.

Definitivamente, prefiro a flexibilidade e os softwares disponíveis do Android OS. Lembre-se, o Android OS é baseado no Linux, logo, não deve demorar para que todos os softwares de segurança sem fio abordados neste livro possam ser executados a partir do bolso de sua camisa. No próximo capítulo, examinaremos alguns dos impressionantes programas de software já disponíveis para smartphones.

Além da imensa lista de softwares já disponíveis para smartphones, pense em todos os recursos que você tem na palma de sua mão. Pode procurar redes sem fio enquanto registra sua posição com um GPS interno e grava o que está vendo com uma câmera de vídeo. Todos os dados coletados podem ser salvos localmente no smartphone em um cartão de memória com mais de 20GB de espaço de armazenamento.

Examinaremos alguns dos ataques mais interessantes contra smartphones em um capítulo posterior.

Scanners portáteis sem fio

Alguns dispositivos móveis pequenos e interessantes funcionam perfeitamente para a aventura improvisada do warwalking. Embora a maioria não forneça muitos detalhes, com frequência o SSID pode ser suficiente para a detecção de um alvo interessante. Por exemplo, o dispositivo Hotspotter, cujo preço ao consumidor na Canary Wireless é de 50 dólares, pode exibir o canal de rede sem fio, os níveis de força do sinal e o tipo de criptografia usado. Você pode ler mais sobre o Hotspotter em Canarywireless.com.

Analisador de espectro

Embora a principal funcionalidade de um analisador de espectro não esteja necessariamente relacionada à segurança, alguns fabricantes incluem softwares de captura de tráfego para a detecção de comunicações sem fio. Os analisadores de espectro fornecem dados sobre as comunicações físicas de uma determinada frequência de rede sem fio. Isso pode ajudá-lo a solucionar problemas de congestionamento, alcance e topologia física. Seu preço era proibitivo, mas, hoje, há opções disponíveis fáceis de se usar a um preço aceitável. Uma é o Wi-Spy da Metageek. O Wi-Spy oferece algumas opções que variam de 99 a 1.000 dólares e vem com uma placa de rede sem fio USB e o software que exibe as informações de uma maneira gráfica interessante.

Sistema operacional escolhido

Não deve surpreender meu sistema operacional preferido para avaliações de segurança de redes sem fio ser o Linux; no entanto, muitas ferramentas podem ser executadas a partir do Windows. Além disso, muitas ferramentas de fonte aberta podem ser executadas a partir do MAC OS, inclusive algumas que são exclusivas desse sistema.

A maioria dos exemplos deste livro usa o Linux, logo, é altamente recomendável que você o conheça. Os leitores que não conhecem o sistema operacional Linux não precisam se preocupar: agora é a hora certa para entrar em contato com o melhor sistema operacional disponível atualmente.

Para os iniciantes recomendo o Ubuntu ou o BackTrack. O Ubuntu é um ótimo sistema operacional desktop de uso geral e vem com uma lista apropriada de pacotes de software pré-selecionados instalados para uso diário. O BackTrack é uma excelente escolha para entusiastas da segurança e executores de testes de penetração. Os fabricantes da distribuição BackTrack o descrevem como "o arsenal completo de testes de penetração para profissionais de segurança". Ele vem com uma enorme lista de ferramentas de segurança, inclusive a maioria das ferramentas de segurança de redes sem fio que abordaremos no livro.

Tanto o Ubuntu quanto o BackTrack podem ser executados como distribuições de live-CD. Ou seja, o sistema operacional é iniciado diretamente a partir do CD. Você pode salvar e usar arquivos em sua unidade de disco rígido, mas também tem a opção de deixá-la totalmente intocada. Quando terminar o teste do sistema operacional, só terá que reinicializar seu sistema, remover o CD da unidade e voltará a usar o sistema operacional comum. A única desvantagem de usar um sistema operacional de inicialização externa é que ele tende a ser um pouco mais lento, e qualquer alteração que você fizer não será mantida durante as reinicializações, a menos que sejam especificamente salvas em mídia externa (unidade de disco rígido, unidade USB e assim por diante).

Um dos recursos que os iniciantes apreciam são os utilitários apt. Basicamente, bancos de dados centralizados são mantidos na Internet contendo uma lista de todos os arquivos (e normalmente configurações padrão) de uma grande quantidade de programas do sistema operacional Linux. Usando os utilitários apt instalados localmente, os usuários podem procurar nesse banco de dados um programa que desejem instalar, emitir um único comando para "instalar" o programa, e tanto ele quanto suas bibliotecas de suporte serão baixados e instalados automaticamente no sistema. Se você não conhece o Linux, agora pode ser um bom momento para ler o apêndice sobre o uso do BackTrack Linux.

É incrivelmente fácil fazer o BackTrack ser executado em seu sistema; apenas siga estas etapas:

1. Obtenha a última versão do BackTrack em *www.backtrack-linux.org/downloads/*.
2. Grave a imagem ISO usando um programa de gravação de DVD.

CAPÍTULO 2   Ferramentas e gadgets de redes sem fio   **37**

3. Configure o BIOS de seu computador para fazer a inicialização na unidade de DVD. (A maioria dos computadores modernos tem uma combinação de teclas que podemos pressionar para selecionar manualmente o dispositivo de inicialização; muitos laptops usam `CTRL-F12`.)
4. Selecione EDIT no menu de inicialização e marque o dispositivo de DVD.

Opcionalmente, você pode inicializar o sistema operacional BackTrack a partir de uma USB thumb drive. Orientações sobre como fazê-lo podem ser encontradas no apêndice.

O que vimos

Neste capítulo, examinamos alguns dos brinquedinhos disponíveis para a conexão, o ataque ou a oferta de redes sem fio. Também examinamos itens interessantes como os smartphones, os minipontos de acesso e clientes sem fio incomuns. E conhecemos algumas das opções de antenas.

Certifique-se de ter um bom laboratório instalado e pronto para ser usado para poder acompanhar os próximos capítulos. Você aproveitará muito mais este livro se colocar os exemplos em prática em vez de apenas lê-los. Os exemplos incluem não só o hardware sem fio apropriado como o software correto que você terá de usar.

Criando um ambiente de laboratório
- Hardware necessário para um laboratório de custo aceitável

Dispositivos clientes
- Telefones
- Impressoras

Pontos de acesso
- DD-WRT
- Linksys WRT54G
- Apple Airport Express
- Minipontos de acesso
- Hotspots móveis

Antenas
- Direcionais
- Onidirecionais

Gadgets sem fio
- GPS
- Smartphones
- Scanners sem fio
- Analisadores de espectro

Selecionando um sistema operacional para tecnologias sem fio
- Ubuntu Linx
- BackTrack Linux

PARTE II

Conheça o inimigo

CAPÍTULO 3

Teoria de ataques em redes sem fio

> **Neste capítulo, veremos**
> - Como o WEP funciona
> - Como o WPA funciona
> - Ataque a redes criptografadas com o WEP
> - Ataque a redes criptografadas com o WPA
> - Técnicas comuns de ataques a redes

Neste capítulo, você ganhará o conhecimento básico necessário para entender o que as ferramentas de ataque discutidas nos próximos capítulos estão fazendo. Recomendo que não o salte. Conhecer exatamente como esses ataques funcionam assim como as possíveis vulnerabilidades irá ajudá-lo a pesar os riscos associados às redes sem fio e a criar seus próprios controles de mitigação. E não é só isso. Você conseguirá entender rapidamente vulnerabilidades em tecnologias futuras.

Não discutiremos as defesas contra esses ataques até chegarmos a um capítulo posterior. Sempre achei melhor começar com o conhecimento de como invadir um sistema usando ataques específicos e depois aprender como se defender contra os ataques.

Preparando o terreno

Para proteger adequadamente suas redes e dispositivos sem fio, você precisa de um determinado grau de respeito pelos vários ataques, além de conhecer como eles funcionam contra um ambiente sem fio. Também deve lembrar que as tecnologias sem fio não têm limites físicos. Todos os seus dados estão flutuando no éter, apenas esperando alguém que os capture, analise e, possivelmente, salve-os para executar um futuro ataque.

As proteções fornecidas por conexões com fio não são mais um fator quando lidamos com uma infraestrutura sem fio. Muitas das técnicas de ataque usadas contra tecnologias sem fio existem há anos (se não décadas) para redes com fio. No entanto, esses ataques ganham vida nova pelo fato de ser executados de longe do alvo e com um anonimato maior do que jamais foi possível. Lembre-se também da onipresença das redes sem fio. Atualmente, qualquer dispositivo eletrônico vendido aos consumidores vem com recursos de conexão sem fio, e raramente os usuários pensam nas implicações de segurança associadas ao uso de redes sem fio.

Você precisa conhecer todas as implicações que as vulnerabilidades das tecnologias sem fio têm no mundo real. É importante lembrar que esse tipo de coisa realmente acontece! A título de ênfase, repito: esse tipo de coisa realmente acontece! Um dos piores pensamentos que um administrador de segurança pode ter é: "Minha configuração insegura não me prejudicará porque as chances de alguém atacar a rede são extremamente pequenas". Você não irá querer ter de explicar para seu chefe que alguém comprometeu a segurança de sua rede porque "não achou que fosse acontecer".

Reconhecimento de elementos sem fio

O reconhecimento de tecnologias sem fio é o ato de identificar redes, clientes, comunicações e outros elementos sem fio disponíveis. Ele pode assumir várias formas. Geralmente, a detecção de tecnologias sem fio pode ser executada passiva ou ativamente. Na execução de ataques ativos, você interage com o sistema-alvo de forma que suas atividades são perceptíveis para ele. Na execução de um ataque passivo, as atividades não podem ser visualizadas diretamente pelo sistema-alvo.

Podemos considerar a detecção passiva de pontos de acesso como apenas ficar sentado calmamente e esperar um ponto de acesso oferecer "Quem quer uma conexão sem fio?", enquanto na detecção ativa nós é que solicitamos "Quero uma conexão sem fio, quem pode fornecer?". Isso é ilustrado na Figura 3-1.

No caso de redes sem fio 802.11, os pontos de acesso enviam sinais várias vezes por segundo para anunciar sua presença e recursos. Para fazer o reconhecimento ativo, um cliente sem fio pode enviar uma *solicitação de sondagem*, normalmente chamada apenas de *sondagem*. Os programas que examinaremos para a detecção de redes sem fio foram projetados para procurar sinais, e a maioria também pode enviar solicitações de sondagem. Usando um *sniffer* (ou monitor) de rede, podemos visualizar esses pacotes, o que faremos no próximo capítulo.

Wardriving é o processo de dirigir por áreas comerciais e residenciais com equipamento de comunicação sem fio e tentar ver que redes sem fio estão disponíveis. Esse processo é muito popular, provavelmente por algumas razões. Em

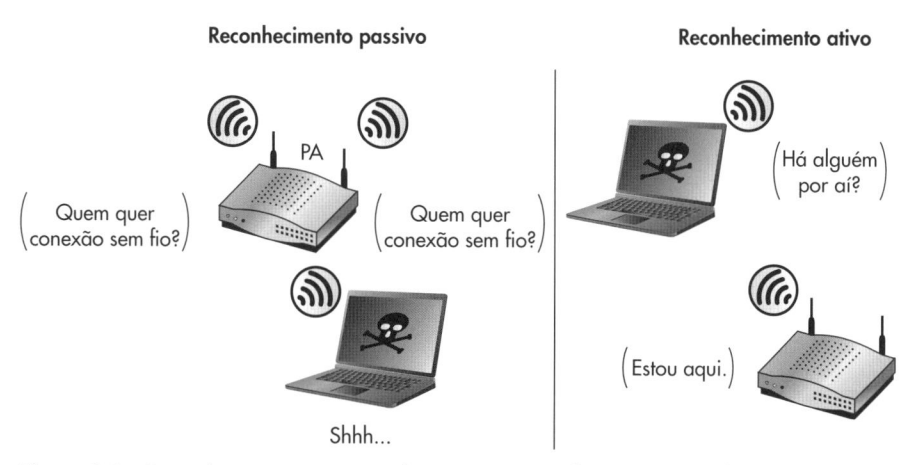

Figura 3-1 Reconhecimento passivo de conexões sem fio *versus* reconhecimento ativo.

primeiro lugar, ele é incrivelmente divertido, mesmo sem intenções maliciosas. É interessante sair dirigindo com uma antena presa no teto e ver redes surgindo à esquerda e à direita – é altamente recomendável. Em segundo lugar, há muito pouca chance de ser "pego" fazendo algo que não devia. Se um policial parar perto de um carro cheio de *geeks* com laptops e antenas, duvido que ache que eles estejam fazendo algo suspeito.

> **JARGÃO**
> Um *sniffer* de rede – também conhecido como monitor de rede e analisador de protocolo – é um programa que permite ver os pacotes que fazem parte de uma comunicação de rede. A maioria dos *sniffers* permite visualizar os pacotes de várias maneiras – em forma binária, ASCII, hexadecimal, etc. Alguns podem até entender protocolos da camada de aplicativos e exibir dados de modos bastante úteis. Por exemplo, se um *sniffer* entender o HTTP, você pode visualizar a página Web a partir dos dados do pacote.

Um *sniffer* de rede é uma ferramenta crucial que você precisa conhecer. No decorrer de sua carreira na área de segurança, ele comprovará seu valor inestimável. Abordaremos o uso do *sniffer* mais popular e abrangente (Wireshark) no próximo capítulo.

Revelando o SSID

Muitos administradores de rede acham que é suficiente não transmitir a existência de sua rede sem fio. Na maioria dos pontos de acesso, isso se chama *camuflar o SSID*.

> **Na prática**
> Quer provas de que as pessoas fazem realmente isso? Em 2002, fui chamado por um cliente novo para cuidar de um problema simples de comunicação sem fio. Eles não conseguiam se conectar à sua rede sem fio e precisavam que alguém a reparasse. Levei cerca de cinco minutos para descobrir que não estavam alterando a senha padrão para proteger seu ponto de acesso e alguém tinha se conectado e alterado o SSID para algo cômico, inclusive com "jargão de *hacker*".
>
> Quer saber o mais interessante? Acabei encontrando as pessoas responsáveis pelo problema! É preciso mencionar que isso aconteceu em uma cidade rural bem pequena. Se as pessoas estivessem usando o wardriving em uma cidade "rural" como Nova York, você acha que o estacionamento de sua empresa seria visitado por curiosos entusiastas das redes sem fio?

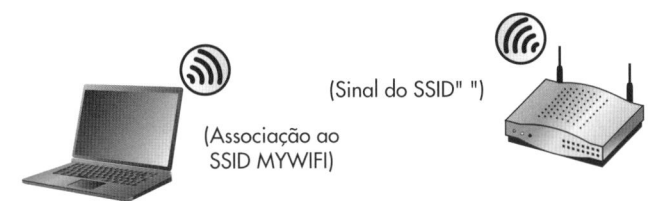

Figura 3-2 SSID enviado em uma solicitação de associação.

Tecnicamente, essa medida não impede que sinais sejam enviados do ponto de acesso, mas configura-o para enviar sinais com um campo de SSID em branco. No próximo capítulo, você verá como isso é fácil de burlar para a obtenção do SSID da rede.

Quando um cliente se conecta com o ponto de acesso de destino, ele tem que enviar o SSID sem criptografia na solicitação de associação (consulte a Figura 3-2). É comum o invasor capturar pacotes e esperar um cliente se associar ao ponto de acesso. No entanto, um invasor impaciente pode forçar um cliente a retransmitir a solicitação de associação fazendo o *spoofing* de uma mensagem de desautenticação. Isso será abordado posteriormente no capítulo.

Capturas de pacotes passivas

Esta seção aborda um ponto extremamente importante – do qual você simplesmente não conseguirá se esquivar quando usar redes sem fio. Seu tráfego de rede estará sendo transmitindo para todo mundo ver! Mas não entre em pânico! Veja bem, é claro que há maneiras de impedir isso; caso contrário, ninguém estaria usando tecnologias sem fio. No entanto, examinaremos tanto as implicações de segurança atuais quanto ataques teóricos associados a esse fato.

Para poder capturar tráfego, é preciso estar dentro do alcance da estação de comunicação de destino. A essa altura, você já deve ter percebido que, com a ajuda de antenas, "dentro do alcance" é um termo muito flexível. Ou seja, enquanto você estivesse sentado em sua cafeteria favorita, os sites que visitasse poderiam ser observados por alguém na mesa ao lado, em um prédio do outro lado da rua ou até mesmo há alguns quarteirões. Lembre-se, foram executados testes que capturaram com sucesso transmissões sem fio há alguns quilômetros de distância com antenas de alto alcance.

Adicione a isso o fato de que, mesmo atualmente, muitos dos protocolos de rede mais populares ainda são inseguros por natureza. Protocolos que não criptografam nativamente seus dados são conhecidos como *protocolos de texto claro*. Usando um *sniffer* de rede, você pode visualizar esses pacotes e reconstruir o que as pessoas estão visualizando, os dados que estão enviando, as mensagens que estão recebendo e assim por diante. Alguns dos *sniffers* mais populares podem até decodificar os dados para facilitar o entendimento do que está acontecendo.

Entre os protocolos sem criptografia comuns, temos os seguintes:

- HTTP (Hypertext Transfer Protocol; sites)
- SMTP (Simple Mail Transfer Protocol; envio de emails)
- FTP (File Transfer Protocol; transferências de arquivos)
- POP3 (Post Office Protocol versão 3; recebimento de emails)
- IMAP (Internet Mail Access Protocol; recebimento de emails)
- Quase todos os sistemas de bate-papo (AIM, Yahoo!, Facebook, IRC e outros)

Ou seja, não só os dados podem ser capturados e visualizados, como em muitos casos isso também ocorre com as credenciais (nome de usuário e senha). Examinemos os protocolos mencionados e vejamos como eles transmitem suas credenciais:

- **SMTP**   Envia todas as comunicações, inclusive possíveis nomes de usuário e senhas, sem criptografia.
- **FTP**   Envia todas as comunicações, inclusive nomes de usuário e senhas, sem criptografia.
- **POP3**   Envia todas as comunicações, inclusive nomes de usuário e senhas, sem criptografia.
- **HTTP**   O HTTP é único nesse aspecto. Tecnicamente, a maioria das credenciais é enviada sem criptografia com HTTP simples (ao contrário do HTTPS); no entanto, alguns mecanismos podem criptografar as senhas. Normalmente, cookies são enviados sem criptografia e também podem conter credenciais de autenticação.
- **Sistemas de bate-papo**   A maioria dos sistemas de bate-papo criptografa os nomes de usuário e senha transmitidos; porém, geralmente são vulneráveis a ataques de força bruta, como explicado a seguir.

> **JARGÃO**
> Como estão relacionados à quebra de senhas, os **ataques de força bruta** são executados quando o invasor testa várias senhas possíveis até encontrar uma que funcione. Esses ataques são considerados uma técnica de hacking de "baixa tecnologia". É possível executar um ataque de força bruta para obter uma senha criptografada com um protocolo de criptografia conhecido.
> Se usássemos uma abordagem matemática básica, o processo de criptografia de senhas ficaria assim:
> Função_Criptográfica(Senha Sem Criptografia) = Senha Criptografada
> Um exemplo fictício é mostrado na Figura 3-3.

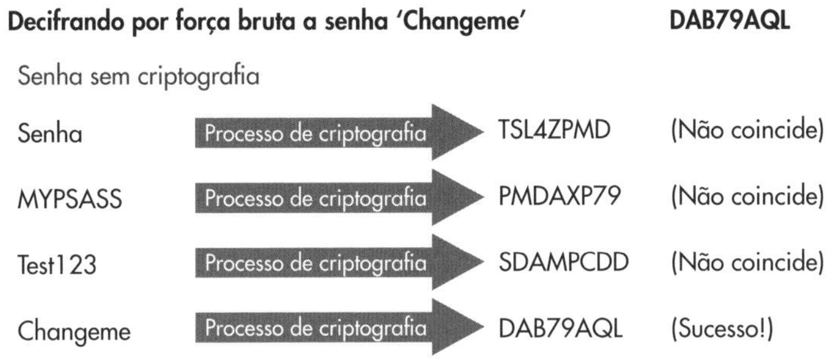

Decifrando por força bruta a senha 'Changeme' DAB79AQL

Senha sem criptografia

Senha	Processo de criptografia →	TSL4ZPMD	(Não coincide)
MYPSASS	Processo de criptografia →	PMDAXP79	(Não coincide)
Test123	Processo de criptografia →	SDAMPCDD	(Não coincide)
Changeme	Processo de criptografia →	DAB79AQL	(Sucesso!)

Figura 3-3 Exemplo de quebra de senha por força bruta.

Armazene e decifre quando quiser

Aqui está um vetor de ataque interessante a se considerar: o que aconteceria se alguém capturasse todo o tráfego de rede que pudesse para, então, esperar uma vulnerabilidade e decifrar a criptografia? Definitivamente, isso é algo que tem de ser considerado para ambientes que precisem de um nível mais alto de segurança. Você deve considerar, principalmente, a data de expiração dos dados transferidos em sua rede sem fio. Por exemplo, pensemos em uma empresa pequena. Se alguém capturasse seu tráfego de rede e o decifrasse anos depois, os dados não teriam mais utilidade, já que todas as senhas expiraram e (provavelmente) a comunicação só teria fatos antigos.

Agora considere uma agência do governo altamente confidencial. Se um invasor capturasse seu tráfego de rede e o decifrasse depois, os dados poderiam conter informações confidenciais sem prazo de validade. Por exemplo: números de previdência social, segredos do governo, nomes de agentes secretos, códigos de lançamento de armas nucleares, etc.

Lembre-se de que capturar o tráfego de redes sem fio é uma atividade totalmente passiva, ou seja, você está com problemas sérios nas mãos. Essa é uma das muitas razões para eu dizer durante tanto tempo que a rede sem fio pode não ser adequada para todos os ambientes, principalmente os com preocupações de segurança mais sérias.

Então, qual é a moral da história aqui? Admita que pessoas com intenções maliciosas têm como ver sua rede sem fio, proteja-a contra essa possibilidade e terá feito muito para proteger seu ambiente.

Ataques de homem-no-meio

Os ataques de homem-no-meio (MITM – Man-in-the-Middle) são um tipo de ataque muito sério que você deve entender plenamente para avaliar. O conceito básico é que, se um invasor puder visualizar e interferir no fluxo de dados de rede entre dois pontos de extremidade, ele poderá fazer coisas interessantes, como visualizar o que o usuário está fazendo e alterar o que ele vê.

A Figura 3-4 mostra um exemplo básico de ataque de homem-no-meio contra um cliente sem fio. Quando olhamos para essa figura, fica fácil ver por que o ataque recebeu esse nome. Simplesmente estando em algum local do caminho de comunicação, você pode interceptá-la e ver o que o usuário está fazendo, supondo que a comunicação não esteja criptografada, o que abordaremos com mais detalhes posteriormente.

No entanto, o invasor não precisa estar fisicamente entre os pontos de extremidade da comunicação para executar o ataque. Em alguns casos, ele não precisa estar nem mesmo logicamente no meio do caminho de comunicação. Alguns ataques podem ser eficazes vendo apenas um lado da comunicação (envio ou recebimento).

Mas, se você não está fisicamente no caminho da comunicação, como executar um ataque de homem-no-meio? Basicamente, é só se *inserir* no caminho lógico dos dois pontos de extremidade (consulte a Figura 3-5). Há muitas maneiras de se fazer isso, e o método usado pode depender de vários fatores, inclusive da topologia de rede do alvo e das tecnologias de segurança existentes.

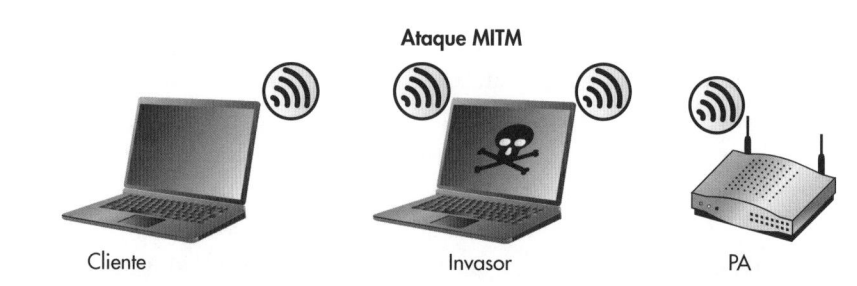

Figura 3-4 Ataque de homem-no-meio (MITM).

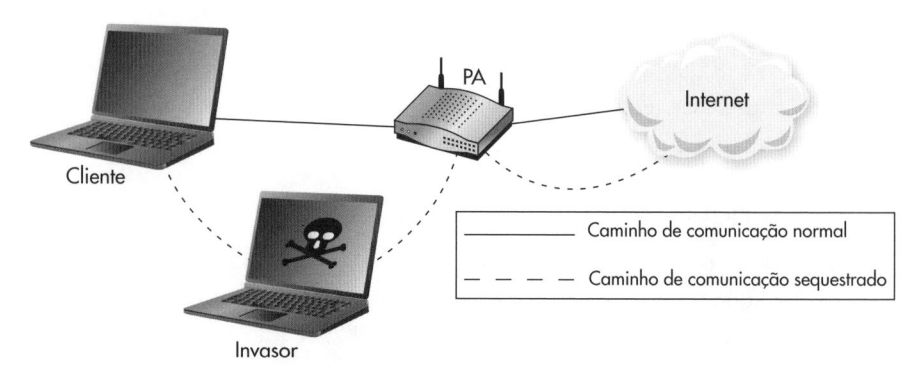

Figura 3-5 Caminho de comunicação lógico do MITM.

Nota

Às vezes, quando as pessoas descrevem ataques como os de MITM, dizem coisas como: "é só enganar a vítima para que ela envie dados que passem por você". Embora do ponto de vista humano isso faça sentido, é vital que você entenda que essa é uma afirmação incorreta, o que pode ser esclarecido pelo conceito a seguir:

Um computador só faz exatamente o que é programado para fazer.

Isso é verdade seja para ataques de estouro de *buffer*, de negação de serviço ou de homem-no-meio. O único argumento que alguém poderia usar para se opor é quando algo está errado em um componente físico do computador... mas não chegaremos aí.

Logo, no caso de ataques de homem-no-meio, você precisa entender que os componentes envolvidos – computadores clientes, roteadores, *switches* e assim por diante – estão apenas fazendo exatamente o que foram programados para fazer.

Abaixo temos algumas das técnicas mais comuns para o estabelecimento de um ataque de homem-no-meio:

- ARP *spoofing* ou ARP *poisoning*
- Servidor DHCP não autorizado
- Redirecionamentos ICMP

> **JARGÃO**
> Os ataques de **estouro de *buffer*** envolvem o fornecimento de dados em excesso para um *buffer* em um programa, o que às vezes pode levar à alteração da execução do programa vulnerável.

Examinemos cada uma com detalhes.

ARP spoofing

O ARP *spoofing*, também chamado de ARP *poisoning*, talvez seja a técnica mais comum de execução de um ataque de homem-no-meio contra alguém no mesmo segmento de LAN, mas isso não significa que é o melhor método. Para entender como funciona, você precisa conhecer alguns dos processos de comunicação mais básicos que um nó de rede executa.

Vejamos um exemplo bem básico. No exemplo a seguir, o computador cliente Neo quer se comunicar com o servidor Morpheus usando o telnet. Suponhamos que Neo tivesse uma entrada Morpheus em seu arquivo de *hosts* e, portanto, não precisasse consultar um servidor DNS para converter o nome Morpheus em um endereço IP. Já que Morpheus está no mesmo segmento de LAN (rede de camada 2), Neo pode enviar pacotes diretamente para ele.

Aqui está a parte interessante. Neo enviará um pacote chamado solicitação ARP para determinar o endereço de camada 2 (MAC) de Morpheus. Já que atualmente Neo não tem o endereço MAC de Morpheus, a solicitação ARP será enviada como uma transmissão de camada 2, ou seja, o endereço MAC de destino será FF:FF:FF:FF:FF:FF, que será encaminhado para todos os *hosts* pelo *switch*. Quando Morpheus receber esse pacote (que basicamente solicita: "Quem tiver o endereço IP 192.168.0.1, envie seu endereço MAC"), responderá a Neo com um pacote de resposta ARP. O pacote de resposta ARP diz: "Sou 192.168.0.1 e aí vai meu endereço MAC". Agora Neo tem tudo de que precisa para enviar seus pacotes para Morpheus e inicia uma conexão TCP com ele (consulte a Figura 3-6).

Como um invasor se beneficiaria desse processo relativamente simples? Ora, ele apenas envia seu próprio pacote de resposta ARP, alegando que seu endereço MAC é o correspondente a 192.168.0.1, como ilustrado na Figura 3-7. Na verdade, o invasor pode enviar continuamente pacotes ARP falsos para todos que estiverem na LAN, executando um ataque de homem-no-meio contra todos os *hosts* locais.

O ataque de ARP *spoofing* perfeito tem muitos outros aspectos que não abordaremos aqui. Contanto que você entenda os princípios básicos, pode deixar as ferramentas que veremos tratar do resto. Abordaremos essas ferramentas em um capítulo posterior.

DHCP não autorizado

Você já deve conhecer a operação básica do Dynamic Host Configuration Protocol (DHCP). Quando um *host* é inicializado e precisa de um endereço IP, geralmente isso é tratado por um servidor DHCP. O servidor DHCP também fornece ao *host* outras configurações, como um gateway padrão e Domain Name Servers (DNS, Servidores de Nome de Domínio) para ele usar. O que você talvez não saiba é que esse é outro vetor muito simples para um invasor estabelecer um ataque de homem-no-meio.

Só é preciso definir seu servidor DHCP e configurar sua máquina de ataque (ou outra máquina sob seu controle) como o gateway padrão dentro da resposta DHCP (consulte a Figura 3-8). Você pode usar algumas ferramentas simples de linha de comando para executar esse ataque em vez de configurar um servidor DHCP típico.

Processo ARP normal

Cliente Neo

1 — Transmite amplamente: Qual é o MAC de 192.169.0.1?

2 — Transmite exclusivamente para Neo: Meu Mac é 01:02:03:04:05:06

Servidor Morpheus

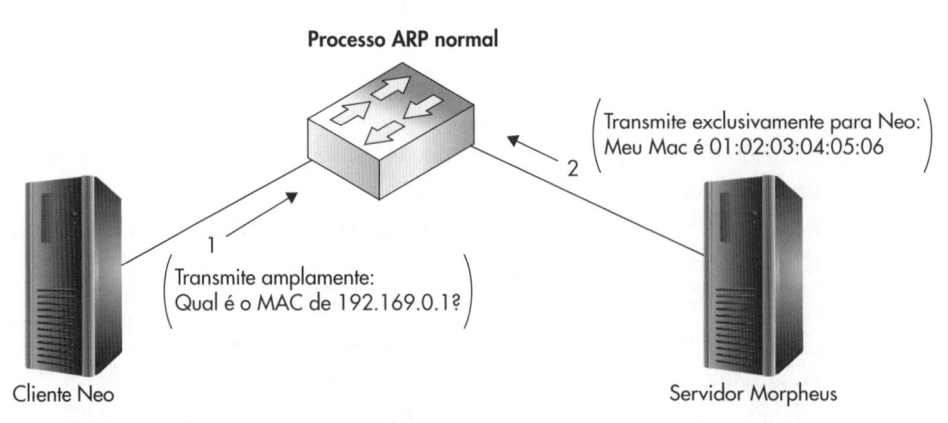

Figura 3-6 Processo ARP normal.

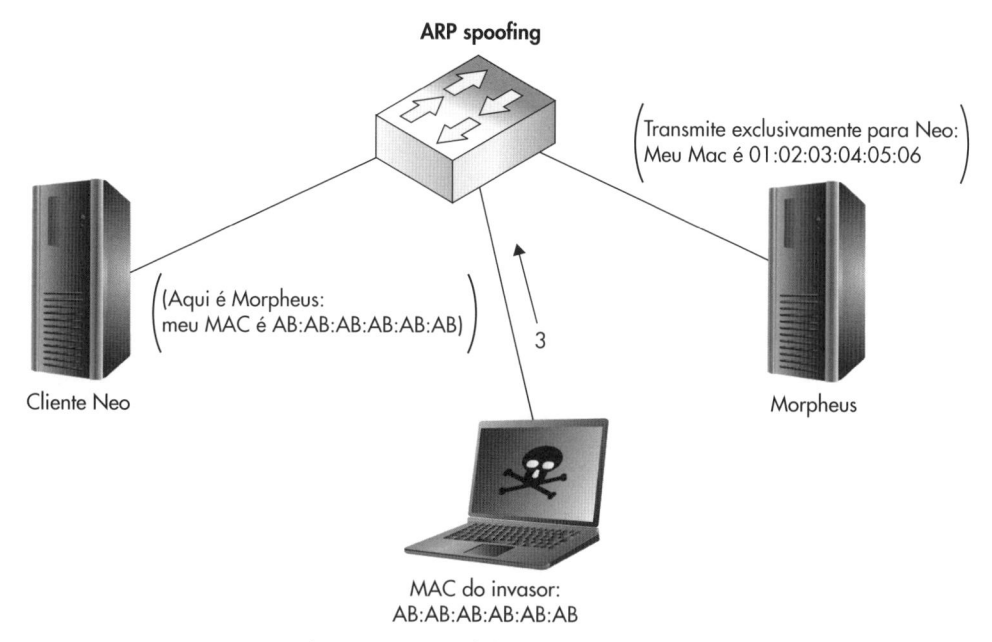

Figura 3-7 Ataque de resposta ARP falsa.

Redirecionamentos ICMP

Outra técnica eficaz para o estabelecimento de um ataque de homem-no-meio é enviar redirecionamentos falsos do Internet Control Message Protocol (ICMP). Normalmente, os redirecionamentos ICMP só são vistos em redes maiores e mais complexas, mas isso não significa que você não possa usar essa técnica em uma rede pequena. A Figura 3-9 mostra um exemplo básico de como ela seria usada legitimamente.

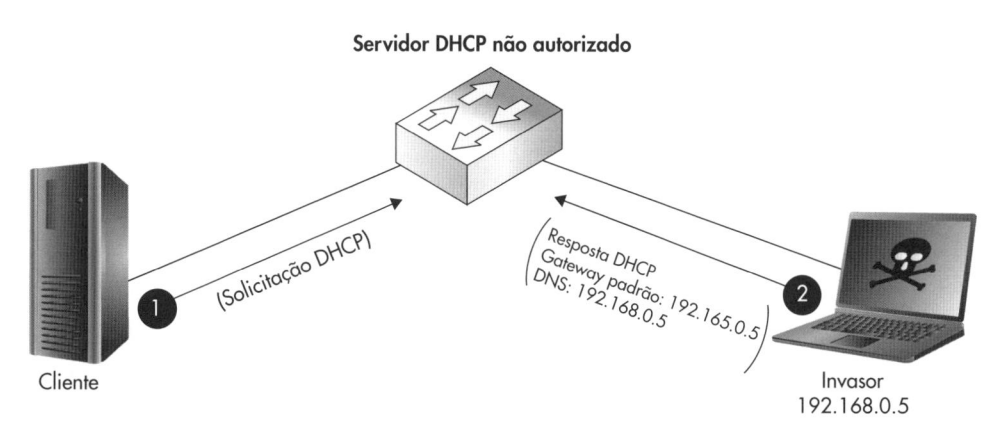

Figura 3-8 Servidor DHCP não autorizado.

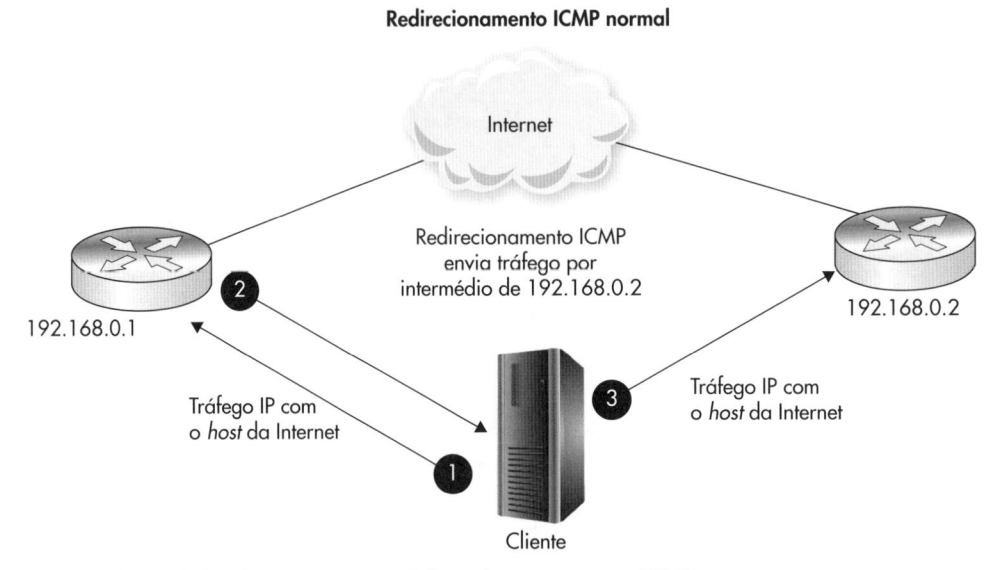

Figura 3-9 Operação normal de redirecionamento ICMP.

Aqui, o roteador 1 está dizendo ao cliente para enviar seus pacotes pelo roteador 2. Muitas configurações poderiam causar isso, como o roteador 1 alcançar um limite devido a tráfego excessivo ou estar fazendo o balanceamento de carga de todas as suas conexões. Um protocolo de roteamento dinâmico também poderia dizer ao roteador 1 que o roteador 2 tem um caminho "melhor" para a rede de destino.

Mas como podemos usar esse cenário em nosso benefício? Adivinhou – imitando um redirecionamento ICMP e levando o cliente para nossa máquina de ataque, como ocorre na Figura 3-10.

Certo, existe o MITM, mas o que fazer?

Você deve estar pensando: "Certo, a vítima está roteando seu tráfego por minha máquina... e agora? Todo o atraente tráfego está criptografado, não?" Bem, você deve lembrar que vimos em uma seção anterior que muitos protocolos comuns não são criptografados, ou seja, é possível ver tudo o que está ocorrendo – e até injetar seu próprio tráfego. Mesmo no caso em que as comunicações sejam criptografadas, há ataques disponíveis.

Dois dos ataques mais interessantes com implicações sérias real são os ataques MITM ao SSL e os ataques de SSL-*stripping*. Em um ataque MITM ao SSL, o invasor substitui seu certificado pelo certificado do servidor de destino, estabelecendo uma conexão SSL separada entre ele próprio e o cliente e, então, outra conexão SSL entre ele próprio e o servidor. O cliente será alertado sobre um

Redirecionamento ICMP falso

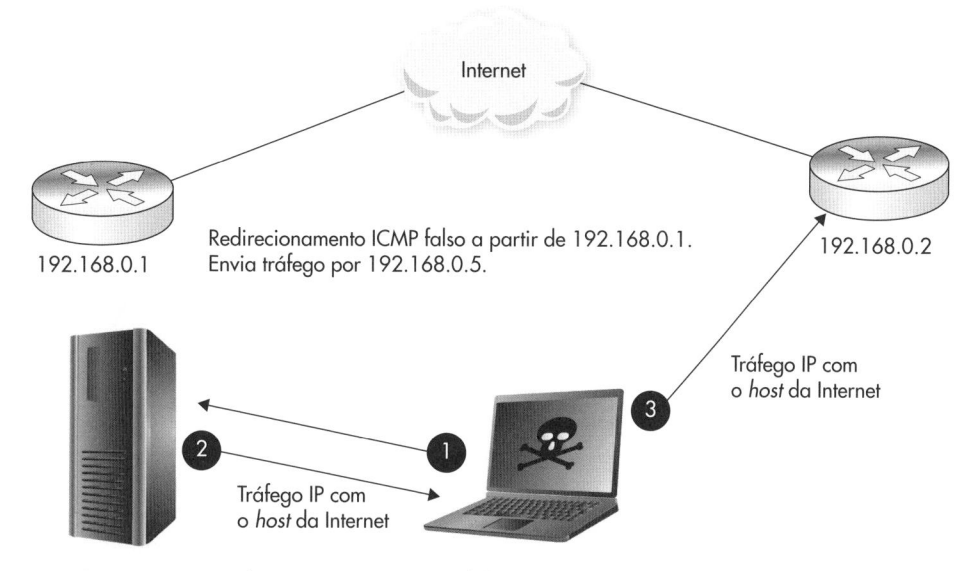

Figura 3-10 Redirecionamento ICMP falso.

problema no certificado do servidor de destino, mas terá a opção de continuar. Adivinhe quantos usuários entendem exatamente o que a mensagem de erro significa e clicam em Continuar.

A outra opção é apenas redirecionar o cliente para que estabeleça uma conexão HTTP padrão em vez de HTTPS. A eficácia desse ataque conta com o fato de a maioria dos usuários não ser alertada quando visita o site de seu banco usando o HTTP e não o HTTPS. Você acha que grande parte sabe a diferença?

> **Nota**
>
> Por alguns de meus comentários anteriores, você pode pensar que eu ache tolos todos os usuários de computador comuns. Não é esse o caso; estou apenas falando por experiência própria que a maioria dos usuários não conhece os intrincados mecanismos das tecnologias de segurança das quais eles dependem. Acontece exatamente a mesma coisa comigo com relação aos carros. Uso carro quase todo dia, que se parasse de funcionar e me dissessem que ele precisa de um novo capacitor de fluxo, eu daria o dinheiro para comprar um.

Autenticação

Outra função de segurança interessante das redes sem fio é o processo de autenticação. Lembre-se de que autenticação é essencialmente provar que você é quem diz ser – e que é alguém que está autorizado a se conectar com a rede, provavelmente por ter uma informação que só alguém "interno" teria (como uma senha). Aqui testão os métodos mais comuns de autenticação:

- Chave WEP
- Chave pré-compartilhada WPA
- Autenticação em um banco de dados central
- Autenticação de fator duplo

Autenticação WEP

O WEP dá suporte nativo a dois mecanismos de autenticação muito básicos: autenticação de chave compartilhada e autenticação aberta.

Na autenticação de chave compartilhada, a chave WEP é usada para verificarmos se o usuário deve ter acesso à rede sem fio. O ponto de acesso e o cliente passam pelo que é chamado de *handshake de quatro vias*. O processo do *handshake* de quatro vias é o seguinte:

1. O cliente envia uma solicitação de autenticação para o ponto de acesso.
2. O ponto de acesso envia ao cliente um número pseudoaleatório (normalmente chamado de *valor nonce*).
3. O cliente criptografa o valor *nonce* usando a chave WEP e o envia de volta para o ponto de acesso.
4. O ponto de acesso criptografa o mesmo valor *nonce* com a chave WEP e o compara com o enviado pelo cliente. Se os valores coincidirem, o cliente está com a chave WEP correta e o ponto de acesso reconhecerá a tentativa de autenticação.

Na autenticação aberta, há basicamente duas mensagens:

1. O cliente envia uma solicitação de autenticação para o ponto de acesso.
2. O ponto de acesso retorna a mensagem de que a estação está autenticada.

Espere, como é? Como isso autentica o cliente? Boa pergunta! A resposta é que não autentica. O ponto de acesso apenas aceita o fato de que, se o cliente enviou pacotes para ele, que conseguiu descriptografá-los apropriadamente usando a chave WEP, então deve ter a chave WEP correta e permissão para usar a rede sem fio.

Mas por que a autenticação de chave compartilhada existe se a autenticação aberta a nega? Também é uma boa pergunta! A resposta é que, na verdade, a autenticação de chave compartilhada é ela própria uma vulnerabilidade horrível para a segurança. O fato de um invasor que capturar o tráfego da rede conseguir tanto o valor *nonce* sem criptografia quanto a resposta criptografada torna extremamente fácil obter parte da chave de criptografia usada. Falando de um modo geral, ter acesso a uma mensagem sem criptografia e à sua forma criptografada permite que o invasor tente obter a chave de criptografia usada. Devido à maneira como a cifra RC4 funciona internamente no WEP, essa é uma operação muito fácil de reverter.

> **Nota**
>
> Você não deve estar usando o WEP nos dias de hoje – mas, se estiver, nunca deve usar a autenticação de chave compartilhada. Em vez dela, use sempre a autenticação aberta.

Criptografia

Criptografia é o processo de obscurecer os dados para que qualquer pessoa não autorizada que os intercepte não consiga entendê-los. Ela seria relativamente irrelevante se não pudéssemos voltar os dados "misturados" à sua forma original. Logo, a criptografia é um processo de duas vias. Pegar os dados criptografados e transformá-los novamente em dados legíveis se chama *descriptografia.*

Há dois sistemas básicos para a criptografia de dados:

- Criptografia de chave compartilhada
- Criptografia de chave pública

A criptografia de chave compartilhada é uma técnica de criptografia de dados extremamente antiga usada desde o tempo dos romanos. Ela usa a mesma chave tanto para criptografar quanto para descriptografar os dados e, portanto, às vezes é chamada de *criptografia simétrica.* Você já deve conhecer a criptografia WEP, que usa uma tecnologia de criptografia de chave compartilhada. É preciso inserir uma chave de criptografia no ponto de acesso e, então, inserir a mesma chave em qualquer cliente que precise de acesso à rede.

A infraestrutura de chaves públicas (também chamada de *criptografia assimétrica*) usa uma chave separada para criptografar e descriptografar dados. Isso pode ser um pouco confuso para pessoas que estejam se iniciando na ICP, mas só é preciso saber que alguns cálculos bem complexos são usados em segundo plano. Essa é considerada uma maneira muito confiável de criptografar dados.

A tabela a seguir lista as vantagens gerais de cada técnica:

Tecnologia	Vantagens
Chave compartilhada	Rapidez Precisa de menos poder de processamento Muito simples
Infraestrutura de chaves públicas	Extremamente segura

Cifras de fluxo *versus* cifras de bloco

Os dois métodos básicos de criptografia de dados são as cifras de fluxo e as cifras de bloco. Em uma cifra de fluxo, normalmente os dados são criptografados um byte de cada vez e o texto cifrado da saída tem o mesmo tamanho (ou quase) do texto sem criptografia da entrada. Em uma cifra de bloco, o algoritmo de criptografia trabalha com blocos de dados de tamanho fixo. Por exemplo, se um algoritmo de criptografia trabalhar com blocos de dados de 32 bytes, uma mensagem sem criptografia de 128 bytes será dividida em quatro blocos exclusivos de texto cifrado (consulte a Figura 3-11).

Como o WEP funciona

O Wired Equivalent Privacy (WEP) fazia parte do padrão sem fio 802.11 original introduzido em 1999. O WEP fornece criptografia na camada 2 do modelo OSI, a camada MAC ou de enlace. Ele utiliza o algoritmo de criptografia RC4 para criptografar dados e usa um sistema de chave compartilhada. O WEP usa uma chave WEP de 40 ou 104 bits para criptografar dados. Se você ainda não sabe, já há algum tempo ele não é mais aceito como algoritmo de criptografia seguro.

> **EMHO**
> Sempre fui da opinião de que o mero nome WEP (*Wired Equivalent Privacy*) sugeria que a linha de raciocínio do projetista já era falha desde o início. A verdade é que não há nível de criptografia que possa tornar as redes sem fio equivalentes a uma rede com fio. Algumas pessoas podem não concordar comigo, logo deixo que você, leitor, tome sua própria decisão.

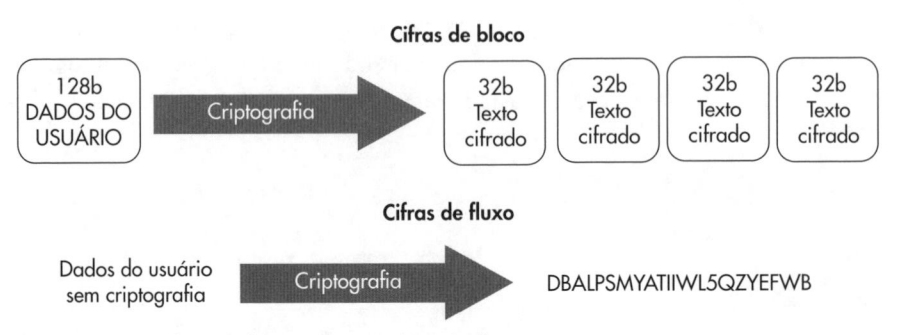

Figura 3-11 Cifras de bloco *versus* cifras de fluxo.

CAPÍTULO 3 Teoria de ataques em redes sem fio

> **Em ação**
>
> Grande parte da documentação se refere aos tamanhos de chave do WEP como opções de 64 e 128 bits. Tecnicamente, isso não é tão preciso quanto declarar que elas têm 40 e 104 bits – o restante vem de um valor de 24 bits (Vetor de Inicialização) que muda com cada pacote, situação sobre a qual aprenderemos em breve. O importante é entender a sutil diferença e que, em grande parte da documentação e das configurações, 40 bits é o mesmo que 64 bits e 104 bits é o mesmo que 128 bits.

As chaves WEP são configuradas pelos administradores e podem ter 40 ou 104 bits. Quando se trata de chaves de criptografia, quanto maior a chave, maior a segurança. A única razão para alguém escolher o WEP de 40 e não o de 104 bits é por ele ser mais fácil de lembrar, já que a chave é mais curta.

Bem, o que significa dizer que o WEP "usa" o algoritmo RC4 e por que isso é importante? Os algoritmos de criptografia são projetados por pessoas muito inteligentes, e profissionais igualmente inteligentes testam os algoritmos seguros. No entanto, eles são abertos para se comportar de modo um pouco diferente de acordo com a maneira como a pessoa resolve implementá-los. Por isso, às vezes ouvimos dizer que um algoritmo é seguro, mas uma implementação específica dele não é. Definitivamente, é esse o caso do WEP e da implementação do RC4.

O RC4 foi projetado em 1987 por Ron Rivest da RSA Security. Ele ainda é um algoritmo de criptografia forte quando implementado de maneira segura para muitos outros protocolos que você deve conhecer, inclusive os seguintes:

- WPA (Wi-Fi Protected Access)
- TLS/SSL (Transport Layer Security e Secure Sockets Layer)
- Microsoft Point-to-Point Encryption
- Remote Desktop Protocol
- Algumas implementações do SSH (Secure *Shell*)
- Algumas implementações do Kerberos

> **Nota**
>
> Outro conceito muito importante para qualquer tecnologia de segurança é o do exame por pares. Isso é particularmente verdade quando se trata de algoritmos de criptografia. Quando um novo algoritmo de criptografia é lançado por um "especialista em segurança" ou uma empresa de segurança, não é suficiente que eles digam: "Podem começar a usar meu novo algoritmo de criptografia, ele é muito seguro". O novo algoritmo deve ser testado por outros profissionais de segurança talentosos para que deem sua aprovação. Normalmente, algoritmos de criptografia que já existem há algum tempo e foram testados por muitas pessoas (ou seja, que passaram no teste do tempo) devem ter prioridade sobre algoritmos recém-criados.

O WEP exige que os usuários insiram uma chave (senha) no ponto de acesso e depois insiram a mesma chave em todos os dispositivos que quiserem acessar a rede sem fio; essa é a típica chave pré-compartilhada que costuma ser chamada de *chave WEP*. Ela serve como a credencial de autenticação usada no acesso à rede sem fio e é a chave do processo de criptografia.

> **Nota**
>
> Pode ser um pouco confuso o fato de a chave WEP ser usada na autenticação porque há tecnicamente duas maneiras distintas de usá-la.
>
> Em primeiro lugar, o padrão WEP original usava a chave WEP como parte de um processo de autenticação por desafio/resposta, que era muito inseguro (como abordado anteriormente neste capítulo).
>
> Em segundo lugar, qualquer pessoa que conheça a chave WEP deve ser considerada "autorizada", porque tem informações que só alguém autorizado deve ter, o que a autentica como alguém autorizado a se associar à rede. Isso é o que significa chave "pré-compartilhada".

> **Na prática**
>
> Também é preciso notar que compartilhar a mesma chave com muitos usuários apresenta suas próprias falhas de segurança e é, basicamente, o tipo mais fraco de autenticação.
>
> O compartilhamento da mesma chave com vários usuários não permite que o administrador autentique (facilmente) usuários específicos; ou seja, se você tiver dois usuários (digamos, Bob e Mary) se autenticando com a mesma chave, não poderá dizer com facilidade se o usuário que se autenticou no ponto de acesso foi Bob ou Mary. Teria que descobrir essa informação usando algum meio externo.
>
> Além disso, se algum usuário comprometer a chave, ela ficará comprometida para todos. Suponhamos que você compartilhasse a chave WEP entre cem usuários. Se um deles sair da empresa, a chave deve ser alterada e redistribuída seguramente para os outros 99 usuários.

Já que o WEP usa a cifra RC4 (uma cifra de fluxo) para criptografar dados, a mesma chave não pode ser usada na criptografia de dois pacotes distintos. Esse é um conceito que deve ser entendido porque explica uma das maiores falhas do WEP. Para que seja considerado o fato de a chave nunca poder ser igual, todos os pacotes incluem um número pseudoaleatótio de 24 bits chamado Vetor de Inicialização (VI), e assim a chave nunca é a mesma.

```
Chave de criptografia = [vetor de inicialização] [chave-WEP]
```

Nota

Os computadores não conseguem criar números de fato aleatórios porque o número gerado sempre é baseado em um cálculo que, tecnicamente, pode ser revertido. Logo, em geral os números "aleatórios" são chamados de *pseudoaleatórios*. Um número pseudoaleatório costuma ser criado com o uso de algo que mude sempre, como a hora atual ou o conteúdo da memória. É claro que, como na maioria das outras técnicas de segurança, nem sempre é assim – há maneiras mais sólidas e maneiras mais frágeis de se gerar números pseudoaleatórios em um computador, mas a teoria permanece a mesma: sob certas circunstâncias, uma implementação fraca pode permitir que, por engenharia reversa, o invasor descubra como um número "aleatório" é gerado.

Você deve estar pensando: "Espere um pouco, se agora a chave de criptografia tem no fim dela um valor aleatório de 24 bits, como o cliente descriptografará o pacote se não conhece a verdadeira chave? Uma ótima pergunta, gafanhoto. Dá para ver que está prestando atenção. Para o recebedor saber como descriptografar o pacote, ele também tem de saber o valor do vetor de inicialização. Então, como o passamos para o destinatário? Simples. Podemos enviá-lo em um campo sem criptografia como parte de cada pacote.

Na Figura 3-12, você verá um exemplo de sessão de captura de pacotes do Wireshark envolvendo comunicações criptografadas com o WEP. Observe o campo chamado "Inicialization Vector", que é um campo numérico de 24 bits. É possível ver que cada pacote tem um VI diferente.

O WEP continuou sendo o padrão de criptografia de redes sem fio mesmo bem depois de ser decifrado. Pode parecer incômodo, mas ainda encontro muitas empresas que acham aceitável usar o WEP em certas situações. Como você verá em breve, esse não é o caso, e o WEP deve ser evitado como uma praga.

Aqui está um pequeno resumo de todos os pontos básicos relacionados ao WEP para consulta rápida:

- Algoritmo RC4
- Cifra de fluxo
- Segredo compartilhado
- Tamanho da chave de 40 ou 104 bits
- Criptografia na camada 2

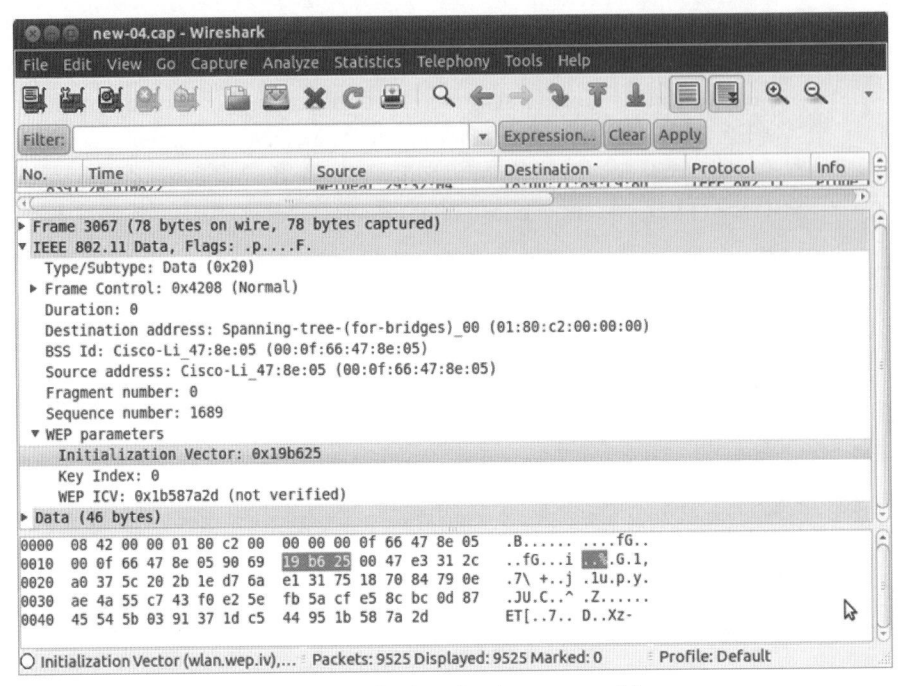

Figura 3-12 Captura com o Wireshark exibindo o campo VI.

A história da quebra do WEP

Em 2001, o WEP foi criptograficamente quebrado por três pesquisadores de segurança: Scott Fluhrer, Itsik Mantin e Adi Shamir. O ataque costuma ser chamado de *FMS*, em referência aos sobrenomes dos pesquisadores que descobriram a vulnerabilidade. Basicamente, a vulnerabilidade do WEP é devida ao seu uso do vetor de inicialização de 24 bits, sobre o qual você aprendeu na seção anterior.

O ataque FMS permite que um invasor descubra a chave WEP após capturar passivamente pacotes criptografados. Para o ataque ter taxa de sucesso de 50%, o usuário tem de capturar cerca de cinco milhões de pacotes criptografados. Lembre-se, um ataque pode ser bem-sucedido com bem menos pacotes ou pode ter de capturar um número maior.

> **JARGÃO**
> A forma mais sinistra de exploração de qualquer sistema criptográfico é um ataque ao modo como o sistema subjacente funciona. A **quebra criptográfica** pode ser considerada como uma falha de projeto no algoritmo de criptografia.

> **Nota**
>
> Lembre-se de que a captura passiva de tráfego é um ataque extremamente furtivo. Não há como o alvo do ataque saber que seu tráfego está sendo capturado.

Um ataque passivo depende da captura de um número suficiente de VIs fracos das comunicações normais de clientes sem fio. Você deve lembrar que vimos na seção anterior que, em uma cifra de fluxo, a chave usada para criptografar dois pacotes nunca pode ser a mesma. Bem, o que acontece quando dois pacotes usam o mesmo vetor de inicialização? Adivinhou! Nada de bom. Já que o VI do WEP tem 24 bits, existem 16.777.216 valores de vetor de inicialização exclusivos. Sim, parece muito, mas em uma rede ocupada você pode enviar facilmente 16 milhões de pacotes em bem pouco tempo.

> **Nota**
>
> Há certos valores de chave que geram padrões de dados criptografados previsíveis. Diz-se que os pacotes criptografados que começam com esses padrões são pacotes fracos, e os VIs associados são VIs fracos.

Posteriormente, em 2004, o ataque Korek foi introduzido por um pesquisador usando o mesmo pseudônimo. Basicamente o ataque Korek aperfeiçoa os cálculos matemáticos do ataque FMS para tornar o ataque mais rápido e eficaz. Em muitos momentos, os dois ataques serão mencionados em conjunto como o ataque FMS/Korek porque o ataque Korek se baseia no ataque FMS.

Koreck também detalhou um ataque conhecido como *chop-chop*, em que o invasor pode descriptografar um pacote criptografado com o WEP sem saber a chave de criptografia, mas a descriptografia do pacote não dá a ele informações da chave WEP. Esse ataque teria recebido muito mais publicidade se o WEP já não tivesse sido totalmente decifrado. Mesmo assim, as implicações criptográficas são muito interessantes e esse estilo de ataque ganhou nova vida com o WPA, o que abordaremos mais tarde.

Em 2007, um estilo de ataque inteiramente novo foi introduzido pelos pesquisadores Pyshkin, Tews e Weinmann. Obviamente, ele foi chamado de *ataque PTW*. Esse ataque precisa apenas de cerca de 40.000 pacotes para alcançar uma taxa de sucesso de 50%, o que são bem menos pacotes do que os originalmente quase cinco milhões necessários para o ataque FMS.

O que tudo isso significa? Em português simples, os projetistas do algoritmo WEP não criaram um VI suficientemente grande. Porque o VI tem 24 bits, em uma rede ocupada, vários pacotes usarão o mesmo valor, o que permite a execução de um ataque conhecido como *ataque de chave relacionada*, em que o invasor conhece uma parte da chave usada na criptografia dos dados e consegue encontrar o relacionamento matemático entre textos cifrados.

> **Na prática**
> Sempre que as pessoas descobrem que é possível decifrar o WEP, elas fazem a mesma pergunta: quanto tempo demora? A resposta é simples: depende. No entanto, por experiência pessoal, posso dizer que o menor tempo que levei para descobrir uma chave WEP foi de aproximadamente 15 minutos, desde capturar o tráfego até obter a chave.

Entrar em muitos detalhes sobre como o WEP foi decifrado não seria útil aqui. Só precisamos saber que qualquer sistema criptográfico é baseado em cálculos matemáticos relativamente complexos (e, ironicamente, também em alguns cálculos matemáticos muito simples). Quando um protocolo de segurança tem sua criptografia quebrada, é porque há um problema nas equações matemáticas subjacentes.

Atacando redes criptografadas com o WEP

Agora que você conhece a história dos ataques ao WEP, examinemos como seria exatamente a execução desses ataques.

O fluxo de ataque básico seria este:

1. Identifique a rede sem fio de destino.
2. Monitore passivamente pacotes criptografados enviados entre o cliente e o ponto de acesso usando um *sniffer*.
3. Salve cerca de 50.000 pacotes criptografados em um arquivo no laptop invasor.
4. Execute o programa aircrack-ng nos pacotes criptografados salvos para determinar a chave WEP.

Uma vez que você tiver obtido a chave WEP, poderá se associar ao ponto de acesso ou continuar a monitorar passivamente o tráfego da rede. Lembre-se, já que o WEP usa a mesma chave compartilhada entre todos os *hosts* da rede, qualquer *host* pode descriptografar as comunicações de um cliente. Após se associar ao ponto de acesso, o invasor poderia se infiltrar mais profundamente na rede.

Bem, isso parece ótimo, mas e se a rede sem fio de destino não for muito utilizada? Podemos demorar para capturar a quantidade de pacotes necessária à quebra da chave WEP. Mas há uma solução – é só fazer a rede sem fio gerar mais tráfego.

Como fazer os sistemas da rede sem fio gerar mais tráfego? Lembre-se, não conhecemos a chave WEP, logo, não podemos criar nosso próprio pacote e criptografá-lo. O que podemos fazer é reenviar um pacote legítimo que capturamos na rede sem fio. Grande coisa; então, reenviaremos um pacote já capturado para o ponto de acesso e ele terá um VI que já conhecemos. Não é só isso; se enviarmos um pacote aleatório, provavelmente ele não terá relevância e será descartado.

Digamos, por exemplo, que reenviássemos o último pacote de uma solicitação HTTP; o sistema de destino irá descartá-lo porque ele é de uma conexão que terminou ou de um segmento que já foi recebido. Logo, temos dois problemas: precisamos enviar um pacote que gere uma resposta do sistema de destino e temos de selecionar esse pacote sem ver seu conteúdo (lembre-se de que o pacote está criptografado com o WEP e tem uma chave que não conhecemos).

Agora você terá uma nova amostra do poder da inferência. Não se esqueça de que o WEP é uma cifra de fluxo, ou seja, o pacote criptografado tem (basicamente) o mesmo tamanho do pacote sem criptografia. Logo, se pudermos inferir que um pacote é de um tipo específico com base em seu tamanho, isso pode ajudar, mas que pacote também garantiria uma resposta? Que tal um pacote ARP? Eureka! Um pacote ARP tem um tamanho bem específico porque não há campos de tamanho variável. Ele também tem um tamanho relativamente único porque é muito pequeno. E se enviarmos uma solicitação ARP, o sistema de destino deve retornar uma resposta ARP! Parece muito bom para ser verdade; não pode funcionar, pode? Bem, pode sim!

Esse ataque é chamado de *injeção de pacotes* ou *reenvio de pacotes ARP* e é executado com o uso da ferramenta aireplay-ng.

O fluxo de ataque modificado seria este:

1. Identifique a rede sem fio de destino.
2. Monitore passivamente pacotes criptografados enviados entre o cliente e o ponto de acesso usando um farejador.
3. Procure um pacote ARP.
4. Reenvie continuamente o pacote ARP.
5. Cada resposta ARP terá um VI exclusivo.
6. Salve cerca de 50.000 pacotes criptografados em um arquivo no laptop invasor.
7. Execute o programa aircrack-ng nos pacotes criptografados salvos para determinar a chave WEP.

Como o WPA funciona

O WPA, ou Wi-Fi Protected Access, foi desenvolvido como um "substituto do WEP". Há duas versões do Wi-Fi Protected Access: WPA e WPA2. O padrão WPA original foi planejado como um substituto temporário do WEP enquanto o padrão 802.11i (WPA2) estava sendo desenvolvido. Devido à maneira como o WPA funciona, ele podia ser executado na maioria dos pontos de acesso e placas de rede sem fio com uma simples atualização de firmware.

A tecnologia que permite ao WPA funcionar em hardware existente é o TKIP, Temporal Key Integrity Protocol. Não examinaremos com detalhes como o TKIP funciona, mas você deve conhecer os aspectos básicos. O TKIP ainda usa o algoritmo RC4 para criptografar dados, o que é uma das razões para poder ser executado em hardware existente. Ele criptografa cada pacote com sua própria chave de criptografia, que ainda é baseada na chave raiz (a chave WEP pré-compartilhada). Basicamente, o TKIP executa uma versão mais segura do que o WEP foi planejado para fazer usando uma chave WEP raiz e um VI "exclusivo" para cada pacote. O TKIP também fornece um "mecanismo de recriação da chave", que é de onde vem seu nome (porque as chaves de criptografia são apenas "temporárias").

O WPA é implementado de duas maneiras básicas:

- WPA-PSK (Pre-Shared Key)
- WPA-Enterprise

WPA-PSK

Com o WPA-PSK (Pre-Shared Key), também chamado de *WPA-Personal*, atribuímos uma chave para ser compartilhada entre todos os dispositivos que quiserem se associar à rede sem fio. Operacionalmente, isso é idêntico à criação e distribuição da chave WEP. No entanto, agora a chave tem 256 bits. Fica claro que o esquema foi planejado para soluções caseiras ou de pequenos empreendimentos, mas, mesmo assim, é amplamente usado em empresas.

WPA-Enterprise

O WPA-Enterprise é muito mais difícil de configurar em comparação com o WPA-PSK. Ele requer servidores adicionais no backend para executar a autenticação de cada usuário (em geral seria um servidor RADIUS). Embora inicialmente o WPA-Enterprise seja mais difícil de configurar, você verá que ele é muito mais fácil de administrar em empresas maiores e fornece uma camada melhor de segurança. Abordaremos as configurações comuns do WPA-Enterprise em um capítulo posterior.

Lembra do exemplo anterior de chave WEP sendo compartilhada entre todos os usuários de uma empresa? Se você tiver cem usuários e um deles sair da empresa, terá que alterar a chave WEP e substituí-la nos 99 sistemas. Com o WPA-Enterprise, isso não é mais um problema. Já que cada usuário tem suas próprias credenciais de autenticação, se um usuário sair da empresa, você só terá que desativar a conta desse usuário.

Algoritmos de criptografia do WPA-2

O WPA2 ainda dá suporte ao algoritmo de criptografia do TKIP, mas também introduziu uma opção nova e mais segura que costuma ser chamada de CCMP ou AES. O Counter Mode with Cipher Block Chaining Message Authentication Code Protocol (CCMP) usa o muito mais seguro e testado algoritmo de criptografia AES. O AES, Advanced Encryption Standard, existe há muitos anos e resistiu ao teste do tempo. Sempre que possível, você deve configurar seus pontos de acesso e clientes para usar o algoritmo CCMP do WPA2. Na Figura 3-13, é possível ver que o WPA2 engloba todas as tecnologias WPA.

Atacando redes protegidas pelo WPA

Isso é ótimo; então tudo o que temos de fazer é substituir os equipamentos que usam o WEP por equipamentos que usam o WPA e estaremos totalmente seguros, certo? Bem, não exatamente. Lembre-se, todas as tecnologias têm suas limitações e deficiências. Examinaremos as vulnerabilidades a seguir associadas ao protocolo WPA:

- Quebra do WPA-PSK
- *Spoofing* de desautenticação do WPA
- Negação de serviço do WPA
- Ataques ao TKIP
- Ataque de força bruta ao WPS

Quebrando a chave pré-compartilhada do WPA

A quebra da chave pré-compartilhada do WPA é o ataque mais fácil de entender. Quando um usuário se conecta com um ponto de acesso usando o WPA-PSK,

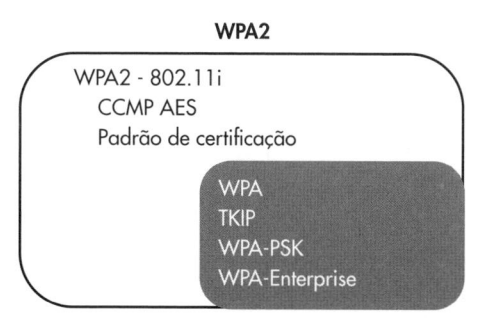

WPA2
WPA2 - 802.11i
CCMP AES
Padrão de certificação

WPA
TKIP
WPA-PSK
WPA-Enterprise

Figura 3-13 WPA2 e WPA.

ele passa pelo que é chamado de *handshake de quatro vias*. Esse *handshake* o autentica verificando se ele tem a chave WPA correta. O processo básico é este:

1. O ponto de acesso envia ao cliente um número pseudoaleatório (normalmente chamado de *valor nonce*).
2. O cliente criptografa o *valor nonce* usando a chave WPA e o envia de volta para o ponto de acesso.
3. O ponto de acesso criptografa o mesmo *valor nonce* com a chave WPA e o compara com o que o cliente enviou. Se os valores coincidirem, o cliente tem a chave WPA correta e o ponto de acesso continua o processo de associação enviando para ele a chave do grupo.
4. O cliente confirma a transação e agradece ao ponto de acesso.

Nota

Já que todos os clientes de uma rede WPA criptografam pacotes usando sua própria chave, eles precisam de uma maneira mais eficiente de enviar transmissões broadcast e multicast. Caso contrário, o ponto de acesso teria de copiar uma difusão ampla e enviar diretamente para cada cliente de uma rede sem fio. Uma discussão completa da GTK (ou Group Temporal Key) não faz parte do escopo deste capítulo. Você só precisa saber que ela existe e qual é sua função básica.

Você já deve conhecer essa vulnerabilidade porque ela é quase idêntica à vulnerabilidade de autenticação no WEP. Se um invasor puder ver o *valor nonce* sem criptografia enviado para o cliente e também a resposta criptografada retornada para o ponto de acesso, ele terá uma situação perfeita para aplicar o ataque de força bruta à chave pré-compartilhada.

Em ação

Lembre-se de que, em um ataque de força bruta, o invasor simplesmente testa todas as combinações de caracteres possíveis até a chave correta ser encontrada. Logo, o tamanho e a complexidade da chave WPA são extremamente importantes para a segurança da rede.

Também há um tipo específico de ataque de força bruta chamado *ataque de dicionário*, que funciona de maneira muito semelhante, exceto por, em vez de testar todas as combinações de caracteres, o invasor testar apenas todas as palavras de um dicionário. Normalmente, essas palavras são extraídas de um arquivo existente chamado *arquivo de lista de palavras* ou *dicionário*. Conjuntos massivos de listas de palavras podem ser encontrados online, em muitos idiomas diferentes, e alguns são até mesmo direcionados a listas específicas de cultura pop como no caso de *Jornada nas Estrelas* e ligas esportivas.

O padrão WPA inclui o SSID como parte do *valor nonce* criptografado, o que ajuda a proteger o *handshake* contra um ataque típico de tabela rainbow. Logo, o invasor precisaria ter tabelas rainbow que fossem específicas de cada SSID. O valor *nonce* criptografado seria algo como:

Handshake WPA

Handshake criptografado = Algoritmo (SSID & Nonce)

Figura 3-14 Valor do *handshake* WPA PSK.

Agora, quando um cliente se associar e autenticar no ponto de acesso, só teremos de capturar a transação e decifrá-la usando o programa aircrack-ng. Abordaremos isso com detalhes no próximo capítulo.

Spoofing de desautenticação do WPA

Você deve estar achando tedioso ficar farejando uma rede e esperar alguém novo se associar para poder capturar o *handshake* WPA. Bem, há uma solução, e ela é bem simples. Usar um programa chamado aireplay-ng para forjar um pacote de desautenticação do cliente, forçando-o a se desconectar e reconectar com a rede sem fio.

A desautenticação de um cliente pode acelerar uma sessão de quebra do WPA-PSK porque não é preciso esperar um cliente se conectar naturalmente. No entanto, há problemas de segurança adicionais nesse ataque. Ele também pode ser usado maliciosamente como ataque de negação de serviço, se alguém quiser causar um pequeno estrago na rede sem fio e impedir que os usuários se conectem; o invasor pode desconectar continuamente alguém que tentar se conectar. Além disso, ele poderia usar essa tática com um ataque de engenharia social e levar os usuários a fornecer informações sigilosas. Abordaremos essas duas técnicas no próximo capítulo.

> **JARGÃO**
>
> Os **ataques de tabela rainbow** são uma implementação da técnica de *trade-off* entre tempo e memória. Em um ataque de força bruta, usamos o poder de processamento para criptografar ativamente muitos valores e compará-los com o valor criptografado já obtido. Em vez disso, podemos pré-calcular esses valores e armazená-los em um arquivo; esse arquivo é a tabela rainbow. Muitos grupos têm reunido seus recursos de computação para criar tabelas rainbow extremamente grandes.
>
> Também é interessante mencionar o fato de que existem tabelas rainbow disponíveis para alguns dos SSIDS mais comuns; logo, você deve selecionar um SSID que seja realmente único.

Mas lembre-se, se você quiser que alguém se conecte com o ponto de acesso de maneira natural, seu ataque será totalmente passivo e bem discreto. Se começar a desautenticar clientes, embora furtivo, seu ataque não será 100% passivo.

> **EMHO**
> Se eu fosse um criminoso, escolheria ataques totalmente passivos a ataques até mesmo pouco ativos. No entanto, durante o teste de penetração, quase sempre esses ataques pouco ativos passam despercebidos da organização-alvo. Se uma empresa for alertada da detecção de pacotes de desautenticação falsos e puder reagir a tempo, deve ter selecionado uma chave WPA muito segura.

Ataque de força bruta ao Wi-Fi Protected Setup (WPS)

O Wi-Fi Protected Setup (WPS) é um programa de certificação que os fornecedores de tecnologia sem fio podem implementar para facilitar que usuários não técnicos implementem a segurança em redes sem fio. O método Pin-External Registrar requer que os usuários insiram um número de oito dígitos em seu computador para se autenticar no ponto de acesso, momento em que este enviará ao dispositivo cliente a chave WPA pré-compartilhada. Em geral, o PIN é encontrado fisicamente no ponto de acesso ou na documentação que vem com ele.

No fim de dezembro de 2011, um pesquisador de segurança chamado Stefan Viehböck publicou um artigo descrevendo um novo ataque ao Wi-Fi Protected Setup. A falha foi descoberta no método Pin-External Registrar usado para autenticar dispositivos clientes.

Viehböck descobriu que, quando o cliente se autentica com o PIN, na verdade, ele é dividido em dois pins de quatro dígitos, e, para piorar, o oitavo dígito é usado como soma de verificação. Ou seja, o oitavo dígito é apenas um reflexo dos sete dígitos anteriores e pode ser calculado com base neles.

Mas por que isso é um problema? Bem, significa que, em vez da quantidade original de 100.000.000 de PINs possíveis, há na verdade apenas cerca de 1.000, o que reduz drasticamente o tempo de quebra do PIN por força bruta. Ferramentas de ataque foram lançadas para explorar essa falha e algumas levam em média poucas horas para ter sucesso no ataque de força bruta ao PIN.

A boa notícia é que, normalmente, o modo WPS só é encontrado em pontos de acesso residenciais. No entanto, você ainda deve tomar cuidado com as implicações para qualquer ponto de acesso que encontrar em seu ambiente. Se possível, deve desativar o WPS em todos os seus pontos de acesso. Além disso, alguns pontos de acesso têm um período de bloqueio, que pode ajudar a retardar e, às vezes, mitigar o risco de um ataque de força bruta.

Negação de serviço do WPA

Acabamos de ver como um ataque poderia falsificar pacotes de desautenticação para causar uma negação de serviço, mas existem outras opções disponíveis. E também há uma função no WPA que indica basicamente que, se o ponto de acesso receber dois pacotes inválidos, ele desconectará os clientes e esperará 60 segundos antes de retomar a operação; isso deve proteger de ataques o lado com fio da rede, mas abre o lado sem fio a um ataque de negação de serviço. Além do mais, como sempre, há a possibilidade de ocorrência de uma negação de serviço física com a saturação do espectro sem fio com lixo.

Ataques ao TKIP

Sim, acredite ou não, o protocolo projetado para substituir um protocolo fraco tem suas próprias fraquezas criptográficas. Embora essas fraquezas não sejam tecnicamente tão graves como as do WEP, mesmo assim têm implicações muito sérias.

O ataque Beck-Tews é muito semelhante ao ataque chop-chop usado contra o WEP. Consegue adivinhar de onde vem seu nome? Se respondeu dos nomes dos pesquisadores, acertou! Martin Beck e Erik Tews publicaram um artigo em novembro de 2008 detalhando-o. O ataque permite que um invasor descubra os bytes de um pacote e, então, continue a adivinhação passando para o próximo byte, como ocorre no ataque chop-chop. Beck e Tews indicam que é possível executar um ataque bem-sucedido em que o invasor descubra os bytes de um pacote inteiro em apenas 12 minutos.

Uma vez que um invasor tiver sucesso em adivinhar um pacote inteiro, ele terá a chave usada e, então, poderá criar seus próprios pacotes. O WPA tem proteção interna contra o reenvio de pacotes, mas ela pode ser burlada com o uso da Quality of Service (QoS), que, basicamente, dá prioridade a diferentes tipos de pacotes para assegurar qualidade para sistemas específicos, como voz e vídeo. O invasor fica limitado ao tamanho e ao número de pacotes que pode enviar, mas raramente isso é um problema para um *hacker* criativo.

Em seguida, os pesquisadores japoneses Toshihiro Ohigashi e Masakatu Morii revelaram uma implementação mais simples e rápida de um ataque semelhante ao ataque Beck-Tews. O método usa um ataque de homem-no-meio e não requer que o ponto de acesso esteja com o Quality of Service ativado.

Então, o que devo usar?

A essa altura, você pode estar um pouco frustrado com as opções de segurança disponíveis para redes sem fio – e com razão! Muitas pessoas só querem saber como proteger sua rede sem fio. A resposta é aquela típica de um consultor: depende. Em um capítulo posterior abordaremos algumas opções a serem consideradas, mas, por enquanto, uma resposta resumida seria que, se você puder escolher, use o WPA2 e o CCMP.

O que vimos

Neste capítulo, preparamos o terreno para você entender como as ferramentas de ataque examinadas no próximo capítulo funcionam. Hoje, estão disponíveis muitas ferramentas de ataque que são extremamente fáceis de usar sem ser preciso entender o ataque subjacente. Apenas usar as ferramentas sem entender como elas funcionam não o ajudará a se especializar em segurança.

Como o WEP funciona
- Autenticação e criptografia

Como o WPA funciona
- WPA-PSK
- WPA-Enterprise
- Algoritmos de criptografia do WPA2

Atacando redes criptografadas com o WEP
- História da quebra do WEP
- Quebrando chaves WEP
- FMS, Korek, chop-chop, PTW

Atacando redes criptografadas com o WPA
- Decifrando a chave WPA pré-compartilhada
- *Spoofing* de desautenticação do WPA
- Ataque de força bruta ao Wi-Fi Protected Setup
- Negação de serviço do WPA
- Ataques ao TKIP

Técnicas comuns de ataque a redes
- Ataques de homem-no-meio
- ARP *spoofing*
- Servidores DHCP não autorizados
- Redirecionamentos ICMP falsos
- Capturando o tráfego de redes sem fio

CAPÍTULO 4

Ataque a redes sem fio

> **Neste capítulo, veremos**
>
> - Reconhecimento de redes sem fio
> - Capturas de pacotes passivas
> - Quebra de criptografia WEP
> - Quebra de *handshake* WPA-PSK
> - *Spoofing* de pacotes de desautenticação

Neste capítulo, você usará o conhecimento que obteve no capítulo anterior para utilizar as ferramentas abordadas agora. Percorreremos alguns dos ataques examinados no capítulo anterior e daremos prosseguimento com ataques adicionais no próximo capítulo.

Os ataques abordados neste capítulo são direcionados à identificação e invasão de pontos de acesso sem fio. No próximo capítulo, estenderemos os ataques aos clientes sem fio. Em capítulos posteriores, examinaremos as opções de defesa contra esses ataques.

Em todos os cenários, usaremos a topologia a seguir, a menos que observado diferentemente (consulte a Figura 4-1):

Ponto de acesso

- Endereço MAC: 22:22:22:22:22:22
- Endereço IP: 192.168.1.10
- SSID: INSECURE

Laptop cliente

- Nome: client
- Endereço MAC: 44:44:44:44:44:44
- Endereço IP: 192.168.1.20

Laptop invasor

- Nome: attacker
- Endereço MAC: 00:11:22:33:44:55
- Endereço IP: 192.168.1.50

Todas as ferramentas discutidas neste capítulo vêm pré-instaladas no BackTrack. Para ver instruções sobre a instalação de um programa em um sistema operacional diferente, consulte o site relacionado.

```
Cliente     MAC:44:44:44:44:44:44
            IP:192.168.1.20

                                          PA
                                          MAC:22:22:22:22:22:22
                                          IP:192.168.1.10
                                          SSID:INSECURE

Invasor     MAC:00:11:22:33:44:55
            IP:192.168.1.50
```

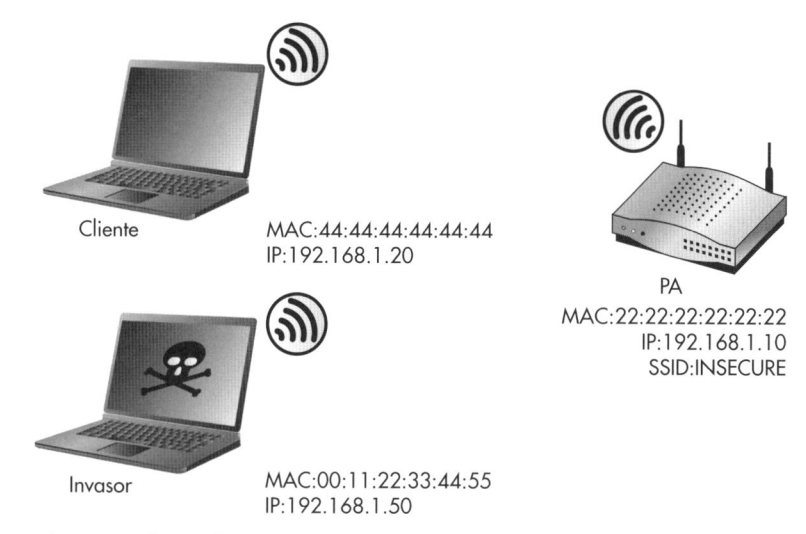

Figura 4-1 Topologia de ataque.

Reconhecimento de elementos sem fio

Lembre-se, reconhecer tecnologias sem fio é o ato de identificar dispositivos, redes, clientes, comunicações e outros elementos sem fio disponíveis. Como no capítulo anterior, aqui nos concentraremos na identificação de redes sem fio. Começaremos com as maneiras mais básicas de identificar redes sem fio e, então, passaremos para métodos mais sofisticados.

Gostaria de aproveitar essa oportunidade para lembrá-lo de quanto o wardriving é divertido. Além de seguir esses exemplos em casa ou em seu escritório, certifique-se de se divertir enquanto faz isso. Também é relativamente simples configurar as ferramentas para que registrem as redes encontradas, o que lhe permitirá dirigir pelas redondezas e verificar os resultados depois.

> **Nota**
>
> Não teremos como examinar todas as opções, configurações e recursos de cada programa abordado neste capítulo. O importante é que você tenha uma ideia do que existe e possa testar algumas coisas úteis *hoje*! À medida que for encontrando ferramentas úteis, você deve explorar sua funcionalidade pela documentação online, páginas de manual e simplesmente brincando com as ferramentas e adquirindo experiência.

Os métodos mais básicos de identificação de redes sem fio já vêm embutidos na maioria dos sistemas operacionais ou dispositivos que você pode vir a usar. Grande parte desses métodos depende dos pacotes de solicitação e resposta de sondagem que discutimos anteriormente. Logo, quase todas essas ferramentas seriam consideradas *ativas* porque a solicitação de sondagem pode ser vista pelo sistema de destino.

A maioria dos comandos e ferramentas abordada aqui requer privilégios administrativos ou de root. Examinaremos as ferramentas a seguir que ajudam a detectar redes sem fio:

- **iwlist**   Comando Linux para a identificação de redes sem fio
- **Kismet**   Conjunto de detecção de redes sem fio muito popular do Linux
- **Kismac**   Conjunto de detecção de redes sem fio muito popular do Mac OS
- **Wardrive**   Aplicativo simples do Android para facilitar o wardriving
- **Netstumbler**   Conjunto de detecção de redes sem fio muito popular do Windows

A primeira coisa que você deve fazer é identificar as placas de rede sem fio disponíveis em seu sistema Linux. Dependendo do driver associado à placa, ela pode usar vários prefixos. Aqui estão alguns dos mais comuns:

- ethX
- wlanX
- wifiX
- athX

O X representa um número que identifica de maneira exclusiva a placa de interface de rede (NIC, network interface card) e normalmente começa em zero. Logo, a primeira placa de seu sistema poderia ser wlan0 e, a seguinte, wlan1. A maneira mais simples de identificar as placas de rede sem fio do sistema é com o comando iwconfig. Digite o comando sem argumentos e verá uma saída semelhante à Listagem 4-1.

Listagem 4-1: Saída do comando iwconfig
```
root@attacker:~#iwconfig
lo        no wireless extensions.
eth0      no wireless extensions.

wlan0     IEEE 802.11abgn  ESSID:off/any
          Mode:Managed  Access Point: Not-Associated   Tx-Power=15 dBm
          Retry  long limit:7   RTS thr:off   Fragment thr:off
          Power Management:on

root@attacker:~#
```

É possível ver que, no sistema invasor, a primeira placa de rede sem fio disponível é wlan0. A placa dá suporte a todos os padrões básicos 802.11 (A, B, G e N) e, atualmente, não está associada a uma rede sem fio.

O comando iwlist

A primeira ferramenta que examinaremos é o comando iwlist do Linux. Veja na Listagem 4-2 a descrição do iwlist encontrada nas páginas do manual (*man page*). Lembre-se, a maioria desses comandos requer privilégios root.

Listagem 4-2: Man page do iwlist

```
DESCRIPTION
    Iwlist is used to display some additional information from a
    wireless network interface that is not displayed by iwconfig(8).
    The main argument is used to select a category of information,
    iwlist displays in detailed form all information related to this
    category, including information already shown by iwconfig(8).
Manual page iwlist(8) line 24
```

Se você digitar o comando sem nenhum argumento, poderá ver as *categorias* mencionadas na man page. Essas categorias são usadas como argumentos da interface e podem fornecer muitas informações úteis sobre redes sem fio existentes na área, assim como parâmetros de configuração de redes sem fio para a interface especificada.

A opção que nos ajudará a executar o reconhecimento de redes sem fio disponíveis é *scanning*. O essid e as últimas chaves do argumento *scanning* são opcionais. Logo, para ver um resumo rápido das redes sem fio disponíveis, apenas execute o comando com a interface sem fio identificada e use a opção scanning, desta forma:

```
#iwlist wlan0 scanning
```

Como você pode ver na Listagem 4-3, é possível obter muitas informações usando iwlist. Examinemos as mais úteis.

Listagem 4-3: Exemplo de saída de iwlist

```
          Cell 11 - Address: 22:22:22:22:22:22
                  Channel:11
                  Frequency:2.462 GHz (Channel 11)
                  Quality=46/70  Signal level=-64 dBm
                  Encryption key:on
                  ESSID:"INSECURE"
                  Bit Rates:1 Mb/s; 2 Mb/s; 5.5 Mb/s; 11 Mb/s; 18 Mb/s
                           24 Mb/s; 36 Mb/s; 54 Mb/s
                  Bit Rates:6 Mb/s; 9 Mb/s; 12 Mb/s; 48 Mb/s
                  Mode:Master
```

Campo	Descrição
Cell	A célula é um número do comando iwlist que identifica de maneira exclusiva cada rede.
Address	O endereço é o BSSID, que identifica de maneira exclusiva o ponto de acesso.
Channel	O canal sem fio atual desse BSSID específico. Você também pode ver a frequência embaixo, o que pode ser útil porque algumas ferramentas usam a frequência, e não o canal.
Encryption key	Configurada com "on" nesse caso, ou seja, o ponto de acesso está usando a criptografia WEP.
ESSID	O Extended Service Set ID, que, nesse caso, é "INSECURE".
Mode	Lembre-se, se o modo for "Master", você saberá que o dispositivo é um ponto de acesso; caso contrário, o modo seria Ad-Hoc.

> **Em ação**
>
> Você deve estar pensando que, para exibir o ponto de acesso e os clientes como tendo um endereço MAC exclusivo, tive que editar todas as imagens deste capítulo, mas está errado. É possível alterar o endereço MAC em um computador Linux usando o comando ifconfig. Para o ponto de acesso, usei um Linux WRT54G com o firmware dd-wrt. Como parte do firmware dd-wrt, há o recurso de "endereço MAC clone", que nos permite configurar o endereço MAC com o que quisermos.
>
> Para o laptop Linux, normalmente primeiro a interface deve ser desativada para que seja feita a alteração do endereço MAC. A sintaxe infconfig é a seguinte:
>
> ```
> #ifconfig wlan0 down
> #ifconfig wlan0 hw ether 88:88:88:88:88:88
> #ifconfig wlan0 up
> ```
>
> Definitivamente, recomendo que você configure seu endereço MAC e endereço IP de maneira estática ao testar ferramentas de segurança; isso facilita muito lembrar e identificar máquinas em capturas de pacotes e ações semelhantes. Além disso, é preciso saber que algumas placas não dão suporte à alteração do endereço MAC (embora atualmente a maioria dê) e outras têm pequenas restrições. Por exemplo, o firmware dd-wrt determina que o segundo dígito do endereço MAC deve ser par. A placa de rede sem fio do laptop que eu usava tinha esse requisito.

> **Em ação**
>
> Muitas vezes há tantas redes sem fio na área que a saída do comando iwlist rola rapidamente no terminal, dificultando a leitura. Nesse caso, gosto de repassar a saída por *pipe* para um arquivo usando o comando a seguir:
>
> ```
> #iwlist wlan0 scanning >> networks.txt
> ```
>
> Ou, melhor ainda, começarei usando *grep* para encontrar os ESSIDs disponíveis e depois examinarei com mais calma as redes interessantes. O comando *grep* oferece várias opções para a busca de entradas com uma sequência de texto específica. Ele é extremamente flexível, mas, quando usado de maneira mais básica, podemos repassar a saída de um comando por *pipe* para *grep* e o único argumento fornecido é a palavra que se quer procurar. Por padrão, `grep` diferencia maiúsculas de minúsculas, logo, você pode procurar a palavra "ESSID" assim:
>
> ```
> #iwlist wlan0 scanning | grep ESSID
> ```
>
> A Listagem 4-4 mostra os resultados.

Na Listagem 4-4, você notará dois nomes de rede aparecendo como "\x00". Parece um ESSID bem estranho, não? Bem, é porque não se trata realmente do ESSID. Isso é exibido quando um ponto de acesso não está transmitindo seu ESSID.

Listagem 4-4: Exibindo só os ESSIDs descobertos por iwlist

```
root@attacker:~# iwlist wlan0 scanning | grep ESSID
            ESSID:"wlan-023fc"
            ESSID:"SHome"
            ESSID:"INSECURE"
            ESSID:"MKB_WIRELESS"
            ESSID:"wlan-ffdle"
            ESSID:"wLan-2bll4"
            ESSID:"\x00"
            ESSID:"the_hizzle"
            ESSID:"\x00"
            ESSID:"Wink Internet"
            ESSID:"\x00"
            ESSID:"Wlan-d43b
root@attacker:~#
```

Kismet

Não poderíamos ter uma seção sobre reconhecimento de redes sem fio sem discutir o Kismet, que é a melhor ferramenta para a descoberta de redes. O Kismet já existe há algum tempo e passou por muitas alterações. Ele oferece uma grande quantidade de recursos, inclusive os seguintes:

- Identificação passiva de redes sem fio
- Registro de coordenadas GPS de redes sem fio
- Registro de pacotes capturados e redes sem fio detectadas
- Revelação automática de redes sem fio detectadas
- Registro em arquivos XML para integração com outras ferramentas

Daremos destaque aos recursos de reconhecimento de redes sem fio do Kismet neste capítulo e abordaremos algumas das funcionalidades adicionais em um capítulo posterior, inclusive usando o Kismet como um IDS de redes sem fio.

> **EMHO**
> Peço encarecidamente que você instale e use o Kismet. Você obterá muitas informações sobre o uso (e o abuso) das tecnologias sem fio apenas passando algumas noites bem divertidas dirigindo pelas redondezas com o Kismet. É inestimável.

O Kismet usa a biblioteca ncurses, que o permite agir como um programa de terminal, mas continuar tendo algumas das qualidades de uma interface gráfica de usuário (GUI), inclusive a possibilidade de interação com o uso do mouse. Para baixar o Kismet ou ler alguma documentação adicional, visite *www.kismetwireless.net*. O Kismet pode ser executado em Linux, FreeBSD, NetBSD, OpenBSD e Mac OS X. Você também pode executar o cliente Kismet com o Cygwin no Windows.

> **Na prática**
> Não fique tão empolgado com a possibilidade de executar o cliente Kismet no Windows. Na verdade, executá-lo com o Cygwin pode ser mais do que uma simples dor de cabeça para quem não conhece o Linux. Mas, se quiser se aventurar, pode examinar a documentação sobre como fazer isso em *www.kismetwireless.net*.

CAPÍTULO 4   Ataque a redes sem fio   **79**

O Kismet usa um modelo cliente/servidor em que podemos configurar vários "drones" para encaminhar informações para o servidor Kismet. O servidor Kismet vê esses drones como fontes de captura autônomas e pode ser configurado independentemente. Veremos mais sobre isso em um capítulo posterior.

É fácil navegar no Kismet usando o teclado. Eu recomendaria que você se acostumasse a não usar o mouse, e verá que é possível percorrer a interface rapidamente com o teclado. Para operações mais básicas, terá de usar as teclas detalhadas na tabela a seguir:

Tecla	Uso
ESC ou ~	Acesso ao menu principal
Teclas de setas	Navegação pelos menus
ENTER ou barra de espaço	Seleção do item realçado
TAB	Rolagem entre as opções

O Kismet é fácil de instalar e vem pré-carregado no BackTrack. Você só tem que abrir um terminal como usuário root e digitar **kismet** na linha de comando. Se iniciar o Kismet como usuário root, verá uma mensagem semelhante à da Figura 4-2. É recomendável que você execute o Kismet como usuário comum; no entanto, precisará de privilégios root para iniciar o servidor Kismet.

Em seguida, você verá o aviso da Figura 4-3. Ele está dizendo apenas que o servidor está sendo executado (lembre-se, o Kismet tem tanto um cliente quanto um servidor) e lhe perguntando se você deseja iniciá-lo.

Depois disso, lhe será solicitada uma opção de inicialização, como visto na Figura 4-4. Aqui você também terá a opção de desativar a função de registro padrão e configurar um prefixo para os arquivos de *log* gerados. Todas as configurações padrão são boas, logo, selecione Start para continuar.

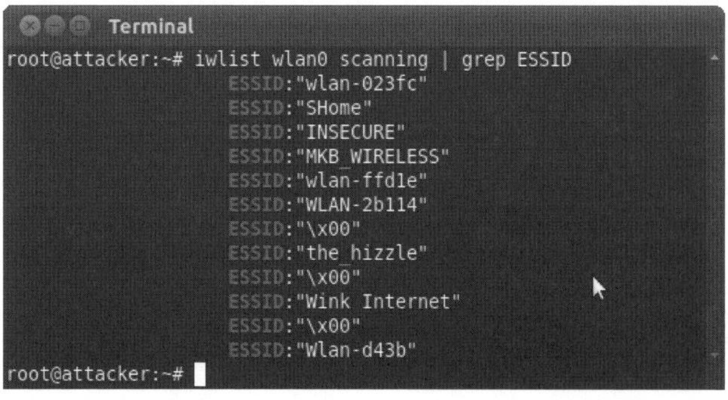

Figura 4-2 Aviso do Kismet quando usado com privilégios root.

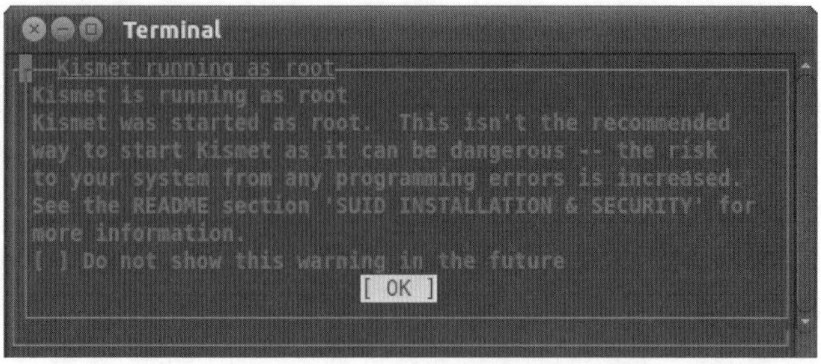

Figura 4-3 O Kismet pode iniciar automaticamente o servidor Kismet.

> **EMHO**
> Descobri que o uso da função de registro em ferramentas de segurança pode ser inestimável. Em muitas ocasiões, tive de voltar e refrescar minha memória sobre o que tinha visto anteriormente na interface. E não é só isso: o uso do recurso de registro pode ser outra maneira útil de se educar sobre como exatamente uma ferramenta funciona e que informações podem ser obtidas dela. Você deve se habituar a ativar a funcionalidade de registro sempre que puder.

Em seguida, você verá a janela de console do servidor assim como a opção de fechá-la. Tudo que é visto aqui são as informações de backend sobre o que o servidor Kismet está fazendo. É seguro selecionar a opção de fechamento da janela do console; o servidor Kismet continuará sendo executado.

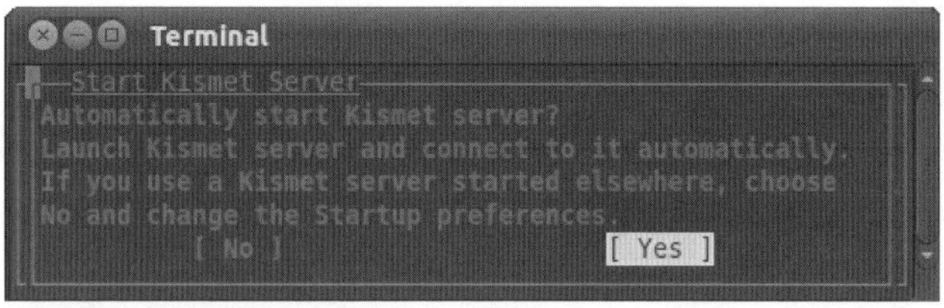

Figura 4-4 Opções de registro do Kismet.

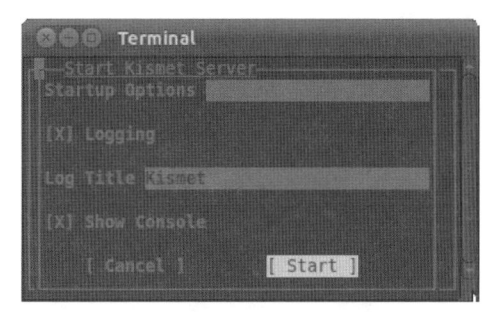

Figura 4-5 O Kismet solicita uma interface de captura.

Agora você verá a caixa de diálogo No Sources mostrada na Figura 4-5, indicando que, atualmente, o Kismet não tem "fontes de pacotes" definidas e perguntando se você gostaria de definir uma. Esse recurso interessante foi adicionado em versões recentes. No passado, era preciso editar o arquivo de configuração do Kismet manualmente. Embora não seja uma tarefa difícil editar o arquivo de configuração, se você for iniciante no Linux, a edição de um arquivo um pouco complexo pode ser um pequeno obstáculo. Selecione Yes e verá a caixa de diálogo Add Source da Figura 4-6.

Preencha os campos de maneira semelhante ao visto na Figura 4-6. O campo Intf é para a interface, que obtivemos anteriormente com o comando iwconfig. O campo Name pode ser qualquer coisa com a qual você queira identificar de maneira exclusiva essa fonte de captura. Isso é útil quando são usadas várias interfaces ou drones do Kismet; por enquanto, daremos a ela o mesmo nome da interface.

Finalmente, chegamos à interface principal do Kismet. Pare por um momento e examine a Figura 4-7 para ver todas as informações que estão disponíveis. O painel principal no canto superior esquerdo, que ocupa a maior parte da tela, exibe a lista de redes assim como algumas das informações mais importantes sobre cada uma.

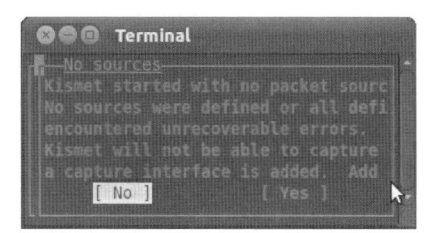

Figura 4-6 Exemplo de fonte de captura do Kismet.

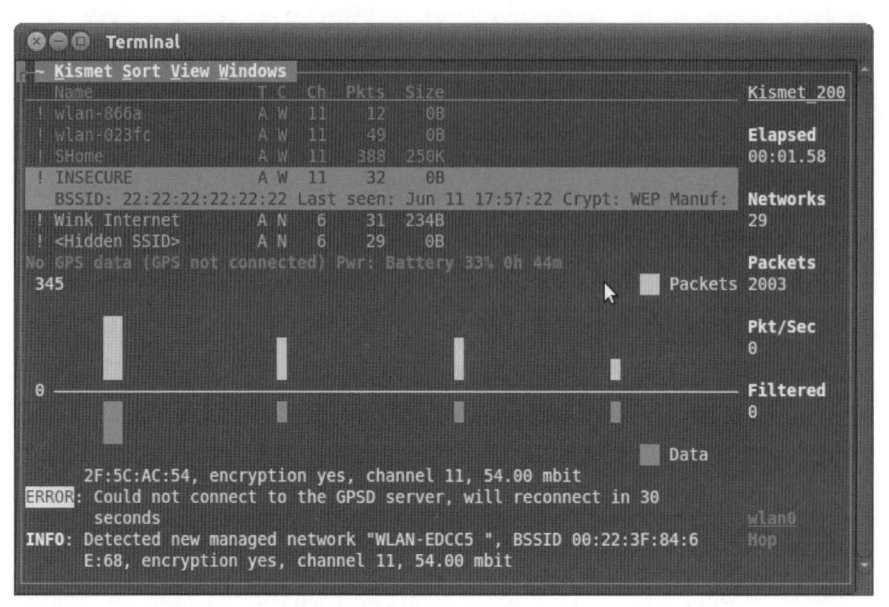

Figura 4-7 Interface principal do Kismet.

A barra abaixo do painel principal exibe uma representação gráfica rolável dos pacotes e dados capturados. Os pacotes ficam no topo em laranja e, os dados, abaixo da barra em vermelho. Mais uma vez, esse painel não fornece necessariamente uma indicação real do conteúdo dos dados, mas, se houver muitos dados passando, você poderá inferir o uso que está sendo feito da rede assim como determinar um alvo interessante.

> **Em ação**
>
> No último capítulo, abordamos o fato de serem precisos milhares de pacotes para a quebra da chave de uma rede criptografada com o WEP. Do ponto de vista de um invasor, se ele puder identificar uma rede sem fio com vários clientes conectados e muitos dados sendo transferidos pelo ar, essa pode ser uma boa rede para se atacar. Definitivamente, não estou sugerindo que alguém atacará sua rede só por estar vendo muitos pacotes saindo dela. No entanto, se um invasor tiver dois alvos possíveis – um sem clientes conectados e o outro com dez clientes e muitos dados – o último pode ser o alvo mais óbvio.

A maioria das colunas tem uma representação abreviada de sua finalidade. Aqui estão as mais comuns:

Coluna	Descrição
Name	Deve ser relativamente óbvio: é o ESSID da rede detectada.
C	A configuração de criptografia detectada: • W para WEP • O para outra, que geralmente indica o WPA • N para nenhuma
Ch	É o canal que a rede detectada está usando
Pkts	É o número total de pacotes capturados nessa rede, que é uma indicação muito boa do quanto ela pode estar ocupada.
Size	A soma total dos pacotes capturados; também pode ser uma boa indicação de uma rede ocupada.

Se você realçar uma rede específica usando as teclas de setas, obterá mais informações sobre ela. Na Figura 4-7, é possível ver as informações a seguir:

- BSSID: 22:22:22:22:22:22
- Crypt: WEP (o protocolo de criptografia detectado)
- Manufacturer: detectado com base no endereço MAC

Se você realçar uma rede sem fio e pressionar a tecla ENTER, verá outra janela com muito mais informações, inclusive as seguintes:

- Primeira e última vez em que a rede foi vista
- Nível do sinal
- Nível de ruído
- O número de pacotes

Em ação

Quer saber como encontrar o SSID de uma rede detectada? É muito simples – isso ocorre automaticamente! Quando o Kismet captura a solicitação de associação de um cliente, ele atualiza automaticamente a rede com o SSID apropriado. Se você estiver ficando impaciente e já houver um cliente associado à rede detectada, pode forçá-lo a se associar novamente simulando uma mensagem de desautenticação, como abordado mais à frente neste capítulo.

> **Na prática**
>
> Do ponto de vista da segurança, nem todas as informações adicionais são úteis. No entanto, lembre-se de que elas estão disponíveis e que algum dia podem ajudar a solucionar um problema.

Kismac

O Kismac é um programa que copia muitas das funcionalidades do Kismet e – o que não é surpresa – é executado no Mac OS. Você pode baixá-lo de www.kismac-ng.org. Aqui está uma lista de algumas das funcionalidades que o Kismac fornece:

- Enumeração dos SSIDS revelados
- Suporte a GPS semelhante ao do Kismet
- Exportação e importação de arquivos PCAP
- Suporte ao recebimento de dados a partir de um drone do Kismet

Wardrive

O Wardrive é um aplicativo disponível para o Android OS. Pelo que vi, me parece o melhor aplicativo disponível para a execução do wardriving com um smartphone. Um dos recursos mais arrojados do uso de um smartphone como ferramenta de wardriving é que ele já tem a funcionalidade de GPS embutida!

O Wardrive permite a visualização das redes sem fio em um mapa, inclusive com uma visão de satélite. Você também pode exportar as redes detectadas como um arquivo KML, que é muito semelhante a um arquivo XML. Em seguida, pode importar o arquivo KML para o Google Maps e visualizar todas as redes em seu computador. Muito legal!

Netstumbler

O Netstumbler também é um programa de enumeração de redes sem fio muito popular. É executado no sistema operacional Windows e fácil de instalar e usar. Embora o Netstumbler não contenha todos os recursos do Kismet, algumas pessoas preferem sua interface à do Kismet.

> **EMHO**
> Com tantas opções para a enumeração de redes sem fio, qual você deve escolher? Novamente, depende. Dependendo da situação, pode ser mais fácil e furtivo usar seu telefone. Se for muito trabalhoso e você estiver apenas curioso para saber o que pode encontrar, trazer o Kismet para seu laptop pode ser uma boa opção.
> Durante a maioria dos testes de penetração, acabo usando a funcionalidade do airodump para encontrar redes sem fio disponíveis em vez do Kismet. Você verá no próximo capítulo que a saída simples e direta do airodump pode ser muito útil.

Atacando ativamente redes sem fio

Agora que aprendemos como um invasor identificaria uma rede que valesse a pena ter como alvo, passemos para a próxima etapa e tentemos atacar ativamente a rede. Em nosso primeiro exemplo, teremos como alvo uma rede criptografada com o WEP e, então, passaremos para uma rede criptografada com o WPA.

As ferramentas que usaremos neste capítulo estão listadas na tabela a seguir. Elas estão todas no pacote aircrack-ng.

Ferramenta	Descrição
airmon-ng	Um script bash projetado para ativar o modo monitor em uma interface sem fio
airodump-ng	Uma ferramenta de captura de pacotes sem fio para o aircrack-ng
aireplay-ng	Injeta pacotes em uma rede sem fio para gerar tráfego
aircrack-ng	Um quebrador de chave WEP ou WPA-PSK do padrão 802.11

Quebrando a criptografia WEP

A quebra do WEP requer as etapas básicas a seguir:

1. Identifique a rede sem fio de destino.
2. Coloque sua placa de rede no modo monitor usando o airmon-ng.
3. Comece a salvar tráfego no canal associado à rede sem fio de destino usando o airodump-ng.
4. Tente quebrar a chave WEP usando o aircrack-ng.
5. Se mais tráfego for necessário, execute um ataque de reenvio de pacotes usando o aireplay-ng.
6. Quebre a chave WEP usando o aircrack-ng.

Examinemos cada uma das etapas com detalhes para acompanhar o processo de quebra da chave de uma rede criptografada com o WEP.

Etapa 1. Identifique a rede sem fio de destino.

Já identificamos a rede sem fio de destino (INSECURE) usando o comando iwlist. A rede tem o BSSID 22:22:22:22:22:22 e está no canal 11, como mostrado anteriormente na Listagem 4-3.

Etapa 2. Coloque sua placa de rede no modo monitor usando o airmon-ng.

Em seguida, colocaremos nossa interface wlan0 no modo monitor. Se usarmos o airmon-ng sem nenhum argumento, veremos o *status* atual de qualquer interface sem fio do sistema. Basicamente, só temos uma opção, que é a interface em que ativaremos o modo monitor (consulte a Listagem 4-5).

Listagem 4-5: Um exemplo do airmon-ng colocando a wlan0 no modo monitor

```
# airmon-ng start wlan0
```

Etapa 3. Comece a salvar tráfego no canal associado à rede sem fio de destino usando o airodump-ng.

Agora começaremos a salvar todo o tráfego que virmos na rede de destino com o programa airodump-ng.

```
#airodump-ng -w OUT -c 11 --bssid 22:22:22:22:22:22 mon0
```

- **-w OUT** pede ao airodump que nomeie todos os arquivos começando com "OUT".
- **-c 11** pede ao airodump que fique no canal 11 em vez de saltar entre os canais.
- **--bssid** força o airodump a se concentrar apenas no BSSID de destino.
- O último argumento é a interface em que será feita a escuta.

> **Nota**
>
> Observe que, no Linux, qualquer chave de linha de comando que não seja de um único caractere tem dois traços em vez de apenas um.

> **Em ação**
>
> Se você consultar a man page do airodump, cuidado para não confundir as opções de filtro com as opções normais. Esse é um erro relativamente comum e pode causar confusão em uma tentativa de ataque.

CAPÍTULO 4 Ataque a redes sem fio

Na Listagem 4-6, podemos ver um reflexo das chaves que usamos. A maioria dos campos é autoexplicativa. CH mostra que estamos monitorando só no canal 11. A seção Elapsed mostra quanto tempo se passou desde que iniciamos o programa airodump (nesse caso, 36 segundos).

O que queremos realmente é a metade inferior da exibição para mostrar o que estamos vendo aqui: uma estação conectada (o airodump chama os clientes conectados à rede de *estações*). É fácil ver que a máquina cliente com endereço MAC 44:44:44:44:44:44 está conectada e até agora detectamos 15 pacotes saindo desse *host*.

Isso é tudo nesta etapa. Você deve deixar essa janela aberta enquanto estiver executando o airodump até ter decifrado com sucesso a chave WEP.

Listagem 4-6: Um exemplo do airodump em ação

```
CH 11 ][ BAT: 31 mins ][ Elapsed: 36 s ][ 2011-06-11 18:08 ][ fixed channel mon0: -1

BSSID              PWR RXQ  Beacons    #Data, #\s  CH  MB   ENC  CIPHER AUTH ESSID
22:22:22:22:22:22  -37  21     94         13    0  11  54e  WEP  WEP         INSECURE

BSSID              STATION            PWR   Rate    Lost  Packets  Probes
22:22:22:22:22:22  44:44:44:44:44:44  -12   48 -36    8      15
```

Etapa 4. Tente quebrar a chave WEP usando o aircrack-ng.

Lembre-se, temos de capturar pelo menos alguns milhares de VIs para quebrar com sucesso a chave WEP. Então, após esperar alguns minutos, podemos tentar quebrar a chave. É quase certo que não vá acontecer assim tão cedo, mas não seria ruim ver a aparência de uma tentativa de quebra bem-sucedida.

> **Em ação**
>
> É normal um *host* desaparecer da lista e depois reaparecer. Isso também não impede que o airodump salve os pacotes. Apenas continue deixando o airodump ser executado e, se durante algum tempo não encontrar qualquer estação conectada, tente passar para um novo local físico para ver se recebe um sinal melhor. Lembre-se de que, para ser mais eficaz, você tem que poder ver as transmissões do cliente, e não apenas o ponto de acesso.

PARTE II   Conheça o inimigo

Se você examinar o diretório em que está trabalhando, verá pelo menos um arquivo CAP. Esses são os arquivos PCAP, que você pode abrir com o Wireshark e ver por si próprio. Nesse momento, sem a chave WEP não poderá ver muita coisa, mas, ao menos, sabe que é um arquivo PCAP comum.

Para tentar quebrar a chave WEP, usaremos o programa aircrack-ng. Você só precisa usar uma opção com o aircrack, que são os arquivos PCAP contendo os pacotes criptografados com o WEP. Se estiver no diretório que contêm os arquivos PCAP, é só usar o comando a seguir:

```
Aqui #aircrack-ng *.cap entra o código
```

Na saída do aircrack contida na Listagem 4-7, podemos ver que há apenas 631 VIs nos arquivos PCAP – insuficiente para a quebra da chave WEP. Também podemos ver que o aircrack está sugerindo que esperemos até que haja pelo menos 5.000 VIs.

Listagem 4-7: O aircrack-ng não conseguiu quebrar a chave WEP por não haver VIs suficientes

```
                        Aircrack-ng 1.1


         [00:00:16] Tested 138139 keys (got 631 IVs)

   KB    depth    byte(vote)
    0    28/ 29   F6(12S0) 05(1024) 0B(1024) 12(1024)
    1    25/  1   FA(12S0) 01(1024) 11(1024) 12(1024)
    2    10/ 27   FD(1536) 04(1280) 2A(1280) 36(1280)
    3     6/  3   BE(1536) 05(1286) 12(1280) 41(1280)
    4     2/  9   78(1792) 04(1536) 1C(1536) B6(1536)

Failed. Next try with 5000 IVs.
```

Na prática

Se, na etapa 3, você esqueceu de impedir que o programa airodump mudasse de canal ou de limitá-lo a salvar apenas pacotes de um BSSID específico, pode encontrar algumas redes diferentes nos arquivos PCAP. Nesse caso, o programa aircrack não saberá em que rede deve tentar quebrar a criptografia e será polido a ponto de lhe perguntar em qual você está interessado. Ele também exibirá quantos VIs capturou para cada rede, o que é um recurso útil.

Etapa 5. Se mais tráfego for necessário, execute um ataque de reenvio de pacotes usando o aireplay-ng.

Bem, a próxima pergunta é: esperamos para capturar passivamente pacotes suficientes ou devemos acelerar as coisas? Lembre-se, se estivermos tentando ficar totalmente ocultos, continuaremos apenas esperando até capturar pacotes suficientes. Se não estivermos preocupados com um IDS ou em ser notados, podemos executar o ataque de reenvio de pacotes ARP explicado no capítulo anterior.

Para executar o ataque de reenvio de pacotes ARP, usaremos o programa aireplay-ng. O programa aireplay tem muitas opções, *switches* e até mesmo métodos de ataque. Examinaremos alguns dos usos neste livro, mas recomendo uma consulta à man page e à documentação online. Para executar o ataque de reenvio de pacotes ARP, usaremos o comando a seguir:

```
#aireplay-ng --arpreplay -b 22:22:22:22:22:22 mon0
```

- **--arpreplay** é relativamente óbvio; é o método de ataque que escolhemos.
- **-b** é o BSSID de destino de nosso ataque.
- O último argumento é a interface que estamos usando para injetar os pacotes.

Esse método pode ser um pouco demorado, portanto, tenha paciência. Temos de esperar para ver realmente um pacote ARP. Se a estação cliente já estiver conectada há algum tempo, podemos não ver um pacote ARP por alguns minutos. A saída da Listagem 4-8 mostra um ataque bem-sucedido de reenvio de pacotes ARP.

A última linha mostra que recebemos dois pacotes ARP e enviamos com sucesso mais de 3.700 pacotes à velocidade de 500 pps (pacotes por segundo). A linha acima dessa, que indica que um pacote de desautenticação/desassociação foi recebido, é normal. Quando examinar a saída do airodump, você deve notar um grande aumento nos pacotes do cliente associado. Se não detectar os pacotes aumentando rapidamente, cancele o ataque de reenvio de pacote ARP com `CTRL-C` e tente novamente com a mesma sintaxe. Em 50% das vezes, tive que reiniciar o ataque de reenvio de pacotes ARP.

Listagem 4-8: Ataque de reenvio de pacotes ARP bem–sucedido usando o aireplay-ng
```
root@attacker:~# aireplay-ng --arpreplay -b 22:22:22:22:22:22 mon0
No source MAC (-h) specified. Using the device MAC (00:22:FA:5F:04:C8)
12:55:54  Waiting for beacon frame (BSSID: 22:22:22:22:22:22) on channel 11
Saving ARP requests in replay_arp-0612-125601.cap
You should also start airodump-ng to capture replies.
Notice: got a deauth/disassoc packet. Is the source MAC associated ?
Notice: got a deauth/disassoc packet. Is the source MAC associated ?
Read 33221 packets (got 2 ARP requests and 1604 ACKs), sent 3727 packets...(500 pps)
```

Etapa 6. Quebre a chave WEP usando o aircrack-ng.

Agora é hora de tentar quebrar a chave novamente. Usaremos o mesmo comando de antes:

```
#aircrack-ng *.cap
```

Sucesso! Examine a Listagem 4-9. Agora você sabe que, com apenas 20.000 VIs, é possível obter com sucesso a chave WEP. E a tentativa de quebra inteira levou somente três segundos! A chave, que é representada em hexadecimais, é 12:34:51:23:45. Se puder ser convertida para ASCII, sua representação em texto também será exibida.

Listagem 4-9: Obtendo a chave WEP usando o aircrack-ng
```
                         Aircrack-ng 1.1

             [00:00:93] Tested 67 keys (got 20958 IVs)

   KB    depth     byte(vote)
    0    2/  8     12(26880) F6(26624) 2E(26368) 97(26368) D3(26368)
    1    2/  3     34(26624) 9F(25856) 07(25344) 43(25344) 01(25088)
    2    0/  2     EE(27648) 97(26880) 78(26368) 2A(26112) BF(25856)
    3    1/  2     23(26880) 30(26368) 6B(26368) 0A(26112) BC(25856)
    4    0/  1     45(33792) 71(29696) CB(26624) EF(26624) 58(26112)

                     KEY FOUND! [ 12:34:51:23:45 ]
              Decrypted correctly: 100%
```

> **Colinha: Quebrando a criptografia WEP**
>
> Aqui está uma rápida recapitulação de todos os comandos que usamos para quebrar o WEP:
>
> - airmon-ng start wlan0 11
> - airodump-ng –w OUT –c 11 –bssid 22:22:22:22:22:22 mon0
> - aireplay-ng –arpreplay –b 22:22:22:22:22:22 mon0
> - aircrack-ng *.cap

> **Em ação**
>
> Você deve lembrar que, no capítulo anterior, discutimos o fato de alguém poder simplesmente farejar pacotes, quebrar a criptografia da rede e, então, descriptografar os pacotes – tudo isso totalmente passivo e oculto da rede de destino.
>
> Nos exemplos anteriores, se optássemos por não executar o ataque de reenvio de pacotes ARP, o processo inteiro seria passivo. Além disso, todos os pacotes que capturamos já poderiam ser lidos com a chave WEP obtida. Só teríamos de usar o programa airdecap-ng, que faz parte do conjunto aircrack-ng. A sintaxe é muito simples. Veja um exemplo:
>
> `#airdecap-ng -w 1234512345 pcap-file.cap`
>
> A opção **–w** é a chave WEP em hexadecimais.
>
> A outra opção é o arquivo PCAP no qual foram lidos os pacotes criptografados com o WEP. Examine o exemplo da Listagem 4-10. Por padrão, o programa salva os pacotes descriptografados como um novo arquivo PCAP com extensão de arquivo –dec.cap. Nesse exemplo, o arquivo seria out-01-dec.cap.

Listagem 4-10: O airdecap-ng descriptografando pacotes criptografados com o WEP a partir de um arquivo PCAP

```
# airdecap-ng -w 1234512345 out-01.cap
Total number of packets read         767836
Total number of WEP data packets     226475
Total number of WPA data packets          0
Number of plaintext data packets          1
Number of decrypted WEP  packets     226475
Number of corrupted WEP  packets          0
Number of decrypted WPA  packets          0
```

Quebrando uma senha WPA

Agora tentaremos obter a senha WPA de uma rede criptografada com o WPA2-PSK. As etapas básicas são as seguintes:

1. Identifique a rede sem fio de destino.
2. Coloque sua placa de rede no modo monitor usando airmon-ng.
3. Comece a salvar tráfego no canal associado à rede sem fio de destino usando airodump-ng.
4. Espere o cliente se associar à rede de destino.

5. Se o cliente já tiver se associado, execute um ataque de desautenticação usando aireplay-ng.
6. Quebre a chave WPA usando aircrack-ng.

Você deve ter notado que as etapas 1 a 3 parecem conhecidas. Isso ocorre porque elas são idênticas às etapas anteriores da quebra do WEP.

Etapa 1. Identifique a rede sem fio de destino.

Já identificamos a rede sem fio de destino (INSECURE) usando o BSSID 22:22:22:22:22:22 no canal 11.

Etapa 2. Coloque sua placa de rede no modo monitor usando airmon-ng.

Em seguida, colocaremos nossa interface wlan0 no modo monitor. Se usarmos airmon-ng sem argumento algum, ele nos mostrará o *status* atual de qualquer interface sem fio do sistema. Basicamente, só temos uma opção, que é a interface em que ativaremos o modo monitor.

Listagem 4-11: Exibindo somente ESSIDs descobertos com iwlist

```
root@attacker:~# iwlist wlan0 scanning | grep ESSID
                    ESSID:"wlan-023fc"
                    ESSID:"SHome"
                    ESSID:"INSECURE"
                    ESSID:"MKB_WIRELESS"
                    ESSID:"wlan-ffd1e"
                    ESSID:"wLan-2bl14"
                    ESSID:"\x00"
                    ESSID:"the_hizzle"
                    ESSID:"\x00"
                    ESSID:"Wink Internet"
                    ESSID:"\x00"
                    ESSID:"Wlan-d43b
root@attacker:~#
```

Etapa 3. Comece a salvar tráfego no canal associado à rede sem fio de destino usando airodump-ng.

Agora começaremos a salvar todo o tráfego que virmos na rede de destino com o programa airodump-ng.

```
#airodump-ng -w OUT -c 11 –bssid 22:22:22:22:22:22 mon0
```

- **-w OUT** pede ao airodump que nomeie todos os arquivos começando com "OUT".
- **-c 11** pede ao airodump que fique no canal 11 em vez de saltar entre os canais.

- **--bssid** força o airodump a se concentrar apenas no BSSID de destino.
- O último argumento é a interface em que será feita a escuta.

Etapa 4. Na Listagem 4-12 podemos ver como a saída do airodump-ng ficou um pouco diferente. Agora ela exibe o mesmo BSSID usando o WPA2 como criptografia e o PSK como método de autenticação. Também podemos ver que um cliente (44:44:44:44:44:44) já está associado à rede.

Temos duas opções aqui: podemos esperar furtivamente outro cliente se conectar e autenticar ou podemos desautenticar esse cliente e capturar o *handshake* WPA.

Listagem 4-12: O airodump-ng tendo como alvo uma rede WPA2
```
CH 11 ][ BAT: 2 hours 58 mins ][ Elapsed: 4 s ][ 2011-06-12 13:47 ][ WPA handshake: 22:22

BSSID              PWR RXO   Beacons    #Data, #/s   CH  MB   ENC  CIPHER AUTH ESSID
22:22:22:22:22:22  -60 23    16         13     5     11  54e  WPA2 TKIP   PSK  INSECURE

BSSID              STATION            PWR   Rate    Lost   Packets  Probes
22:22:22:22:22:22  44:44:44:44:44:44  -18   1 - 1          362      39
```

Etapa 5. Já que estamos ficando um pouco impacientes, desautenticaremos esse cliente. Para isso, usaremos o programa aireplay-ng com o argumento –deauth. Examinaremos os dois métodos mais usados. O argumento deauth também precisa de um argumento, que é o número de tentativas de desautenticação a serem executadas.

Na Listagem 4-13, é possível ver que usamos apenas o argumento –a, que é o BSSID do ponto de acesso de destino. Se só usarmos o argumento do ponto de acesso de destino, as mensagens de desautenticação serão enviadas para o endereço de broadcast.

A sintaxe de comando usada é

```
#aireplay-ng –deauth=2 -a 22:22:22:22:22:22 mon0
```

Normalmente, essa não é a melhor rota a se tomar por duas razões. Em primeiro lugar, em uma rede grande, a desautenticação de todos os clientes de uma só vez pode ser um pouco menos furtiva do que o desejado. Em segundo lugar, alguns clientes ignorarão uma mensagem de desautenticação enviada para o endereço de broadcast.

Logo, é melhor desautenticar um cliente específico com o argumento –c, como mostrado na Listagem 4-14, em que STMAC representa o endereço MAC da estação. A sintaxe de comando usada é a seguinte:

```
#aireplay-ng –deauth=10 -a 22:22:22:22:22:22 -c 44:44:44:44:44:44 mon0
```

Listagem 4-13: Usando o aireplay-ng para desautenticar todos os clientes pelo endereço de broadcast

```
root@attacker:~# aireplay-ng --deauth=2 -a 22:22:22:22:22:22 mon0
14:03:33  Waiting for beacon frame (BSSID: 22:22:22:22:22:22) on channel 11
NB: this attack is more effective when targeting a connected wireless
client (-c <client's mac>).
14:03:36  Sending DeAuth to broadcast -- BSSID: [22:22:22:22:22:22]
14:03:36  Sending DeAuth to broadcast -- BSSID: [22:22:22:22:22:22]
root@attacker:~#
```

Listagem 4-14: Usando o aireplay-ng para desautenticar um cliente específico

```
root@attacker:~# aireplay-ng --deauth=10 -a 22:22:22:22:22:22 -c 44:44:44:44:44:44 mon0
14:02:26  Waiting for beacon frame (BSSID: 22:22:22:22:22:22) on channel 11
14:02:27  Sending 64 directed DeAuth. STMAC: [44:44:44:44:44:44]  [ 0|41 ACKs]
14:02:27  Sending 64 directed DeAuth. STMAC: [44:44:44:44:44:44]  [ 0|56 ACKs]
14:02:28  Sending 64 directed DeAuth. STMAC: [44:44:44:44:44:44]  [ 0|55 ACKs]
14:02:29  Sending 64 directed DeAuth. STMAC: [44:44:44:44:44:44]  [ 0|56 ACKs]
14:02:29  Sending 64 directed DeAuth. STMAC: [44:44:44:44:44:44]  [ 0|53 ACKs]
14:02:30  Sending 64 directed DeAuth. STMAC: [44:44:44:44:44:44]  [ 0|47 ACKs]
14:02:31  Sending 64 directed DeAuth. STMAC: [44:44:44:44:44:44]  [ 0|51 ACKs]
14:02:31  Sending 64 directed DeAuth. STMAC: [44:44:44:44:44:44]  [ 0|45 ACKs]
14:02:32  Sending 64 directed DeAuth. STMAC: [44:44:44:44:44:44]  [ 0|46 ACKs]
14:02:32  Sending 64 directed DeAuth. STMAC: [44:44:44:44:44:44]  [ 0|51 ACKs]
root@attacker:~#
```

Etapa 6. Agora que desautenticamos o cliente e estamos vendo-o novamente associado à rede, temos o *handshake* de autenticação no arquivo PCAP do airodump. Usaremos o mesmo programa aircrack que usamos para quebrar a criptografia WEP com argumentos diferentes. A sintaxe para a quebra do *handshake* WPA é a seguinte:

```
#aircrack-ng *.cap -w /usr/share/dict/words
```

Observe que a opção –w aponta para a lista de palavras que contém todas as senhas que serão testadas.

Como você pode ver na Listagem 4-15, conseguimos obter a chave após somente quatro segundos de teste. Também é possível ver que o aircrack estava testando mais de 1.000 senhas por segundo! Nada mal.

Listagem 4-15: O aircrack-ng obteve com sucesso a chave WPA pré-compartilhada

```
                        Aircrack-ng 1.1


          [00:00:04] 5008 keys tested (1180.76 k/s)


                   KEY FOUND! [ Louisiana ]

     Master Key     : 7F DD 87 33 7B D6 6F 25 83 F6 A8 C4 16 42 12 25
```

> **Colinha: Quebrando a criptografia WPA**
>
> Aqui está uma rápida recapitulação de todos os comandos que usamos para quebrar a chave WPA pré-compartilhada:
> - airmon-ng start wlan0 11
> - airodump-ng –w OUT wlan0
> - aireplay-ng –deauth=10 –a 22:22:22:22:22:22 –c 44:44:44:44:44:44 mon0
> - aircrack-ng *.cap –w /usr/share/dict/words

```
                       CF 6E 24 D6 9F DA El B4 0E 46 D8 12 94 59 98 A1
       Transient Key : F1 19 2E D2 CF FB BB C1 33 84 20 75 9E 0F 0E 57
                       F3 8B 86 FO 90 4E 5D 27 B3 68 C5 54 22 FA 7C CF
                       EF 6F 9F IE 30 3E 3D 11 B0 24 76 0D 70 78 DE 19
                       EB D9 A3 6D AF AF C9 68 E4 27 06 0D 64 8C 79 FF

       EAPOL HMAC    : 46 85 37 F9 EF 02 FA E5 6B 63 D1 8E 30 4B C2 95
root@attacker:~#
```

O que vimos

Neste capítulo, você usou o conhecimento que obteve no Capítulo 3 para enumerar e explorar redes sem fio e conheceu algumas ferramentas muito úteis de identificação de redes sem fio para várias plataformas. Além disso, aprendeu as técnicas mais comuns de quebra da criptografia WEP e das chaves WPA pré-compartilhadas. Parabéns, gafanhoto, seu Kung-Fu está melhorando.

Lembre-se, usar ferramentas cegamente sem entender como elas funcionam não fará de você um mestre da segurança. Certifique-se não só de ler este capítulo, mas também de acompanhar os exemplos – e depois, deixe-os um pouco de lado e teste algumas variações dos ataques. Explore todas as opções das ferramentas e, acima de tudo, divirta-se!

Reconhecimento de redes sem fio

- **iwlist**   Comando Linux para a identificação de redes sem fio
- **Kismet**   Ferramenta de reconhecimento de redes sem fio
- **Kismac**   Ferramenta de enumeração de redes sem fio do Mac OS
- **Wardrive**   Aplicativo de wardriving do Android
- **Netstumbler**   Ferramenta popular do Windows para a enumeração de redes sem fio

Capturas de pacotes passivas
- Armazene e decifre quando quiser

Quebrando a criptografia WEP
- Identifique a rede de destino
- Entre no modo monitor
- Capture pacotes criptografados
- Estenda o processo com um ataque de reenvio de pacotes ARP usando o aireplay-ng
- Quebre usando o aircrack-ng

Quebrando o handshake WPA-PSK
- Identifique a rede de destino
- Entre no modo monitor
- Estenda o processo desautenticando um cliente com o aireplay-ng
- Capture o *handshake* de autenticação WPA
- Quebre usando o aircrack-ng

Spoofing de pacotes de desautenticação
- Revelação do SSID: como descobrir o SSID de uma rede sem transmissão de seu nome
- Desautenticação direcionada e por broadcast

CAPÍTULO 5

Ataque a clientes sem fio

> **Neste capítulo, veremos**
>
> - Dispositivos sem fio exóticos
> - Vulnerabilidades de clientes sem fio
> - Reconhecimento de elementos sem fio
> - Captura de comunicações inseguras
> - É possível forçar o cliente a conversar conosco?
> - Operações padrão
> - Ataques de homem-no-meio

Neste capítulo, examinaremos a segurança de seus equipamentos sem fio de um ponto de vista diferente. Com bastante frequência, os administradores de rede só se preocupam com a segurança de sua infraestrutura de rede, deixando lacunas que um invasor pode explorar. É claro que estou falando dos dispositivos clientes sem fio. No capítulo atual, usaremos a topologia de rede mostrada na Figura 5-1, a não ser quando indicado o contrário.

Todas as ferramentas discutidas neste capítulo vêm pré-instaladas no BackTrack. Para ver instruções de instalação de um programa em um sistema operacional diferente, consulte o site relacionado.

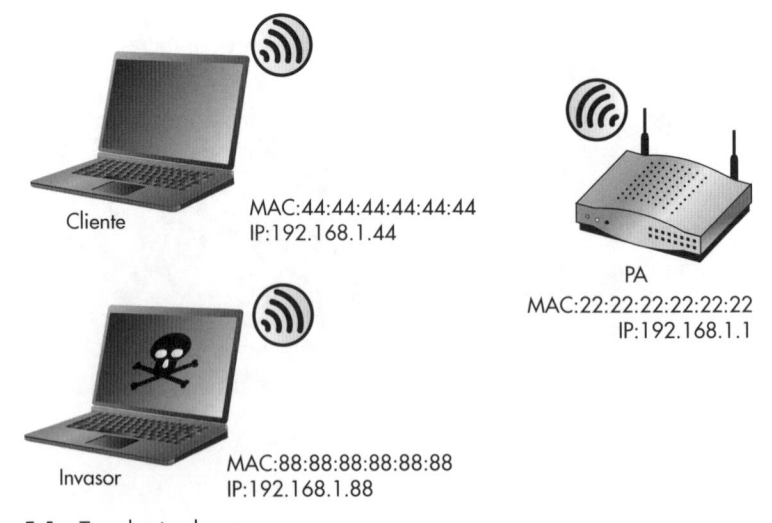

Figura 5-1 Topologia de ataque.

> **Nota**
>
> Não cometa o mesmo erro que tantos administradores de rede cometem de negligenciar a segurança dos dispositivos clientes. Se você incluir a segurança dos clientes em sua linha de raciocínio quando projetar a segurança da infraestrutura sem fio, evitará alguns problemas graves.

Mundo sem fio

Quanto melhor você entender o quadro geral de seu mundo sem fio, mais preparado estará para proteger a infraestrutura de sua empresa. Comecemos definindo o cenário. Pare por um momento para pensar em quanto os dispositivos sem fio já estão presentes em seu mundo.

Por que ainda está lendo? Eu pedi que parasse por um momento para refletir!

Bem-vindo de volta. Tenho certeza de que você pensou nos dispositivos óbvios: laptops, computadores e smartphones. Mas não esqueça os inesperados:

- Televisões
- Sistemas de videogame
- Sistemas de videogame portáteis
- Impressoras
- Porta-retratos
- DVD players
- Câmeras de segurança
- Sistemas de gerenciamento e automação de casas
- Balanças de banheiro (não estou inventando!)

Você deve estar pensando: "Por que me preocuparia com balanças de banheiro sem fio? Elas nunca estarão na rede de minha empresa!" Excelente argumento, e espero que esteja certo e nunca tenha de dar suporte a esse dispositivo na rede de sua empresa. Embora talvez você não precise dar suporte especificamente a uma balança de banheiro em sua rede sem fio, é importante conhecer os tipos de dispositivos sem fio que existem para entender plenamente as implicações de segurança de todos os clientes sem fio.

No entanto, lembre-se de que alguns desses clientes que parecem óbvios na infraestrutura de uma casa já estão surgindo em muitos ambientes de trabalho. Entre eles temos:

- Televisões para sistemas de conferência
- DVD players para salas de conferência e apresentações
- Câmeras de segurança

Também comecei a ver dispositivos clientes sem fio muito estranhos com implicações de segurança muito sérias. Esses dispositivos são os seguintes:

- Dispositivos médicos
- Sistemas de gerenciamento de energia
- Sistemas de gerenciamento industrial

> **Dica**
>
> Lembre-se, na área de segurança, você está tão seguro quanto seu elo mais fraco. Isso não é apenas um clichê; é real. Você pode ter os melhores firewalls, criptografia e mecanismos de autenticação, mas, se houver um único dispositivo cliente inapropriadamente inseguro, toda a sua rede pode se dobrar à sua vontade.

Vulnerabilidades dos clientes sem fio

Se agrupássemos as vulnerabilidades associadas aos dispositivos clientes sem fio em categorias gerais, poderíamos ter a lista a seguir:

- As comunicações existentes para o cliente são seguras?
- Podemos fazer o cliente falar conosco?
- Há configurações padrão que possamos explorar?

As comunicações existentes para o cliente são seguras?

Se as comunicações de rede não forem criptografadas ou se sua criptografia usar um algoritmo fraco, haverá uma vulnerabilidade que permitirá ao invasor visualizar as comunicações enquanto elas viajam pelo meio de transmissão. Isso ocorre em comunicações com e sem fio. Como discutido em capítulos anteriores, essa vulnerabilidade aumenta em tecnologias sem fio.

No Capítulo 4, você aprendeu como quebrar a chave de uma rede sem fio criptografada com o WEP. Normalmente, uma vez que a camada inicial de proteção é derrubada (isto é, o WEP), não há muito a fazer para impedir que um cliente seja totalmente explorado.

Isso não se aplica apenas à criptografia da camada de link de dados. Se um cliente usar um algoritmo de criptografia forte nessa camada, mas o protocolo subjacente for inseguro ou não tiver criptografia, ainda pode haver vulnerabilidade.

Há configurações padrão que possamos explorar?

Não é de hoje que configurações padrão inseguras assolam os sistemas de TI. Sejam nomes de usuário e senhas padrão, serviços desnecessários ativados ou configurações de criptografia fracas, muitas configurações padrão definidas pelos fabricantes se tornaram dores de cabeça operacionais para os administradores de rede.

Quando considerarmos as vulnerabilidades associadas especificamente aos clientes sem fio, examinaremos algumas das ações padrão que podemos usar em nosso benefício. Um cliente sem fio pode ficar vulnerável não só devido a configurações padrão fracas, mas também devido a funcionalidades básicas que um invasor possa atacar de maneiras criativas não consideradas pelos projetistas.

Podemos fazer o cliente falar conosco?

Em muitos casos, um cliente é considerado seguro porque a comunicação entre ele e o ponto de acesso é criptografada. Se pudermos forçar o cliente a se conectar conosco em vez de com o ponto de acesso "seguro", talvez possamos fazer coisas interessantes.

> **Nota**
>
> Você precisa saber que essa não é, de forma alguma, uma lista completa de todas as vulnerabilidades associadas aos clientes sem fio. Uma das categorias básicas que não estamos enfatizando tanto quanto poderíamos é a da segurança física. Ainda falaremos sobre segurança física; no entanto, lembre-se de que um dos principais benefícios do uso de clientes móveis também é uma das vulnerabilidades mais difíceis de mitigar. Pense em como é fácil alguém sair de onde está com seu smartphone ou laptop e entenderá o que quero dizer.

Fatores que exacerbam as vulnerabilidades dos clientes sem fio

Além das categorias básicas que acabei de mencionar, vários fatores podem agravar as vulnerabilidades dos dispositivos clientes. São fatores que podem ser aplicados a qualquer categoria básica. Consideremos alguns desses fatos:

- Os clientes sem fio estão em todo lugar.
- Os clientes sem fio transmitem constantemente sua presença.
- Os clientes sem fio não são monitorados tão rigorosamente quanto os dispositivos da infraestrutura.
- Com frequência a segurança física é totalmente esquecida.

> **Em ação**
>
> Muitos termos são usados na descrição de quando se é uma infeliz vítima de um ataque aleatório à segurança. Expressões como "crime de oportunidade", "fruto ao alcance das mãos" ("*low-hanging fruit*") e "atire e reze" ("*spray and prey*") não são apenas jargões sensacionalistas; indicam uma ameaça constante e difusa.
>
> *Continua*

> Você já conhece uma das formas mais comuns de ataques não direcionados: os vírus de computador. A maioria dos criadores de vírus não os cria para atacar uma empresa específica; em vez disso, eles os criam para afetar o maior número de *hosts* possível e "soltá-los no mundo". Ataques a clientes sem fio podem ser muito semelhantes. Com um suprimento interminável de clientes sem fio, um invasor não precisa definir como alvo uma pessoa ou empresa específica para encontrar sistemas vulneráveis.

Os clientes sem fio estão em todo lugar

Só esse fato já torna os dispositivos sem fio um alvo interessante para um invasor. Independentemente de o invasor querer atacar uma empresa específica ou apenas sentar em uma cafeteria e "ver o que pode encontrar", ele nunca ficará sem dispositivos clientes para definir como alvo. O fato de um invasor poder testar novos ataques contra sistemas reais de maneira quase totalmente anônima sem ter de "encontrar" um alvo em potencial significa que ataques a sistemas sem fio estão sempre em desenvolvimento.

Os clientes sem fio transmitem constantemente sua presença

Assim como os pontos de acesso transmitem constantemente sua presença por sinais, os clientes sem fio podem ser observados se capturarmos as solicitações de sondagem e associação que eles enviam. Podemos ver o cliente não só por suas solicitações de associação, mas, quando um cliente não está associado a um ponto de acesso (PA), ele também envia persistentemente solicitações de sondagem para as redes sem fio com as quais está configurado para se conectar. Portanto, os dispositivos clientes enviam solicitações de sondagem quando não veem pacotes de sinais das redes sem fio com as quais desejam se conectar. Essas solicitações contêm o ESSID da rede sem fio que o cliente está "procurando".

Os clientes sem fio não são monitorados tão rigorosamente quanto os dispositivos da infraestrutura

Pense por um instante nos controles de segurança e softwares de monitoração existentes que você tem definidos para suas estações de trabalho, laptops e smartphones. Não há muita coisa, há? É isso que ocorre na maioria das empresas atualmente. Gastamos tanto dinheiro monitorando os principais pontos de ingresso e saída das empresas que esquecemos quem já está em trânsito.

Não estou dizendo que devemos desviar totalmente nosso foco da rede para os dispositivos clientes, mas há um meio-termo possível. Também temos de examinar os riscos que estamos mitigando e quanto isso custará. Discutiremos as opções de segurança dos dispositivos clientes em um capítulo futuro.

Com frequência a segurança física é totalmente esquecida

Continuando a linha de raciocínio anterior de que a maioria dos clientes sem fio simplesmente não recebe tanta atenção como os outros dispositivos, um dos principais benefícios da tecnologia sem fio – portabilidade – também pode ser uma de suas deficiências mais graves. A ameaça óbvia é a de alguém sair com seu dispositivo enquanto você não estiver olhando. Reflita por um minuto o que alguém poderia acessar se saísse com seu laptop ou smartphone enquanto você não estivesse olhando. Você tem arquivos sigilosos, contas de email, mensagens pessoais?

É claro que isso merece uma atenção especial, mas não é a única ameaça. E se um invasor quisesse atacar um de seus usuários, mas sendo um pouco mais furtivo do que roubando um laptop? Suponhamos um cenário em que um usuário estivesse em uma cafeteria e as três xícaras de café o forçassem a ir ao banheiro. Ele levanta para ir e se esquece de bloquear seu laptop. Esse é o momento que o invasor estava esperando. O invasor entra em ação e insere um pendrive USB no laptop do usuário, espera o surgimento de um prompt de comando indicando que seu programa está sendo executado, remove a unidade USB e sai calmamente da cafeteria.

No fim das contas, o invasor leva apenas dez segundos para instalar seu programa malicioso, que registra todos os pressionamentos de teclas feitos no laptop do usuário, retorna-os para ele e lhe dá acesso irrestrito a qualquer arquivo do sistema. Nada mal considerando que ele teve três minutos disponíveis enquanto o usuário se aliviava no banheiro.

Reconhecimento de elementos sem fio

No Capítulo 4, examinamos os métodos de enumeração de pontos de acesso de redes sem fio. Agora veremos os métodos que um invasor pode usar para identificar clientes sem fio. As ferramentas e procedimentos para a identificação de clientes sem fio são quase idênticos aos de identificação de pontos de acesso de redes sem fio.

Kismet

O Kismet agrupa automaticamente na rede "Autogroup Probe" da interface principal todas as solicitações de sondagem que ele vê não respondidas do cliente. Você pode interagir com essa rede como com qualquer outra rede da lista. Se selecionar a rede Autogroup Probe, verá uma lista de clientes abaixo dela, como mostrado na Figura 5-2. Se selecionar a rede Autogroup Probe e pressionar Enter, verá os detalhes de todas as redes sondadas. Na verdade, essas informações podem ser um pouco supérfluas, mas é bom saber que estão aí.

PARTE II   Conheça o inimigo

> **Em ação**
>
> Se pensarmos em como um invasor poderia usar esses métodos em seu benefício, há basicamente dois vetores de ataque:
>
> - **Ataques com alvo definido**   Se um invasor quiser atacar especificamente a sua empresa, ele só precisará de um local onde haja muitos de seus dispositivos clientes. Que local seria melhor do que os clientes sem fio dentro do alcance da empresa – próximos (no estacionamento, no lobby, em um escritório no mesmo complexo) ou distantes (em um prédio adjacente, em um local a um quarteirão de distância com o uso de uma antena de alto alcance).
>
> - **Fruto ao alcance das mãos**   Se o invasor não tiver como alvo uma empresa específica, ele pode simplesmente ir a um ambiente rico em alvos e procurar os mais fáceis. Locais como cafeterias, complexos de escritórios, terminais de aeroportos, e assim por diante, todos apresentam muitos clientes sem fio com quem brincar.

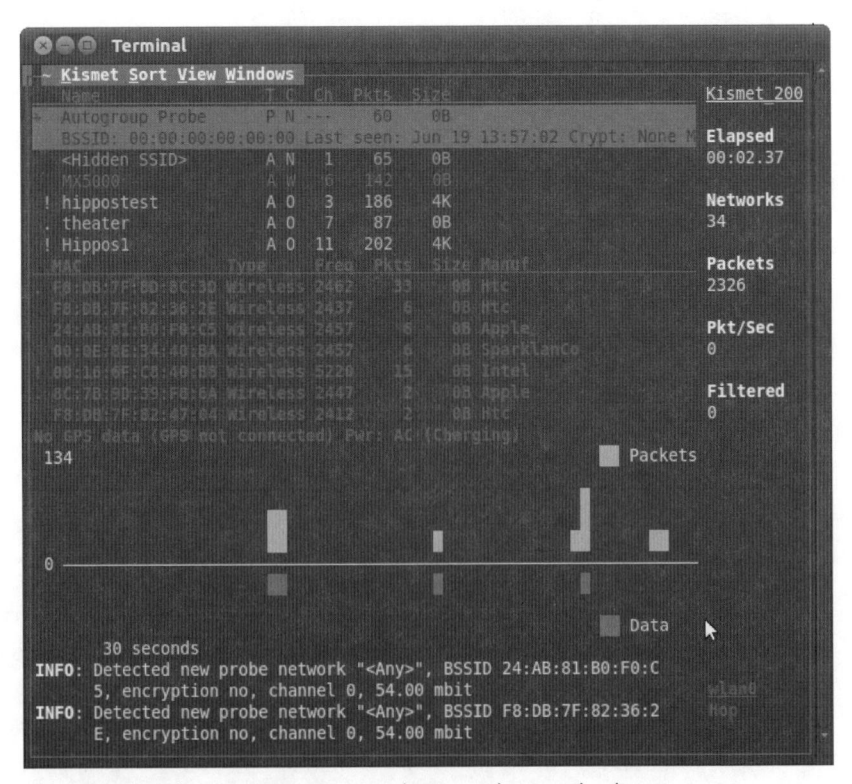

Figura 5-2   Usando o Kismet para visualizar sondagens de clientes.

Airodump

Normalmente, prefiro usar o airodump quando os alvos são dispositivos clientes porque a interface é muito simples e fácil de usar. Na Listagem 5-1, podemos ver uma lista de todos os dispositivos clientes que atualmente não estão associados a uma rede. Cada dispositivo apresenta "(not associated)" no campo de BSSID da rede. Na extrema direita, vemos a coluna Probes, que lista qualquer rede que esse cliente tiver sondado. É possível ver na Listagem 5-1 que, atualmente, o dispositivo cliente com endereço MAC 00:16:6F:AC:04:04 não está associado a uma rede, mas sondou a rede sem fio BigWiFi.

Listagem 5-1: Usando o airodump para encontrar dispositivos clientes

```
BSSID              STATION             PWR  Rate    Lost  Packets   Probes

(not associated)   00:16:6F:AC:04:04   -24  0 - 1    0       4      BigWiFi
(not associated)   34:15:9E:E8:CC:B4   -74  0 - 1    0       1
00:0F:66:47:8E:05  88:88:88:88:88:88   -1   1 - 0    0       1
00:22:3F:1B:1F:F2  00:25:D3:F6:63:44   -48  0 -54    0      10
```

Capturando comunicações inseguras

Bem, identificamos que há na área dispositivos clientes que gostaríamos de atacar. Queremos interceptar suas comunicações de rede e visualizar seus dados. Veremos dois cenários aqui:

- Um cliente conectado a uma rede sem fio sem criptografia.
- Um cliente conectado a uma rede sem fio com criptografia fraca.

Primeiro, examinaremos como é simples visualizar os dados que são enviados por uma rede sem fio sem criptografia. No primeiro cenário, vemos um cliente conectado ao SSID INSECURE, como mostrado na Listagem 5-2. Podemos ver que o cliente tem o endereço MAC 4:44:44:44:44:44 e enviou solicitações de sondagem para as redes MyWiFi, NewYorkWiFi e INSECURE.

Listagem 5-2: Solicitações de sondagem de clientes no airodump

```
CH 11 ][ Elapsed: 5 mins ][ 2011-06-29 18:59

BSSID               PWR  Beacons   #Data, #/s  CH  MB    ENC  CIPHER  AUTH  ESSID

00:0F:66:47:8E:05   -24    3218      268    0  11  54    WEP  WEP           SHome
22:22:22:22:22:22   -25    3138      338    0  11  54e   OPN                INSECURE
00:22:3F:1B:1F:F2   -70    2867      232    0  11  54 .  WEP  WEP           wlan-023fc
00:24:B2:29:32:04   -74     799        0    0  11  54 .  WPA2 CCMP    PSK   the hizzle
00:1F:33:3F:FD:1E   -77     432      133    0  11  54 .  WEP  WEP           wlan-ffdle

BSSID               STATION             PWR  Rate    Lost  Packets   Probes
```

```
00:0F:66:47:8E:05   88:88:88:88:88:88    0    1 -11    0     11
22:22:22:22:22:22   00:16:6F:AC:04:04   -33   1 - 1    0    168    INSECURE,NewYorkWiFi
22:22:22:22:22:22   44:44:44:44:44:44   -34   0 - 1   36     53
MyWiFi,INSECURE,NYWiFi
00:22:3F:1B:1F:F2   00:25:D3:F6:63:44   -52   0 - 1    4    439
```

Há duas opções básicas aqui. Podemos nos associar à rede de destino e começar a capturar no modo promíscuo ou colocar nossa interface no modo monitor e capturar.

No modo promíscuo, se você não estiver associado a uma rede, não verá pacotes. Se estiver associado a uma rede sem fio, verá qualquer pacote que puder ser visto por seu cliente. Ou seja, se outra estação associada à mesma rede sem fio estiver dentro do alcance e transmitir pacotes para o ponto de acesso (PA), você poderá capturar esses pacotes em seu sistema.

> **Em ação**
>
> Não pense que isso é irrelevante. Embora você talvez nunca implante uma rede sem fio sem criptografia para sua empresa, aposto que já usou uma rede sem fio aberta e garanto que os funcionários da empresa usarão redes abertas.
>
> Quais são as redes abertas mais populares? Redes de convidados e "hotspots" de redes sem fio. Portanto, você precisa conhecer as vulnerabilidades associadas às redes abertas para criar uma estratégia de mitigação dos riscos relacionados ao seu uso.

> **Em ação**
>
> Lembre-se também de que isso não significa que você tem de estar fisicamente entre o ponto de acesso e o dispositivo cliente para visualizar o tráfego da rede. Poderia estar uns bons quilômetros de distância tanto do PA quanto do cliente e, contanto que tivesse um sinal suficientemente forte para contatá-los, ainda veria os dois fluxos de comunicação.

Não esqueça, nos dois cenários apresentados aqui, você tem de poder receber fisicamente os sinais de rede sem fio da estação emitente. Veja os exemplos a seguir. Na Figura 5-3, o invasor verá os dados enviados do laptop, mas não os recebidos por ele. Na Figura 5-4, ocorre o contrário: o invasor verá os dados recebidos pelo laptop, mas não os enviados por ele. Para concluir, na Figura 5-5, podemos ver que o invasor está em um local favorável, onde está visualizando tanto os dados enviados pelo laptop quanto os recebidos por ele.

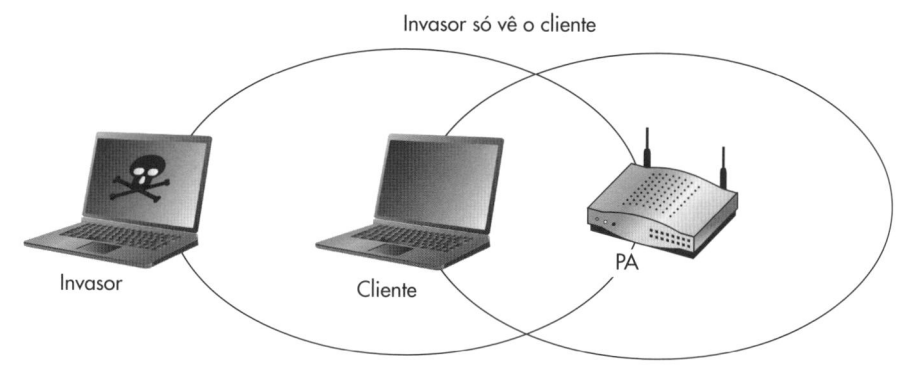

Figura 5-3 Invasor só vê o cliente.

A primeira tática é simplesmente se associar à mesma rede. Isso é um pouco menos furtivo porque haverá um registro de sua associação à rede de destino. Normalmente, o registro ocorre no ponto de acesso, mas também pode ocorrer em dispositivos centrais de registro, firewalls, dispositivos IDS/IPS e assim por diante. Se você preferir colocar sua placa no modo monitor, não haverá um registro de sua associação à rede de destino. A única "desvantagem" do modo monitor é

> **JARGÃO**
> Quando uma interface sem fio é colocada em **modo promíscuo**, ela captura pacotes que não são destinados ao seu endereço MAC. No modo promíscuo, o computador captura qualquer pacote que puder ver proveniente de estações associadas ao mesmo SSID.
> Quando uma interface sem fio é colocada em **modo monitor**, basicamente ela é colocada no modo promíscuo no nível RF. No modo monitor, seu computador exibirá qualquer tráfego 802.11, inclusive sinais e dados de redes sem fio da área.

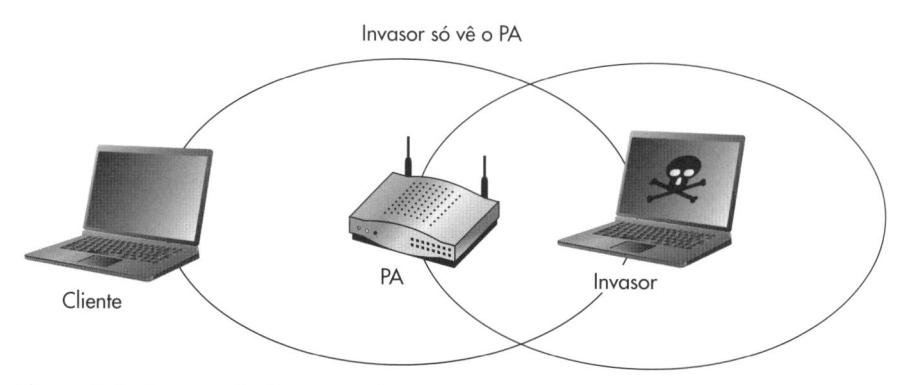

Figura 5-4 Invasor só vê o ponto de acesso.

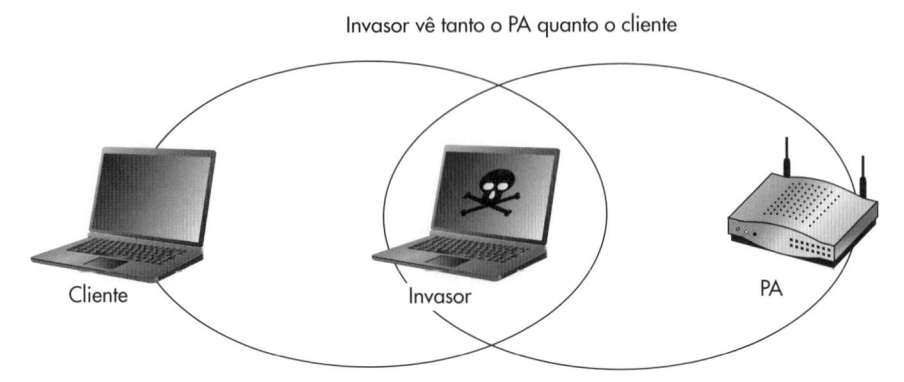

Figura 5-5 Invasor vê tanto o cliente quanto o ponto de acesso.

que você pode acabar capturando muitos dados irrelevantes, como sinais de rede sem fio e dados de outras redes. Você pode restringir o modo monitor para escutar apenas no canal sem fio da rede de destino e reduzir o volume de dados, mas, dependendo do cenário sem fio onde estiver capturando pacotes, talvez ainda veja dados adicionais.

Capturando pacotes

Você deve lembrar o momento no Capítulo 4 em que o airodump salvou automaticamente todos os pacotes que recebeu em um arquivo PCAP quando usamos a opção –w. Se quiser visualizar os pacotes enquanto estiver capturando-os, abra o arquivo PCAP com o Wireshark. O único problema é que terá de fechar o arquivo e abri-lo novamente para ver novos pacotes capturados.

Para ver todos os pacotes capturados em tempo real, você pode usar o Wireshark e iniciar uma sessão de captura ativa. Mesmo assim, continuará tendo a opção de salvar todos os pacotes em um arquivo PCAP de dentro do Wireshark.

Examinemos o que pode ser visto pela simples associação à rede INSECURE e o uso do Wireshark no modo promíscuo. Se sua interface ainda não estiver no modo promíscuo, há a opção de ativá-lo de dentro do Wireshark. Também é preciso ter privilégios root para ativar o modo promíscuo, logo, certifique-se de iniciar o Wireshark como usuário root.

> **Dica**
>
> Como ocorre com muitas outras ferramentas abordadas neste livro, não poderemos discutir todas as opções e recursos do Wireshark. Alguns livros foram escritos sobre o uso do Wireshark e a execução da análise de pacotes. Recomendo que você explore o Wireshark para conhecer suas várias opções e decidir se precisa se aprofundar na pesquisa.

Uma vez que você tiver instalado o Wireshark, abra um terminal e digite **wireshark**. No lado esquerdo, verá a seção "Interface List". Clique na interface sem fio em que quiser capturar tráfego (nesse caso, wlan0). Parabéns, agora você está capturando pacotes em tempo real, no modo promíscuo, em sua interface sem fio. Isso é muito fácil, certo? Serão usadas as opções padrão de captura, que são suficientes para quase tudo que você terá de fazer.

Na Figura 5-6, podemos ver que o dispositivo cliente (44:44:44:44:44:44) com endereço IP 192.168.1.44 está navegando em um site com endereço IP 192.168.1.100. Sabemos que é tráfego da Web porque o protocolo detectado é o HTTP. Nessa área, podemos ver o protocolo, mas sem saber exatamente o que está sendo visualizado.

Na segunda metade da tela, é possível ver que o pacote foi dividido por camada OSI. Começando com o quadro, são exibidas informações básicas sobre o pacote. Em seguida, o cabeçalho Ethernet exibe os endereços MAC de origem e destino. Depois vem a camada IP, com os endereços IP de origem e destino. Agora a seção TCP exibe as portas TCP de origem e destino. A porta de destino

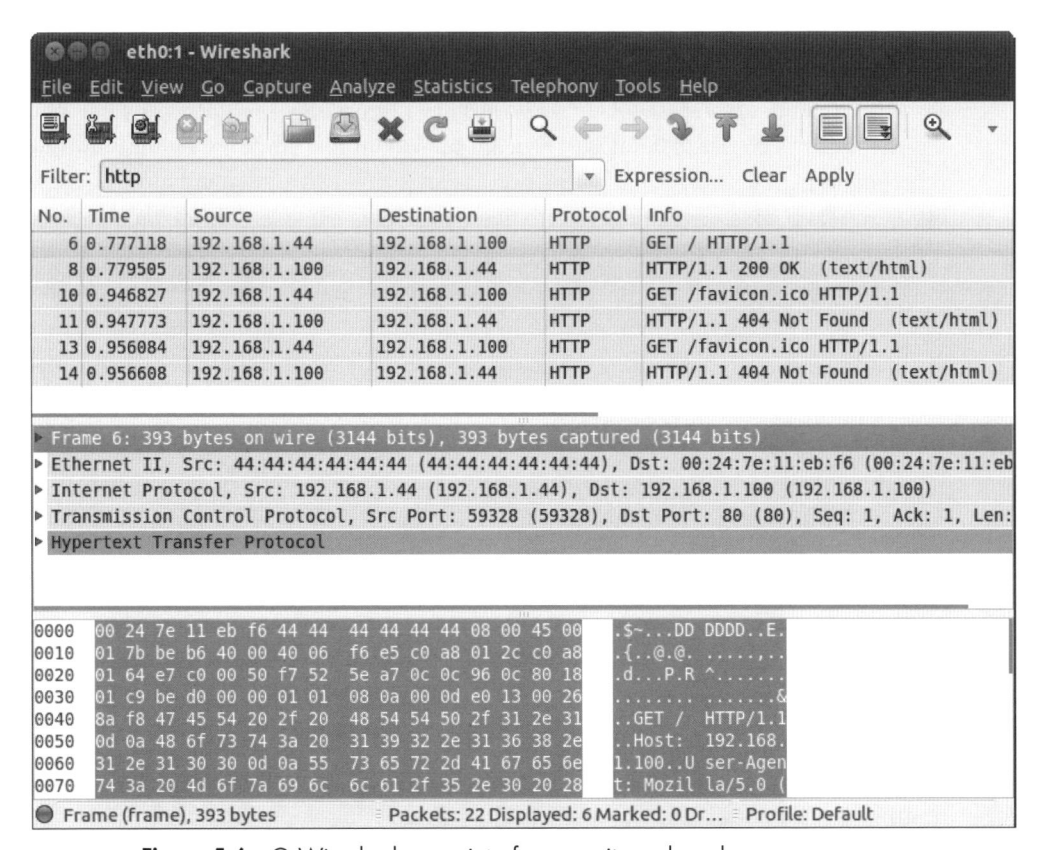

Figura 5-6 O Wireshark, uma interface monitora de redes.

listada aqui normalmente é a que o Wireshark usa para decidir de maneira embasada qual é o protocolo de camada mais alta. A seguir, talvez vejamos os dados detectados na camada de aplicativos. Dependendo do conteúdo do pacote e de o Wireshark ter um decodificador de protocolo para os dados detectados, isso pode ocorrer ou não.

> **Como funciona**
>
> Nem sempre a coluna Protocol é 100% precisa. O protocolo costuma ser determinado apenas pela porta TCP de destino das comunicações. Logo, se alguém enviasse tráfego HTTP pela porta 25, provavelmente ele apareceria como comunicação SMTP no campo Protocol. Isso não afeta necessariamente qualquer outra funcionalidade do Wireshark, mas você deve se basear no conteúdo dos pacotes para saber com precisão para o que está olhando.

Se você clicar com o botão direito do mouse em um dos pacotes HTTP e selecionar Follow TCP Stream, verá uma janela semelhante à Figura 5-7. Esse é um recurso extremamente útil para vermos os dados que estão sendo transferidos durante uma sessão TCP. O Wireshark pegará todos os dados dos pacotes envolvidos na sessão TCP, os colocará na ordem correta, e os exibirá em um formato fácil de ler.

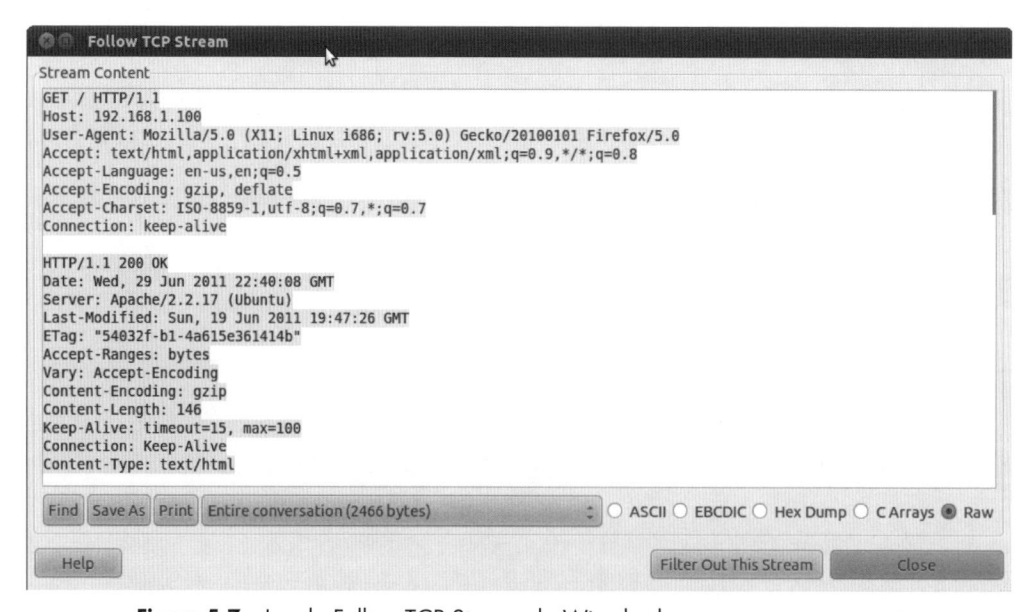

Figura 5-7 Janela Follow TCP Stream do Wireshark.

Examinemos outro exemplo. Na Figura 5-8, você notará que o Wireshark detectou automaticamente o protocolo da camada de aplicativos como sendo o File Transfer Protocol (FTP). Ele também usou seu decodificador do protocolo para listar as informações mais interessantes na tela principal de captura. Podemos ver o usuário conectado com o nome de usuário TomJones e a senha ItsNotUnusual. Lembra que examinamos as graves consequências do uso de protocolos sem criptografia? Agora você está vendo algumas em primeira mão.

Podemos forçar o cliente a conversar conosco?

A próxima pergunta é: se o cliente que queremos atacar já estiver conectado a um ponto de acesso, podemos forçá-lo a conversar conosco? A resposta é quase sempre sim. O processo que usaremos para tanto é muito simples. Configuraremos o laptop invasor para agir como um ponto de acesso. Uma vez que o cliente tiver se conectado ao nosso ponto de acesso, poderemos dar prosseguimento executando os ataques já detalhados e alguns ataques novos que discutiremos na próxima seção.

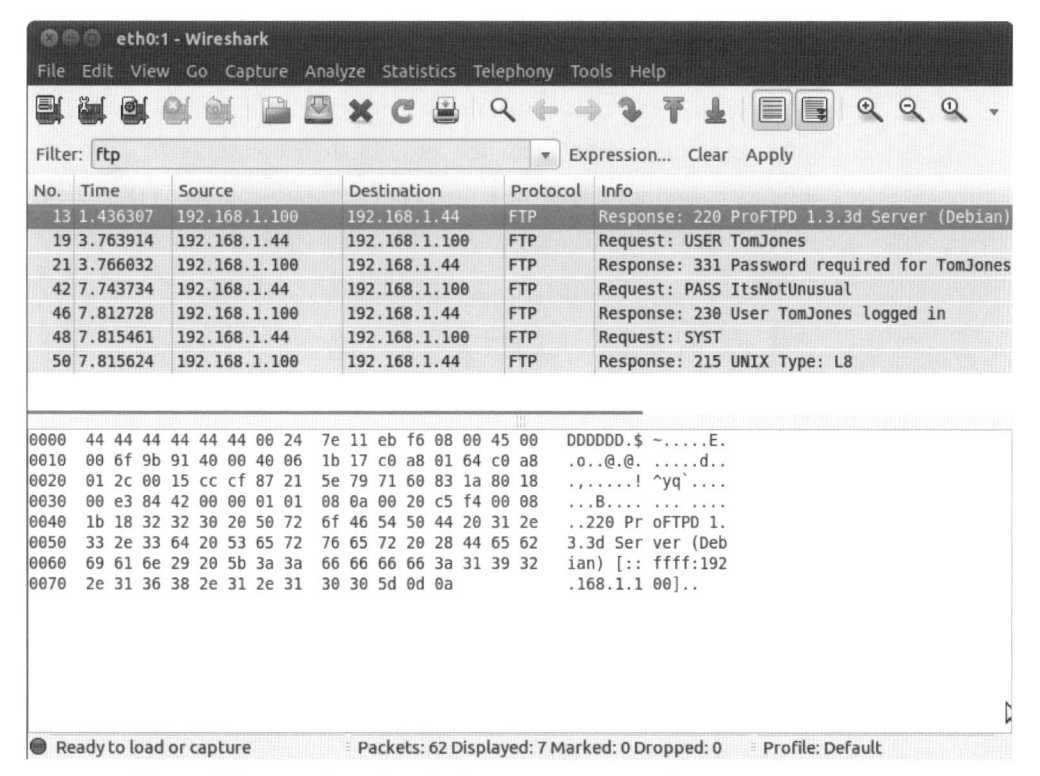

Figura 5-8 Usando o Wireshark para capturar credenciais FTP.

PARTE II   Conheça o inimigo

Há outro modo de fazer a mesma coisa; no entanto, ele não é tão móvel e furtivo quanto usar nosso laptop como ponto de acesso. Podemos simplesmente usar um ponto de acesso e um sistema configurado como um *sniffer* tradicional. Algo semelhante à Figura 5-9 nos permitiria visualizar todo o tráfego que passasse entre o cliente e a Internet.

> **Em ação**
>
> Se um usuário malicioso quisesse, poderia configurar um ponto de acesso e um *sniffer* como na Figura 5-9 e salvar todo o tráfego de rede que passasse pelo ponto de acesso. O invasor poderia inseri-lo em um ambiente bastante ativo sem fluxo de acesso sem fio e dar a ele um SSID atraente, algo do tipo "FREE WIFI". Quanto tempo você acha que levaria para começar a capturar tráfego interessante?
>
> Você ainda confia em todos os hotspots que usa?

Criando um ponto de acesso do Linux

Não poderia ser mais fácil configurar seu laptop Linux para agir como um ponto de acesso. Você terá de seguir estas etapas básicas:

1. Configure a placa de rede com o modo monitor.
2. Configure o laptop como ponto de aceso usando o airbase-ng.
3. Configure o servidor DHCP no laptop para distribuir endereços IP.

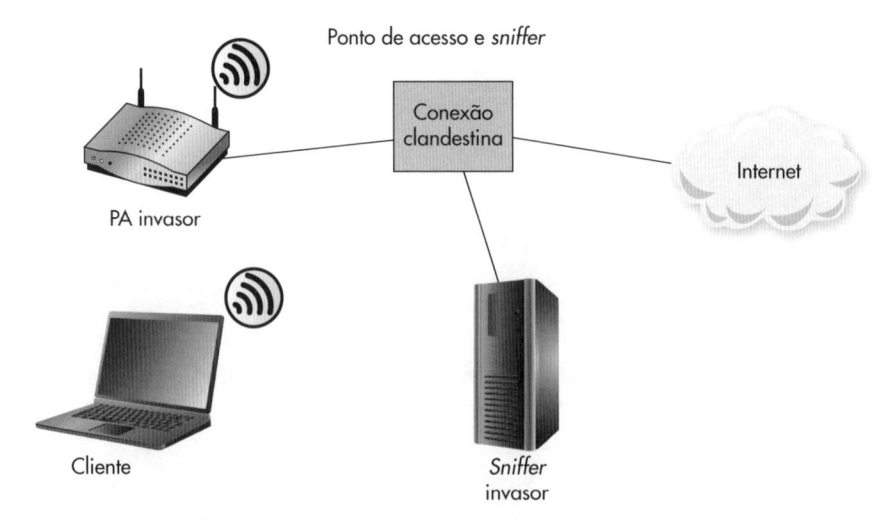

Figura 5-9   Local lógico para IDS de redes com fio.

4. Configure o firewall IPTables para passar tráfego pelo laptop.
5. Capture todo o tráfego de interesse.

O programa airbase-ng também faz parte do conjunto aircrack-ng. O funcionamento é semelhante ao de outros programas do aircrack-ng, sendo muito fácil de manejar. Examinemos cada uma das etapas com detalhes.

Etapa 1. Configure a placa de rede com o modo monitor.

A essa altura, você já deve conhecer esse comando. Como lembrete, para colocar a interface wlan0 no modo monitor, use o comando a seguir:

```
#airmon-ng start wlan0
```

Etapa 2. Configure o laptop como ponto de aceso usando o airbase-ng.

Já que queremos encorajar o máximo de pessoas possível a se conectar ao nosso ponto de acesso malicioso, não usaremos criptografia. Basicamente, temos três coisas: o ESSID para transmitir, o canal e a interface sem fio. Um exemplo seria:

```
#airbase-ng -e "FREE WIFI" -c 11 mon0
```

- **-e** é o ESSID "FREE WIFI".
- **-c** direciona o ponto de acesso para usar o canal 11.
- **mon0** é a interface sem fio.

Na Listagem 5-3, podemos ver que o airbase cria automaticamente a interface at0, que é uma interface virtual que pode ser tratada como qualquer outra interface. Para o airbase, a interface at0 representa o endereço IP do ponto de acesso, e é a ela que associaremos o *daemon* DHCP.

Por enquanto, atribuiremos um endereço IP à interface at0, como mostrado a seguir:

```
#ifconfig at0 10.0.0.1 netmask 255.255.255.0
```

É melhor manter aberta a janela de terminal que está exibindo o airbase-ng porque você verá algumas informações de diagnóstico muito interessantes.

Listagem 5-3: Usando o airbase-ng para criar um ponto de acesso
```
# airbase-ng -e 'FREE WIFI' -c 11 mon0
22:39:58  Created tap interface at0
22:39:58  Trying to set MTU on at0 to 1500
22:39:58  Access Point with BSSID 00:22:FA:5F:04:C8 started.
```

Etapa 3. Configure o servidor DHCP no laptop para distribuir endereços IP.

Agora, quando clientes se conectarem com o ponto de acesso, precisamos que eles obtenham um endereço IP legítimo, ou seja, temos de dá-lo a eles. O único caso em que isso pode não ocorrer será quando já houver um servidor DHCP na rede com fio com o qual o ponto de acesso se conectará.

> **JARGÃO**
> No universo Linux, um *daemon* é apenas um serviço normalmente executado em segundo plano.

É extremamente fácil configurar o servidor DHCP no Linux. O local padrão que você deve usar para o arquivo é /etc/dhcpd.conf. Trata-se de um arquivo de texto simples que você pode salvar em qualquer lugar e para o qual apontará o *daemon* DHCP. Aqui está um exemplo de configuração:

```
ddns-update-style ad-hoc;
default-lease-time 1200;
max-lease-time 7200;

subnet 10.0.0.0 netmask 255.255.255.0 {
    option subnet-mask 255.255.255.0;
    option broadcast-address 10.0.0.255;
    option routers 10.0.0.1;
    option domain-name-servers 4.2.2.2;
    range 10.0.0.100 10.0.0.200;

}
```

A configuração do servidor DHCP é autoexplicativa. Apenas certifique-se de configurar o endereço IP de "option routers" com o da interface de seu laptop. Em seguida, para iniciar o *daemon* DHCP, execute o comando a seguir:

```
#dhcpd3 -cf /etc/dhcpd.conf at0
```

- **-cf** aponta para o arquivo de configuração que acabamos de criar.
- **at0** é a interface criada pelo airbase-ng.

Etapa 4. Configure o firewall IPTables para passar tráfego por seu laptop e enviar para sua conexão com fio.

O IPTables sozinho já é enorme, e livros inteiros foram escritos sobre ele. Não entraremos em muitos detalhes aqui. É preciso saber apenas que o primeiro comando --flush do iptables remove qualquer regra existente. Logo, se, por alguma razão, você estiver fazendo isso em um sistema que já tenha regras de firewall configuradas, é melhor fazer o backup das regras antes.

> **Em ação**
>
> Dependendo de sua ditribuição do Linux, o comando dhcpd pode ser um pouco diferente. O pacote que recomendo é o dhcp3-server.

O primeiro comando ativa a funcionalidade básica de encaminhamento IP no kernel. No exemplo a seguir, você notará que o último comando encaminha o tráfego para o gateway de sua conexão com fio, supondo que seu gateway fosse 192.168.1.1.

```
echo 1 > /proc/sys/net/ipv4/ip_forward

iptables --flush
iptables --table nat --flush
iptables --delete-chain
iptables --table nat --delete-chain
iptables --table nat --append POSTROUTING --out-interface wlan1 -j MASQUERADE
iptables --append FORWARD --in-interface at0 -j ACCEPT
iptables -t nat -A PREROUTING -p udp --dport 53 -j DNAT --to 192.168.1.1
```

Etapa 5. Capture todo o tráfego de interesse.

Isso é tudo – agora seu ponto de acesso não autorizado está transmitindo sua presença e esperando usuários se conectarem. A essa altura, você já sabe capturar tráfego em seu laptop usando o Wireshark. Logo, capture à vontade – e divirta-se.

Lembra que lhe disse para não esquecer a janela de terminal que está exibindo o airbase-ng? Examine a Listagem 5-4 e verá que um cliente com endereço MAC 44:44:44:44:44:44 já se conectou com nosso ponto de acesso não autorizado!

Listagem 5-4: Cliente se associa ao ponto de acesso do airbase
```
23:13:25  Client 44:44:44:44:44:44 associated (unencrypted) to ESSID "FREE WIFI"
23:13:25  Client 44:44:44:44:44:44 associated (unencrypted) to ESSID "FREE WIFI"
23:13:25  Client 44:44:44:44:44:44 associated (unencrypted) to ESSID "FREE WIFI"
23:13:25  Client 44:44:44:44:44:44 associated (unencrypted) to ESSID "FREE WIFI"
```

Forçando o cliente a conversar conosco

Um cenário que não mencionamos é quando o cliente que queremos atacar já está conectado a um ponto de acesso seguro. O que fazer nesse caso? Apenas desistir? Claro que não. Uma solução possível é desautenticar o cliente no ponto de acesso atual usando a ferramenta aireplay-ng, que abordamos no Capítulo 4. Enquanto desautentica continuamente o cliente no ponto de acesso existente, você deve transmitir um ESSID que viu o cliente sondar, usando o airodump-ng.

O truque dessa tática é que, provavelmente, você precisará de um nível de sinal mais forte que o do ponto de acesso ao qual o cliente está conectado. No entanto, nem sempre é esse o caso, principalmente se considerarmos o aspecto da técnica relacionado à engenharia social. Se você desautenticar continuamente o cliente no ponto de acesso legítimo, o usuário pode ficar tão frustrado a ponto de escolher qualquer rede sem fio que puder encontrar, só para poder trabalhar!

> **JARGÃO**
> O termo **engenharia social** pode ser usado para descrever qualquer tipo de ataque que tente manipular os usuários finais, enganando-os de alguma forma.

Operações padrão

Agora ponderemos um aspecto muito importante da segurança de nossos clientes. Trata-se da questão do que acontece automaticamente em segundo plano, ou operações que ocorrem por padrão. Como veremos, em segundo plano acontecem muitas coisas sem interação do usuário que podem afetar seriamente a segurança do sistema.

Você deve conhecer um dos exemplos mais simples, mas pode não ter considerado as implicações de segurança associadas. Muitas pessoas configuram seus smartphones para acessar suas contas de email. Ao configurar suas contas, elas fazem a opção de o telefone procurar automaticamente novos emails. Isso pode trazer um problema muito grave à segurança quando o smartphone tem recursos Wi-Fi.

Já discutimos em um capítulo anterior o fato de que muitos protocolos comuns, inclusive alguns associados ao correio eletrônico, são totalmente inseguros, transmitindo todos os dados e credenciais sem criptografia. O problema real ocorre quando o smartphone se associa automaticamente a redes sem fio abertas e, então, se conecta com as contas de email configuradas. Se somarmos a isso o fato de que o smartphone envia constantemente solicitações de sondagem para as redes sem fio com as quais quer se associar, essa se torna uma oportunidade de ataque relativamente comum.

> **Em ação**
>
> Usei esse ataque com sucesso durante um teste de penetração. Após configurar meu laptop para responder a sinais do smartphone-alvo, o cliente conectou-se com o laptop. Passado um curto período, o smartphone conectou-se a uma conta de email não associada à empresa. Bem, a mesma senha era usada na conta de login da empresa.

Agora consideremos outros processos que podem ser automáticos e apresentar um vetor de ataque semelhante para os dispositivos clientes:

- Rede social (Facebook, Twitter)
- Aplicativos de localização geográfica
- Sistemas de backup
- Feeds RSS

Esses sistemas podem apresentar uma ameaça semelhante de ser diretamente explorados se usarem mecanismos de autenticação fracos. Lembre-se, uma autenticação fraca não é apenas a autenticação sem criptografia. No entanto, há possibilidades de exploração adicionais além da simples obtenção de credenciais de login.

Muitos sistemas dependem de cookies ou outros dados de sessão para saber se um usuário está conectado a um site. Se um invasor puder capturar esses dados e enviá-los para o sistema remoto, talvez sequer precise de autenticação.

Discutimos em um capítulo anterior como um ataque de homem-no-meio (MITM) funciona. Além de como o ataque subjacente funciona, você deve conhecer algumas das opções que um invasor tem quando o cliente está roteando tráfego por um sistema sob seu controle. Muitas pessoas acham que usar um protocolo seguro como o SSL (Secure Sockets Layer) é suficiente para impedir que seus dados sejam visualizados; mas há vulnerabilidades às quais você deve estar atento.

Ataques de homem-no-meio

Quando um invasor tem condições de executar um ataque de homem-no-meio (MITM, Man-in-the-Middle), basicamente ele tem liberdade para controlar tudo o que o usuário vê. Na verdade, um conjunto inteiro de livros poderia ser escrito sobre todas as maneiras possíveis de um invasor explorar as comunicações quando ele está em posição de executar um ataque de homem-no-meio. Escolhi alguns métodos de ataque interessantes para demonstrar os conceitos-chave. São cenários assustadores; tenha paciência por enquanto, e abordaremos defesas apropriadas em um capítulo posterior.

DNS spoofing

Uma das maneiras mais simples de o invasor controlar o que um usuário vê é redirecioná-lo para um sistema de sua escolha usando o Domain Name System (DNS, Sistema de Nome de Domínio). Examinemos o funcionamento normal de uma pesquisa de DNS. Se o cliente quiser visualizar um site remoto (vamos chamá-lo de *www.securewebsite.com*), entrará nele em seu navegador. Primeiro, o sistema consultará o servidor DNS configurado e tentará encontrar o endereço IP associado a ele. O servidor DNS enviará uma resposta muito simples indicando o endereço IP do *host www.securewebsite.com*. Infelizmente, não é feita uma autenticação que verifique se essa resposta vem do servidor DNS. O sistema enviará, então, sua solicitação HTTP para o endereço IP retornado. Esse processo é mostrado na Figura 5-10.

O invasor, em sua posição de poder, tem algumas opções. A maneira mais simples é responder à consulta DNS (mascarando o endereço IP de origem usando o do servidor DNS) e tentar fazer crer que o endereço IP de *securewebsite.com* é o da máquina hospedeira do site malicioso como na Figura 5-11. A resposta do invasor pode ser apenas algumas centenas de milissegundos mais rápida do que a do servidor DNS real, mas esse tempo é mais do que suficiente para o invasor ser bem-sucedido.

Nesse caso, o invasor direcionou o cliente para se conectar com um servidor Web em sua máquina. Se quisesse atacar um site específico que soubesse que

① O cliente pergunta ao servidor: qual é o endereço IP de *www.securewebsite.com*?

② O servidor responde: o endereço IP do *host www.securewebsite.com* é 192.168.1.100.

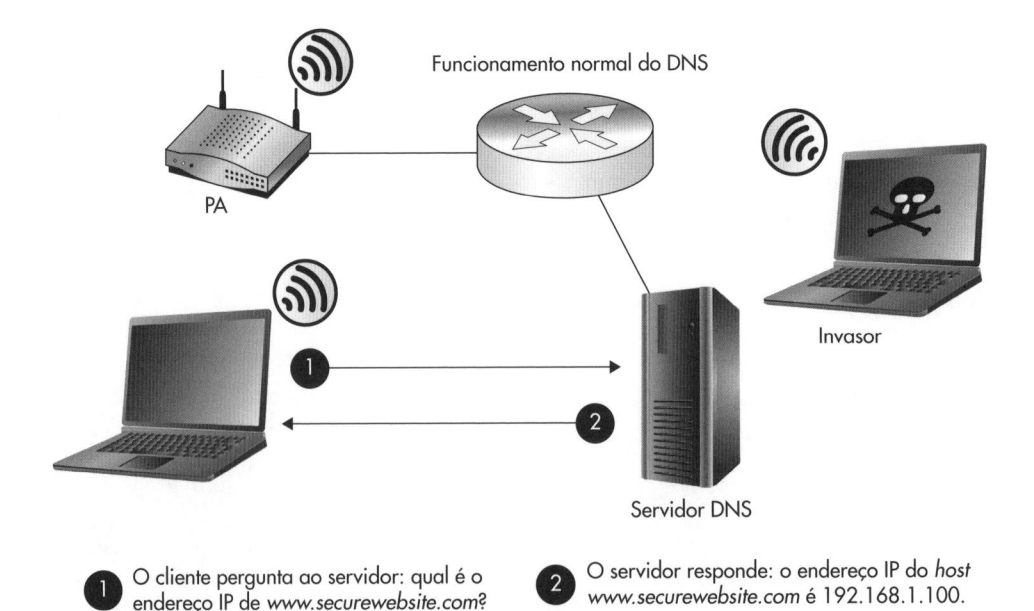

Figura 5-10 Solicitação e resposta DNS normais.

Ataque de DNS spoofing

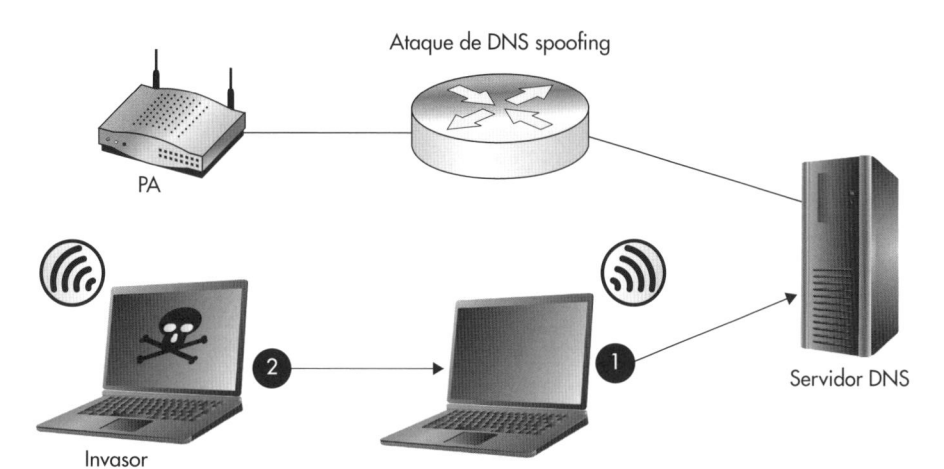

Figura 5.11 Ataque de DNS *spoofing*.

1 O cliente pergunta ao servidor: qual é o endereço IP de www.securewebsite.com?

2 Antes do servidor DNS conseguir responder, o INVASOR envia uma resposta alegando ser do SERVIDOR DNS, informando que o endereço IP é: 192.168.1.88 para o *host* www.securewebsite.com.

o usuário acessa, poderia criar um site de aparência idêntica e salvar qualquer credencial que o usuário inserisse nele. O invasor poderia não só salvar todas as credenciais, como redirecionar o usuário para o site legítimo, e esse não saberia o que aconteceu.

Autenticação Web falsa

Outro vetor de ataque interessante envolve o uso de uma página falsa de autenticação na Web. Você deve conhecer as páginas de autenticação Web. Se já esteve em uma cafeteria, livraria ou aeroporto, deve ter visto uma página de portal de autenticação na Web. Acompanharemos o uso apropriado de um portal de autenticação na Web em um capítulo posterior.

A funcionalidade básica da autenticação Web é apresentar aos usuários uma splash page antes que eles tenham permissão para visualizar qualquer site. Geralmente, a splash page detalha coisas como quem está fornecendo o serviço sem fio e a política de uso aceitável. Há diferentes técnicas para direcionar o usuário para a splash page de autenticação, e não é surpresa que a maioria delas imite ataques MITM. Quando o usuário tenta visitar um site, ele é redirecionado para o portal de autenticação na Web. Normalmente, tem de clicar em um botão ou marcar uma caixa dizendo que leu e aceita a política de uso.

Mas como os invasores usam isso em seu benefício? Já que as pessoas estão tão acostumadas a ver portais de autenticação na Web ao usar uma rede de convidados, muitas não pensam duas vezes para executar qualquer tarefa que o portal solicite delas. Na verdade, usei com sucesso essa técnica de ataque durante testes de penetração para forçar os usuários a executar um programa que dava acesso ao seu computador. É surpreendente como o site não precisa ter uma aparência complexa para funcionar. Na Figura 5-12, podemos ver o exemplo real de um portal webauth que usei durante um teste de penetração. Também é possível ver, na barra de *status* da parte inferior da janela do navegador, que o nome do arquivo a ser baixado é wifi.exe. Não é muito criativo, mas extremamente eficaz.

> **Em ação**
>
> Sei o que você está pensando: "Isso é ridículo. Por que alguém iniciaria um executável para acessar uma rede sem fio? Não faz sentido e é obviamente uma ameaça à segurança!" Bem, a resposta é: não preciso que alguém na sua empresa clique no link – preciso apenas que alguém execute o programa. Portanto, talvez *você* não execute o programa, mas outra pessoa o fará!

MITM no SSL

Um invasor em condições de executar um ataque de homem-no-meio pode executar um ataque adicional para visualizar o conteúdo da conexão de rede criptografada com o SSL. Não veremos exatamente como executar esse ataque, mas, se você estiver interessado, pesquise sobre o uso do programa ettercap.

Figura 5-12 Portal cativo falso.

Atualmente, o ataque é fácil de executar. Em segundo plano, o programa funciona com a configuração de duas conexões SSL separadas – uma entre o cliente e o invasor e outra entre o invasor e o sistema-alvo. Isso está representado na Figura 5-13. Nessa configuração, o cliente envia dados para o invasor criptografados com o certificado desse. O invasor pode, então, ver todos os dados do cliente sem criptografia e enviá-los para o servidor remoto.

No entanto, um ataque MITM ao SSL não é tão furtivo porque o usuário é avisado de que o certificado não coincide com o do endereço remoto. Na Figura 5-14, podemos ver o que aparece para os usuários do Internet Explorer. Mas quantos usuários você acha que se preocupam realmente com o aviso? Isso mesmo, quase nenhum.

SSL stripping

A outra opção é um ataque um pouco mais recente conhecido como SSL *stripping*. Em vez de enviar um certificado falso para o cliente, o invasor o redireciona para usar o HTTP e espera que o usuário não perceba que a conexão não está mais sendo criptografada. Assim como no ataque anterior, os dados são, então, transmitidos para o destino real. Como truque adicional, o invasor pode alterar o ícone exibido como favicon do site para um ícone de bloqueio. Isso confundirá ainda mais os usuários sobre como exatamente eles estão acessando o site.

> **Em ação**
>
> Não há como o usuário supor que tem uma conexão segura e não notar que está usando o HTTP, certo? Errado! Usei esse método de ataque tantas vezes em testes de penetração que já está (quase) ficando chato.

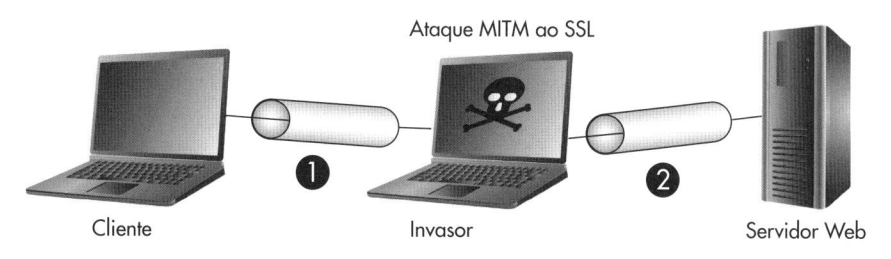

Figura 5-13 Ataque MITM ao SSL.

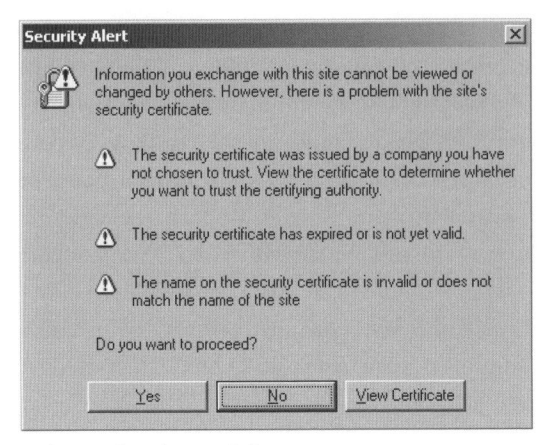

Figura 5-14 Aviso de certificado inválido.

Atualizações de AV falsas

Outro vetor de ataque muito interessante que pode ser considerado um ataque a operações automáticas é a manipulação de programas antivírus. A maioria dos programas antivírus é configurada para baixar atualizações de assinaturas de vírus e do próprio programa periodicamente, a partir de um servidor interno ou acessado pela Internet. De qualquer forma, se um invasor estiver em posição de executar um ataque de homem-no-meio, ele pode usar esse processo abusivamente.

> **JARGÃO**
> As pessoas têm conceitos diferentes sobre o que é um **vírus Cavalo de Troia**. Em muitos casos, quem conhece um pouco os vírus só classifica um programa como um Cavalo de Troia quando ele dá acesso remoto a um invasor. Esse é um tipo comum de Cavalo de Troia, mas acho que a definição verdadeira seria qualquer programa malicioso que se passe por um programa legítimo. Para mim, uma atualização de antivírus falsa se encaixa perfeitamente nessa categoria.

① Sessão HTTP com o invasor sem criptografia
② Conexão SSL entre invasor e servidor

Figura 5-15 Ataque de SSL *stripping*.

Quando o programa antivírus tentar baixar as atualizações de assinaturas ou do próprio programa, o invasor fará a substituição pelo seu programa malicioso que será executado de maneira semelhante a um **vírus Cavalo de Troia**. Já há códigos disponíveis publicamente que fazem isso.

O que vimos

Neste capítulo, examinamos alguns dos ataques mais interessantes e danosos que alguém poderia executar contra dispositivos clientes sem fio. Alguns desses ataques dependem de clandestinidade e destreza. Outros são totalmente ostensivos e evidentes. No mínimo, você deve achá-los interessantes e divertidos.

Lembre-se, este capítulo não tem como objetivo ser um estudo definitivo de todos os ataques possíveis que alguém poderia executar contra clientes. Em vez disso, nos concentramos nos métodos de ataque e nas técnicas subjacentes para que você possa reconhecer vetores de ataque semelhantes em tecnologias futuras.

Dispositivos sem fio exóticos

- TVs, sistemas de videogame, impressoras, câmeras de segurança, etc.

Vulnerabilidades de clientes sem fio

- As comunicações existentes para o cliente são seguras?
- Podemos fazer o cliente falar conosco?
- Há configurações padrão que possamos explorar?
- Os clientes sem fio transmitem constantemente sua presença.
- Os clientes sem fio não são monitorados tão rigorosamente quanto os dispositivos da infraestrutura.
- Com frequência, a segurança física é totalmente esquecida.

Reconhecimento de elementos sem fio

- Kismet
- Airodump

Farejando comunicações inseguras

- Protocolos sem criptografia

Podemos forçar o cliente a conversar conosco?

- Crie um ponto de acesso do Linux.
- Force-os a falar conosco.

Operações padrão
- Associações automáticas
- Downloads e logins automáticos

Ataques de homem-no-meio
- DNS *spoofing*
- Falsa autenticação Web
- MITM no SSL
- SSL *stripping*
- Atualizações de AV falsas

PARTE III

Defesas para a proteção de redes sem fio

CAPÍTULO 6

Teoria da defesa para a proteção de redes sem fio

> **Neste capítulo, veremos**
>
> - Preparação do terreno
> - Fases da implantação de redes sem fio
> - Princípios de projeto seguros para redes sem fio
> - Defesas inúteis
> - Boas defesas para redes sem fio

A esta altura, você já deve ter um conhecimento amplo sobre alguns dos muitos vetores de ataque disponíveis para a exploração de redes e clientes sem fio. Neste capítulo, abordaremos os conceitos que formarão a base da proteção de suas redes sem fio. Em seguida, adotaremos os conceitos que você aprendeu no capítulo para projetar redes sem fio seguras e atingir objetivos comuns.

Preparando o terreno

Gostaria de preparar o terreno para as defesas discutidas neste e nos capítulos restantes para que você possa tirar o máximo deste livro. Discutiremos algumas questões importantes, inclusive as de contexto e realidade. Você também deve entender que o invasor tem vantagens claras nessa batalha. Embora ele tenha vantagens, se você usar as defesas discutidas nos capítulos restantes do livro, não terá problemas para ganhar a briga.

Contexto

A única coisa que não posso fornecer neste livro para a qual você deve estar sempre atento é o contexto. Simplesmente não posso fornecer recomendações diretas que se encaixem no contexto empresarial de cada leitor do livro. Portanto, você tem de considerar todas as defesas descritas e determinar se e como elas se enquadram no contexto de suas necessidades empresariais.

Lembre-se de que todas as empresas aceitam algum nível de risco (de maneira direta ou um pouco intuitiva). Você deve definir que soluções de proteção das redes sem fio pelas quais é responsável fazem sentido no contexto de seu ambiente.

Realidade

Após considerar o contexto, devemos discutir a realidade. Não fique desapontado se não puder implementar todas as tecnologias defensivas que discutimos neste livro. Se todas as empresas tivessem um orçamento ilimitado para proteger seu ambiente, viveríamos em um mundo muito diferente. É claro que a maioria delas não tem verbas ilimitadas para gastar na segurança de suas redes sem fio, logo, devem selecionar as defesas que forem mais importantes e apropriadas de acordo com seu ambiente e orçamento.

> **EMHO**
> Um exemplo de aplicação do contexto e da realidade a uma de minhas recomendações seria a de que as empresas usem um sistema de detecção de invasão (IDS). Recomendo que, sempre que possível, as empresas utilizem tecnologias IDS em suas redes. Isso quer dizer que você deve integrar imediatamente um IDS ao seu ambiente ou desativar sua rede sem fio? É claro que não.
> Algumas empresas não podem lidar com os requisitos administrativos de um IDS. Nesse caso, essa deve ser uma decisão consciente em que você precisa pesar os riscos de executar uma rede sem fio sem um IDS *versus* o risco de perder melhoria operacional por não utilizar uma rede sem fio.

O invasor tem a vantagem

Algo que deve ser lembrado na proteção de seu ambiente é que o invasor tem uma vantagem clara sobre você. É bom repetir: "você está em posição de desvantagem em relação a um possível invasor.

Para um invasor atingir seus objetivos, ele tem de encontrar apenas uma brecha em suas defesas. Para você atingir seu objetivo, tem de identificar e corrigir cada brecha recente explorável. Da mesma forma, o tempo está totalmente do lado do invasor. Você tem de se dedicar constantemente aos seus afazeres – corrigir vulnerabilidades, assegurar que os clientes sigam políticas de segurança e manter suas credenciais administrativas seguras – enquanto o invasor pode sentar e esperar pelo momento em que houver um deslize.

> **EMHO**
> Por que então nós, como profissionais de segurança, entramos em um jogo em que claramente a sorte não está a nosso favor? A fala clichê de um filme resume isso muito bem: "Somos incrivelmente espertos... ou incrivelmente estúpidos". Deixo que você mesmo decida.

Fases da implantação de redes sem fio

A cada fase da vida de uma rede sem fio, temos a oportunidade de integrar ou reintroduzir a segurança no nosso modo de agir. Examinemos algumas nuances da segurança em cada fase, considerando novas implantações, redes sem fio existentes e projetos de atualização da estrutura sem fio.

Novas implantações

Na implantação de uma nova rede sem fio, ficamos em uma posição ideal para fazer as coisas de maneira correta desde o início. Tentar proteger uma rede sem fio após implantá-la nunca é tão fácil quanto fazê-lo logo no começo. Seja você incumbido de projetar a instalação, implantar a rede sem fio, gerenciar e preservar a instalação ou protegê-la, é preciso expressar suas preocupações desde o início.

Durante as discussões iniciais pré-implantação, é imperativo decidir se uma rede sem fio é realmente a melhor solução para sua empresa, e a segurança deve ter prioridade nessa discussão. As redes sem fio apresentam alguns desafios únicos à segurança das empresas que você já deve conhecer. Muitas vezes, tomadores de decisões resolvem apenas que "precisam" de uma rede sem fio, somente pelo fato de elas estarem em todo lugar.

Tive discussões com clientes que queriam implantar serviços sem fio para convidados só porque "todo mundo" os oferecia, o que leva à minha primeira observação sobre a melhor maneira de proteger suas redes sem fio. Não as use! Sei o que você está pensando – essa recomendação é meio estranha para um livro que deve ensinar como proteger redes sem fio, certo? Entraremos na questão da proteção de suas redes sem fio em breve, mas, primeiro, quero que você pondere se realmente *precisa* ou não de recursos de rede sem fio em sua empresa e se essa necessidade é mais importante do que os riscos. Mesmo se você decidir que a rede sem fio é a opção certa, certifique-se de não a usar gratuitamente. Restrinja-a apenas às necessidades empresariais essenciais.

Se não *precisar* de uma rede sem fio, não a use!

> **Em ação**
>
> Com tantas empresas competindo para implantar redes sem fio só porque elas são tão populares, aquela pergunta clássica da típica mãe rabugenta vem à mente: "Se todos os seus amigos pulassem de uma ponte, você também pularia?" Logo, deixe-me personificar a voz de sua mãe por um momento. Só porque outras empresas estão assumindo um comportamento de manada e implantando redes sem fio, isso não quer dizer que você tenha de fazer o mesmo. Deixe-as sofrer as consequências de terem redes sem fio desnecessárias.

Redes sem fio existentes

Muitas redes sem fio existentes têm de ser protegidas. Você pode ingressar em uma empresa e lhe darem a grata tarefa de avaliar a rede sem fio atual e dar recomendações para a sua segurança. Ou talvez já gerencie a rede sem fio desde sua implantação e agora tomou conhecimento de vulnerabilidades na segurança que têm de ser mitigadas.

Um dos maiores problemas que se pode ter é convencer os donos do dinheiro a criar um novo orçamento para algo que vem funcionando sem sobressaltos. Muitas pessoas têm uma mentalidade do tipo "se não está quebrado, não conserte" e consideram despesas com segurança a mesma coisa que jogar dinheiro em um buraco negro. Logo, é sua função mostrar a elas a gravidade de não proteger a rede sem fio.

> **EMHO**
>
> A segurança é um buraco negro? Sem dúvida! Bem, quase. Deixe-me explicar. Você deve lembrar que, no Capítulo 1, discutimos que o cálculo do retorno sobre o investimento simplesmente não funciona para a segurança. Você está gastando dinheiro (recursos, tempo e assim por diante) para proteger outros bens, ou componentes geradores de receita de sua empresa. Portanto, está pedindo a alguém para gastar dinheiro para proteger algo que até agora não causou um incidente de segurança, mas pode causar no futuro.
>
> Por experiência própria, acho melhor concordar com alguém e ajustar o que essa pessoa pensa ao meu modo de pensar do que contradizê-la desde o início. Logo, quando o elaborador do orçamento disser "Não podemos lhe dar dinheiro para proteger uma rede sem fio que até agora vem funcionando", você pode dizer "Sim, Sr. Executivo, entendo perfeitamente por que acha isso. Compartilho esse sentimento. No entanto, não estamos gastando dinheiro para melhorar nossa rede. Estamos usando-o para proteger nossos bens e imagem. Se não gastarmos essa verba para proteger a rede, quando ocorrer um comprometimento, gastaremos muito mais.

Mas como você poderia convencer as pessoas a gastar dinheiro na proteção de uma rede sem fio se elas não concordam com isso? Uma maneira que funciona muito bem é uma empresa externa executar um teste de penetração na rede sem fio. Há muitas nuances tanto na execução de um teste de penetração quanto na contratação de uma empresa para executá-lo, mas essa pode ser uma ferramenta inestimável para se demonstrar o risco real e tangível e, assim, obter aprovação dos executivos para custear suas iniciativas de segurança.

Do ponto de vista do elaborador do orçamento, pode ser mais contundente ver um relatório de uma empresa externa detalhando como eles conseguiram acessar dados confidenciais via rede sem fio em um curto período de tempo do que ouvir o administrador da segurança alardear possíveis riscos.

Se o objetivo da execução do teste de penetração for conseguir motivos para a liberação de verbas, deixe isso claro para a empresa que você contratar. Dependendo de quais forem seus objetivos reais, um teste de penetração pode ser direcionado para fornecer o que você precisa a um custo surpreendentemente barato e aceitável.

> ### Teste de penetração *versus* avaliação de vulnerabilidade
>
> Infelizmente, muitas pessoas (inclusive as da área de segurança) não sabem a diferença entre **teste de penetração e avaliação de vulnerabilidade** e quando devem executar um ou outro. Em uma avaliação de vulnerabilidade, você *enumerará* as vulnerabilidades de um sistema (normalmente o máximo de vulnerabilidades que puder, mas nem sempre). Em um teste de penetração, *testará* a vulnerabilidade do sistema explorando as brechas descobertas. Geralmente, isso é resumido como "simular o que uma pessoa com más intenções faria".
>
> Mas quando você deve executar um teste de penetração e quando deve executar uma avaliação de vulnerabilidade? Aqui estão as razões para a execução de um teste de penetração:
>
> - Testar as defesas existentes para saber se elas apresentam as ações e respostas apropriadas.
> - Provar para a gerência sênior que existem vulnerabilidades para obter a verba necessária.
>
> E aqui estão as razões para a execução de uma avaliação de vulnerabilidade:
>
> - Identificar todas as vulnerabilidades desconhecidas.
> - Produzir relatórios para atender requisitos de auditoria.
>
> Não é adequado executar um teste de penetração tradicional com objetivos específicos se você quiser identificar todas as vulnerabilidades de um sistema, porque normalmente os executores de testes de penetração não identificam todas as vulnerabilidades. Se identificarem uma vulnerabilidade que lhes dê acesso total ao sistema, não terão motivos para continuar identificando vulnerabilidades, já que seu objetivo de *penetrar no sistema* foi atingido.
>
> É claro que essa não é uma lista definitiva das razões para a execução de um teste em vez do outro, mas é bom que você conheça as razões típicas da execução de cada um. Atualmente, costumo executar avaliações híbridas, me beneficiando do melhor das duas enquanto tento aproveitar ao máximo os dólares gastos por meus clientes.

Lembre-se, a principal razão para a execução de um teste de penetração pode não ser mostrar à equipe técnica que existem vulnerabilidades, mas mostrar aos executivos problemas de segurança reais que existem nos sistemas. Definitivamente, chama muito mais a atenção dizer "Penetramos com sucesso na rede e conseguimos ver todos os emails da empresa" do que dizer que alguém poderia penetrar na rede.

Os três tipos básicos de testes de penetração são o de caixa preta, o de caixa branca e o de caixa cinza. Às vezes, eles usam nomes um pouco diferentes, mas o conceito é o mesmo. Em um teste de caixa preta, o invasor não conhece a empresa internamente ou a tecnologia que ela usa. Em um teste de caixa branca, o invasor pode ter recebido informações confidenciais ou algum nível de acesso à rede sem fio. O teste de penetração de caixa cinza fica em algum ponto entre os dois. Os resultados desejados é que definirão as situações em que um pode ser melhor do que o outro. Você pode discutir o resultado que deseja com a equipe contratada, mas, no fim das contas, deve considerar um teste de caixa preta para mostrar o que um invasor faria, enquanto um teste de caixa branca seria adequado para mostrar o que um funcionário ou ex-funcionário faria.

> **EMHO**
> Muitas pessoas acham que não há razão para a execução de um teste de penetração. Seu principal argumento é o de que os administradores de TI já conhecem as vulnerabilidades de seus sistemas e não precisam que outra pessoa lhes informe sobre elas ou o de que uma avaliação de vulnerabilidade é suficiente. Embora em parte eu tenda a concordar, há casos em que o teste de penetração faz muito sentido e isso nunca mudará.
>
> Lembre-se, uma das principais razões para a execução de um teste de penetração pode ser provar para elaboradores de orçamento não técnicos que existem no ambiente vulnerabilidades graves contra as quais vale a pena se gastar algum dinheiro. Outro ótimo momento para a execução de um teste de penetração em vez de uma avaliação de vulnerabilidade pode ser quando você quiser testar suas defesas contra um determinado invasor. Digamos, por exemplo, que tivesse implementado um IDS recentemente e criado políticas e procedimentos para sua equipe de suporte responder às tentativas de invasão. Um teste de penetração pode ser uma ótima maneira de testar a resposta de sua equipe a um ataque sem ser preciso esperar para ver se o processo é violado durante um ataque verdadeiro.

Alguns dos pontos importantes que devem ser considerados na proteção de uma rede sem fio existente incluem como você tratará o período de inatividade, se implantará uma nova rede ou uma rede em paralelo com sua rede sem fio atual, e o impacto sobre os clientes sem fio.

Lidando com o período de inatividade

Durante a implementação das novas tecnologias ou a atualização de componentes existentes, sua rede sem fio pode ficar temporariamente sem funcionar. Dependendo do tamanho e escopo da rede, você pode ter de considerar como tratará o período de inatividade. Algumas opções seriam reconfigurar a infraestrutura e os clientes em fases por local. Por exemplo, se estiver atualizando sua rede do WEP para o WPA2--PSK, em vez de fazê-lo de uma só vez, poderia atualizar alguns pontos de acesso em um determinado momento e alterar os clientes das vizinhanças ao mesmo tempo.

Nova rede sem fio em paralelo

Uma opção que já usei é implantar uma nova rede sem fio junto a uma já existente e alterar os dispositivos clientes em fases quando possível. Como no exemplo anterior da atualização de uma rede WEP para uma rede WPA2-PSK, você poderia implantar os novos pontos de acesso e deixar a rede WEP existente funcionando até todos os seus clientes passarem para a nova rede. Isso pode reduzir bastante o impacto gerado para seus clientes porque você pode passá-los para a nova rede sem fio de maneira incremental. E não é só; você tem a opção de trazê-los de volta se houver algum problema.

Dê atenção a cada cliente sem fio

Em certas atualizações de recursos de segurança, você pode ter de passar algum tempo com cada cliente de sua rede sem fio. Por exemplo, se quiser atualizar a rede sem fio atual do WEP para o WPA2-PSK, talvez precise que profissionais de suporte desktop visitem cada dispositivo cliente e insiram manualmente a nova chave WPA. É claro que você pode enviar a chave WPA para os usuários e pedir que a insiram eles próprios, mas ela pode ser tratada inapropriadamente e ficar comprometida. De qualquer forma, é preciso saber se as novas configurações de segurança exigirão tempo administrativo para o atendimento a cada cliente.

Atualização de redes sem fio

Um projeto de atualização da rede sem fio existente, um projeto de substituição para atualização da infraestrutura sem fio, ou até mesmo a atualização apenas de componentes selecionados da infraestrutra é uma ótima oportunidade para se incluir medidas de segurança onde elas antes não existiam. Você deve tratar quaisquer dessas oportunidades da mesma forma que trataria um projeto pré-implantação e integrar a segurança desde o início. Além de integrar a segurança já no começo, deve procurar oportunidades para reutilizar a infraestrutura existente.

Certifique-se de resolver os seguintes problemas:

- Quem gerenciará a segurança geral da rede sem fio?
- Quem monitorará eventos de segurança?

- Quem responderá a eventos de invasão e lidará com pontos de acesso não autorizados?
- Quem gerenciará a configuração de segurança de dispositivos clientes?
- Aplique o princípio do privilégio mínimo a quem quer que tenha acesso à rede sem fio.

Acima de tudo, você precisa saber o que está realmente por trás da decisão da gerência de implantar uma rede sem fio. Por exemplo, se a gerência estiver tentando melhorar a eficiência na empresa dando recursos móveis a um pequeno grupo perto do escritório, você tem como identificar todos esses usuários e construir um ambiente mais seguro com base nessas informações? Pode implantar menos pontos de acesso com configurações mais restritivas? Pode isolar a rede sem fio da rede interna e dar aos usuários acesso apenas aos poucos servidores que eles tiverem de acessar? Pode treinar todas as pessoas que usarão a rede sem fio sobre como mantê-la o mais segura possível? Lembre-se, as necessidades empresariais devem sempre guiar as implantações de tecnologia; você nunca deve implementar uma tecnologia só por ser um avanço tecnológico.

Princípios de projetos seguros para redes sem fio

Introduzi alguns desses princípios de projetos seguros para redes no Capítulo 1. Agora iremos examiná-los sendo aplicados diretamente às redes sem fio. Nos capítulos restantes, pegaremos essas ideias e as implementaremos em soluções retiradas de experiências reais. Veremos com detalhes os seguintes princípios de um projeto seguro:

- Defesa em profundidade
- Privilégio mínimo
- Segmentação da rede
- Avaliação da rede sem fio
- Proteção da infraestrutura
- Detecção de PAs não autorizados
- Segurança física
- Alteração das configurações padrão
- Diligência prévia
- CID

Defesa em profundidade

Você deve lembrar que discutimos os princípios da defesa em profundidade no primeiro capítulo. A ideia básica por trás da defesa em profundidade é o uso de várias tecnologias para a proteção de seu ambiente em vez de usar somente uma. Quase sempre os administradores de rede usam apenas tecnologias preventivas para manter os invasores do lado de fora – isso é verdade principalmente para redes sem fio. Um exemplo perfeito seria a configuração típica em que o WEP ou o WPA são usados e nada mais. Os administradores supõem que impediram estranhos indesejados de acessar sua rede e, portanto, não precisam se preocupar com medidas de segurança adicionais. Um dos pontos importantes dos quais se esquecem é a implantação de tecnologias para detectar ataques – tanto tentativas de ataques quanto ataques bem-sucedidos.

É preciso lembrar que os três componentes básicos de uma estratégia de defesa em profundidade são

- Prevenir
- Detectar
- Impedir

No entanto, há uma quarta quase tática que está ganhando força em implantações reais: frustrar. Alguns sistemas têm recursos cuja única finalidade é confundir ou frustrar o invasor. Um sistema honeypot pode ser considerado como aquele que tem recursos que levam à frustração e à distração porque os invasores perdem seu tempo em sistemas que não levam a lugar algum e os desviam de seus alvos reais. Alguns firewalls incluem recursos "de ocultação" para confundir varreduras de porta em que eles relatam que todas as portas TCP estão abertas.

> **JARGÃO**
> Os **sistemas honeypot** são uma tecnologia excelente que, na verdade, não é muito usada. Eles são basicamente um alvo interessante (p. ex., um servidor) cuja única finalidade é atrair curiosos (invasores). Também costumam dar a aparência de ter vulnerabilidades para atrair a atenção do invasor. Discutiremos os honeypots e bons locais para a sua implantação em um capítulo posterior.

Quanto mais você conseguir integrar tecnologias de detecção e impedimento assim como de prevenção, mais forte será a segurança geral de sua rede. Examinaremos soluções que usam a estratégia de defesa em profundidade em capítulos futuros.

Privilégio mínimo

O princípio do privilégio mínimo é um componente muito importante de qualquer sistema seguro. Privilégio Mínimo significa dar aos usuários e sistemas acesso *apenas* ao que eles precisam. Infelizmente, esse deve ser um dos princípios mais subestimados e, na verdade, a maioria dos administradores de sistemas aplica o seu oposto começando por dar aos usuários acesso a qualquer coisa para depois remover itens específicos um a um. Isso também pode ser chamado de lista branca e lista negra, respectivamente.

Quando usamos uma lista negra, o sistema é configurado de modo que os usuários possam acessar o que quiserem exceto os itens da lista negra. Quando usamos uma lista branca, inicialmente os usuários não podem acessar coisa alguma exceto os itens da lista branca. Esses princípios têm sido aplicados a quase todos os componentes das redes modernas, inclusive listas de controle de acesso de firewalls, aplicativos de sistemas operacionais, mecanismos internos de aplicativos Web e agora às redes sem fio.

Mas como isso se aplica às redes sem fio? O exemplo mais óbvio seria o da conectividade de camada 3 ou IP quando associada à rede sem fio. Por exemplo, se a única finalidade de sua rede sem fio for para o uso de leitores de códigos de barras sem fio, você não deve permitir o estabelecimento de conexões IP com todos os sistemas de sua rede a partir da rede sem fio; em vez disso, deve limitar o acesso dos leitores de códigos de barras ao sistema backend. Em um capítulo posterior, discutiremos aplicações específicas dessa regra em soluções de redes sem fio.

Segmentação da rede

O princípio do privilégio mínimo leva adequadamente ao nosso próximo princípio de projeto seguro, que é a segmentação apropriada da rede, em que grupos lógicos de sistemas são separados uns dos outros em uma rede interna. Por exemplo, você pode criar sub-redes exclusivas para seu departamento de recursos humanos, uma sub-rede separada para o departamento de cobrança, e dar a cada uma delas acesso apenas aos sistemas que suas atividades empresariais as fizerem acessar. Quase sempre as redes, inclusive as sem fio, têm um tamanho enorme, nas quais os dispositivos podem se comunicar uns com os outros tanto na camada 2 quanto na 3.

Se você não conhece os conceitos básicos das camadas 2 e 3, recomendo a leitura de *Networking: A Beginner's Guide, Fifth Edition* (McGraw-Hill, 2009).

A maneira mais básica de segmentar uma rede nas camadas 2 e 3 é com LANs virtuais e listas de controle de acesso IP, respectivamente. Uma LAN virtual (VLAN) divide os *switches* físicos em vários *switches* lógicos. Isso é um grande fator de economia e é ótimo para a obtenção de configurações seguras. Embora existam maneiras de os *hosts* se comunicarem por VLANs sem um roteador, a solução típica para a comunicação entre VLANs

> **JARGÃO**
> Normalmente, um *switch* que também opera na camada 3 é chamado (o que não é surpresa alguma) de **switch de camada 3**!

envolve o uso de um dispositivo de camada 3 como um firewall ou roteador. Examine a Figura 6-1 para ver como os *hosts* de uma VLAN poderiam se comunicar com *hosts* de outra VLAN.

Há *switches* que operam na camada 2 e na camada 3, e estes podem ser ótimos locais para o fornecimento de segmentação entre sub-redes. Fisicamente, o cenário seria muito diferente, mas, logicamente, funcionaria de forma idêntica.

Um exemplo básico de segmentação de uma rede sem fio seria o de uma empresa que tivesse de fornecer acesso sem fio à Internet para convidados e acesso a recursos internos para funcionários. É claro que você não irá querer esses usuários na mesma rede de camada 2 ou camada 3. Discutiremos soluções seguras para isso em um capítulo posterior.

Avaliações da rede sem fio

É absolutamente crucial que você não ache simplesmente que sua rede sem fio foi configurada de maneira correta. Considere a rede do ponto de vista de um invasor. Reserve um dia para estudar os capítulos anteriores sobre ataques a redes sem fio e veja se alguns desses ataques funcionam contra sua rede. O intervalo para a frequência com que você deve avaliar a rede dependerá totalmente de sua empresa e do que for sensato fazer. Se tiver recursos para testar mensalmente, não pense duas vezes. A maioria das empresas deve achar razoável a avaliação da segurança atual de sua rede sem fio pelo menos uma ou duas vezes ao ano.

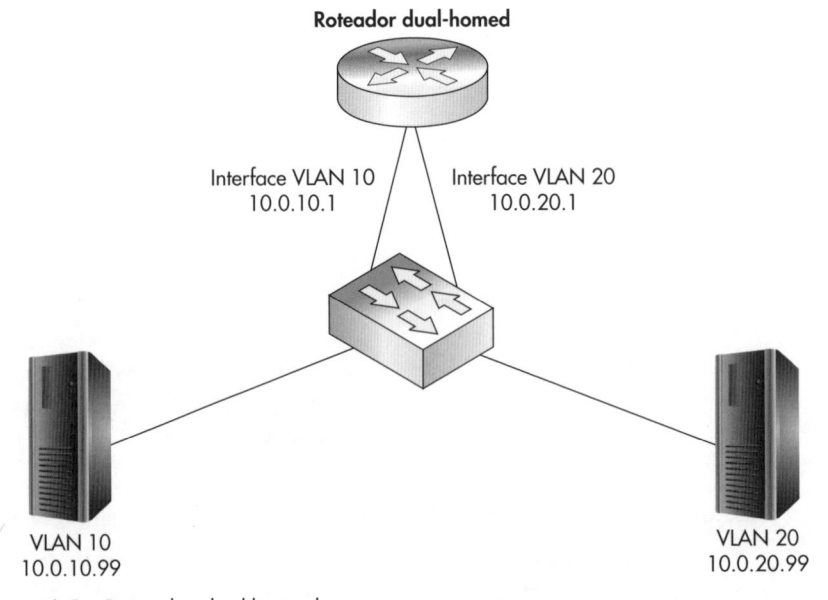

Figura 6-1 Roteador dual-homed.

> **Em ação**
>
> Você deve avaliar sua própria segurança com a frequência que achar razoável. No entanto, isso não significa que não deve solicitar uma avaliação feita por terceiros habilitados. Há empresas especializadas em testes de penetração e avaliações de vulnerabilidade, e contratá-las é uma boa política de segurança para a captura de algo que possa passar despercebido.

Proteja a infraestrutura

No que diz respeito a firewalls e roteadores, é crucial proteger todos os componentes da infraestrutura. Não deveria ser preciso falar, mas muitas vezes as empresas fazem um ótimo trabalho na proteção de seus servidores e sistemas operacionais e deixam os dispositivos da infraestrutura abertos à exploração direta. Não se esqueça de considerar todos os componentes de sua rede e tente protegê-los. Isso inclui os dispositivos a seguir:

- Firewalls
- Roteadores
- *Switches*
- Pontos de acesso sem fio
- Controladores de acesso sem fio

Examinaremos soluções para a proteção de sua infraestrutura sem fio em um capítulo futuro.

Detecção de PA não autorizado

Discutimos as implicações de segurança das redes sem fio não autorizadas em capítulos anteriores. Você deve ficar atento para o dano que pode ser causado por alguém que inserir um ponto de acesso sem fio não autorizado em uma de suas redes internas. Não interessa se o ponto de acesso foi inserido em sua rede por um intruso malicioso ou por um funcionário bem-intencionado. Se não é autorizado, deve ser identificado e removido o mais rápido possível. Muitos sistemas de gerenciamento de redes sem fio têm recursos internos para alertar o administrador sobre a detecção de redes sem fio externas. Examinaremos opções de detecção, identificação e remoção de pontos de acesso não autorizados no Capítulo 11.

Segurança física

Algo que precisa ser considerado para todos os seus dispositivos sem fio é a segurança física. Devo ter falado bastante desse tópico nos capítulos anteriores sobre ataques; no entanto, acho importante repetir mais uma vez porque essa área costuma ser totalmente ignorada. É crucial proteger o acesso físico a seus dispositivos sem fio, inclusive aos dispositivos da infraestrutura! Os pontos de acesso podem ser mantidos fisicamente seguros quando são deixados fora de alcance ou estão em unidades fisicamente bloqueáveis.

Altere as configurações padrão

Outra norma a ser seguida, principalmente com relação a componentes da rede sem fio, é a alteração das configurações padrão. As configurações padrão são um vetor de ataque muito fácil para um possível invasor. Coisas como nomes de usuário e senhas padrão, permissões padrão e até mesmo serviços habilitados por padrão podem ser muito perigosas. Essas configurações padrão ficam imediatamente disponíveis para os invasores após a leitura de manuais e documentação na Internet. Não há uma correção universal para todas as configurações padrão; você deve se inteirar dos produtos que deseja instalar em seu ambiente e alterar qualquer configuração padrão insegura.

Diligência prévia

Como poderíamos resumir todos os nossos esforços? Devemos sempre fazer uma diligência prévia para ver se não estamos expondo nossas redes a riscos desnecessários. Como discutido no Capítulo 1, proteger sua rede sem fio não significa apenas manter usuários não autorizados do lado de fora, mas também impedir que usuários internos façam coisas que não deveriam.

Confidencialidade, Integridade, Disponibilidade (CID)

Discutimos a tríade CID no primeiro capítulo, e sua aplicação a qualquer implementação de rede segura é essencial – as redes sem fio não são exceção. Lembre-se, você quer assegurar a *confidencialidade* dos dados de seus usuários, ou seja, apenas usuários autorizados devem visualizá-los. Você quer assegurar a *integridade* dos dados, isto é, que não haja alterações ou tratamentos não autorizados nos dados. Por fim, quer assegurar que os dados estejam disponíveis para os usuários que precisarem acessá-los quando precisarem do acesso.

As duas principais tecnologias que atendem os requisitos da confidencialidade e integridade são a autenticação e a criptografia. Os protocolos 802.11 contêm opções disponíveis que são integradas diretamente ao padrão. O WEP inclui métodos tanto para a autenticação quanto para a criptografia. (Embora você saiba que *nunca* deve usar o WEP, certo?). Da mesma forma, o WPA e o WPA2 (802.11i) têm métodos tanto para autenticação quanto para criptografia.

Para concluir, o melhor conselho que posso dar é que você use tecnologias que já existam há algum tempo e ainda sejam consideradas seguras. No entanto, lembre-se de que a segurança não é estática; está sempre mudando e é muito dinâmica. O que é seguro hoje pode ser muito inseguro amanhã.

Criptografia

Os métodos de criptografia nativos do WPA são o TKIP e o CCMP, que é baseado no AES. Para ver uma discussão completa, consulte a seção "Como o WPA funciona" do Capítulo 3. Não esqueça de que, atualmente, estão sendo reveladas deficiências em algumas implementações do WPA TKIP. Logo, ao implantar o WPA, você deve selecionar o CCMP como seu método de criptografia.

Outras opções também estão disponíveis. Só porque o WPA dá suporte a apenas dois métodos de criptografia não quer dizer que não haja mais opções. Você ainda pode usar as tecnologias de VPN existentes como as VPNs IPSec e SSL. Abordaremos as opções de integração existentes para elas em um capítulo posterior.

Autenticação

Existem várias opções de autenticação disponíveis, muitas delas suportadas nativamente pelo WPA2. A maioria dos métodos de autenticação se baseia no Extensible Authentication Protocol (EAP). O EAP tem muitas variações para lidar com diferentes necessidades e ambientes. Enfocaremos os três métodos EAP mais populares para redes WPA2:

- PSK (Pre-Shared Key)
- PEAP (Protected Extensible Authentication Protocol)
- EAP-TLS (Extensible Authentication Protocol-Transport Layer Security)

> **JARGÃO**
> - **WPA** Wi-Fi Protected Access
> - **TKIP** Temporal Key Integrity Protocol
> - **CCMP** Counter Mode with Cipher Block Chaining Message Authentication Code Protocol, que é baseado no Advanced Encryption Standard (AES)
> - **IPSec** Internet Protocol Security extensions
> - **SSL** Secure Sockets Layer
>
> Lembre-se, o WPA foi lançado para substituir o WEP devido às deficiências deste. O TKIP permitiu que o WPA funcionasse em hardware existente que suportasse o WEP – normalmente, só era preciso atualizar o firmware. Por outro lado, o CCMP, que é baseado em um padrão de criptografia existente há algum tempo, faz parte do padrão 802.11i oficial (WPA2). Para ver uma discussão completa, consulte a seção "Como o WPA funciona" do Capítulo 3.

Pre-Shared Key (PSK) Você já deve conhecer o conceito de chave pré-compartilhada, principalmente quando se trata de redes sem fio e WPA2. No que diz respeito ao WPA e WPA2, a chave pré-compartilhada pode ter um máximo de 63 caracteres ASCII ou 64 caracteres hexadecimais. A chave deve ser inserida manualmente em qualquer dispositivo que estiver conectado à rede WPA-PSK.

Protected Extensible Authentication Protocol (PEAP)   PEAP significa Protected EAP e o protocolo ganhou esse nome porque é definido um encapsulamento criptografado para proteger o EAP de ataques de escuta clandestina (*eavesdropping*). Esse encapsulamento é muito semelhante aos dos sites seguros.

Na verdade, existem algumas versões do PEAP, mas a mais popular usa o Microsoft Challenge *Handshake* Authentication Protocol version 2 (MS-CHAPv2) para tratar a autenticação. Esse método de autenticação é integrado ao Windows e requer relativamente pouco esforço para funcionar. O PEAP fornece a possibilidade de autenticação mútua porque o cliente tem o certificado do servidor de autenticação e o usuário se autentica no servidor usando o nome de usuário e senha de seu domínio. A autenticação mútua ocorre quando as duas partes autenticam uma à outra. Você já deve ter visto um cliente se autenticando em um servidor, mas, na autenticação mútua, o cliente também verifica se o servidor é o desejado.

Extensible Authentication Protocol-Transport Layer Security (EAP-TLS)   O EAP Transport Layer Security usa alguns dos mesmos métodos que você já conhece do protocolo TLS. O mais interessante é que ele usa certificados para autenticar os usuários. O EAP-TLS pode ser considerado a implementação mais segura até o momento. No entanto, essa segurança apresenta mais problemas e requer mais tempo para ser implantada e gerenciada porque é necessário uma Infraestrutura de Chaves Públicas (PKI, Public Key Infrastructure) completa. Examinaremos essa configuração em um capítulo posterior.

802.1x   O protocolo 802.1x é um padrão do IEEE para a autenticação baseada em porta. Esse padrão também define a implementação do Extensible Authentication Protocol Over LAN, ou EAPOL.

> **JARGÃO**
> Lembre-se de não confundir **802.1x** com 802.11x. O último é uma maneira comum de denominar todos os padrões 802.11 sem fio.

Para entender melhor como o 802.1x funciona em uma rede sem fio, você deve conhecer suas raízes nas redes com fio. O 802.1x, ou controle de acesso baseado em porta, requer que os usuários se autentiquem no *switch* em que estão conectados fisicamente antes de receber acesso à rede. Normalmente, essa autenticação ocorre usando um banco de dados exclusivo que reside em um servidor separado do dispositivo de rede no qual o usuário está diretamente conectado. O 802.1x tem sua própria nomenclatura para identificar cada componente do processo de autenticação. Ele chama esses componentes de *solicitante, autenticador e servidor de autenticação*. Em uma rede sem fio, o laptop do usuário seria o solicitante, o ponto de acesso sem fio seria o autenticador, e o servidor RADIUS seria o servidor de autenticação. Essa arquitetura básica é mostrada na Figura 6-2.

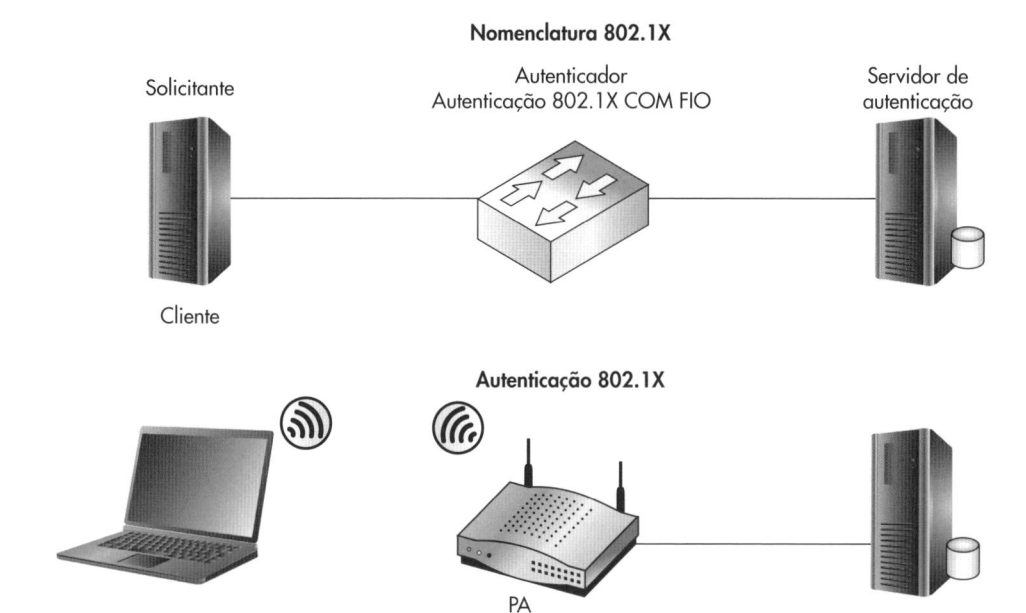

CAPÍTULO 6   Teoria da defesa para a proteção de redes sem fio   **143**

Figura 6-2 Topologia e nomenclatura 802.1x.

Qualquer dispositivo cliente (solicitante) que quiser se conectar com a rede protegida deve dar suporte ao protocolo 802.1x na forma de um software cliente, normalmente chamado de *software solicitante*. A maioria dos sistemas operacionais modernos vem com um software solicitante pré-instalado; no entanto, você pode ter de instalar um software solicitante, dependendo de seus dispositivos clientes e autenticadores.

Defesas inúteis

Aproveitemos essa oportunidade para discutir tecnologias que considero defesas inúteis. Infelizmente, algumas dessas técnicas têm sido amplamente usadas, o que sempre me intrigou. Examinaremos os prós e contras de cada uma delas e faremos a pergunta: "Isso nos deixa mais seguros?".

Gaiola de Faraday

Em nível mais básico, você pode considerar uma gaiola de Faraday como um sistema para o confinamento da propagação física de sinais de rede sem fio. No mundo real, normalmente isso é feito com a suspensão de uma malha sem fio ao redor de um prédio ou área para que sinais sem fio provenientes de fora não possam entrar e sinais de dentro não possam sair. Do ponto de vista da segurança, simplesmente não me convence. Como você viu em exemplos anteriores, antenas de alto alcance podem ser usadas para captar sinais muito fracos de redes sem fio.

Além do mais, o uso de sistemas limitadores de sinais parece dar às pessoas uma falsa sensação de segurança. Esse pode ser um esforço relativamente caro apenas para áreas menores e por uma segurança que pode ser facilmente comprometida.

Devo lembrar que minha implicância com as gaiolas de Faraday só tem relação com o contexto. Existem casos em que elas fazem muito sentido; no entanto, eu diria que nunca por razões de segurança. As únicas aplicações de uma gaiola de Faraday que fazem sentido para mim são o uso em áreas em que você queira se proteger do incômodo de dispositivos como telefones celulares ou para dispositivos fisicamente sensíveis. Vi locais como escritórios de advocacia e salas de tribunais usarem gaiolas de Faraday para proibir o uso de celulares. Ambientes médicos e de pesquisa também podem usar gaiolas de Faraday por razões não relacionadas à segurança, se estiverem sendo usados equipamentos sensíveis ou radiação potencialmente danosa e as pessoas não quiserem sair da área.

Recomendo que você examine com cuidado se as tecnologias sem fio são a escolha certa se parece necessário o uso de uma gaiola de Faraday para proteger sua rede.

Filtragem de endereços MAC

A filtragem de endereços MAC permite que o administrador defina os *hosts* específicos que poderão se associar à rede sem fio. Os *hosts* são definidos pelo endereço MAC de suas placas de rede sem fio. Ela é o exemplo perfeito de uma lista branca. Lembre-se, um endereço MAC é o endereço embutido em código que identifica uma placa de rede específica.

Na filtragem de endereços MAC, dizemos ao ponto de acesso que só permita que dispositivos da lista branca se associem a ele. Essa lista de endereços MAC aprovados costuma ser criada manualmente, embora existam algumas opções de "autodescoberta" ou importação de um grande número de endereços MAC. A filtragem de endereços MAC pode fazer sentido conceitualmente, mas, na prática, não fornece uma segurança sólida.

Em minha opinião, a filtragem de endereços MAC ganharia o prêmio. Essa deve ser a defesa mais inútil existente para redes sem fio. Você já viu em capítulos anteriores como é fácil capturar os pacotes de uma rede sem fio, obter o endereço MAC de um *host* autorizado a se conectar e configurar a sua placa de rede para usar esse endereço MAC. Quando combinamos como é fácil burlar esse "mecanismo de controle de acesso" a como é irritante administrar o sistema, temos um forte candidato à pior defesa do mundo. Imagine como seria irritante se sempre que você adicionasse um novo dispositivo sem fio à sua rede ou alterasse uma placa de rede sem fio, tivesse de esperar um administrador adicionar seu dispositivo à lista de aprovados. Além disso, do ponto de vista do administrador, é mais uma chatice da qual ele não precisa.

Ocultação do SSID

Você deve lembrar que, no Capítulo 4, vimos que a ocultação do Service Set Identifier (SSID) permite que o administrador impeça que o nome da rede seja incluído em quadros de sinais provenientes do ponto de acesso. Isso é feito para impedir que clientes sem fio "descubram" a rede sem fio. A ocultação do SSID é outra tecnologia que conceitualmente faz sentido, mas acaba sendo apenas mais uma dor de cabeça para administradores e usuários legítimos e não fornece um benefício real.

De qualquer forma, no Capítulo 4, você aprendeu que existem ferramentas disponíveis para a captura dessas informações a qualquer momento quando há uma estação autenticada na rede sem fio. Logo, esse é apenas outro exemplo de uma defesa de rede sem fio que nada faz a não ser adicionar mais trabalho para o administrador da rede e erguer uma barreira muito pequena para o invasor.

WEP

O Wired Equivalent Privacy (WEP) era o mecanismo de proteção original do padrão 802.11. Ele praticamente não oferece proteção, como você aprendeu no Capítulo 14. Se não leu esse capítulo, pare por aqui e leia-o. Nunca é demais repetir: sob nenhuma circunstância você deve usar o WEP! Fui claro?

Mas sou realista: sei que ainda existirão redes WEP por algum tempo. O único argumento válido para o seu uso seria se você tivesse de dar suporte a um dispositivo cliente que só tivesse disponível o WEP como método de criptografia. Discutiremos em um capítulo posterior como lidar com uma rede dessa natureza; no entanto, atualmente seria muito raro um dispositivo sem fio dar suporte apenas ao WEP.

Lembre-se, mesmo se você implantasse outros controles compensatórios como um IDS, o invasor ainda poderia capturar passivamente todo o tráfego da rede, quebrar a chave WEP e visualizar os dados dos pacotes capturados. Ou seja, não importa o que você faça para detectar possíveis invasões em uma rede criptografada com o WEP, seus esforços de nada valerão porque o invasor poderá visualizar os dados contidos nos pacotes capturados.

Ocultação do WEP

A ocultação do WEP, que não deve ser confundida com a ocultação do SSID, foi pensada como um Band-Aid para redes que usam o WEP. Você deve lembrar que a quebra da chave requer que o invasor capture um determinado número de pacotes criptografados com o WEP, como visto no Capítulo 4. O que a ocultação do WEP faz é enviar pacotes criptografados "inválidos" (ou o que costuma ser chamado de *chaff*) para confundir o software de quebra do WEP quando ele tenta descobrir a chave.

Esse é mais um exemplo de uma técnica que faz sentido no papel, mas simplesmente não funciona. Pesquisadores de segurança não demoraram para considerá-la quase inútil. Normalmente, a ocultação do WEP só aumenta em alguns minutos o tempo total de quebra da chave de uma rede criptografada com o WEP.

Boas defesas para redes sem fio

Agora que detalhamos soluções menos eficazes para a proteção de suas redes sem fio, examinaremos algumas das melhores soluções disponíveis. Você notará que, em grande parte, essas tecnologias não são inteiramente novas. Em vez disso, quase sempre são tecnologias que resistiram ao teste do tempo ou tiveram pequenas variações que as tornaram adequadas à proteção de redes sem fio.

Firewalls

Os firewalls podem parecer um componente óbvio em qualquer projeto de rede segura, mas você ficaria surpreso com a frequência com que eles não são integrados às redes sem fio. Procure oportunidades para usar firewalls e criar uma segmentação entre o tráfego sem fio e as redes internas (consulte a Figura 6-3) e isolar as redes sem fio umas das outras (consulte a Figura 6-4).

Muitos firewalls atuais também oferecem recursos que vão além das listas de controle de acesso da camada 3. Alguns incluem coisas como funcionalidade

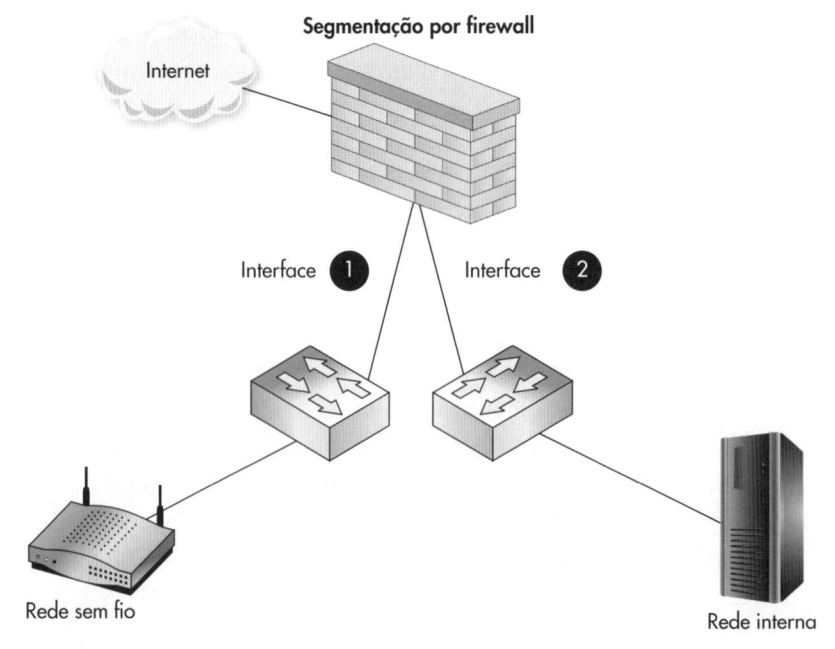

Figura 6-3 Segmentação básica por firewall.

CAPÍTULO 6   Teoria da defesa para a proteção de redes sem fio   **147**

Segmentando duas redes sem fio com um firewall

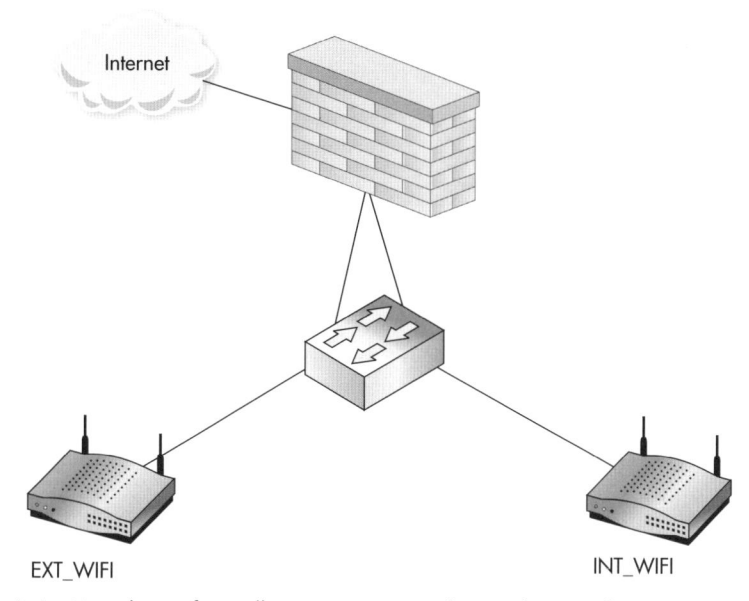

Figura 6-4   Usando um firewall para segmentar duas redes sem fio.

de IDS limitada ou totalmente desenvolvida, funcionalidade de antivírus e o conhecimento de alguns protocolos da camada de aplicativos para impedir ataques comuns. Ao rotear suas redes sem fio por esses firewalls, talvez você consiga se beneficiar desses recursos adicionais.

Na Figura 6-3, temos um exemplo básico de como usar um firewall para criar a segmentação entre a rede sem fio e a rede interna e permitir acesso apenas à Internet. Nesse caso, configuraríamos as interfaces do firewall como descrito a seguir:

- **Interface 1**   Impede o tráfego da rede sem fio para a rede interna.
- **Interface 2**   Impede o tráfego da rede interna para a rede sem fio.

Esse é um conceito importante: ao configurar as listas de controle de acesso de seu firewall, certifique-se de considerar as duas direções. Se a rede interna não precisar de acesso à rede sem fio, você também deve negar esse tráfego. Não presuma que, só porque a rede interna é considerada mais "confiável", os usuários devem ter acesso a coisas de que não precisem. Novamente, lembre-se do conceito do privilégio mínimo ao configurar regras de firewall.

Na Figura 6-4, temos um exemplo de como isolar duas redes sem fio uma da outra. Em capítulos posteriores, examinaremos cenários em que a existência de várias redes sem fio e até mesmo várias redes internas é apropriada. Não se esqueça de que, sempre que duas sub-redes não precisarem acessar uma à outra, você deve negar acesso.

Nesse caso, você configuraria o firewall de maneira quase idêntica à anterior. Veremos exemplos de configurações de firewall reais em capítulos futuros.

- **Interface 1**   Impede o tráfego da rede EXT_WIFI para a rede INT_WIFI.
- **Interface 2**   Impede o tráfego da rede INT_WIFI para a rede EXT_WIFI.

Roteadores

Há muitas razões para você não conseguir integrar firewalls ao projeto de sua rede sem fio. Poderia ter apenas um firewall de perímetro e não faria sentido rotear o tráfego sem fio por ele. Ou talvez seu firewall não possa lidar com a carga adicional da rede sem fio. Se não puder usar um firewall, deve pelo menos ter algum nível de segmentação da camada 3 – e um roteador é a plataforma perfeita para se fazer isso. Lembre-se, tecnicamente, você não precisa de um roteador; pode usar um *switch* da camada 3 para obter os mesmos resultados. Estou usando o termo *roteador* para abranger os dois aqui.

Na Figura 6-5, você configuraria o roteador como fez com os firewalls dos exemplos anteriores.

- **Interface 1**   Impede o tráfego da rede sem fio para a rede interna.
- **Interface 2**   Impede o tráfego da rede interna para a rede sem fio.

Nota orçamentária

Procure maneiras de reutilizar a infraestrutura existente quando for viável e apropriado fazê-lo. Economizar dinheiro em hardware significa poder usar essa verba em medidas de segurança adicionais. Muitas áreas têm no hardware e no software já existentes os recursos para serem muito mais seguras do que são hoje, mas não utilizam toda a funcionalidade. Tomadores de decisão podem dar mais apoio a uma nova solução de segurança se você puder aumentar a proteção sem ser preciso investir em hardware e software adicionais.

No entanto, isso não significa que deva exagerar. Se houver apenas um firewall em seu ambiente e ele já estiver alcançando o limite, é melhor comprar um equipamento novo do que esperar o firewall explodir.

Switches

Sim, até mesmo seus modestos *switches* podem ser configurados para dar suporte à sua rede sem fio de maneira segura. A forma mais básica para você usar *switches* em uma rede sem fio segura é segmentando a rede na camada 2 com LANs virtuais. Lembre-se de que as VLANs dividem o *switch* físico em vários *switches* lógicos.

Normalmente, atribuímos uma sub-rede IP exclusiva para cada VLAN, e a única maneira de dispositivos de diferentes VLANs se comunicarem costuma ser com um gateway da camada 3 como um roteador ou firewall. Logo, no exemplo anterior da Figura 6-5, essa configuração funcionaria logicamente da mesma forma; no entanto, fisicamente se pareceria mais com o que é mostrado na Figura 6-6.

Um *tronco* é uma porta especial que pode carregar tráfego para várias VLANs; poderíamos quase considerá-lo como existindo em todas as VLANs configuradas nessa porta. Não abordaremos os detalhes técnicos de como isso funciona, mas você deve entender a tecnologia conceitualmente. Logo, no exemplo anterior, poderíamos configurar uma porta no *switch* e uma interface no roteador como troncos. Essa configuração teria uma aparência semelhante ao que é mostrado na Figura 6-7 e funcionaria logicamente de maneira idêntica aos exemplos anteriores.

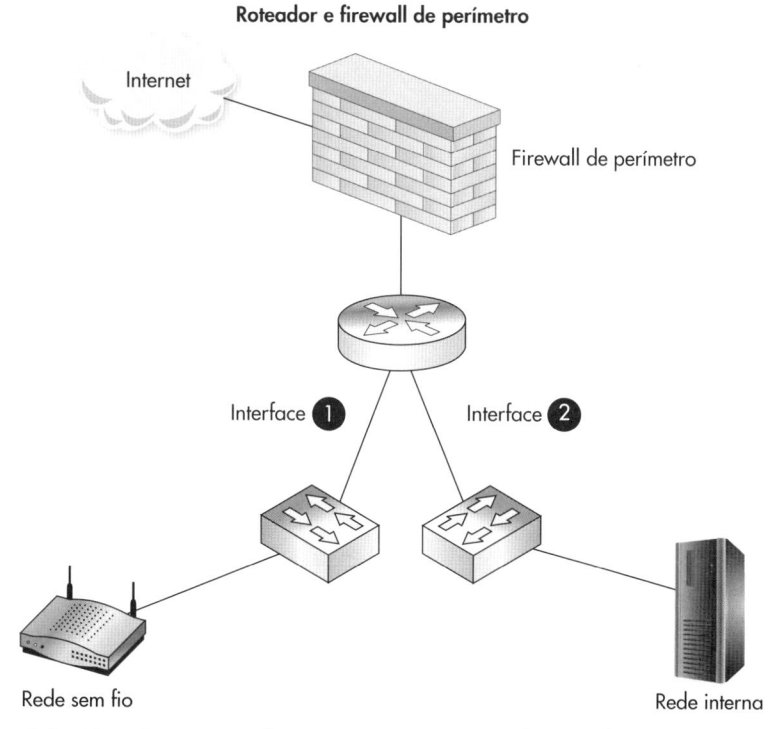

Figura 6-5 Usando um roteador para segmentar as redes sem fio.

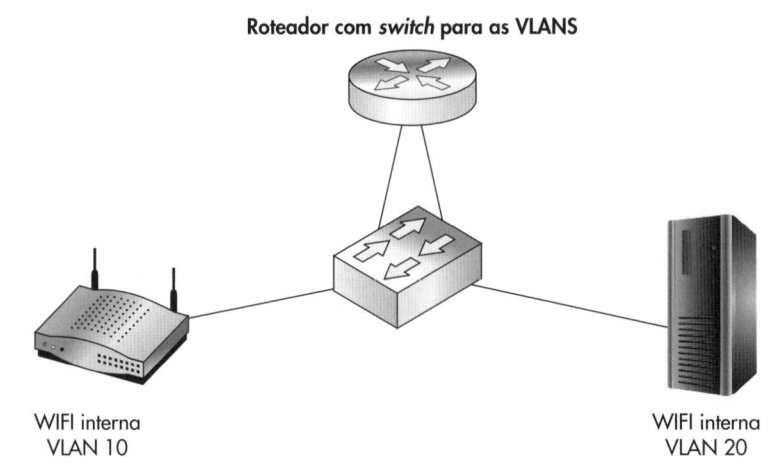

Figura 6-6 Usando uma VLAN para segmentar as redes sem fio.

Mas como isso pode ajudá-lo a criar uma rede sem fio mais segura? Os pontos de acesso empresariais modernos permitem a criação de vários SSIDs e os atribuem a VLANs exclusivas. Cada SSID exclusivo pode ter suas próprias configurações de criptografia e autenticação. Esse é o mesmo conceito das VLANs em um *switch*; basicamente, permite que você crie vários pontos de acesso lógicos em um ponto de acesso físico. Seu *switch* e pontos de acesso têm de dar suporte a troncos, mas esse é um recurso muito comum para os *switches* gerenciados atuais, assim como para os pontos de acesso de classe empresarial.

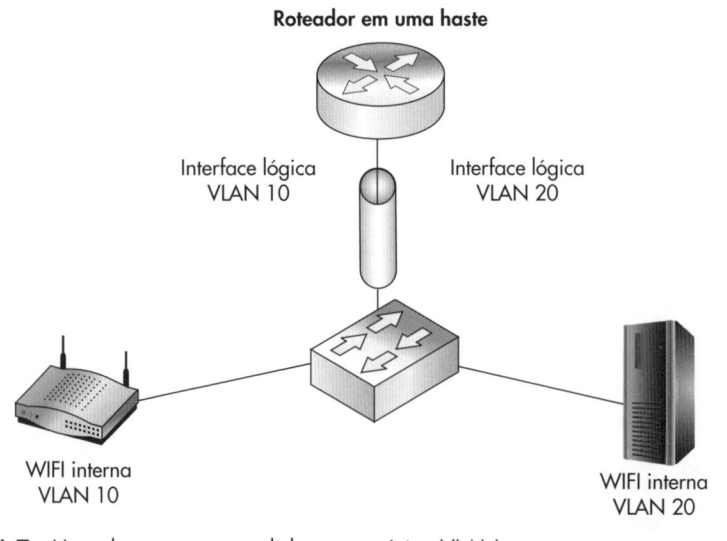

Figura 6-7 Usando troncos para lidar com várias VLANs.

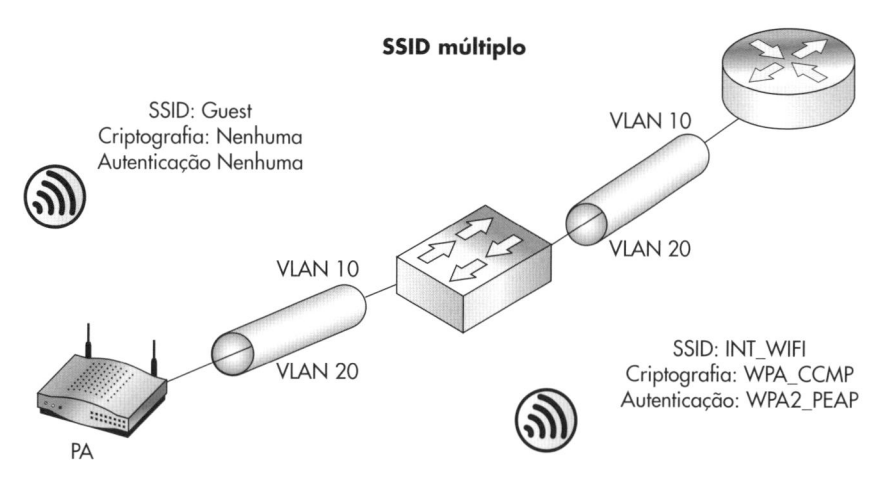

Figura 6-8 Vários SSIDS usando um ponto de acesso e um tronco.

Na Figura 6-8, podemos ver que a porta entre o ponto de acesso e o *switch* é um tronco. Como nos exemplos anteriores, é recomendável a criação de uma ACL que restrinja o acesso entre as VLANs, cuja configuração seria a mesma.

Sistemas de detecção e sistemas de prevenção de intrusão

Os sistemas de detecção de intrusão (IDSs) e os sistemas de prevenção de intrusão (IPSs) são tecnologias excelentes que também são menos usadas do que deveriam. Como seus nomes sugerem, eles são usados na detecção e possível resposta aos eventos de segurança identificados. Esses eventos podem ser tráfego de rede suspeito, alguns tipos de atividades ocorrendo em um computador ou até mesmo ações específicas, dependendo do tipo e local do IDS/IPS. Os sistemas podem ser extremamente complexos, e livros inteiros poderiam ser e foram escritos sobre o assunto. Não há como abordar os detalhes técnicos da implantação e/ou gerenciamento de um IDS/IPS, mas podemos mostrar algu-

> **Em ação**
>
> Na verdade, os troncos são relativamente simples em seu modo de funcionar. Cada VLAN recebe uma ID numérica exclusiva. Basicamente, cada pacote enviado por um tronco é "marcado" com uma ID indicando a VLAN para a qual o pacote é destinado.

mas das decisões mais importantes a serem consideradas antes da entrada em um projeto assim:

- Quando usar o IDS ou o IPS
- Onde ele ficará localizado na rede?
- Como receberá tráfego (SPAN, RSPAN, ramificação, hub)?
- Quem gerenciará o IDS/IPS?
- O que deve ser procurado no monitoramento de um IDS/IPS

> **EMHO**
>
> Sempre achei *sistema de detecção de intrusão* uma designação incorreta. Tecnicamente, o sistema não "detecta intrusões". Em vez disso, é apenas outra ferramenta que requer que uma pessoa habilitada gerencie e interprete o que ela está indicando. A maioria dos sistemas de detecção e prevenção de intrusão é baseada em assinatura, ou seja, procura elementos predefinidos que coincidam com uma assinatura específica. Essas assinaturas podem ser muito simples ou extremamente complexas!
>
> Esse é um conceito importante que devemos considerar. Muitas vezes tenho a sensação de que as pessoas que estão examinando um IDS acham que ele ficará esperando silenciosamente na rede e, então, alertará o administrador quando uma "intrusão" (ou possível intrusão) for "detectada". É claro que, além de estar errado, isso vai contra a natureza de muitas intrusões. Deixe-me explicar.
>
> No caso de um IDS baseado em rede, ele pode alertá-lo para tráfego que indique um possível ataque (digamos uma varredura de porta em um servidor interno). Mas o que acontece quando um atacante faz login no sistema-alvo usando credenciais válidas que ele comprometeu com outro vetor? O IDS o alertará para um login bem-sucedido com credenciais válidas? A resposta é quase sempre não. Então, o IDS o alertou para uma intrusão real ou para eventos que indiquem um possível ataque?
>
> O que quero mostrar é que você não pode simplesmente implantar um IDS, deixá-lo parado na rede e esperar ter um acréscimo significativo à sua postura de segurança. É preciso que alguém possa não só examinar os dados, mas também interpretá-los, priorizá-los e responder adequadamente quando necessário.

Quando usar o IDS ou o IPS

A principal diferença entre um IDS e um IPS é relativamente simples, mas as decisões empresariais de quando usar um ou outro podem ser um pouco mais complicadas. Um IDS monitora passivamente o tráfego e alerta sobre os dados, enquanto um IPS pode executar ações automatizadas com base nos eventos detectados. É claro que esse é um resumo extremo das diferenças, mas explica o básico.

O argumento típico sobre o uso do IPS ou do IDS é se vamos afetar ou não os usuários legítimos. O maior risco é o falso positivo, em que um usuário legítimo tem o acesso a um recurso negado porque o IPS achou que a pessoa está executando alguma tarefa que parece maliciosa, o que pode afetar a disponibilidade de seus sistemas, como mencionado na tríade CID. Por exemplo, em um ambiente de comércio eletrônico, onde o resultado pode ser perda de receita, isso não é apropriado. Uma das perguntas mais reveladoras que se deve fazer do ponto de vista empresarial seria: é mais arriscado negar acesso a um usuário legítimo ou permitir que um possível ataque seja bem-sucedido? Responda essa pergunta e saberá se deve pender para o lado de uma solução IDS ou IPS.

Onde o sistema IDS deve ficar posicionado na rede?

Historicamente, a maioria dos sistemas IDS tem sido posicionada perto de pontos no perímetro da rede. Isso ainda faz sentido, mas há locais adicionais de onde podemos coletar eventos no IDS. Agora os softwares IDS podem ser executados nos pontos de acesso e dispositivos clientes e relatar os dados para um servidor central em que eles são analisados e geram alertas. Abordaremos o posicionamento do IDS em um capítulo posterior.

Como o IDS receberá tráfego de rede para inspecionar?

Novamente, isso tem a ver com onde ele ficará posicionado e com o funcionamento da tecnologia (com fio ou sem fio), mas há nuances em cada aspecto. Algumas das possibilidades são as seguintes:

- Hub
- Ramificação de rede
- Espelhamento de porta
- RSPAN

Os hubs são sem dúvida os mais simples de entender e usar. Por sua própria natureza, eles copiam para as outras portas todos os pacotes que recebem em uma porta. Na Figura 6-9, podemos ver que um hub posicionado entre o firewall de perímetro e o rotador poderá monitorar todo o tráfego de entrada e saída.

Uma ramificação de rede é projetada especificamente para copiar dados. Ela também oferece recursos mais especializados, como o encaminhamento dos

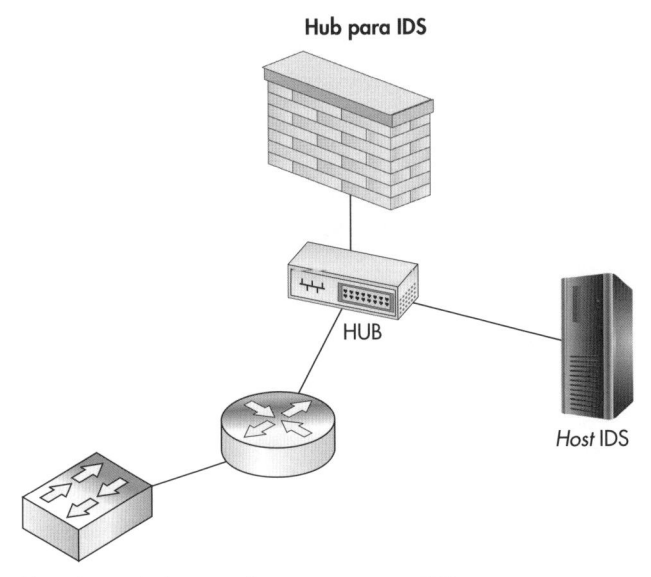

Figura 6-9 Usando um hub para dar suporte a um IDS.

dados recebidos e dos dados enviados para interfaces físicas diferentes, assim como o fornecimento de algum nível de tolerância a falhas. A maior desvantagem é seu preço. Normalmente, uma ramificação de rede pode custar algumas centenas de dólares, enquanto atualmente um hub pode ser adquirido por apenas dez dólares.

O espelhamento de portas é uma tecnologia que pode ser configurada em um *switch* da camada 2 para copiar pacotes de dados de uma ou mais portas de origem para uma porta de destino. Sua configuração é relativamente fácil e oferece muito mais flexibilidade. Por exemplo, se você tiver um *switch* de 24 portas, poderá copiar os dados de todas as portas do *switch* para a porta conectada ao IDS ou encaminhar tráfego de apenas uma porta (p. ex., a porta conectada ao firewall de perímetro). É recomendável examinar a documentação do seu modelo de *switch* porque a configuração varia entre os fabricantes.

> **JARGÃO**
> As portas **Switched Port Analyzer (SPAN)** são a tecnologia da Cisco para o espelhamento de portas. No entanto, o termo porta SPAN é usado de forma abrangente na indústria para indicar qualquer configuração de espelhamento de portas.

O Remote Switched Port Analyser (RSPAN) é uma tecnologia muito interessante que permite a cópia de tráfego de vários *switches* para uma porta centralizada em que o tráfego pode ser monitorado. Essa pode ser uma boa solução para o monitoramento de um tráfego de rede sem fio que esteja espalhado em vários

CAPÍTULO 6   Teoria da defesa para a proteção de redes sem fio   **155**

Switch principal

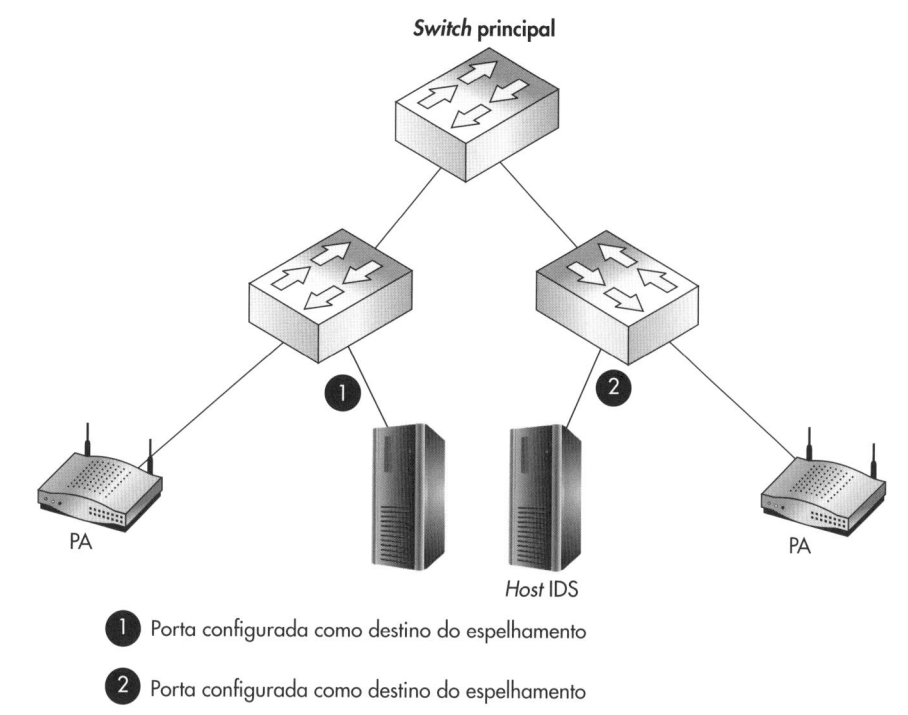

PA

Host IDS

PA

① Porta configurada como destino do espelhamento

② Porta configurada como destino do espelhamento

Figura 6-10 Usando configurações SPAN exclusivas em mais de um *switch*.

switches. Por exemplo, na Figura 6-10, é possível ver que temos dois pontos de acesso sem fio em dois *switches* separados. Em vez de configurar o espelhamento de portas em cada *switch* separadamente e usarmos dois servidores IDS ou um servidor com duas interfaces, podemos usar o RSPAN.

Na Figura 6-11, você pode ver que configuramos o RSPAN para copiar dados dos dois *switches* para uma porta centralizada no *switch* principal. Basicamente, o RSPAN funciona encaminhando todos os pacotes de dados de uma VLAN para outra. Então configuramos uma porta na VLAN de destino e é aí que o IDS é posicionado. Essa também é uma tecnologia com muitas nuances e pontos de reflexão, mas agora você sabe que o recurso existe e terá de determinar se é a solução correta para o seu caso.

Quem gerenciará o IDS?

O IDS pode requerer muita sobrecarga administrativa. Além de monitorar o sistema, você também terá de responder aos eventos detectados e ajustar o IDS. O ajuste envolve tarefas como instalar assinaturas novas e atualizadas, revisar eventos e alterar assinaturas para impedir falsos positivos e inserir na lista branca algumas atividades conhecidas.

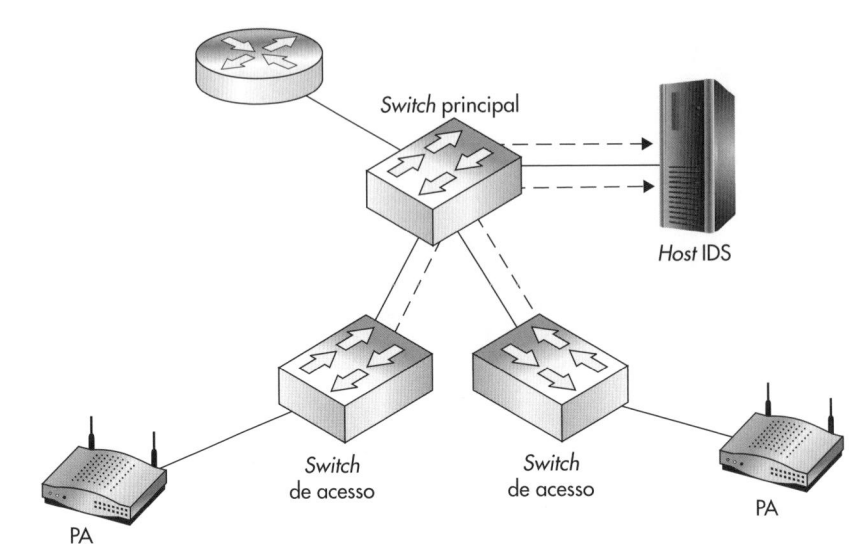

Switches de acesso encaminham tráfego para RSPAN VLAN,
Host IDS conectado ao RSPAN VLAN

Figura 6-11 Usando o RSPAN para encaminhar pacotes para a VLAN de destino.

Desde o início você tem de levar em consideração esse tempo administrativo e determinar quem tem as habilidades e o tempo para gerenciar seu IDS. Há muitas opções interessantes disponíveis para a terceirização de gerenciamento do IDS. Certifique-se de investigar os custos e as vantagens e desvantagens da terceirização antes de implantar um sistema assim.

O que deve ser procurado no monitoramento de um IDS

Muitas pessoas incumbidas de gerenciar o IDS ficam com medo de não saber o que procurar ou como interpretar os eventos. Em algumas situações, o IDS requer realmente que um especialista instale, ajuste ou gerencie o sistema; no entanto, as empresas também podem se beneficiar de designar uma pessoa para procurar anomalias com o dispositivo.

Por exemplo, no caso de um ataque ao WEP, se um alerta causado por 10.000 eventos ARP for recebido repentinamente, isso pode ser suficiente para alguém com menos conhecimento pegar o telefone e pedir que investiguem o que está ocorrendo. É uma simples questão de algo ser melhor do que nada.

O IDS também pode ser um ótimo local para a verificação de dados históricos. Mesmo se você não tiver alguém fazendo o monitoramento diariamente, a verificação de dados passados para definir o caminho e o período de ataque de um invasor pode ser muito útil para os responsáveis pela resposta a incidentes.

Sistemas de detecção e sistemas de prevenção de intrusão de redes sem fio

IDS e IPS wireless parecem muito mais termos de divulgação para aumentar as vendas do que uma tecnologia nova. É verdade que alguns desses sistemas usam interfaces sem fio para procurar sinais de diferentes ataques nas ondas aéreas, mas gostaria de fazer uma pergunta: isso é realmente necessário? Tive de lidar com alertas de IDS específicos de redes sem fio e posso dizer que, em grande parte, eles foram relativamente insignificantes e inúteis. Tendo a acreditar que sistemas de detecção de intrusão tradicionais bem configurados são mais relevantes do que seus novos equivalentes para redes sem fio. Por exemplo, em um IDS de rede sem fio, você pode receber o alerta de que o sistema observou um dispositivo cliente sondar redes sem fio sem ter se associado a nenhuma. É claro que é uma ocorrência muito comum (e frequente) um cliente sem fio fazer uma sondagem para se associar a uma rede e não encontrar uma adequada na área.

Não quero dizer que não seja útil usar um IDS específico de redes sem fio – isso depende totalmente das necessidades e dos objetivos da empresa. Na verdade, novos pontos de acesso podem servir como agentes IDS para encaminhar os eventos para um sistema central para análise e relatório. Essa é uma boa maneira de usar tecnologias sem fio existentes para simular um IDS de rede sem fio. Examinaremos algumas dessas tecnologias em um capítulo posterior.

EMHO

Minha opinião é a de que a maioria dos ataques reais a redes sem fio é detectável com um IDS tradicional e não há necessidade de monitorar as ondas aéreas. Por exemplo, o ataque de reenvio de pacotes ARP ao WEP é detectável a partir do lado LAN da rede.

Com base em minha experiência, a maioria das assinaturas específicas de redes sem fio está mais para ruído inútil devido à maneira como as redes e clientes sem fio operam do que algo útil. Por exemplo, você precisa realmente saber que um novo cliente sondou redes sem fio, mas não se associou a nenhuma? Lembre-se, não estou dizendo que um IDS de rede sem fio não tenha valor, mas que você pode obter o mesmo resultado com tecnologias existentes (e provavelmente menos caras).

Muitas pessoas gostam dos recursos de detecção de pontos de acesso não autorizados dos sistemas IDS de redes sem fio, mas isso pode ser feito (e possivelmente com mais precisão) com um IDS de redes com fio. Abordaremos a detecção de pontos de acesso não autorizados em um capítulo futuro.

Honeypots

Os honeypots, como discutido anteriormente, são sistemas configurados especificamente para atrair a atenção de um possível atacante. Eles demonstram vulnerabilidades ou a existência de aplicativos específicos que interessem ao atacante. Portanto, podem ser boas iscas assim como fornecer provas de uma tentativa de ataque. Se a única finalidade de seu honeypot for aguardar silenciosamente na rede, quando houver tentativas de login nesse sistema, você terá certeza de que é alguém (ou algo) agindo de forma não autorizada. Logo, você pode ficar atento a todos os eventos e ter uma boa indicação de possíveis ataques. Examinaremos alguns cenários para a implementação de um honeypot em um capítulo posterior.

Gateways de autenticação na Web

Um gateway de autenticação na Web é um sistema que captura sessões de usuários quando esses tentam acessar um recurso e os redireciona para uma autenticação prévia. Você já deve ter visto o funcionamento dos gateways de autenticação nas várias redes sem fio para convidados das cafeterias e terminais de embarque. Um gateway de autenticação na Web pode ser uma boa ferramenta do ponto de vista da segurança tanto empresarial quanto técnica. Ele nos permite autenticar os usuários e apresentar para eles uma política de uso aceitável, removendo parte da responsabilidade da empresa e passando-a para o usuário final. Examinaremos implementações de gateways de autenticação na Web em um capítulo futuro.

O que vimos

Neste capítulo, você conheceu as tecnologias que deve e as que não deve usar na proteção a redes sem fio. Examinamos as tecnologias existentes e como elas podem ser configuradas para proteger as redes. Também vimos algumas tecnologias comuns que não deveriam ser tão comuns assim.

Preparando o terreno

- O contexto deve ser considerado em cada medida defensiva deste livro.
- A realidade também deve ser considerada até onde for viável para cada medida defensiva.
- O invasor tem a vantagem do anonimato, do tempo e dos vetores de ataque.

Fases da implantação de redes sem fio

- Considerações sobre cada fase das implantações de redes sem fio, que são as seguintes:
  - Novas implantações

CAPÍTULO 6   Teoria da defesa para a proteção de redes sem fio   **159**

- Redes existentes
- Atualização da rede sem fio
- Se você não precisa de rede sem fio, não use!
- Teste de penetração *versus* avaliação de vulnerabilidade e as diferenças entre eles

Princípios de projetos seguros para redes sem fio

- **Defesa em profundidade**   Usar de vários mecanismos de defesa onde possível
- **Privilégio mínimo**   Permitir apenas o que for necessário para usuários e sistemas
- **Segmentação da rede**   Restringir o acesso entre *hosts* da rede
- **Avaliações da rede sem fio**   Avaliar a segurança de sua rede sem fio
- **Proteção da infraestrutura**   Em todos os componentes de sua rede sem fio, inclusive os pontos de acesso.
- **Detecção de PAs não autorizados**   Detectar pontos de acesso sem fio não autorizados
- **Segurança física**   Restringir o acesso físico à infraestrutura, inclusive aos pontos de acesso sem fio
- **Alteração das configurações padrão**   Em todos os sistemas, inclusive nos pontos de acesso sem fio
- **Diligência prévia**   Permanecer proativo na proteção de sua rede sem fio
- **Confidencialidade, Integridade, Disponibilidade (CID)**
  - Criptografia
  - Autenticação
    - PSK
    - PEAP
    - EAP-TLS
    - 802.1x

Defesas inúteis

- Gaiola de Faraday
- Filtragem de endereços MAC
- Ocultação do SSID
- WEP
- Ocultação do WEP

PARTE III Defesas para a proteção de redes sem fio

Boas defesas para redes sem fio

- Firewalls
- Roteadores
- *Switches*
- Sistemas de detecção e sistemas de prevenção de intrusão
- IDS/IPS para redes sem fio
- Honeypots
- Gateways de autenticação na Web

CAPÍTULO 7

A arquitetura do WPA2-Enterprise com certificados

> **Neste capítulo, veremos**
>
> - A PKI e os certificados digitais
> - Exemplo do WPA-Enterprise

Neste capítulo, abordaremos a arquitetura geral de implantação do Santo Graal das redes sem fio seguras: o WPA-Enterprise usando certificados para autenticação. Já tivemos uma visão geral da maioria dos componentes, portanto, é hora de nos aprofundarmos mais em como essas tecnologias funcionam e como cooperam em um ambiente sem fio.

Introdução ao WPA2-Enterprise com certificados digitais

Antes de começar este capítulo, veremos as razões que nos levariam a implantar uma rede WPA2-Enterprise usando certificados digitais em vez de usar outras opções. O uso de certificados digitais traz os benefícios a seguir:

- Os certificados digitais fornecem uma autenticação mais segura.
- Normalmente é mais difícil comprometer (ou roubar) certificados digitais.
- O computador e o usuário podem se autenticar sem intervenção do usuário.

Os certificados digitais são considerados fornecedores de uma autenticação muito mais segura do que as senhas tradicionais. Já que o certificado digital é um arquivo real, em geral ele é mais difícil de comprometer do que uma senha comum. Enquanto a senha pode ser anotada em um local inseguro, falada em voz alta ou apenas escolhida inadequadamente, o certificado não apresenta esses problemas.

Tanto o usuário quanto o computador podem se autenticar na rede sem fio sem qualquer interação da pessoa que está ao teclado. Você deve conhecer as credenciais de cache dos sistemas Windows. Usando credenciais de cache, os usuários podem se autenticar diretamente em um sistema no qual se autenticaram no passado sem ter acesso à rede para consultar o Active Directory. Esse é um cenário comum para redes sem fio. Se você tiver de esperar um usuário fazer login em um sistema antes que ele possa se autenticar na rede sem fio usando as mesmas credenciais, o que fará se o usuário não fizer login nesse sistema específico antes?

Você pode usar certificados digitais para fazer a estação de trabalho se autenticar na rede sem fio antes de o usuário fazer login. Assim, mesmo se o usuário nunca tiver feito login nesse sistema específico, o sistema terá acesso à autenticação no Active Directory. Isso pode ser extremamente útil para dispositivos sem fio que são passados de lá para cá.

Além do mais, o uso de certificados pode fornecer autenticação mútua, ou seja, quando as duas partes autenticam uma à outra. Nesse caso, o cliente autentica a rede sem fio e a rede sem fio autentica o cliente. Isso dá provas de que as duas partes estão se comunicando com o destinatário desejado.

É por essas razões que o WPA2-Enterprise com certificados digitais é considerado a melhor solução para ambientes que precisem de segurança máxima em suas redes sem fio. Nos ambientes mais difíceis, você pode usar o WPA2-Enterprise com smart cards, mas esse assunto não faz parte do escopo do livro.

> **JARGÃO**
> Um **smart card** é um dispositivo físico que armazena um certificado digital.

Infraestrutura de Chaves Públicas e os certificados digitais

A Infreaestrutura de Chaves Públicas (PKI, Public Key Infrastructure) e os serviços de certificados digitais são tópicos *extremamente* complexos. De forma alguma quero dizer que eles estejam além de sua compreensão; pelo contrário, na verdade são muito fáceis de entender. Só que existem várias "partes soltas" e novos conceitos que você tem de aprender para apreciá-los plenamente. Logo, desacelere e certifique-se de entender perfeitamente cada seção antes de passar para a próxima. Estabeleceremos a base para você entender a PKI e os certificados digitais e, então, enfocaremos os componentes e problemas na aplicação direta a uma infraestrutura sem fio. Como para muitas outras coisas deste livro, simplesmente não tenho espaço (ou paciência) para abordar todas as opções de configuração possíveis para a implantação de serviços de certificado. Se você pretende usar serviços de certificado para dar suporte a iniciativas adicionais, não deixe de fazer uma pesquisa abrangente das necessidades específicas dessas tecnologias.

Uma infraestrutura de chaves públicas não é composta apenas pelos complexos cálculos e algoritmos existentes por trás das chaves públicas, chaves privadas e certificados digitais; na verdade, é composta por todas as tecnologias, servidores, sistemas e até mesmo processos humanos que dão suporte aos certificados digitais. Muitas vezes as pessoas acham incorretamente que a PKI é composta pelos cálculos que tornam os certificados possíveis, mas isso está errado e não mostra o cenário todo. Normalmente, elas estão se referindo à Criptografia de Chave Pública, que é somente um componente da infraestrutura de chaves públicas inteira. Podemos ver alguns dos componentes que compõem uma infraestrutura de chaves públicas na Figura 7-1.

Componentes da PKI

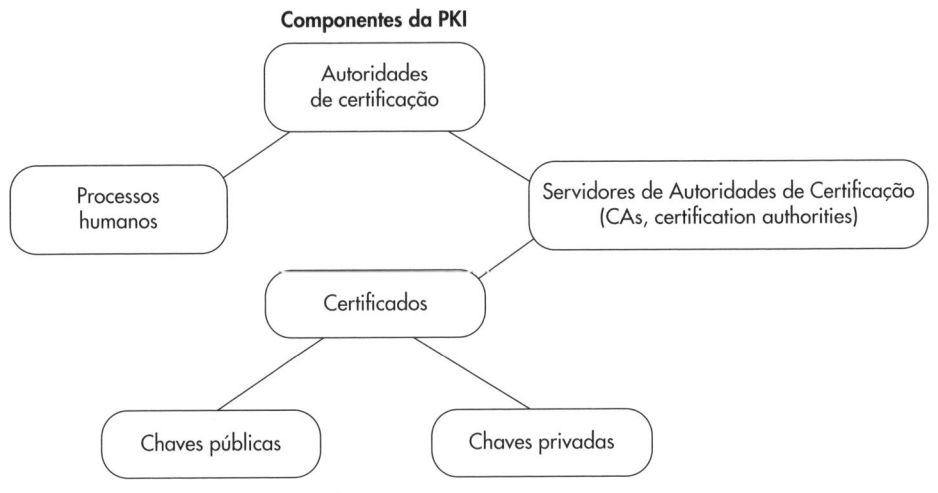

- Autoridades de certificação
- Processos humanos
- Servidores de Autoridades de Certificação (CAs, certification authorities)
- Certificados
  - Chaves públicas
  - Chaves privadas

Figura 7-1 Componentes da PKI.

Criptografia de chave pública: algoritmos de criptografia assimétricos

A criptografia de chave pública é o complexo cálculo existente por trás das chaves públicas e privadas. Ela faz parte da infraestrutura de chaves públicas e dos certificados digitais. Lembre-se de que há dois tipos básicos de algoritmos de criptografia: simétrico e assimétrico. Em um algoritmo simétrico, a mesma chave usada para criptografar os dados também os descriptografa. Isso é ilustrado na Figura 7-2.

> **Nota**
>
> Qualquer discussão da criptografia de chave pública deve mencionar que a segurança e o cálculo existentes por trás dela são baseados em números primos extremamente grandes.

Algoritmos de criptografia simétricos

Minha chave → Dados sem criptografia → Criptografia → Dados criptografados

Minha chave → Dados criptografados → Descriptografia → Dados sem criptografia

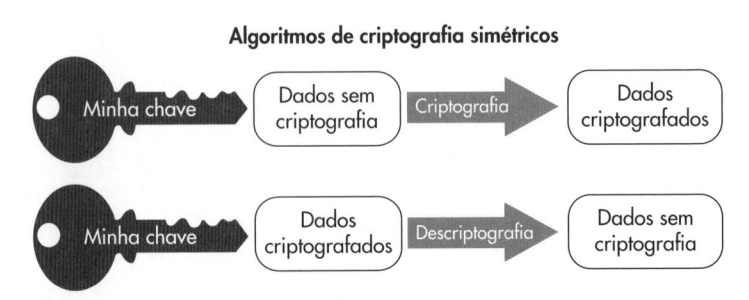

Figura 7-2 Algoritmo de criptografia simétrico.

CAPÍTULO 7   A arquitetura do WPA2-Enterprise com certificados

Algoritmos de criptografia assimétricos

Figura 7-3   Algoritmo de criptografia assimétrico.

Em um algoritmo de criptografia assimétrico, uma chave é usada para criptografar os dados, e uma chave correspondente, mas totalmente exclusiva, é usada para descriptografá-los (consulte a Figura 7-3). Essas duas chaves são chamadas normalmente de *chaves pública* e *privada*. A PKI se baseia em grande parte no uso da criptografia de chave pública e, portanto, no uso de chaves públicas e privadas. Não é difícil de entender, mas muitas pessoas que estão aprendendo o conceito tendem a questionar como isso pode ser seguro.

Todas as entidades do mundo digital que querem se autenticar usando certificados digitais tem duas chaves (que podem ser geradas por terceiros ou pela própria entidade). A chave pública pode ser dada para qualquer pessoa e a chave privada é mantida em sigilo. Dados criptografados com o uso da chave privada só podem ser descriptografados com a chave pública. Inversamente, dados criptografados com o uso da chave pública só podem ser descriptografados com a chave privada.

> **Em ação**
>
> Sua chave pública pode mesmo ser dada para *qualquer pessoa*, até um invasor? Claro que sim. Lembre-se, a única coisa que um invasor poderia fazer com uma chave pública é criptografar dados que então só poderiam ser lidos por você ou descriptografar dados criptografados com a chave privada. É responsabilidade sua ao receber os dados verificar se essa comunicação é confiável, mas o simples fato de o invasor ter sua chave pública não afeta diretamente a segurança de sua chave privada.

Se uma entidade assinar uma mensagem com sua chave privada, ela poderá enviar a mensagem para qualquer pessoa com sua chave pública, e o envio poderá ser confirmado como vindo da entidade com o uso dessa chave, o que serve a dois propósitos: diz ao destinatário que a mensagem foi enviada pelo emitente e que os dados não foram alterados enquanto em trânsito. Isso prova a integridade da mensagem assim como quem a enviou. O que significa "assinar" uma mensagem usando uma chave privada? Bem, se eu quiser enviar uma mensagem para alguém e quiser que essa pessoa possa verificar se a mensagem foi enviada por mim e que não foi modificada no trajeto, posso assinar digitalmente os dados usando minha chave privada. Esse processo é mostrado na Figura 7-4.

O processo é o seguinte:

1. Submeto todos os dados a um algoritmo de *hash* (como o algoritmo MD5).
2. Pego a saída produzida pelo algoritmo de *hash* e criptografo usando minha chave privada.
3. Anexo esse dado (ou apenas o incluo aos outros) e o envio para meu destinatário.

O destinatário segue, então, um processo muito semelhante para verificar se os dados foram enviados por mim e se não foram alterados no trajeto:

1. O destinatário pega minha chave pública, que ele já tem, e descriptografa a assinatura para obter a saída que eu, o emitente, obtive do algoritmo de *hash*.
2. O destinatário pega todos os dados descriptografados e submete-os ao mesmo algoritmo de *hash*.
3. O destinatário compara os dois valores: o desafio descriptografado e o código *hash* derivado. Se coincidirem, saberá que os dados não foram violados porque usou minha chave pública para obter o mesmo código *hash*.

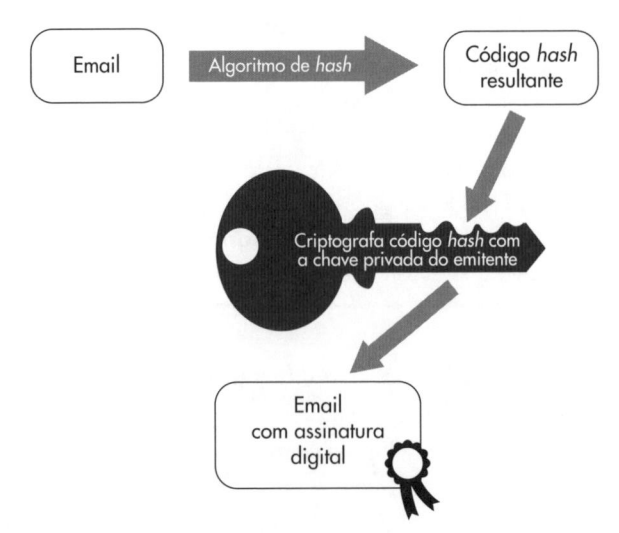

Figura 7-4   Processo de assinatura digital.

Um código *hash* ou "*hash* unidirecional" é parte integrante de muitos sistemas de criptografia. O algoritmo de *hash* é muito semelhante a um algoritmo de criptografia, exceto pelo fato de o texto cifrado resultante não poder ser descriptografado. Isso parece um pouco estranho, não? Examinemos com mais detalhes como funciona e por que seria usado.

As funções de *hash* recebem uma quantidade variável de dados e produzem um código *hash*, ou simplesmente "*hash*", de tamanho fixo. A razão é simples: se quisermos verificar se dois conjuntos de dados são iguais, podemos submeter ambos a um algoritmo de *hash*, e, se o *hash* resultante (que é muito menor e mais fácil de comparar) for igual, saberemos que os dados de entrada foram os mesmos. Logo, uma função de *hash* sempre produzirá o mesmo valor *hash* para os mesmos dados de entrada. Os dados de entrada podem ser qualquer coisa, um arquivo de programa binário, um e-book inteiro ou um email com três palavras. O *hash* resultante continuará tendo o mesmo tamanho fixo.

A função de *hash* não pode ser revertida, ou seja, você não pode pegar o valor *hash* resultante, submetê-lo a um "algoritmo de *hash* inverso" e obter os dados originais. É daí que vem o termo *hash unidirecional*. Talvez, atualmente os dois algoritmos de *hash* mais populares sejam o Secure Hash Algorithm (SHA) e o Message Digest Five (MD5). O MD5 produz uma saída de 128 bits, enquanto o SHA-1 produz um valor *hash* de 160 bits. Na Figura 7-5, podemos ver que, embora dois arquivos de entrada tenham tamanhos muito diferentes, ambos produzem uma saída do mesmo tamanho a partir da função de *hash*.

Muitos sistemas de senha usam um algoritmo de *hash* para armazenar o valor "criptografado" da senha no sistema. Os sistemas Unix e Windows armazenam senhas como valores *hash*. Se um invasor obtivesse esses valores, não poderia revertê-los diretamente. Embora você não possa reverter o *hash* de uma senha, pode obtê-la via força bruta. Lembre-se, o ataque de força bruta envolve submeter uma lista de senhas sem criptografia ao algoritmo de *hash*; se o *hash* resultante coincidir com o do usuário, você terá descoberto a senha.

Função de *hashing*

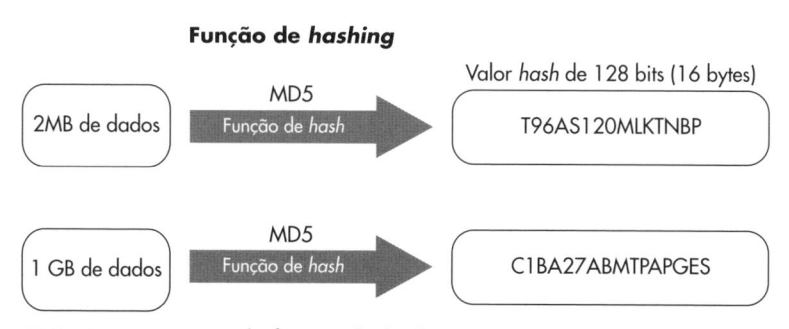

2MB de dados	→ MD5 Função de *hash* →	Valor *hash* de 128 bits (16 bytes) T96AS120MLKTNBP
1 GB de dados	→ MD5 Função de *hash* →	C1BA27ABMTPAPGES

Figura 7-5 Demonstração da função de *hash*.

> **Em ação**
>
> Examinaremos um exemplo da obtenção do *hash* MD5 de um arquivo de texto simples. Os comandos que usaremos estão disponíveis de forma padrão no BackTrack, portanto, não deixe de acompanhar. Podemos ver, na Listagem 7-1, que verificamos o conteúdo do arquivo secret.txt, que mostra que ele é apenas um arquivo de texto contendo "My Secret Message". Em seguida, executamos o comando md5sum com o nome do arquivo do qual queremos o *hash* MD5.
>
> **Listagem 7-1: md5sum**
> ```
> root@bt:~# cat secret.txt
> My Secret Message
> root@bt:~#
> root@bt:~# md5sum secret.txt
> f7a8879e2e1649629a10410aaf598438  secret.txt
> ```
>
> Agora, adicionaremos um caractere ao fim de nossa mensagem, como mostrado na Listagem 7-2. Mudamos a mensagem para "My Secret Message1" e executamos novamente a ferramenta md5sum. Veja que o *hash* MD5 resultante é muito diferente.
>
> **Listagem 7-2: md5sum2**
> ```
> root@bt:~# cat secret.txt
> My Secret Message1
> root@bt:~#
> root@bt:~# md5sum secret.txt
> ee072765ba776a0a912b83b5d894c198  secret.txt
> ```

Bem, você já sabe que uma pessoa pode usar a criptografia de chave pública para enviar uma mensagem e o destinatário verificar sua autenticidade e integridade. Examinemos alguns aspectos práticos de como alguém usaria uma chave pública e uma privada para enviar uma mensagem segura. Imaginemos duas pessoas fictícias que quisessem enviar mensagens uma para a outra seguramente por uma rede não confiável; as chamaremos de Neo e Morpheus. Neo e Morpheus são amigos próximos. Um dia, antes de se separarem, eles trocaram suas chaves públicas através de pen drives. Logo, Morpheus sabe que pode confiar no fato de a chave pública estar vindo de Neo porque entregou-a a ele fisicamente.

Quando Neo redige um email e o endereça a Morpheus, ele assina usando sua chave privada. Lembre-se, para assinar a mensagem, o programa de correio eletrônico que Neo está usando submeterá o email inteiro a um algoritmo de *hash* e, então, criptografará o valor *hash* resultante usando a chave privada de Neo.

Neo, em seguida, acrescentará o valor da assinatura ao fim do email e o encaminhará para Morpheus.

Quando Morpheus recebe a mensagem de Neo com detalhes de seu próximo ponto de encontro, quer verificar se o email veio de Neo e se a mensagem não foi violada por alguém. Para fazê-lo, ele pega a chave pública de Neo e descriptografa a assinatura no email para obter o valor *hash* criptografado. Em seguida, calcula ele próprio um valor *hash* e o compara com o valor *hash* da assinatura de Neo. Se os valores coincidirem, Morpheus saberá que a mensagem é de Neo e que não foi alterada.

Em ação

É preciso mencionar que não é necessário entregar fisicamente a cópia da chave pública a alguém. No entanto, normalmente, é aconselhável enviá-la por um método "fora da banda". Ou seja, você não irá querer enviar sua chave pública usando o mesmo caminho de comunicação que deseja proteger. Por exemplo, se quisesse usar a criptografia de chave pública para proteger comunicações por email, não iria querer enviar antes um email para alguém contendo sua chave pública.

Mas por que exatamente não o faria? É simples: se um invasor estiver interceptando suas comunicações nesse momento, poderá inserir sua chave pública em substituição à que foi enviada e o destinatário não terá como saber o que ocorreu. É claro que há maneiras de uma pessoa verificar isso, mas, se analisarmos do ponto de vista de seu computador, seria um ataque difícil de detectar.

Em ação

Geralmente, o processo de usar uma chave privada para criar uma assinatura e anexá-la ao email é automático. Seria inadequado esperarmos que o usuário médio executasse manualmente todas essas tarefas.

Da mesma forma, o destinatário do email não descriptografaria manualmente a assinatura e compararia os *hashes*; isso também seria feito automaticamente.

Nota

Lembre-se de que o correio eletrônico não é o único sistema em que alguém pode usar chaves públicas e privadas para autenticar mensagens. Elas podem ser usadas na autenticação de mensagens de qualquer protocolo. Poderiam ser usadas na assinatura digital de um arquivo antes de ele ser carregado em um servidor FTP ou na autenticação de todos os pacotes de um sistema de mensagem instantânea.

Você já deve ter percebido que os certificados fornecem um meio melhor de autenticação. Outra razão muito boa para o uso de certificados para a autenticação em uma rede sem fio é que os usuários não precisam inserir uma senha. A autenticação pode ocorrer automaticamente sem qualquer intervenção do usuário. Se configurarmos o sistema do usuário para se autenticar usando o certificado do computador, poderemos fazer a autenticação na rede sem fio antes de o usuário fazer login.

Atacando mensagens protegidas pela criptografia de chave pública

Uma voz insistente pode estar dizendo em sua mente que deve haver uma maneira de um invasor burlar ou violar a proteção oferecida pela criptografia de chave pública. Examinemos alguns cenários em que um invasor poderia tentar violar dados em trânsito. Digamos que nosso invasor, o Sr. Smith, estivesse executando um ataque de homem-no-meio, como mostrado na Figura 7-6. Ele poderia alterar os dados da mensagem, remover a assinatura digital ou modificá-la. Vejamos o que ocorreria à mensagem nos cenários a seguir:

- O invasor altera os dados da mensagem.
- O invasor remove a assinatura digital.
- O invasor altera a assinatura digital.

Se o Sr. Smith alterar os dados da mensagem e a encaminhar para Morpheus, o que ocorrerá? Morpheus receberá a mensagem e descriptografará a assinatura usando a chave pública de Neo. Até aí, tudo bem. A mensagem veio realmente de Neo. No entanto, quando Morpheus submeter os dados a um algoritmo de *hash* e comparar o resultado com o *hash* da assinatura digital, eles não coincidirão. Logo, Morpheus saberá que há algo errado com a mensagem – foi alterada proposital ou acidentalmente em trânsito. De qualquer forma, ela não é mais válida e Morpheus deve desconsiderá-la.

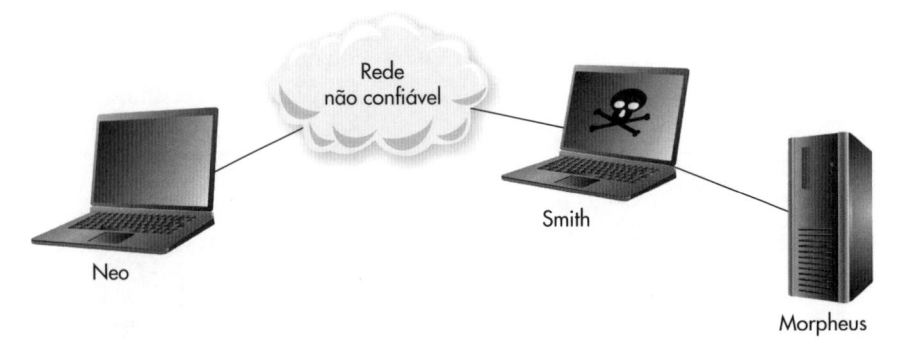

Figura 7-6 Ataque MITM do Sr. Smith.

Se o invasor não pode simplesmente alterar os dados e deixar a assinatura digital, o que ele pode fazer? E se o invasor alterar os dados do email, remover a assinatura digital e enviá-lo para o destinatário? Se Morpheus receber o email e esse não tiver uma assinatura digital, a origem não poderá ser verificada e ele deve desconsiderar a mensagem.

Parece que a única opção do Sr. Smith é alterar os dados da mensagem e mudar a assinatura digital. Portanto, em uma última tentativa, ele altera o corpo da mensagem e muda alguns bits da assinatura. Quando Morpheus receber a mensagem e tentar descriptografar a assinatura digital usando a chave pública de Neo, não conseguirá descriptografar a assinatura, logo, saberá que não pode confiar na validade da mensagem.

Nos exemplos anteriores, começamos dizendo que Neo entregou fisicamente a Morpheus sua chave pública. No mundo real, seria perfeitamente viável entregar fisicamente sua chave pública a alguém. Nesse caso, a pessoa não precisa de um certificado porque conhece você pessoalmente e verificou por si próprio a origem da chave pública. Mas, e na Internet ou até mesmo em uma rede grande em que podem estar milhares de usuários? Você quer realmente descobrir uma maneira de obter, organizar e manter seguras milhares de chaves públicas? A menos que seja masoquista, a resposta deve ser não. Então, como gerenciar uma situação em que não podemos verificar pessoalmente a validade das chaves públicas? É claro que a resposta são os certificados digitais, e esse é o nosso próximo tópico.

Certificados digitais

Um certificado pode ser considerado uma carteira de identidade digital. A carteira diz quem você é assim como quem verificou sua identidade e inclui sua chave pública. A identidade pode ser um usuário individual, um sistema em uma rede ou até mesmo um processo específico em um computador. Mas quem faz a certificação? Uma autoridade certificadora (CA, Certificate Authority) é responsável por verificar identidades e emitir certificados.

> **JARGÃO**
> A **autoridade certificadora (CA)** pode ser a organização que emite certificados digitais ou o sistema de computador que os emite.

Paremos por um momento para pensar que problema estamos tentando resolver com os certificados digitais. Estamos tentando verificar se uma pessoa (ou sistema) é quem diz ser. Os certificados podem fornecer uma solução sólida para esse problema, e a PKI é a infraestrutura que dá suporte à distribuição e autorização seguras de certificados digitais.

> **Nota**
>
> Lembre-se desse conceito durante todo o capítulo: a principal razão para usarmos certificados digitais é resolver o problema do mundo real de autenticar identidades em um mundo digital. A identidade a que estamos nos referindo pode ser de uma pessoa ou de um sistema de computador em uma rede.

O processo de verificar a identidade de um usuário ou sistema de computador pode envolver humanos confirmando informações ou ser totalmente automático com base nas credenciais de rede existentes. Examinaremos os dois cenários em breve.

Começaremos com um exemplo bem básico de como um sistema de computador usaria um certificado digital para se autenticar e, então, passaremos para um estudo mais aprofundado de como as tecnologias funcionam em segundo plano. O exemplo que todos conhecem envolve a visita a um site de comércio eletrônico na Internet. Como saber se o site que você está visitando é o desejado e não um site hospedado por um invasor malicioso que parece idêntico ao legítimo, esperando para capturar detalhes de seu cartão de crédito? Além disso, como o proprietário do site de comércio eletrônico convencerá você (um possível comprador) de que seu site pertence a um empreendimento legítimo e bem conceituado e que suas comunicações estão ocorrendo com a parte desejada.

O site de comércio eletrônico terá um certificado digital informando sua identidade assim como quem verificou suas informações. O certificado apresentado a você pelo site será assinado digitalmente por terceiros "confiáveis" conhecidos como Autoridade Certificadora da Internet. Existem muitas autoridades certificadoras disponíveis para assinar o certificado digital do proprietário do site de comércio eletrônico e provar a identidade do site.

> **Em ação**
>
> Você deve lembrar que vimos na seção anterior sobre criptografia de chave pública que as assinaturas digitais precisam da chave pública da entidade que assinou digitalmente o certificado. Portanto, se um certificado tiver a assinatura de uma autoridade certificadora, para verificar a autenticidade desse certificado, você precisaria da chave pública da autoridade certificadora.

> **Nota**
>
> Algumas das autoridades certificadoras mais populares da Internet são a VeriSign, Thawte e Entrust, entre outras.

Mas como uma pessoa pode obter a chave pública da autoridade certificadora emitente? Todos os sistemas operacionais (e navegadores) modernos vêm com as chaves públicas das principais autoridades certificadoras da Internet já instaladas. O sistema operacional ou navegador também é configurado para "confiar" em qualquer certificado assinado por essas autoridades certificadoras. Se considerarmos o ponto de vista de seu computador, ele não o alertará sobre qualquer certificado que receber se "confiar" na autoridade certificadora que forneceu a assinatura. Na Figura 7-7, podemos ver o ícone de cadeado que indica que o navegador Chrome confia na autoridade certificadora que emitiu o certificado do site. Por outro lado, se seu computador (ou navegador) não estiver configurado para confiar em uma autoridade certificadora específica, ele o avisará com um erro semelhante ao mostrado na Figura 7-8.

Os locais em que os certificados são salvos no computador são conhecidos como *armazenamentos de certificados*. O Armazenamento das Autoridades Certificadoras Raiz Confiáveis é o local onde ficam todas as autoridades certificadoras nas quais o computador é configurado para confiar.

EMHO

A confiança é um conceito que faz parte de qualquer discussão de segurança da informação, e em nenhum momento isso é mais evidente do que em uma discussão de certificados digitais e PKI. Quando apresentadas aos certificados digitais, com frequência as pessoas ficam muito confusas devido a uma explicação ineficiente ou incompleta de como eles funcionam. Um dos principais componentes que é deixado de fora da conversa sobre certificados digitais é o elemento humano.

Diferentemente do que ocorre com outros protocolos de segurança, há uma quantidade considerável de processos humanos (ou tarefas administrativas) envolvida no uso de certificados digitais. Esses processos se manifestam na interação dos usuários com seus próprios certificados e com certificados de servidores "desconhecidos", administradores de servidores configurando e distribuindo certificados e até mesmo administradores de terceiros trabalhando em segundo plano e lidando com processos de verificação e a distribuição de certificados (provavelmente você nunca os conhecerá).

Salientarei quando estivermos examinando processos humanos *versus* processos lógicos dos computadores e no caso da distinção entre confiança no âmbito humano e no da computação.

É aqui que o problema do mundo real se apresenta. Sim, seu computador está pré-configurado para confiar na VeriSign e, portanto, nos certificados confiáveis assinados por ela, mas, e você (uma pessoa de carne e osso) deve confiar

Figura 7-7 Certificado aceito em um navegador.

na VeriSign? E o que isso significa (confiar em uma empresa)? Basicamente, se você, como pessoa de carne e osso, confia nos processos da VeriSign, acredita que os processos dessa empresa verificam rigorosamente a identidade das pessoas e empresas para as quais ela fornece IDs digitais. É claro que não é tão fácil por várias razões. Antes de tudo, pessoas que não trabalham para uma autoridade certificadora não conhecem os processos internos de verificação de identidades. Em segundo lugar, esses processos de verificação demonstraram falhas, em que pessoas e empresas que não deviam ter passado receberam certificados digitais.

Lembre-se, estamos falando sobre o processo que os funcionários das autoridades certificadoras seguem para verificar identidades. Sempre que houver envolvimento humano em um processo de segurança, você deve aguçar os ouvidos, porque os humanos estão muito mais propensos a erros do que os computadores.

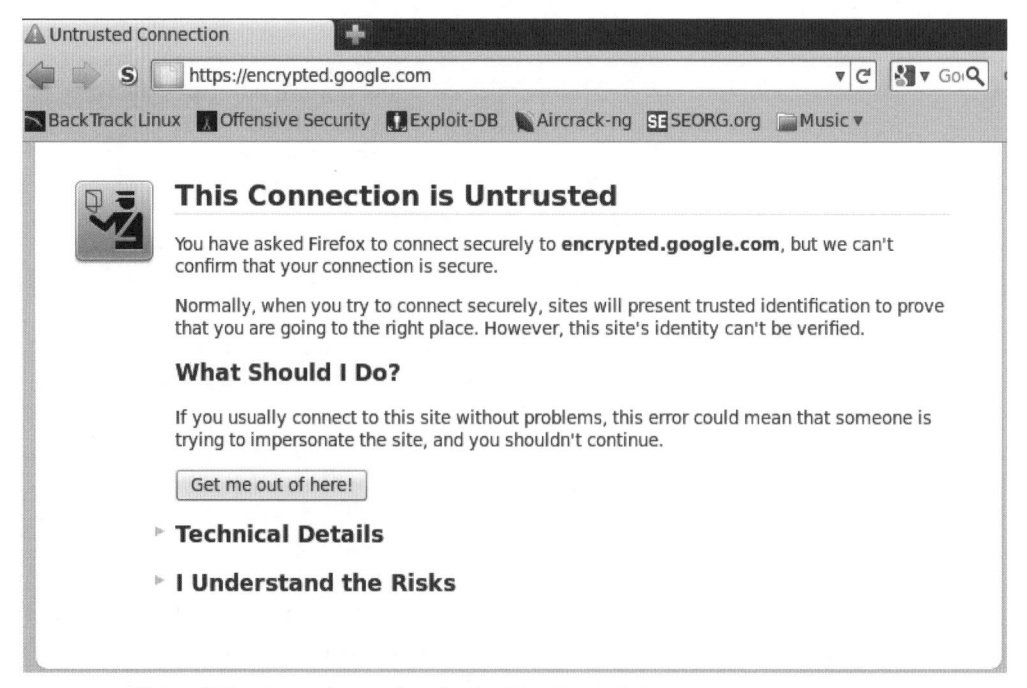

Figura 7-8 Aviso de certificado de CA não confiável.

CAPÍTULO 7   A arquitetura do WPA2-Enterprise com certificados

A grande maioria dos certificados digitais atuais usa o formato de um certificado X.509, que no momento está na versão 3 (X.509 v3). O padrão X.509 utiliza a convenção de nomenclatura X.500. O padrão X.500 tem sua própria convenção de nomenclatura hierárquica, que examinaremos posteriormente. Você deve conhecer o padrão X.500, que lida com serviços de diretório eletrônico. O Lightweight Directory Access Protocol (LDAP), componente do Microsoft Active Directory, tem uma convenção de nomenclatura hierárquica semelhante.

Os certificados digitais contêm informações importantes, que incluem o proprietário do certificado, seu emitente e a chave pública do proprietário. Lembre-se, todas essas informações são assinadas com o uso da chave privada da autoridade certificadora emitente. Logo, se alguém, inclusive o proprietário, tentar alterar informações, a assinatura indicará que há algo errado no certificado.

> **Em ação**
>
> Houve casos de pessoas sendo aprovadas para a certificação mesmo enviando informações totalmente falsas. É claro que essa é uma falha séria que afeta a própria razão de existir dos certificados digitais. Obviamente, quando um certificado assim é identificado, ele é revogado.

Na Figura 7-9, podemos ver os principais campos de um certificado digital típico. A tabela a seguir lista os campos mostrados na figura.

Certificados

Número de série
Emitente
Datas de validade
Proprietário
Algoritmo de chave pública
Chave pública

Figura 7-9   Certificado com campos.

Campo	Descrição
Número de série	Identifica o certificado de maneira exclusiva.
Emitente	A autoridade certificadora emitente.
Datas de validade	O certificado só é válido entre essas datas.
Proprietário	A quem o certificado foi atribuído (p. ex., *www.website.com* ou *user@domain.com*).
Algoritmo de chave pública	O algoritmo da chave pública do proprietário.
Chave pública	A chave pública do proprietário.

Na Figura 7-10, podemos ver o certificado de *www.google.com*. Como você pode ver, o Nome Comum (CN, Common Name) é *www.google.com*; esse campo é equivalente ao de Proprietário. Também podemos ver que a empresa que emitiu esse certificado foi a Thawte.

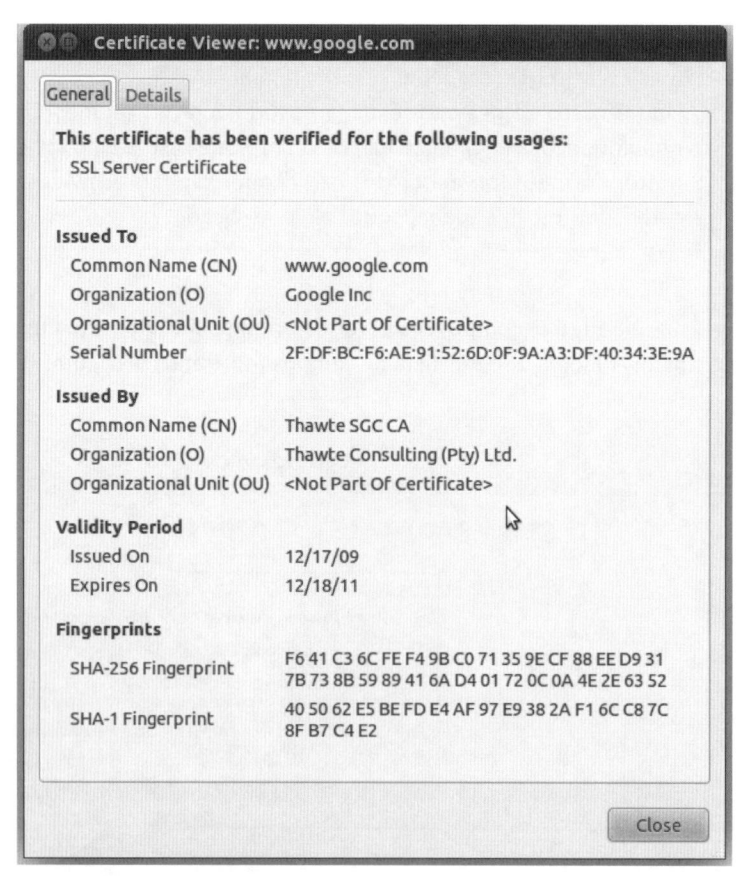

Figura 7-10 Certificado do Google.

CAPÍTULO 7   A arquitetura do WPA2-Enterprise com certificados   **177**

Na Figura 7-11, podemos ver algumas das entradas da enorme lista de autoridades certificadoras confiáveis nas quais o navegador Chrome confia por padrão. É possível adicionar manualmente autoridades certificadoras confiáveis a essa lista.

> **Nota**
>
> Outro benefício importante do uso de certificados é conhecido como *não repúdio*. Basicamente, se você assinar uma mensagem usando sua assinatura digital, isso prova que apenas alguém com sua chave privada (que só pode ser você) poderia ter criado a mensagem. Ou seja, você não pode negar (ou repudiar) que aprovou a mensagem. Isso pode ser algo muito bom quando lidamos com contratos legais (e outras relações cruciais) em um mundo digital; no entanto, não está diretamente relacionado à autenticação, então, não nos demoraremos aqui.

Autenticar-se como usuário em sua rede sem fio é um pouco diferente de um site de comércio eletrônico sendo autenticado por você. Conceitualmente, porém, é quase idêntico. Você apresentará seu certificado a um servidor de autenticação em sua rede. Seu certificado conterá sua chave pública e a assinatura de uma autoridade certificadora na qual o servidor está configurado para confiar. Abordaremos isso com mais detalhes posteriormente no capítulo.

Figura 7-11 Autoridades certificadoras do Chrome.

Estrutura do servidor de autoridades certificadoras

A infraestrutura que dá suporte aos certificados é baseada em uma hierarquia de autoridades certificadoras, com uma CA raiz no ponto mais alto da hierarquia e autoridades certificadoras abaixo da CA raiz conhecidas como *CAs subordinadas* ou *CAs intermediárias*. Isso é mostrado na Figura 7-12. Essa hierarquia altamente segmentada faz sentido para implantações de larga escala e Autoridades Certificadoras da Internet, mas a maioria dos empreendimentos e empresas prefere uma hierarquia menor para o seu ambiente.

Podemos considerar as CAs subordinadas como filhas da CA de nível mais alto. A CA mãe assinaria o certificado dessa filha, ponto em que a filha poderia assinar certificados usando o seu próprio certificado (ou chave privada). Normalmente, é aconselhável deixar a CA raiz offline, uma vez que você tiver implantado suas CAs intermediárias para assegurar a segurança de toda a hierarquia de CAs. O comprometimento de uma das autoridades certificadoras comprometeria todas as CAs abaixo dela na hierarquia. Muitas vezes, faz sentido usar de segmentação para separar CAs com funções diferentes. Por exemplo, você pode ter uma CA que emita apenas certificados de autenticação enquanto outra CA emite certificados usados somente para a proteção de emails.

Lidando com certificados comprometidos

O que acontece quando um certificado é comprometido? Como alertar os usuários para não confiar mais nele? Para fazê-lo, as autoridades de certificação usam as Certificate Revocation Lists (CRLs, Listas de Certificados Revogados) ou o Online Certificate Status Protocol (OCSP, Protocolo de Status de Certificados Online). Uma CRL é literalmente apenas uma lista de certificados que foram

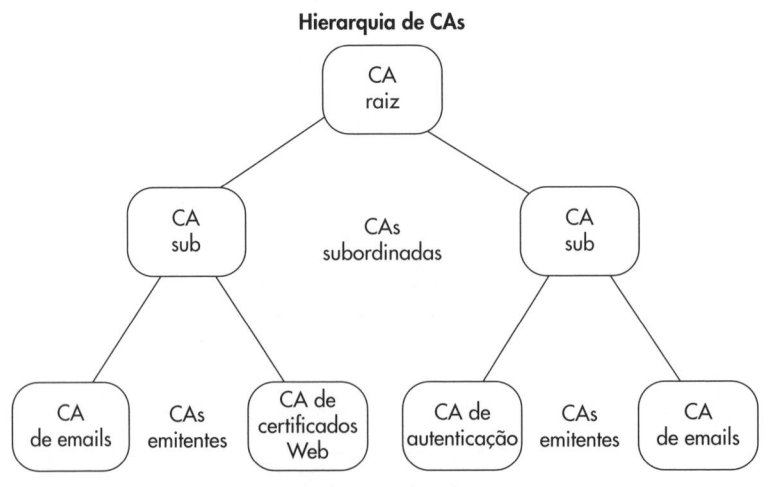

Figura 7-12 Hierarquia de autoridades certificadoras.

revogados. A autoridade certificadora que emitiu o certificado será responsável por revogá-lo por intermédio de um de seus administradores, que o marcará como revogado. Qualquer certificado que tiver sido revogado será listado por número de série em um arquivo publicamente disponível. O problema das CRLs é que elas podem ficar muito grandes e ser um pouco difíceis de gerenciar. O OCSP foi desenvolvido para lidar com esses problemas. Trata-se de um protocolo mais simples de solicitação/resposta normalmente usado via HTTP para determinar o *status* de certificados individuais.

> **Em ação**
>
> Se sua CA raiz ficar comprometida, você terá de revogar todos os certificados e implantar novamente todas as autoridades de certificação de sua empresa. Logo, é aconselhável desativar a CA raiz ou removê-la da rede.

Serviços de suporte

Os serviços de certificados dependem do Domain Name System (DNS) e do Network Time Protocol. É claro que, se a hora de seu sistema diferir muito da de sua autoridade certificadora, você pode achar incorretamente que um certificado expirou. Da mesma forma, o DNS precisa estar funcionando apropriadamente para atender vários aspectos do uso de certificados, entre eles a comunicação com as autoridades de certificação, controladores de domínio do Active Directory e sistemas de domínio.

Microsoft Certificate Services

A Microsoft é obviamente a principal participante dos serviços de diretórios empresariais. Examinaremos a configuração de Microsoft Certificate Services (Serviços de Certificados da Microsoft) para o suporte à autenticação em sua rede sem fio no próximo capítulo. Por enquanto, você precisa entender algumas nuances desses serviços. A Microsoft chama seus servidores de certificados de "autônomos" ou "empresariais". Uma autoridade certificadora autônoma não é integrada ao Active Directory, e a Microsoft recomenda que nem mesmo seja membro de um domínio do Active Directory.

Um servidor de certificados empresarial, por outro lado, tem de ser membro de um domínio do Active Directory. Essa integração com o Active Directory permite o uso de recursos adicionais e fornece maior flexibilidade. A seguir, temos as características que definem um servidor de certificados empresarial, direto da Microsoft:

- Requer acesso a Active Directory Domain Services (AD DS, Serviços de Domínio do Active Directory)

- Usa Group Policy (Diretiva de Grupo) para propagar seu certificado para o armazenamento de certificados das autoridades certificadoras raiz confiáveis de todos os usuários e computadores do domínio
- Publica certificados de usuário e listas de certificados revogados (CRLs) para o AD DS

Registro automático e modelos de certificados

Em discussões anteriores sobre a criação de certificados, expliquei que o administrador precisa verificar a identidade do usuário que está solicitando o certificado. Como era de se imaginar, isso pode se tornar rapidamente um incômodo em uma empresa grande. Se você tivesse de criar, de forma manual, e talvez verificar a distribuição de cada certificado, poderia ficar sobrecarregado. Os Microsoft Certificate Services incluem uma funcionalidade chamada registro automático de certificados para criar e distribuir automaticamente certificados para os usuários.

Mas espere um pouco, isso não vai totalmente contra tudo que acabamos de discutir sobre emissão de certificados? Se tivermos um servidor enviando automaticamente certificados para as pessoas, como saber se ele está dando os certificados para as pessoas apropriadas? Uma ótima pergunta. Nesse caso, já que estamos configurando uma autoridade de certificação empresarial, que é integrada ao Active Directory, confiamos apenas no fato de os usuários já terem se autenticado com suas credenciais do Active Directory e estarem em clientes que sejam membros de nosso domínio.

Além disso, já que uma autoridade certificadora empresarial tem acesso de gravação no Active Directory, pode publicar nele tanto o certificado raiz quanto a lista de certificados revogados. O certificado raiz do domínio será, então, propagado para cada membro do domínio AD indo para o armazenamento das autoridades de certificação raiz confiáveis desse sistema.

> **JARGÃO**
> Vimos anteriormente que o **armazenamento das autoridades certificadoras raiz confiáveis** contém os certificados das CAs raiz em que o computador confia.

A Microsoft também define modelos de certificados, que são um componente necessário para o uso do registro automático. A criação de um modelo define o tipo de certificado, o tamanho da chave, o algoritmo de *hash* usado, para que servirá o certificado, e assim por diante. Você então deve selecionar os usuários que terão permissão para obter certificados automaticamente usando o modelo. Abordaremos as etapas de configuração do registro automático e dos modelos de certificados no próximo capítulo.

Remote Authentication Dial-In User Service (RADIUS)

O Remote Authentication Dial-In User Service (RADIUS) é um protocolo de autenticação muito flexível. O RADIUS é um padrão IETF; a Internet Engineering Task Force é muito semelhante em natureza ao IEEE. É claro que, conforme seu nome sugere, o RADIUS já existe há algum tempo. No entanto, ele não se limita apenas a autenticar usuários em uma rede discada. Em vez disso, o RADIUS oferece a flexibilidade de autenticação de usuários em vários cenários e tecnologias.

O RADIUS fornece autenticação, autorização e atribuição de responsabilidade (ou AAA). Portanto, às vezes, o servidor RADIUS é chamado de "servidor Triplo A". É óbvio que o RADIUS fornece autenticação, já que esse pode ser considerado seu objetivo principal. A autorização também pode ser fornecida e está intimamente relacionada à autenticação. Ela estipula ações que o usuário pode executar ou certos recursos que ele pode acessar. Além disso, o servidor pode manter um *log* de auditoria da atividade do usuário, o que o responsabilizaria por suas ações.

Seu servidor RADIUS pode ser um sistema autônomo que autentica usuários verificando-os em um banco de dados local ou pode autenticar usuários examinando um banco de dados externo como o Active Directory. Na Figura 7-13, temos o exemplo de um servidor RADIUS usando um banco de dados no mesmo sistema que contém as credenciais do usuário. Na Figura 7-14, o servidor RADIUS faz a autenticação em um servidor separado que contém o banco de dados de credenciais de usuários, como o Active Directory.

A Internet Assigned Numbers Authority (IANA) atribuiu ao RADIUS as portas UDP 1812 e 1813. A porta 1812 é usada para autenticação, enquanto a porta 1813 é usada para atribuição de responsabilidade. No entanto, antes de as portas UDP oficiais serem atribuídas pela IANA, muitos fornecedores fixavam o uso da porta UDP 1645 para autenticação e da porta UDP 1646 para atribuição de responsabilidade. Logo, alguns servidores RADIUS escutam nos dois conjuntos de portas UDP por padrão. Os servidores RADIUS da Microsoft usam as portas

Figura 7-13 RADIUS e o banco de dados local.

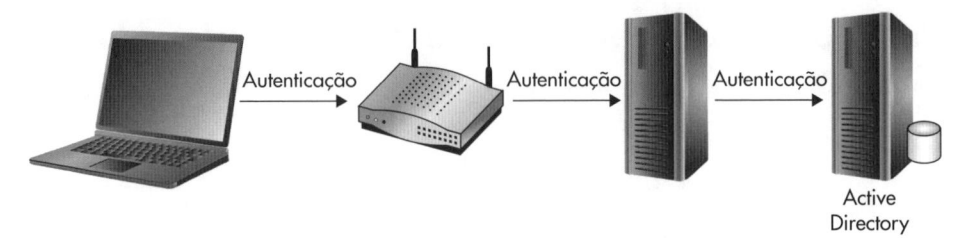

Figura 7-14 RADIUS e o Active Directory.

UDP 1812 e 1813. Você deve verificar a documentação de seu servidor RADIUS para determinar em que portas UDP ele escuta por padrão, mas o protocolo funciona de maneira idêntica não importando a porta UDP configurada no servidor. O administrador do servidor RADIUS configura um segredo compartilhado, que deve ser inserido no autenticador para que haja a certeza de que ele também é um agente autorizado.

A comunicação entre os clientes, o autenticador e o servidor de autenticação ocorre com o uso do Extensible Authentication Protocol (EAP), que discutimos no Capítulo 6. Basicamente, o autenticador (em nosso caso, o ponto de acesso) retransmite as mensagens entre o solicitante e o servidor de autenticação e não sabe necessariamente que mensagens estão sendo trocadas. Apenas espera para ver uma mensagem de sucesso proveniente do servidor de autenticação, momento em que dá acesso ao cliente sem fio.

Nota
Lembre-se, você tem a opção de configurar o RADIUS para usar um banco de dados exclusivo na autenticação de usuários, mas pode fazer a mesma coisa usando o Active Directory e concedendo a usuários e grupos específicos direitos de se autenticar na rede sem fio. Abordaremos isso com mais detalhes no próximo capítulo.

802.1x: controle de acesso baseado em porta

O protocolo 802.1x é um padrão do IEEE para a autenticação baseada em porta. Esse padrão também define a implementação do Extensible Authentication Protocol Over LAN, ou EAPOL. Abordamos alguns métodos EAP no Capítulo 6.

JARGÃO
Não confunda **802.1x** com 802.11x, que é uma maneira comum de denominar todos os padrões 802.11 sem fio.

Para entender melhor como o 802.1x funciona em uma rede sem fio, você precisa entender suas raízes nas redes com fio. O 802.1x, ou Controle de Acesso Baseado em Porta, requer que os usuários se autentiquem no *switch* ao qual estão

CAPÍTULO 7   A arquitetura do WPA2-Enterprise com certificados   **183**

fisicamente conectados antes de receber acesso à rede. Em geral, essa autenticação ocorre com a verificação em um banco de dados exclusivo que reside em um servidor separado do dispositivo de rede ao qual o usuário está diretamente conectado. O 802.1x tem sua própria nomenclatura para identificar cada componente do processo de autenticação. Ele chama esses componentes de *solicitante, autenticador* e *servidor de autenticação*. Em uma rede sem fio, o laptop do usuário seria o solicitante, o ponto de acesso sem fio seria o autenticador e o servidor RADIUS seria o servidor de autenticação. Essa arquitetura básica é mostrada na Figura 7-15.

Qualquer dispositivo cliente (solicitante) que quiser se conectar com a rede protegida deve dar suporte ao protocolo 802.1x na forma de um software cliente, normalmente chamado de *software solicitante*. A maioria dos sistemas operacionais modernos vem com um software solicitante pré-instalado; no entanto, você pode ter de instalar um software solicitante, dependendo de seus dispositivos clientes e autenticadores.

O RADIUS e o 802.1x

Geralmente, o RADIUS e o 802.1x andam lado a lado quando uma solução 802.1x é implantada. Lembre-se de que o 802.1x contém os três componentes da arquitetura básica – cliente, dispositivo de rede e servidor - enquanto o RADIUS

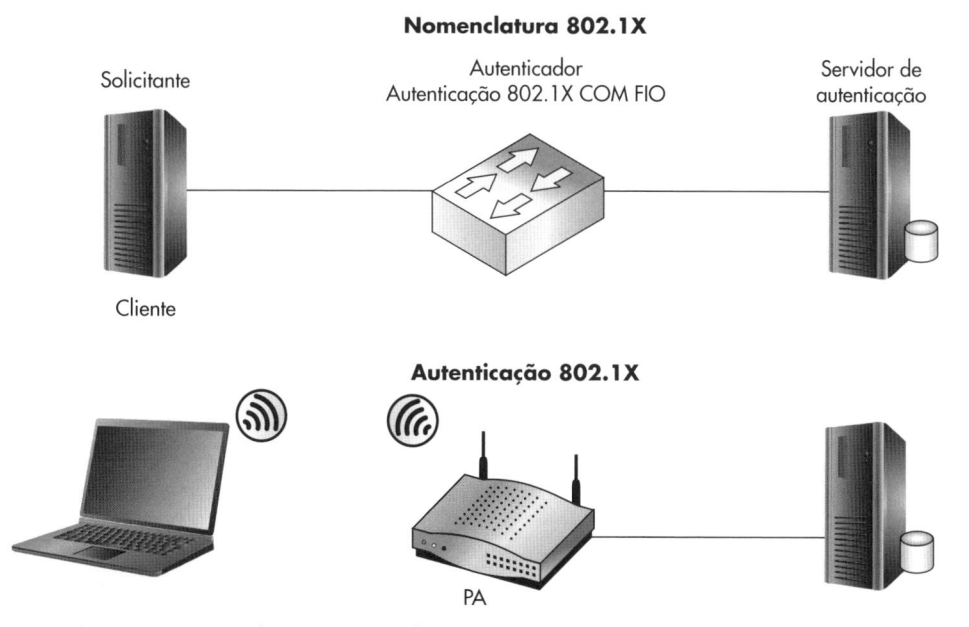

Figura 7-15   Topologia e nomenclatura 802.1x.

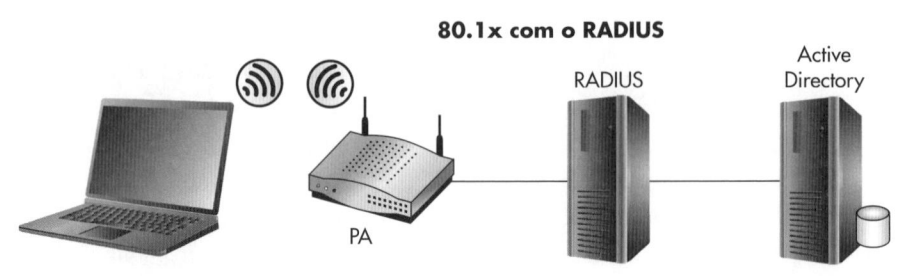

Figura 7-16 O 802.1x se autentica no RADIUS.

lida com a autenticação das credenciais do usuário. Isso é mostrado na Figura 7-16.

Tanto o RADIUS quanto o 802.1x são sistemas altamente versáteis. Não esqueça que, além de poder funcionar separadamente, esses dois sistemas lidam com várias outras coisas e não apenas com a autenticação de clientes sem fio. Você poderia implantar um projeto idêntico usando *switches* para autenticar usuários antes que esses tivessem permissão para acessar a LAN com fio. Em algumas documentações, o WPA-Enterprise pode aparecer com o nome WPA-802.1x.

Não esqueçamos também que os certificados são opcionais em uma rede WPA-Enterprise. A arquitetura básica é a mesma exceto pela adição da autoridade certificadora. Isso é mostrado nas Figuras 7-17 e 7-18, respectivamente. Abordaremos a configuração do WPA-Enterprise sem certificados no Capítulo 9.

Arquitetura do WPA-Enterprise

Bem, como podemos unir todas essas tecnologias para dar suporte à nossa rede sem fio segura? Na Figura 7-19, temos a topologia geral de uma rede WPA-Enterprise usando certi-

> **JARGÃO**
> Nesse caso, poderíamos tranquilamente substituir **nuances** por "dores de cabeça". Mas não se preocupe, passaremos por isso juntos.

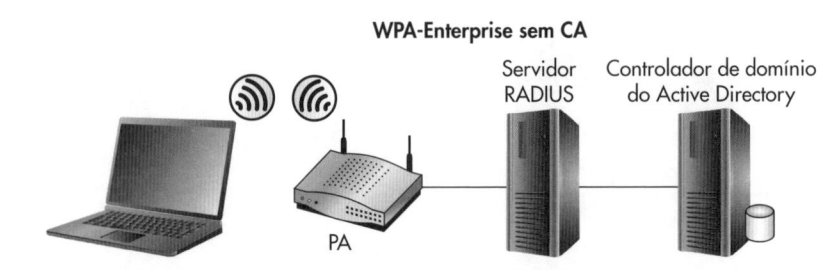

Figura 7-17 Componentes do WPA-Enterprise sem uma CA.

CAPÍTULO 7   A arquitetura do WPA2-Enterprise com certificados   **185**

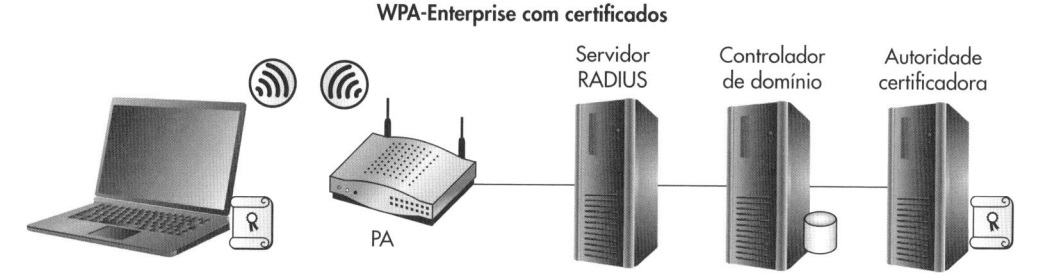

Figura 7-18   WPA-Enterprise com uma CA.

ficados para autenticar usuários. No próximo capítulo, examinaremos a implementação desse cenário. Por enquanto, discutiremos as nuances da implementação dessas tecnologias no suporte a uma rede sem fio.

As etapas básicas que seguiríamos para implantar uma rede WPA-Enterprise usando certificados para autenticação seriam as seguintes:

1. Implantar a CA empresarial.
   a. Configurar os modelos de certificados.
   b. Implantar o certificado raiz para laptops (com os laptops ligados).
   c. Implantar o certificado de usuário para laptops.
2. Configurar o servidor RADIUS.
   a. Criar uma entrada de cliente RADIUS para o ponto de acesso.
   b. Criar uma diretiva de solicitação de conexão.
   c. Criar uma diretiva de rede.

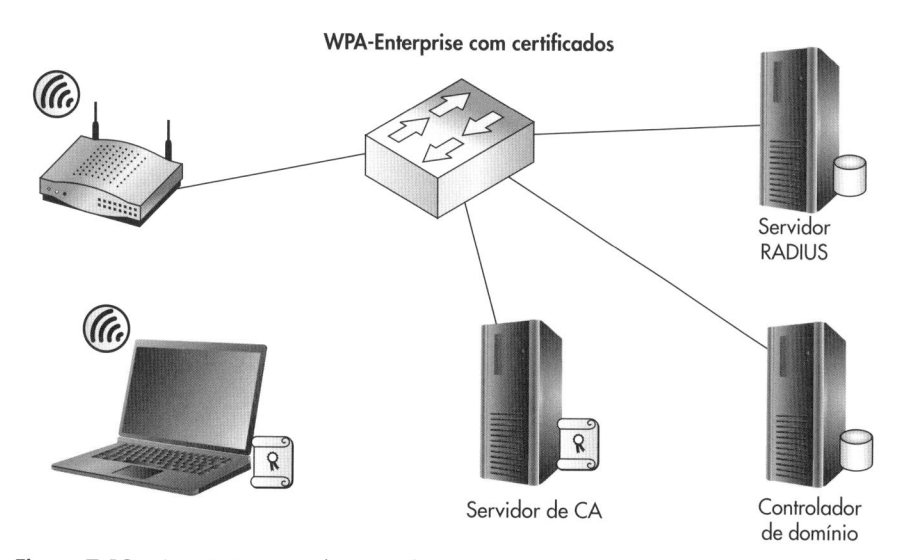

Figura 7-19   Arquitetura geral com todos os componentes.

3. Configurar o ponto de acesso.
    a. Configurar com o WPA2-Enterprise.
    b. Configurar o servidor RADIUS para autenticar seus usuários.
    c. Testar a autenticação.

Começaremos implantando a autoridade certificadora empresarial. Em nosso exemplo, instalaremos o serviço no controlador de domínio, mas o processo é idêntico a se estivéssemos instalando em um servidor autônomo. Em seguida, configuraremos modelos de certificados e selecionaremos os grupos que têm permissão para obter certificados via registro automático. Agora, obteremos o certificado da CA no computador cliente e o certificado do usuário para autenticação.

É preciso entender que, para um computador cliente baixar o certificado da CA, ele deve ter acesso de rede ao Active Directory, ou seja, isso não pode ocorrer na mesma rede sem fio em que o usuário deseja se autenticar sem que o certificado já tenha sido obtido. Logo, você deve verificar se o computador está conectado à rede via hardware ou uma rede sem fio diferente antes de tentar fazer a autenticação na rede sem fio para permitir que ele baixe o certificado da CA. O mesmo ocorre para o certificado do usuário obtido por registro automático.

Antes de prosseguir, faremos exatamente isso. Conectaremos nosso laptop à nossa LAN e verificaremos se ele consegue baixar tanto o certificado da autoridade certificadora quanto o certificado do usuário para serem usados na autenticação na rede sem fio. Em seguida, configuraremos nosso servidor RADIUS. No Windows 2008, a funcionalidade RADIUS fica sob a responsabilidade do Network Policy Server (NPS, Servidor de Diretivas de Rede).

A *diretiva de solicitação de conexão* é uma diretiva do NPS que designa de que clientes RADIUS aceitaremos solicitações e o que faremos com elas. Em nosso caso, o cliente RADIUS é o ponto de acesso, e aceitaremos solicitações de autenticação desse cliente. Em seguida, criaremos uma diretiva de rede que inclua a diretiva de solicitação de conexão e designe os usuários e as condições que permitirão que eles se autentiquem com sucesso.

Para concluir, configuraremos nossos pontos de acesso sem fio, o que talvez seja a parte mais fácil. Configuraremos o ponto de acesso para usar o WPA2-Enterprise e se autenticar com o endereço IP do servidor RADIUS que configuramos. Em seguida, testaremos a autenticação de nosso dispositivo cliente no ponto de acesso. Após uma autenticação bem-sucedida, você pode tomar um copo de sua bebida favorita e sair em merecidas férias!

O que vimos

Neste capítulo, abordamos todas as tecnologias necessárias para a implementação de uma rede WPA2-Enterprise usando certificados digitais na autenticação. Ficou óbvio que não é uma solução que possa ser desenvolvida sem algum planejamento. A implantação bem-sucedida requer um estudo cuidadoso e não deve ser apressada.

Examinamos os tópicos a seguir no capítulo:

PKI e certificados digitais

- Criptografia de chave pública
- Algoritmos de chave pública
- Algoritmos de *hash*
- Certificados digitais
- Hierarquia de CAs
- CRLs e OCSP
- Microsoft Certificate Services (Serviços de Certificados da Microsoft)
- Registro automático
- RADIUS
- 802.1x
- Processo e topologia de autenticação

Exemplo do WPA-Enterprise

- O quadro geral

CAPÍTULO 8

Implantação de uma rede WPA-Enterprise com certificados

CAPÍTULO 8   Implantação de uma rede WPA-Enterprise com certificados   **189**

> **Neste capítulo, veremos**
> - Configuração da autoridade certificadora
> - Configuração do servidor RADIUS
> - Configuração do ponto de acesso sem fio

Neste capítulo, implementaremos a arquitetura abordada no capítulo anterior. Isso inclui a implementação de todas as tecnologias necessárias para darmos suporte a essa rede. O único pré-requisito é termos um domínio do Active Directory em funcionamento.

Começaremos implantando nossa autoridade certificadora empresarial. Em nosso exemplo, instalaremos o serviço no controlador de domínio, mas o processo é idêntico a se estivéssemos instalando em um servidor autônomo que fizesse parte do domínio. Em seguida, configuraremos modelos de certificados e selecionaremos os grupos que têm permissão para se registrar automaticamente e obter certificados. Depois, obteremos o certificado da CA no computador cliente e o certificado do usuário para autenticação.

Passaremos, então, para a instalação do servidor RADIUS e sua configuração para aceitar solicitações de autenticação de nossos pontos de acesso. Feito isso, configuraremos nossos pontos de acesso para autenticar usuários no servidor RADIUS e testaremos a autenticação.

Instale e configure a autoridade certificadora

Para começar, instalaremos a autoridade certificadora (CA) e configuraremos o registro automático para obtenção de certificados. Em seguida, criaremos um modelo de certificado para o registro automático e, então, o ativaremos na autoridade certificadora. Para concluir, configuraremos Group Policy (Diretiva de Grupo) para permitir que os clientes obtenham certificados automaticamente. As etapas básicas da configuração da CA são as seguintes:

1. Instalar Active Directory Certificate Services (Serviços de Certificados do Active Directory).
2. Copiar o modelo de certificado e modificá-lo para que atenda nossas necessidades.
3. Emitir o modelo de certificado na CA.
4. Configurar uma Group Policy Object (GPO, Objeto de Diretiva de Grupo) para permitir o registro automático de obtenção de certificados.
5. Fazer login em uma estação de trabalho que tenha a cobertura da GPO.

> **Em ação**
>
> Implantei o WPA2-Enterprise com certificados muitas vezes e não consigo lembrar de uma em que tudo tenha funcionado perfeitamente desde o início. Não se apresse e lembre-se, já que existem tantas variáveis, você pode ter de voltar algumas etapas e solucionar um problema ou dois.
> Se tiver recursos, configure todas essas tecnologias em um laboratório antes de instalá-las no ambiente de produção para conhecer cada componente de uma rede WPA2-Enterprise.

Instale Active Directory Certificate Services

Passemos à instalação e configuração de nosso servidor Microsoft Certificate Services no Windows Server 2008. As configurações padrão de Active Directory Certificate Services (AD CS) devem servir para a maioria das instalações. Para instalar AD CS, abra o Server Manager (Gerenciador de Servidores), clique com o botão direito do mouse em Roles (Funções) e selecione Add Roles (Adicionar Funções).

A tela de boas-vindas é uma tela genérica que você verá sempre que adicionar uma função ao servidor. Simplesmente selecione Next (Avançar). Na próxima tela, marque a caixa Active Directory Certificate Services. Você notará que, agora, a coluna do lado esquerdo indica todas as etapas necessárias para a configuração do AD CS (consulte a Figura 8-1). Clique em Next para continuar.

A próxima tela é em grande parte informativa, mas inclui links de tópicos da ajuda para a instalação e gerenciamento dos AD CS. Não deixe de pelo menos clicar nos links para ter uma ideia do tipo de informações que estão disponíveis na Ajuda do Windows. Clique em Next para continuar.

Na tela seguinte, você só tem de marcar a caixa Certificate Authority. As outras opções não são necessárias para nossa instalação. Se realçá-las, verá a descrição de cada uma no lado direito da janela.

Agora temos a tela em que aparecem as duas opções dos diferentes tipos de autoridades de certificação que discutimos no capítulo anterior. Lembre-se de que temos de instalar uma autoridade certificadora empresarial para integrar ao Active Directory e permitir o registro automático. Selecione Enterprise (Corporativa) e clique em Next.

Há a opção de instalação de uma nova CA raiz ou da CA subordinada de uma infraestrutura de CAs existente. Presumiremos que você não tem autori-

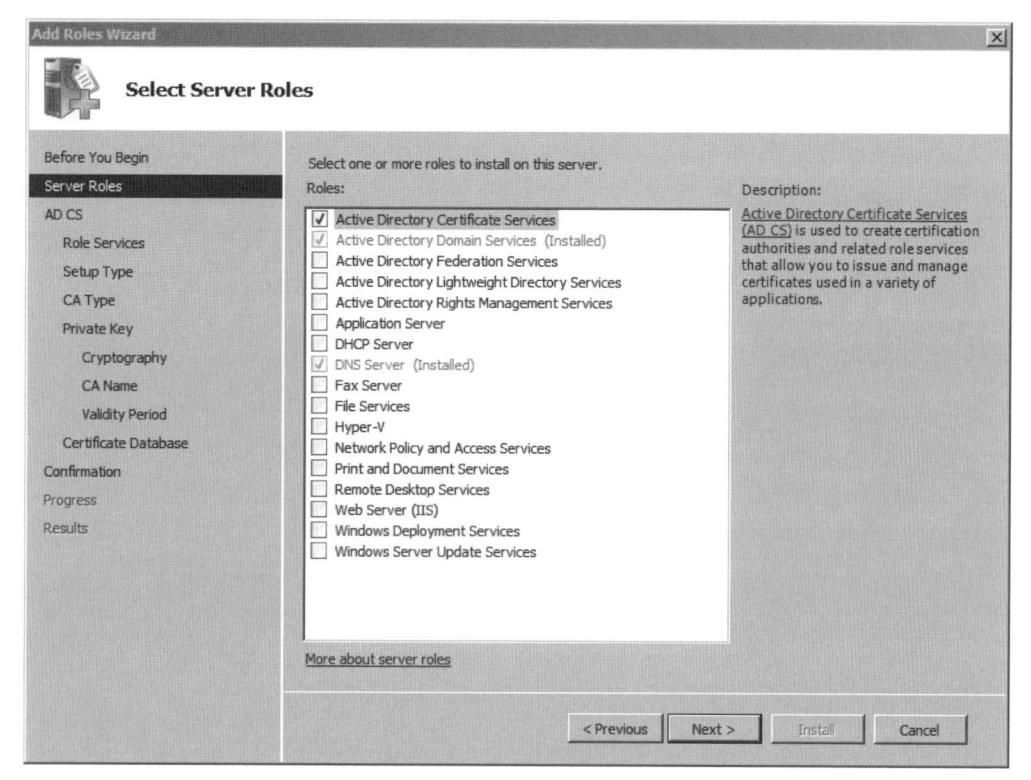

CAPÍTULO 8   Implantação de uma rede WPA-Enterprise com certificados   **191**

Figura 8-1   Adicionando a função do servidor.

dades certificadoras em seu ambiente e instalaremos uma CA raiz. Selecione a opção Root CA (CA Raiz) e clique em Next.

Também presumiremos que você não tem uma chave privada. Logo, na próxima tela, selecione Create a New Private Key (Criar Uma Nova Chave Privada) e clique em Next.

Na tela seguinte, mostrada na Figura 8-2, você verá as opções de criptografia para criar a nova chave privada, que será usada na assinatura de todos os certificados gerados. Os padrões aqui são aceitáveis, logo, selecione Next para continuar.

A tela subsequente, mostrada na Figura 8-3, contém as opções para o nome da autoridade de certificação, que também aparecerá em todos os certificados que essa CA gerar. Os padrões aqui devem ser suficientes. Selecione Next para continuar.

Configure na tela seguinte o período de validade do certificado da nova autoridade certificadora corporativa. Lembre-se de que você não poderá emitir certificados após a data de expiração do certificado da autoridade certificadora. Por isso, normalmente estendo o período para dez anos. Após inserir um período de tempo suficiente para sua rede, selecione Next.

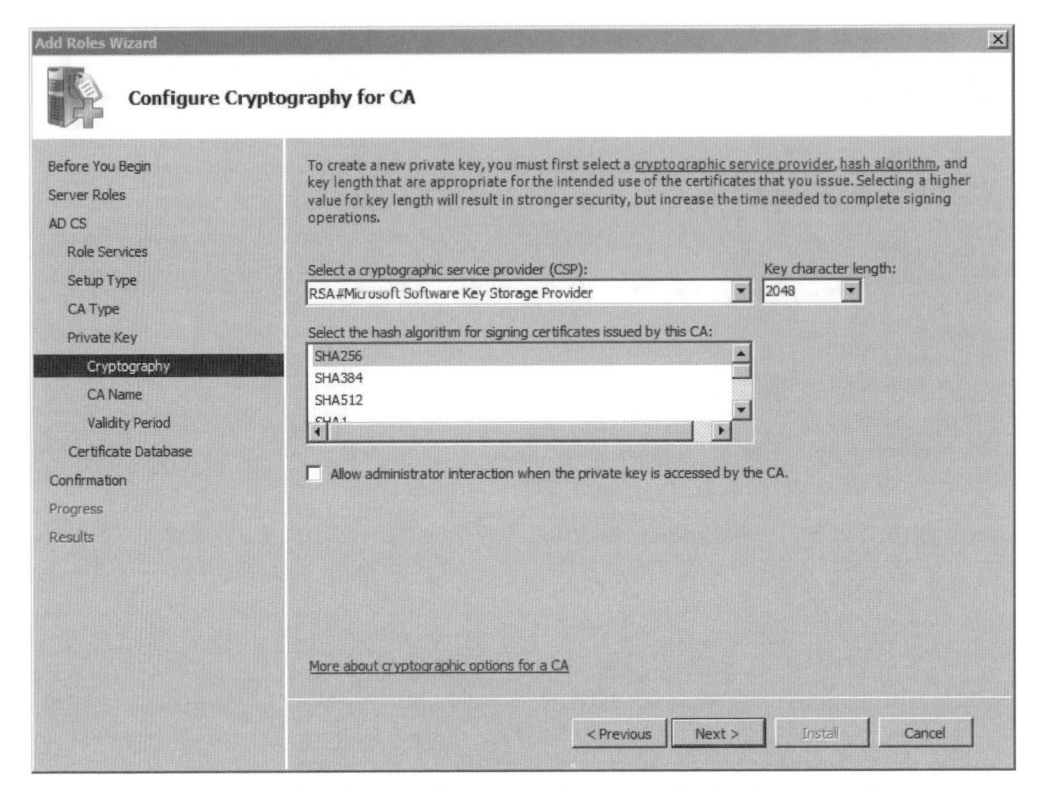

Figura 8-2 Definindo as configurações de criptografia da chave privada.

A próxima tela, mostrada na Figura 8-4, oferece a opção de alteração dos locais padrão do banco de dados de certificados e de seu *log*. Se você tiver uma partição ou disco separado que use para arquivos de *log*, deve selecionar esse local; caso contrário, os padrões servirão. Clique em Next para continuar.

A tela seguinte, mostrada na Figura 8-5, fornece um resumo de todas as opções de configuração selecionadas durante a instalação. Você deve salvar essas informações sempre que adicionar uma função ao seu servidor ou pode apenas ver um resumo na tela. Quando estiver resolvendo um problema, pode ser útil recapitular rapidamente as opções selecionadas na instalação. Salve as informações e clique em Install (Instalar) para instalar Certificate Services (Serviços de Certificados).

Quando a instalação terminar, aparecerá a tela de resultados. Ela deve informar apenas que a instalação foi bem-sucedida. Clique em Close (Fechar) e saia do Add Roles Wizard (Assistente para Adicionar Funções).

Parabéns, você instalou com sucesso os Microsoft Certificate Services e está pronto para começar a emitir certificados. Agora, pode criar e distribuir certificados manualmente, mas não é esse nosso objetivo final. A seguir, examinaremos a configuração de modelos de certificados e dos usuários que têm permissão para obter certificados automaticamente.

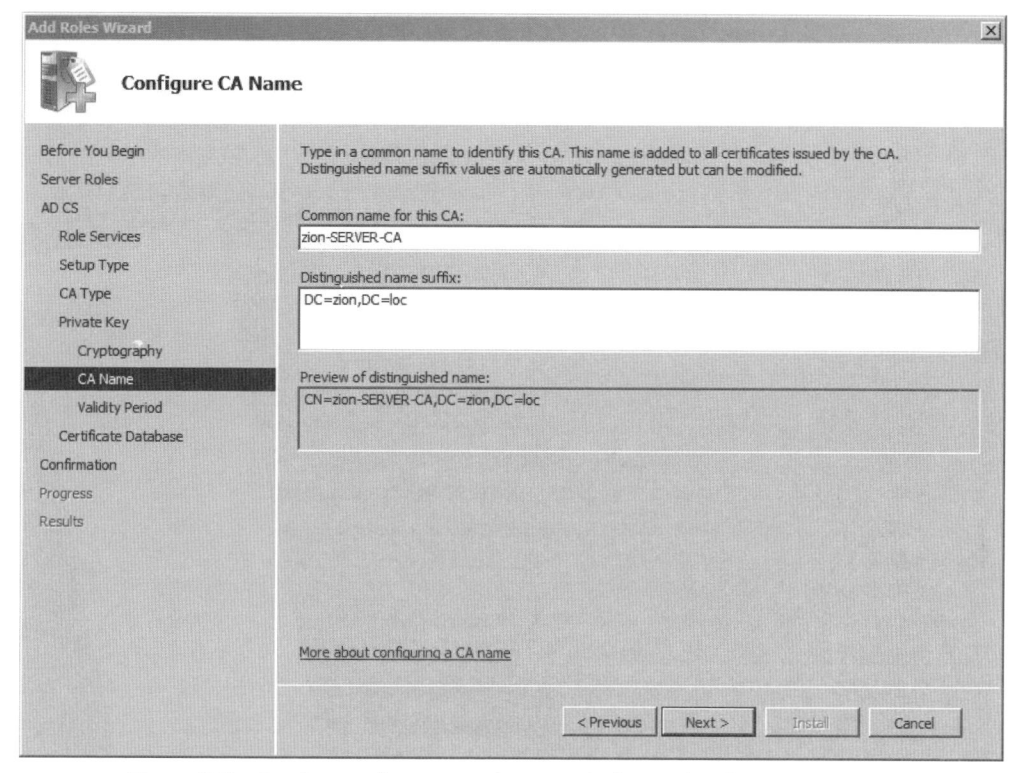

Figura 8-3 Configurando o nome da autoridade certificadora.

Configure o modelo de certificado e o autorregistro

Passemos à configuração do modelo de certificado, que definirá as configurações específicas do certificado, para que ele será usado e quem poderá obtê-lo. Nos exemplos a seguir, criaremos novas unidades organizacionais (OUs, Organizational Units) e grupos de usuários para definir e restringir realmente quem pode obter os certificados necessários à autenticação na rede sem fio. Em seguida, atribuíremos as permissões de usuário corretas ao modelo de certificado do grupo Wireless para permitir que os membros desse grupo obtenham automaticamente o certificado. Aqui estão as etapas que devem ser seguidas nesse processo:

1. Crie a unidade organizacional Wireless e o grupo WirelessUsers.
2. Crie o objeto de diretiva de grupo (GPO) Wireless.
3. Aplique o objeto de diretiva de grupo à unidade organizacional Wireless.
4. Crie e emita o modelo de certificado.
5. Faça login na estação de trabalho e obtenha o certificado de usuário.

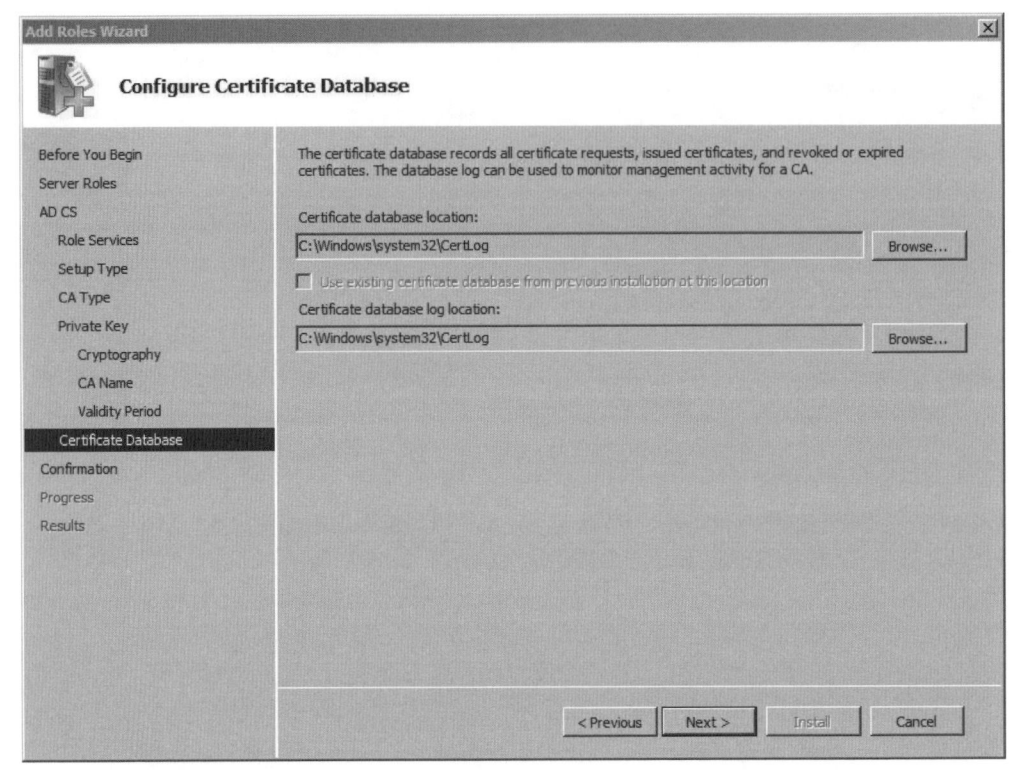

Figura 8-4 Configurando o local do banco de dados de certificados.

Crie a unidade organizacional Wireless e o grupo WirelessUsers

A criação da unidade organizacional Wireless e do grupo WirelessUsers é uma tarefa administrativa comum do Active Directory, mas iremos abordá-la aqui para o caso de você precisar de uma recapitulação rápida. Abra Server Manager | Roles | Active Directory Domain Services | Active Directory Users And Computers (Gerenciador de Servidores | Funções | Serviços de Domínio do Active Directory | Usuários e Computadores do Active Directory). Em nosso exemplo, criaremos uma unidade organizacional diretamente na raiz do domínio. Para fazê-lo, clique com o botão direito do mouse no domínio e selecione New | Organizational Unit (Nova | Unidade Organizacional). Na Figura 8-6, podemos ver que nomeamos essa unidade organizacional como "Wireless" e criamos um grupo padrão do Windows chamado WirelessUsers.

Crie o objeto de diretiva de grupo de Wireless

Agora, adicionaremos um objeto de diretiva de grupo que permita aos clientes se registrar automaticamente para obter os certificados disponíveis. A diretiva de grupo pode ser configurada para permitir que usuários, computadores ou ambos se registrem automaticamente. É preciso lembrar que os modelos de certificados são específicos de usuários e computadores. Logo, modelos que permitam que

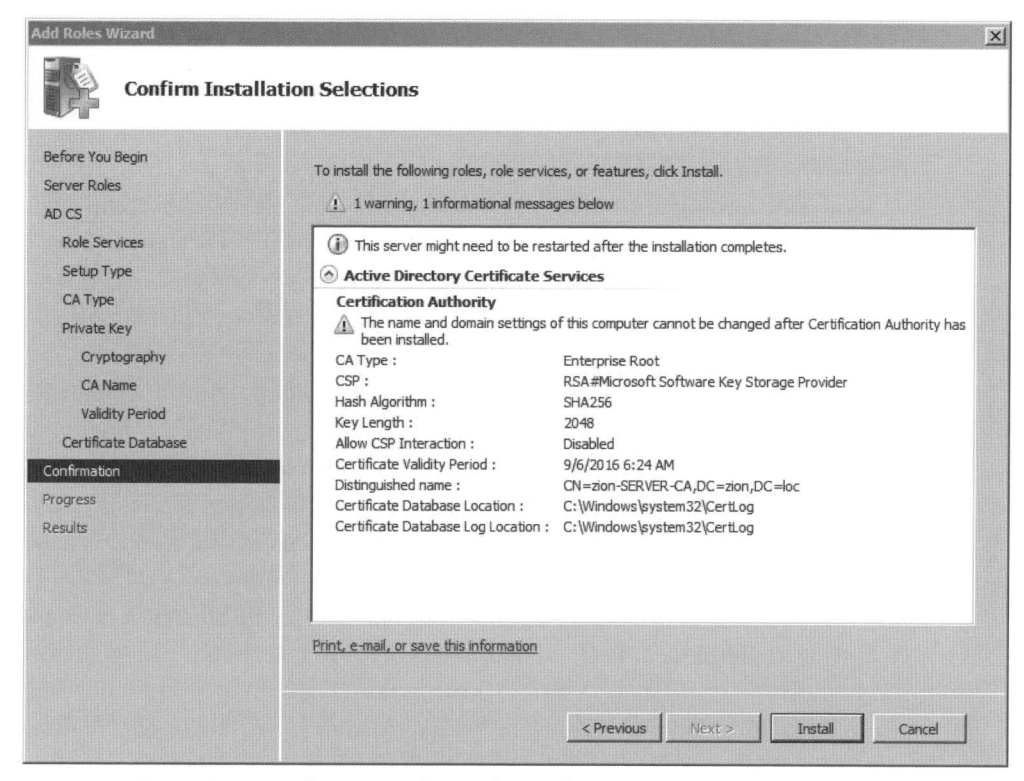

CAPÍTULO 8   Implantação de uma rede WPA-Enterprise com certificados   **195**

Figura 8-5   Configurações de instalação da autoridade certificadora.

usuários se registrem automaticamente para obter certificados não podem ser usados para a mesma finalidade pelos computadores.

Para configurar o objeto de diretiva de grupo, abra o Server Manager (Gerenciador de Servidores), expanda Features | Group Policy Management (Recursos | Gerenciamento de Diretiva de Grupo), expanda sua floresta (zion.loc, em nosso exemplo), clique com o botão direito do mouse na unidade organizacional Wireless e selecione "Create a GPO in this domain and link it here" ("Criar uma GPO neste domínio e vinculá-lo aqui"). Nomeie o objeto de diretiva de grupo com algo lógico (neste capítulo, nomeamos com WirelessCertAu-

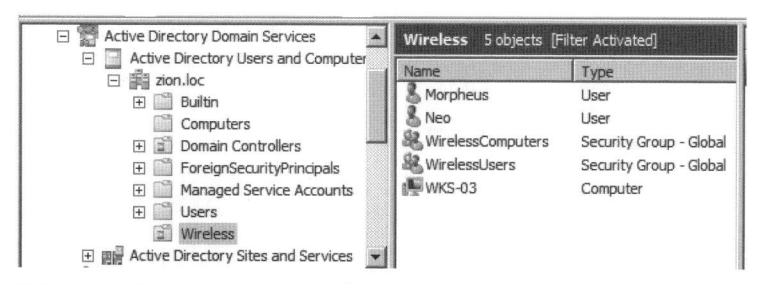

Figura 8-6   A unidade organizacional Wireless e o grupo WirelessUsers.

toEnroll) e clique em OK. Clique com o botão direito do mouse no objeto de diretiva de grupo recém-criado e selecione Edit (Editar).

Aplique o objeto de diretiva de grupo à unidade organizacional Wireless

O local onde é configurado o registro automático para a obtenção de certificados por usuários é User Configuration | Policies | Windows Settings | Security Settings | Public Keys Policies (Configuração do Usuário | Diretivas | Configurações do Windows | Configurações de Segurança | Diretivas de Chave Pública), como mostrado na Figura 8-7.

Clique duas vezes em "Certificate Services Client – Auto-Enrollment" ("Cliente de Serviços de Certificado – Registro Automático") para configurar a diretiva. É recomendável usar as configurações mostradas na Figura 8-8. Para ativar o registro automático, altere a configuração Configuration Model (Modelo de Configuração), para Enabled (Ativado). Marque todas as três caixas e clique em OK para continuar.

Em seguida, clique duas vezes na configuração "Certificate Services Client – Certificate Enrollment Policy" ("Cliente de Serviços de Certificado – Diretiva de Registro de Certificado"). Altere a configuração Configuration Model para Enabled e clique em Apply (Aplicar). Você verá a diretiva exibindo que o registro automático está ativado, como mostrado na Figura 8-9.

Para configurar a conta do computador para obter certificados automaticamente, você deve definir a mesma diretiva sob Computer Configuration (Configuração do Computador). A única opção que não está disponível é a notificação sobre expiração de certificado pendente. Isso não importa porque não há razão para notificarmos um computador sobre a expiração de certificado pendente. Lembre-se, para permitir que um computador se autentique na rede sem fio, te-

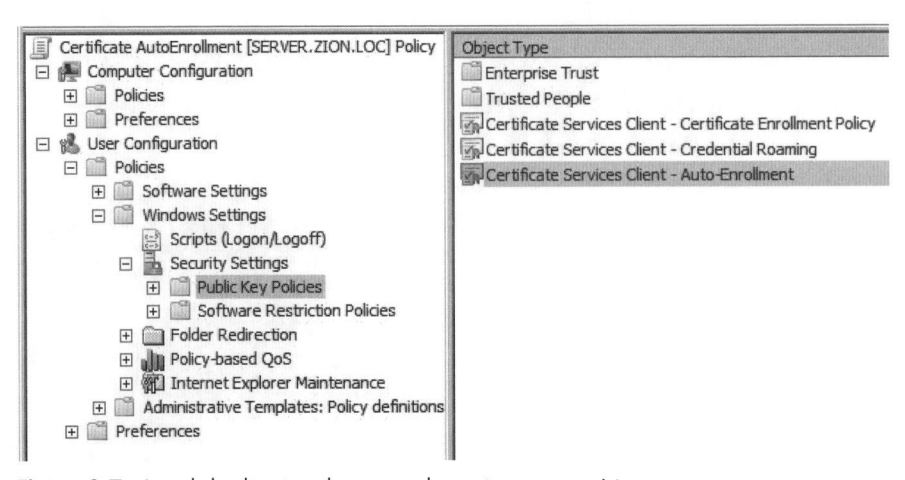

Figura 8-7 Local da diretiva de grupo de registro automático.

CAPÍTULO 8   Implantação de uma rede WPA-Enterprise com certificados   **197**

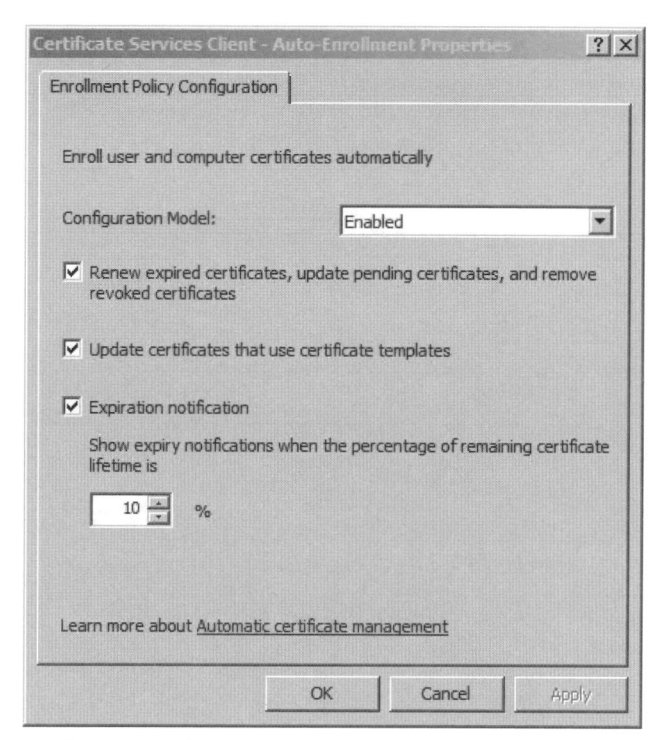

Figura 8-8   Configurações de registro automático.

mos de permitir que ele obtenha certificados automaticamente antes de o usuário fazer login. O local das configurações de diretiva de grupo para uma conta de computador é Computer Configuration | Policies | Windows Settings | Public Key Policies (Configuração do Computador | Diretivas | Configurações do Windows | Configurações de Segurança | Diretivas de Chave Pública).

Crie e emita os modelos de certificado

Agora que criamos as configurações de diretiva de grupo para permitir que computadores obtenham certificados automaticamente, temos de configurar nossa autoridade certificadora com os certificados que os usuários podem obter. Essa é uma etapa-chave que pode ser um pouco confusa. Para começar, definiremos os modelos de certificado e, então, configuraremos a CA para emitir certificados para eles.

> **Dica**
>
> Cuidado ao selecionar e configurar modelos. A seleção do tipo errado de modelo de certificado não é facilmente descoberta. É preciso seguir o processo cuidadosamente e selecionar o tipo correto de modelo para o tipo de implantação planejada.

Abra o Server Manager, expanda Roles | Active Directory Certificate Services e expanda também o nome do servidor. Você deve ver uma estrutura se-

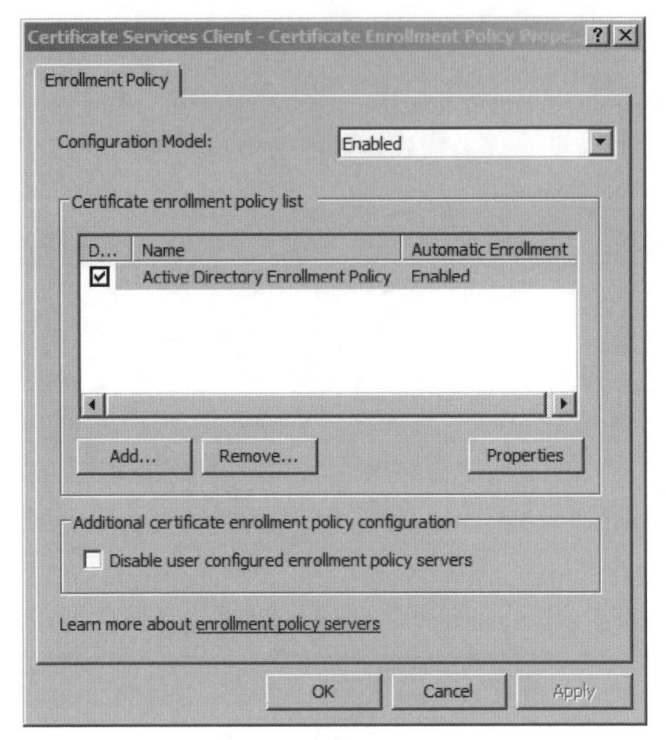

Figura 8-9 Diretiva de registro de certificado.

melhante à mostrada na Figura 8-10 e notará que a Microsoft, em sua infinita sabedoria, decidiu criar dois itens chamados "Certificate Models" ("Modelos de

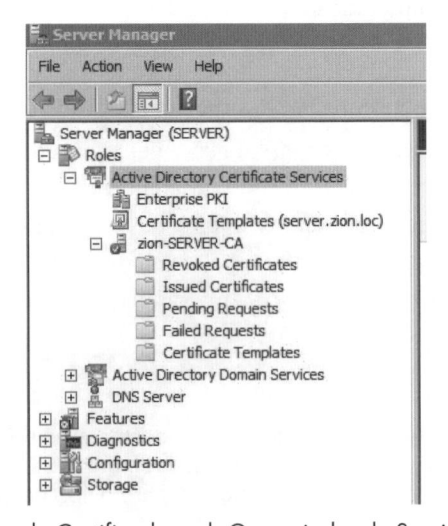

Figura 8-10 Serviços de Certificados sob Gerenciador de Servidores.

Certificados"). O primeiro item Certificate Models que se encontra diretamente sob Active Directory Certificate Services é o local dos modelos que configuraremos. O segundo item, que fica abaixo do servidor (nesse caso, zion-SERVER--CA), contém os modelos para os quais essa autoridade certificadora emitirá certificados.

Se você clicar no primeiro item, verá todos os modelos pré-configurados que nos ajudarão a criar nossos próprios modelos. Você pode usar esses modelos diretamente; no entanto, para manter tudo em ordem, copiaremos um modelo e o renomearemos com algo lógico. Os dois modelos que configuraremos são

- User Signature Only (Somente Assinatura do Usuário)
- Computer (Computador)

Localize os dois modelos chamados "User Signature Only" e "Computer". A diferença entre o modelo User e o modelo User Signature Only é que o primeiro permite que o certificado seja usado no Sistema de Arquivos Criptografados. Deixarei que você decida se essa funcionalidade adicional é necessária para seu ambiente. O modelo "User Signature Only" será suficiente se for necessário apenas esse certificado para seus usuários se autenticarem na rede sem fio.

Clique com o botão direito do mouse no modelo User Signature Only e selecione Duplicate Template (Duplicar Modelo). Se houver algum servidor de certificados Windows Server 2003 em seu ambiente, selecione essa opção na caixa de diálogo resultante (consulte a Figura 8-11) e clique em OK. Caso contrário, selecione Windows Server 2008 Enterprise e clique em OK.

Na guia General (Geral) da caixa de diálogo Properties of New Template (Propriedades do Novo Modelo), nomeie o modelo com algo que indique para que ele será usado. Em nosso exemplo, nomeamos o modelo com "Zion – Wireless User". Em seguida, clique na guia Security (Segurança) e adicione o grupo que queremos que possa se registrar automaticamente para obter certificados usando esse modelo. No exemplo, adicionamos o grupo WirelessUsers. Atribua a

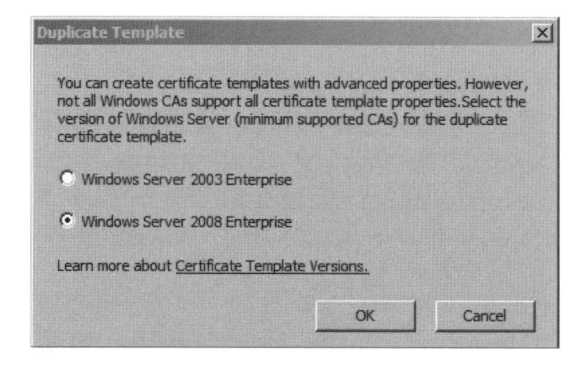

Figura 8-11 A caixa de diálogo Duplicar Modelo.

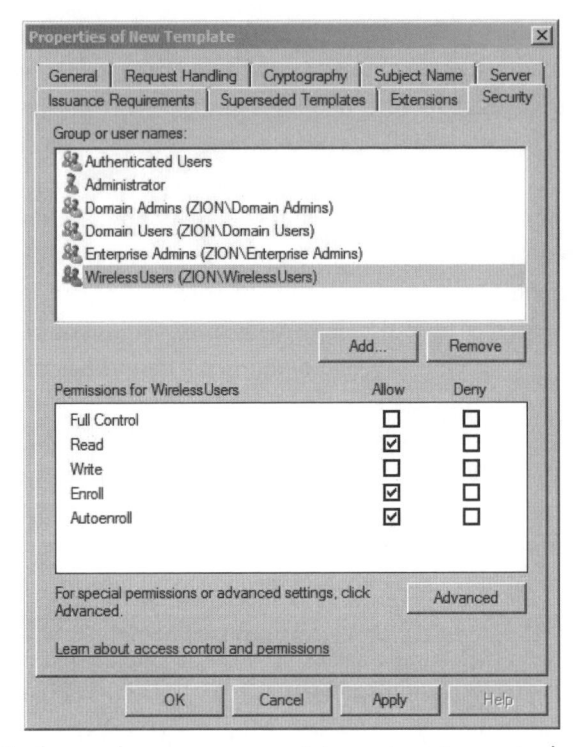

Figura 8-12 Configurando o recurso se registrar automaticamente do grupo.

esse grupo as permissões Read, Enroll e Autoenroll (Leitura, Registro e Registro Automático) e clique em OK (consulte a Figura 8-12).

Após criar o modelo de certificado, você precisa emiti-lo em sua CA. Clique com o botão direito do mouse na pasta Certificate Templates sob o nome da CA e selecione New | Certificate Template to Issue (Novo | Modelo de Certificado a Ser Emitido). Encontre o modelo recém-criado e clique em OK. Agora estamos totalmente preparados para os usuários obterem seu certificado.

Daremos prosseguimento à criação do modelo para a obtenção de certificados para computadores e, então, discutiremos os detalhes da obtenção dos certificados pelo registro automático. O processo é exatamente igual ao do modelo anterior; no entanto, aplicaremos as permissões ao grupo WirelessComputers. Clique com o botão direito do mouse no modelo de certificado Computer e selecione Duplicate (Duplicar). Selecione o tipo de CA para seu ambiente. Nomeie o modelo apropriadamente. Na guia Security, adicione o grupo WirelessComputers e dê a ele as permissões Read, Enroll e Autoenroll. Em seguida, clique em OK.

Faça login na estação de trabalho e obtenha o certificado de usuário

Agora, se você fizer login em uma estação de trabalho que for membro do grupo WirelessComputers, o computador obterá automaticamente o certificado. Da mes-

CAPÍTULO 8   Implantação de uma rede WPA-Enterprise com certificados

ma forma, se você fizer login em qualquer computador do domínio usando uma conta que seja membro do grupo WirelessComputers, esse usuário obterá automaticamente o certificado. Já que essas configurações são acessadas via diretiva de grupo, você terá de se certificar de que a diretiva seja enviada para o computador cliente. Pode fazer isso executando gpupdate /force em um prompt de comando.

O processo de registro automático é acionado com o login do usuário, logo, se você já tiver feito login, é preciso efetuar logout e fazer login novamente para acioná-lo. Não se esqueça que, para um computador cliente baixar o certificado da CA e o certificado de usuário, ele deve ter acesso de rede ao Active Directory. Ou seja, o computador não pode baixar o certificado necessário à autenticação na rede sem fio usando a mesma rede sem fio. O usuário precisa já estar com o certificado. Portanto, você deve verificar se o computador está conectado à rede com fio ou a uma rede sem fio diferente antes de tentar se autenticar na rede sem fio para que possa baixar o certificado da CA e o seu certificado.

Após fazer login no computador, podemos visualizar o armazenamento de certificados do computador cliente usando o Microsoft Management Console (Console de Gerenciamento Microsoft). Clique em Start | Run (Iniciar | Executar), digite **mmc.exe** e pressione ENTER. Clique em File | Add/Remove Snapin (Arquivo | Adicionar/Remover Snap-in) e clique duas vezes no item Certificate (Certificado). Clique em OK para fechar a caixa de diálogo. Expanda o caminho Certificates | Current User | Personal (Certificados | Usuário Atual | Pessoal) e verá algo semelhante à Figura 8-13.

Você notará que a CA emitente tem o nome da autoridade certificadora que configuramos. Se rolar para a direita, também verá o modelo que foi usado na criação do certificado. Essas informações podem ser muito úteis na solução de problemas de registro automático. Agora, expanda o nó Trusted Root Certification Authorities (Autoridades de Certificação Raiz Confiáveis) e clique em Certificates. Role para baixo para encontrar o certificado de sua autoridade certificadora. Se clicar duas vezes no certificado, notará que ele é emitido para e pela mesma entidade.

A Figura 8-14 mostra um exemplo do certificado emitido para Morpheus pela autoridade certificadora zion-SERVER-CA.

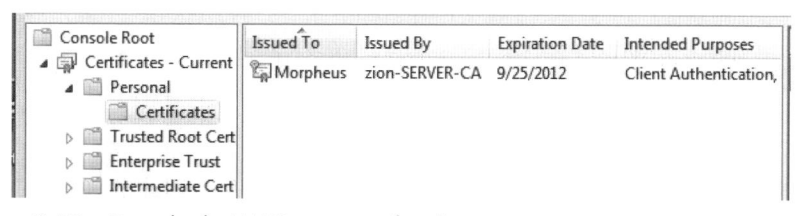

	Issued To	Issued By	Expiration Date	Intended Purposes
Console Root				
▲ Certificates - Current	Morpheus	zion-SERVER-CA	9/25/2012	Client Authentication,
▲ Personal				
Certificates				
▷ Trusted Root Cert				
▷ Enterprise Trust				
▷ Intermediate Cert				

Figura 8-13   Console do MMC para certificados.

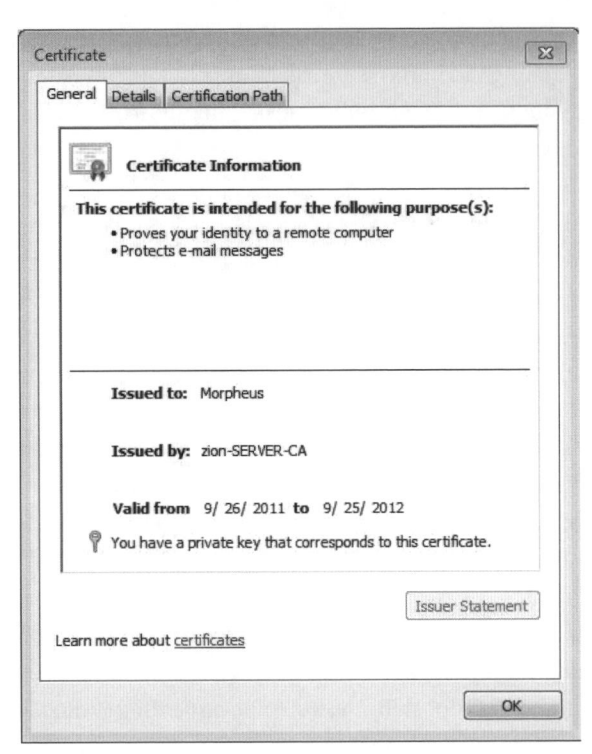

Figura 8-14 Certificado emitido para o usuário Morpheus membro do domínio.

Permita o uso da autenticação antes do login

Discutimos as vantagens de configurarmos o computador para se conectar com a rede sem fio antes de o usuário se autenticar. Isso traz muitos benefícios, e o fato de usuários que não fizeram login na estação de trabalho poderem se autenticar diretamente no Active Directory sem estar conectados à rede via fio não é menos importante.

Você já configurou grande parte do que precisa do ponto de vista do cliente. Só há mais uma tarefa. É preciso configurar a rede sem fio com a qual o computador se conectará sem intervenção do usuário usando a diretiva de grupo. Você pode optar pela criação de uma nova diretiva de grupo ou fazer um acréscimo à diretiva de registro automático de certificados que criamos anteriormente. Em geral, recomendo a criação de um novo objeto de diretiva de grupo, mas você pode decidir por si próprio. Criando uma nova diretiva de grupo, evitará confusões posteriores sobre o que a diretiva faz. Se optar por adicionar essas configurações à outra diretiva de grupo e depois decidir removê-la (esquecendo que as configurações da rede sem fio estão aí), criará uma dor de cabeça desnecessária.

Crie um novo objeto de diretiva de grupo e navegue para Computer Configuration | Policies | Windows Settings | Security Settings | Wireless Network (IEEE 802.11) Policies (Configuração do Computador | Diretivas | Configu-

CAPÍTULO 8 Implantação de uma rede WPA-Enterprise com certificados **203**

rações do Windows | Configurações de Segurança | Diretivas de Rede Sem Fio (IEEE 802.11)). Se clicar com o botão direito do mouse no nó Wireless Network (IEEE 802.11) Policies, verá duas opções:

- Create a New Wireless Network Policy for Windows Vista and Later Releases (Criar uma nova diretiva de rede sem fio para o Windows Vista e versões posteriores)
- Create a New Windows XP Policy (Criar uma nova diretiva do Windows XP)

As opções de configuração são quase idênticas nas duas alternativas. Examinaremos a diretiva do Windows XP porque, atualmente, esse é o mais popular entre os sistemas operacionais Windows para computadores desktop. A Figura 8-15 mostra as opções de configuração da guia General. Aqui, grande parte da configuração é autoexplicativa: dê um nome para a diretiva e configure-a para só permitir conexões com redes da infraestrutura.

Em seguida, clique na guia Preferred Networks (Redes Preferenciais) e em Add para adicionar as configurações específicas de sua rede sem fio. Você verá a janela New Preferred Setting Properties (Novas Propriedades de Configuração Preferenciais) da Figura 8-16. Novamente, a maioria dos campos é fácil de preencher e você irá configurá-los com as mesmas definições de SSID, autenticação e criptografia de sua rede sem fio.

Clique na guia IEEE 802.1x para definir as configurações de autenticação. É aqui que configuraremos o computador para se autenticar na rede usando certificados. Sua configuração deve ficar semelhante à da Figura 8-17.

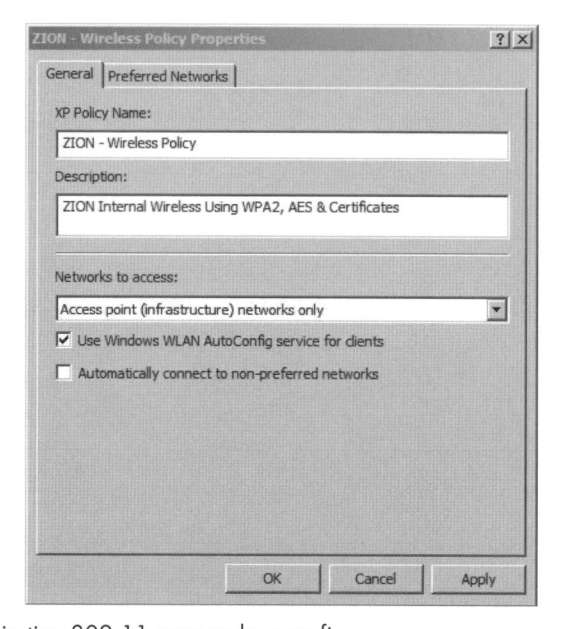

Figura 8-15 Diretiva 802.11 para redes sem fio.

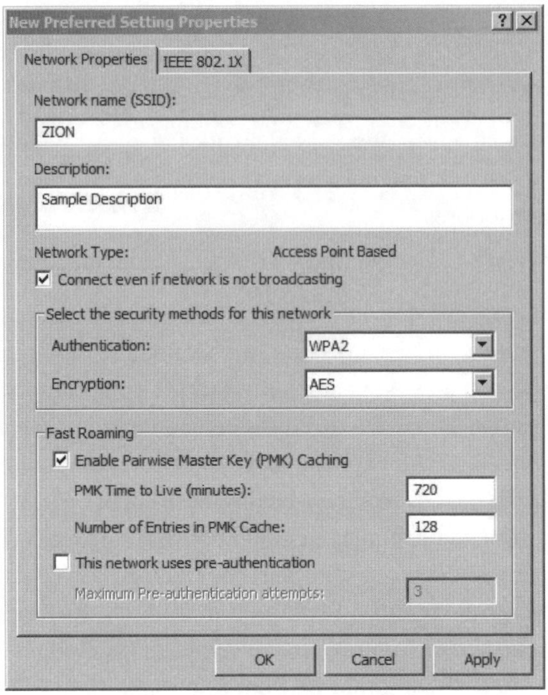

Figura 8-16 Adicionando uma rede sem fio preferencial.

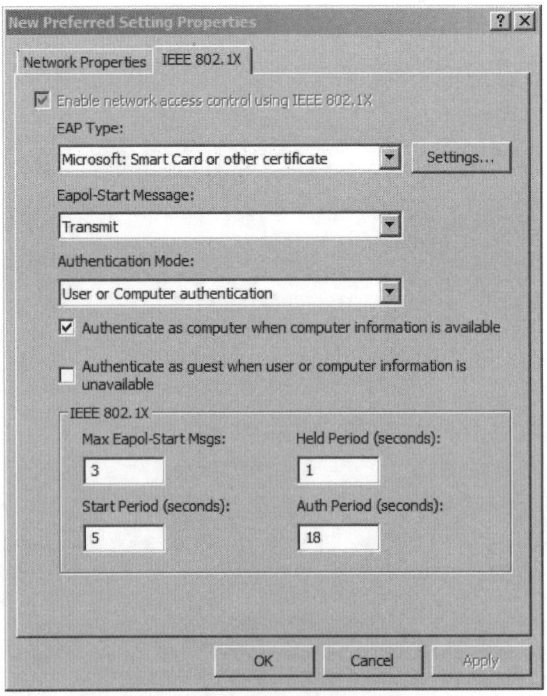

Figura 8-17 Definindo as configurações de diretiva 802.1x.

CAPÍTULO 8 Implantação de uma rede WPA-Enterprise com certificados   **205**

Configure o servidor RADIUS

Agora, configuraremos o servidor RADIUS. Instalaremos o serviço em nosso servidor e configuraremos uma solicitação de conexão. Todas as etapas abaixo podem ser executadas manualmente; no entanto, uma vez que o serviço RADIUS estiver instalado, existe um assistente muito útil que nos ajudará a percorrer as etapas necessárias.

1. Instale o serviço RADIUS.
2. Crie uma entrada de cliente RADIUS para o ponto de acesso.
3. Crie uma diretiva de solicitação de conexão.
4. Crie uma diretiva de rede.

Para instalar o serviço RADIUS, temos de instalar a função Network Policy and Access Services (Serviços de Acesso e Diretiva de Rede). Inicie o Server Manager, clique com o botão direito do mouse em Roles e selecione Add Role. Marque a caixa de seleção Network Policy and Access Services, mostrada na Figura 8-18, e clique em Next.

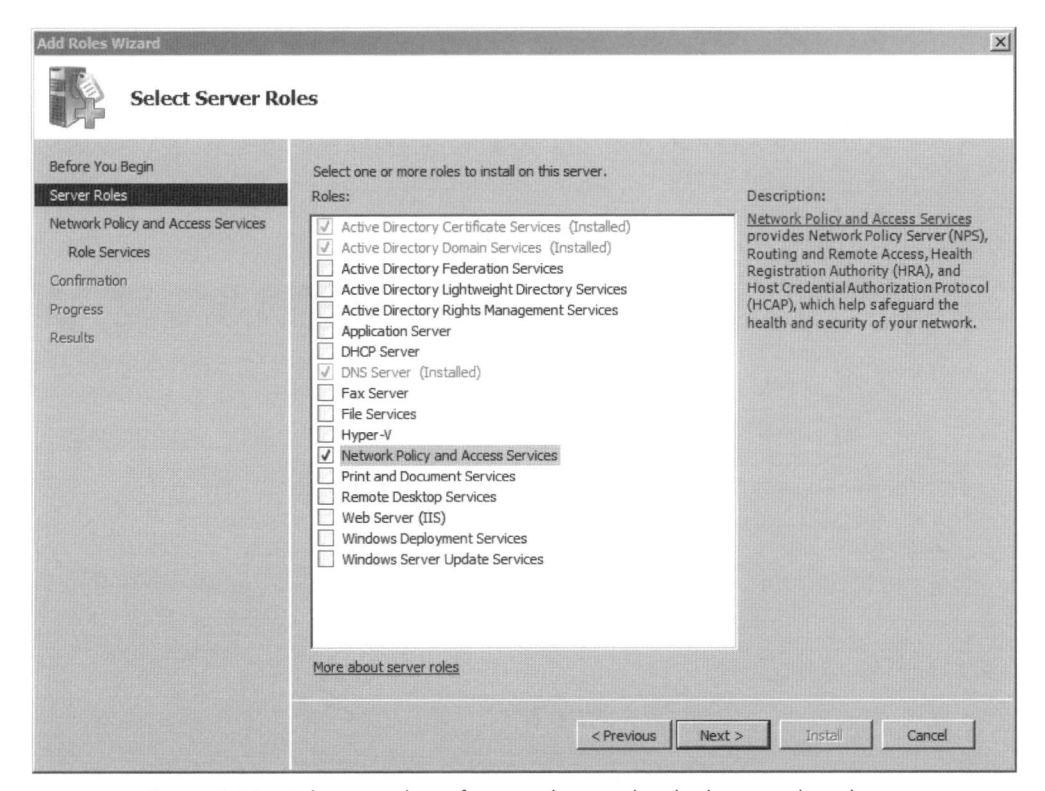

Figura 8-18 Selecionando as funções do servidor de diretivas de rede.

A próxima tela é apenas informativa. Não se apresse e veja os tipos de informação disponíveis. Clique em Next para continuar. Marque a caixa de seleção Network Policy Server (Servidor de Diretivas de Rede) e clique em Next.

A tela seguinte fornece um resumo das opções que você selecionou para instalação. Clique em Install. A nova tela deve indicar que a instalação foi bem-sucedida. Clique em Close para sair dessa tela.

Agora, configuraremos nosso recém-instalado servidor de diretivas de rede. Abra o Server Manager, expanda Roles e verá uma nova entrada para "Network Policy and Access Services". Se você realçar o primeiro nó, chamado "NPS (Local)", verá uma tela semelhante à Figura 8-19. A maneira mais fácil de configurarmos nosso servidor de diretivas de rede (NPS, Network Policy Server) para executar a autenticação RADIUS em nossa rede sem fio é com o assistente de configuração 802.1x. Para iniciá-lo, clique na caixa suspensa, selecione "RADIUS Server for 802.1x Wireless or Wired Connections" ("Servidor RADIUS para conexões 802.1x sem fio ou com fio") e clique em Configure 802.1x (Configurar 802.1x).

Na próxima tela, selecione o botão de rádio Secure Wireless Connections (Conexões Sem Fio Seguras) e forneça um nome apropriado na caixa de texto. Na Figura 8-20, é possível ver que usamos o nome "Secure Wireless Connections". Não é muito criativo, mas podemos avançar.

Na tela aberta agora, adicionaremos os autenticadores 802.1x. Em nossa rede sem fio, os autenticadores são os pontos de acesso. Clique em Add e forneça as informações de cada ponto de acesso. Você deve criar um segredo compartilhado exclusivo para cada um deles. As informações devem ficar parecidas com as da Figura 8-21. Clique em OK para continuar. Clique em Add e insira os pontos adicionais existentes.

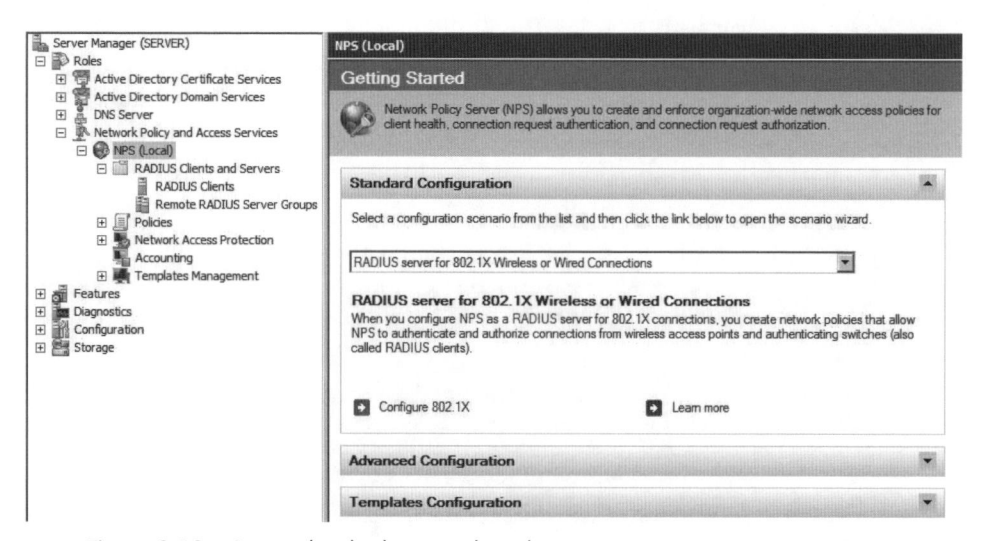

Figura 8-19 O servidor de diretivas de rede.

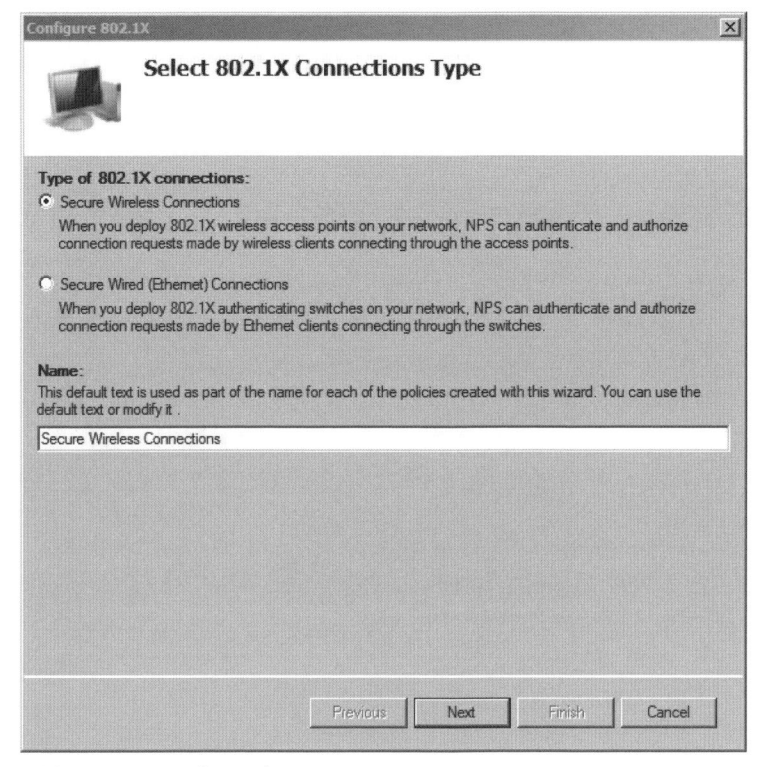

CAPÍTULO 8 Implantação de uma rede WPA-Enterprise com certificados

Figura 8-20 Assistente de configuração 802.1x.

Quando terminar de adicionar seus pontos de acesso, clique em Next. A próxima janela permite definir o método de autenticação que os clientes usarão. Nesse caso, queremos que os sistemas clientes usem certificados, logo, selecione o menu suspenso e a opção "Microsoft: Smart Card or other Certificate" ("Microsoft: smart card ou outro certificado"). Clique em Next para continuar.

Na tela seguinte, mostrada na Figura 8-22, você pode configurar os grupos que têm permissão para se autenticar segundo essa diretiva. Clique em Add para adicioná-los. Lembre-se, os usuários não precisam ser membros de todos os grupos dessa lista para se autenticar; só precisam ser membros de um dos grupos. Em nosso exemplo, mantivemos a simplicidade e criamos um grupo chamado WirelessUsers. Clique em Next para continuar.

Temos, então, a tela em que você pode configurar atributos de controle de tráfego se esse for usado por seus pontos de acesso. Não se trata de uma configuração padrão, logo, clique em Next para continuar. Na tela seguinte, podemos ver um resumo das opções de configuração. Essa é uma tela muito útil. Examine-a por um momento. Além de exibir todos os pontos de acesso que você configurou, ela também apresenta o nome da diretiva de solicitação de conexão e o da diretiva de rede.

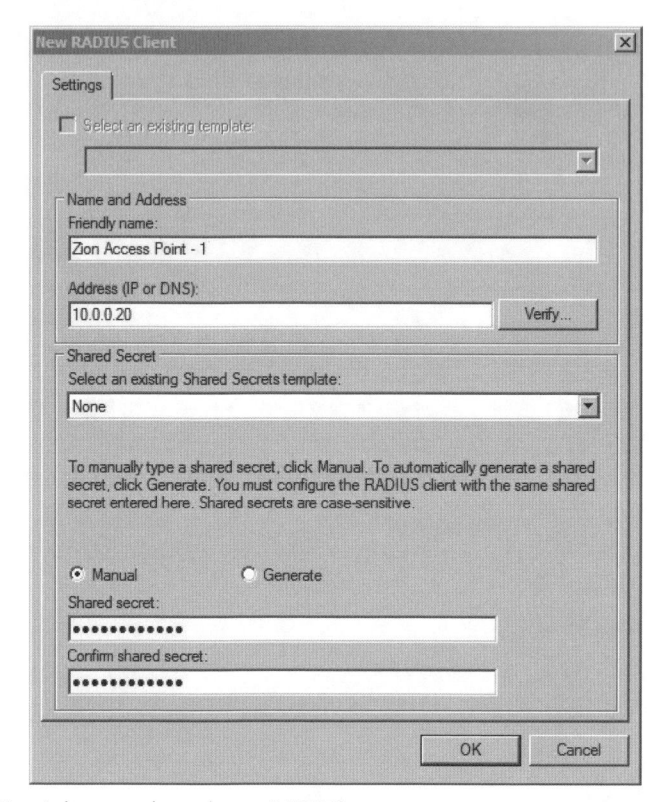

Figura 8-21 Adicionando o cliente RADIUS.

O servidor de diretivas de rede informa o seguinte para cada tipo de diretiva:

- As diretivas de solicitação de conexão (Connection Request Policies) permitem que você designe se as solicitações de conexão serão processadas localmente ou encaminhadas para servidores RADIUS remotos.
- As diretivas de rede permitem que você designe quem está autorizado a se conectar com a rede e as circunstâncias sob as quais podem ou não se conectar.

Para a diretiva de rede, configuramos as condições a seguir: a solicitação vem de um dispositivo 802.11 e o usuário pertence ao grupo WirelessUsers e está se autenticando com um certificado. Se o usuário se autenticar com sucesso e as condições forem atendidas, ele receberá acesso à rede.

Agora seu NPS está configurado, mas você precisa executar uma última tarefa para permitir que ele comece a processar solicitações. Clique com o botão direito do mouse no nó "NPS(Local)" novamente e selecione Register Server in

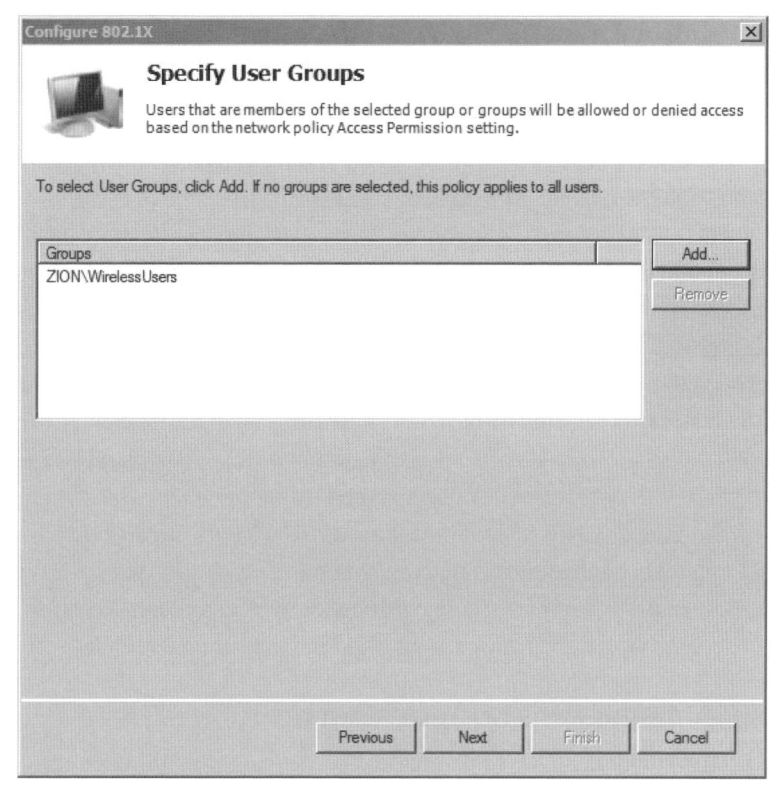

Figura 8-22 Configurando os grupos de usuários aos quais a diretiva será aplicada.

Active Directory (Registrar Servidor no Active Directory). Você verá, então, a mensagem da Figura 8-23.

Estamos quase acabando. A parte mais complexa da configuração já passou. É hora de configurar o ponto de acesso e testar a autenticação.

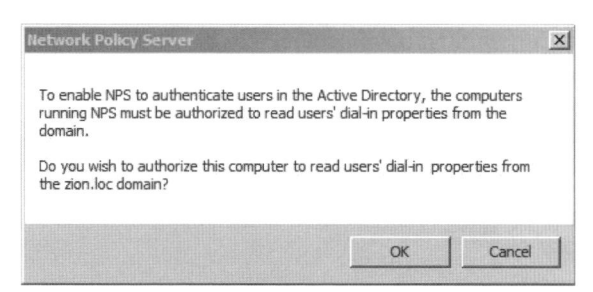

Figura 8-23 Registrando o NPS no Active Directory!

Configure o ponto de acesso sem fio

Ironicamente, a configuração do ponto de acesso sem fio costuma ser a parte mais fácil do projeto. Não abordaremos a definição das configurações básicas da rede sem fio porque, a essa altura, você já deve conhecê-las. Supõe-se que itens como o SSID e o canal tenham sido configurados.

Na Figura 8-24, podemos ver a configuração de um Linksys WRT54G executando o firmware dd-wrt. Mesmo que a interface de seu ponto de acesso seja diferente, a configuração deve ser igualmente simples. Você notará que o modo de segurança está configurado com WPA2-Enterprise, o que nos dá a opção de configurar um servidor RADIUS. Também configuramos o algoritmo WPA com o AES e não com o protocolo TKIP que, criptograficamente, é menos seguro.

Tudo o que você precisa para autenticar seus clientes é o endereço IP do servidor RADIUS e o segredo compartilhado que configurou anteriormente. Terminamos! Lembre-se, o autenticador RADIUS (nesse caso, o ponto de acesso) não tem conhecimento de como você faz a autenticação no servidor RADIUS de destino. Seja com o uso de certificados ou apenas senhas, a configuração é a mesma no ponto de acesso porque a autenticação real é feita no servidor RADIUS.

Autenticação na rede sem fio

Agora que configuramos todos os componentes da infraestrutura para dar suporte à nossa rede sem fio, a única coisa que nos resta a fazer é autenticar. Como já verificamos se o certificado do usuário está instalado na máquina cliente, prati-

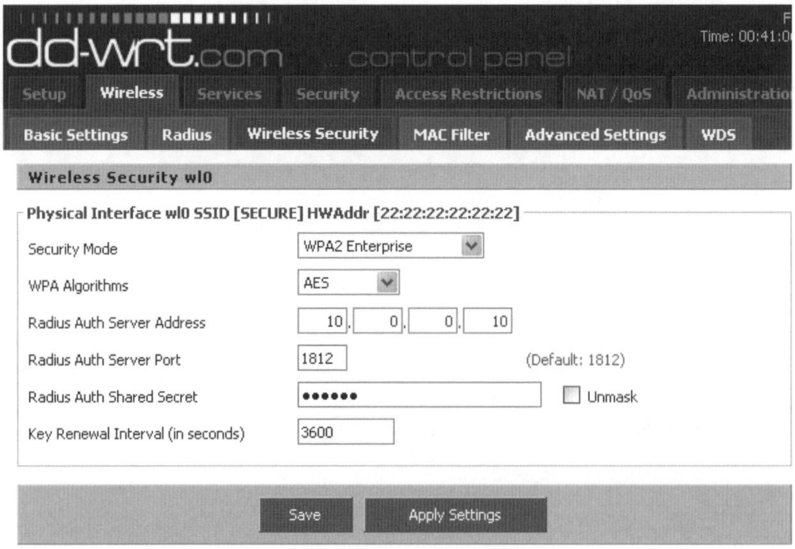

Figura 8-24 Configuração do ponto de acesso WPA2.

camente não será necessária a interação dele na conexão com a rede sem fio. Se você não tiver configurado a rede sem fio com a conexão automática usando a diretiva de grupo, tudo que o usuário terá que fazer é clicar duas vezes na rede sem fio para se conectar. No momento da conexão, você deve ver a mensagem mostrada na Figura 8-25, indicando que a identidade do usuário está sendo validada.

Se a conexão for bem-sucedida, você deve ver a conhecida mensagem "conectado".

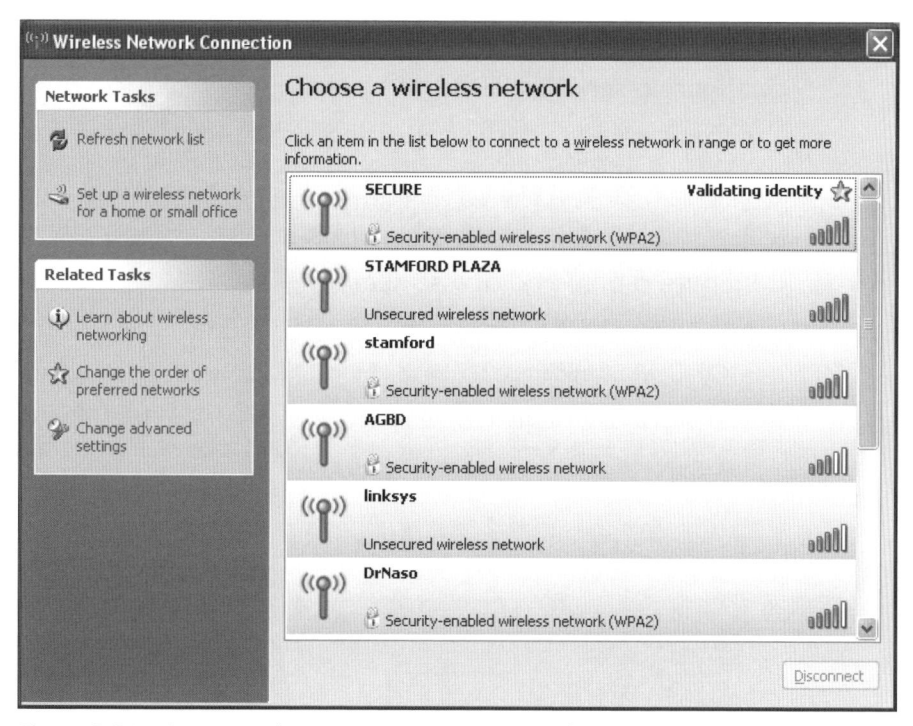

Figura 8-25 Autenticando-se no WPA2 com um certificado.

O que vimos

Neste capítulo, percorremos a instalação de uma infraestrutura inteira de suporte a redes sem fio WPA2-Enterprise com o uso de certificados na autenticação. Lembre-se, se tiver a oportunidade de implementar essa configuração em um ambiente de laboratório antes de passar à produção, deve fazê-lo.

Configure a autoridade certificadora

- Copie modelos de certificado e modifique-os para que atendam suas necessidades
- Emita o modelo de certificado na CA
- Configure um objeto de diretiva de grupo para permitir o uso do registro automático de certificados
- Faça login em uma estação de trabalho que tenha a cobertura do objeto de diretiva de grupo e de certificados aprovados

Configure o servidor RADIUS

- Crie uma entrada de cliente RADIUS para o ponto de acesso
- Crie a diretiva de solicitação de conexão
- Crie uma diretiva de rede

Configure o ponto de acesso sem fio

- Configure o WPA2-Enterprise com o AES
- Configure o endereço IP do servidor RADIUS que autenticará os usuários
- Teste a autenticação

CAPÍTULO 9

Implantação de redes sem fio seguras

> **Neste capítulo, veremos**
>
> - Configuração de uma rede WPA2-Enterprise com autenticação PEAP
> - Configuração de um servidor de diretivas de rede Microsoft Windows 2008
> - Estratégias de segmentação de redes sem fio

Neste capítulo, começaremos implantando uma rede sem fio WPA2-Enterprise com autenticação PEAP em um servidor RADIUS Microsoft Windows 2008. Em seguida, aplicaremos à nossa rede sem fio alguns dos conceitos de projetos seguros abordados no Capítulo 6.

Redes sem fio WPA2-Enterprise

Apesar da miríade de detalhes técnicos funcionando em segundo plano quando usamos uma rede sem fio WPA2-Enterprise, ela é inacreditavelmente fácil de configurar. Examinaremos, de maneira resumida, os componentes e, então, passaremos à sua configuração.

Como você pode ver na Figura 9-1, as duas principais peças dessa arquitetura são o ponto de acesso sem fio e o servidor de autenticação RADIUS. O ponto de acesso sem fio impede que o cliente sem fio acesse recursos internos de

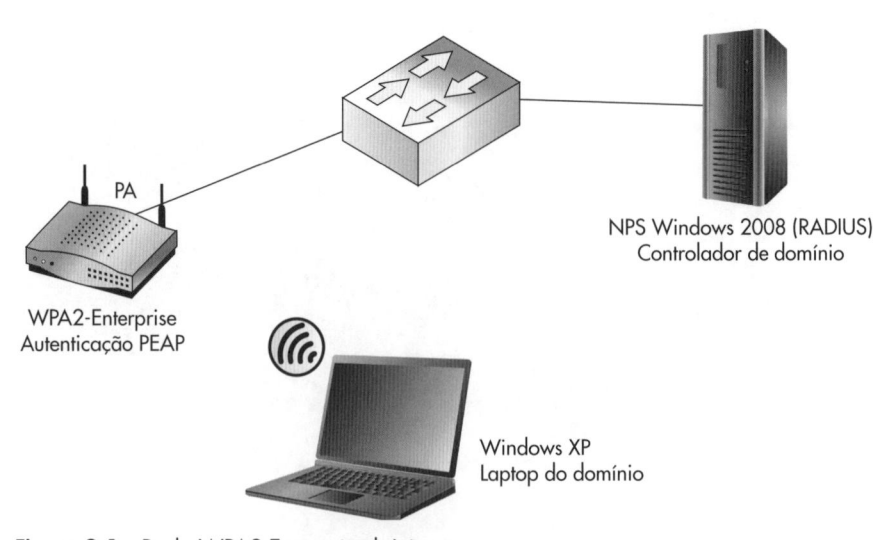

Figura 9-1 Rede WPA2-Enterprise básica.

rede até uma mensagem de autenticação bem-sucedida ser recebida do servidor RADIUS.

O servidor RADIUS pode ser configurado para autenticar usuários consultando um banco de dados central como o Active Directory. Ele também poderia autenticar usuários examinando um banco de dados exclusivo usado apenas para cliente sem fio.

As etapas gerais de configuração de uma rede sem fio WPA2-Enterprise são as seguintes:

1. Configurar o servidor de diretivas de rede (RADIUS).
    a. Criar uma entrada de cliente RADIUS para o ponto de acesso.
    b. Criar a diretiva de solicitação de conexão.
    c. Criar uma diretiva de rede.
2. Configurar o ponto de acesso sem fio.
    a. Configurar com o WPA2-Enterprise.
    b. Configurar o servidor RADIUS que autenticará usuários.
3. Configurar o cliente sem fio (manual ou automaticamente).
    a. Configurar a conexão automática com a diretiva de grupo.

Vamos supor que já tivéssemos criado um grupo do Active Directory chamado WirelessUsers, que fica em uma unidade organizacional chamada Wireless. Isso pode ser visto na Figura 9-2.

Configure o servidor de diretivas de rede (RADIUS)

Começaremos com a configuração de nosso servidor RADIUS. O servidor Windows de diretivas de rede (NPS, Network Policies Server) implementa a funcionalidade RADIUS no Windows 2008. Instalaremos o serviço em nosso servidor e, então, configuraremos uma solicitação de conexão e uma diretiva de rede. Ins-

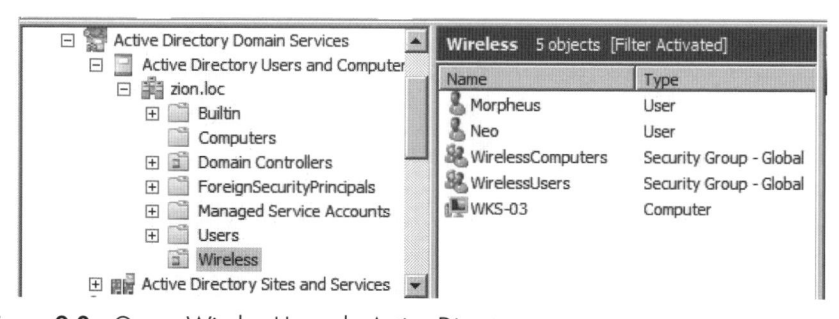

Figura 9-2 Grupo WirelessUsers do Active Directory.

talaremos o NPS em um servidor Windows 2008; no entanto, a instalação é muito semelhante em outras versões do Windows. Aqui estão as etapas:

1. Criar uma entrada de cliente RADIUS para o ponto de acesso.
2. Criar a diretiva de solicitação de conexão.
3. Criar uma diretiva de rede.

Para instalar o serviço RADIUS, temos de instalar a função Network Policy and Access Services (Acesso e Diretiva de Rede). Inicie o Server Manager (Gerenciador de Servidores), clique com o botão direito do mouse em Roles (Funções) e selecione Add Role (Adicionar Função). Marque a caixa de seleção Network Policy and Access Services e clique em Next (Avançar) (consulte a Figura 9-3).

A próxima tela é apenas informativa. Não se apresse e veja os tipos de informação disponíveis. Clique em Next para continuar. Marque a caixa de seleção Network Policy Server e clique em Next (consulte a Figura 9-4).

A tela seguinte é um resumo das opções que você selecionou para instalação; apenas clique em Install (Instalar). A nova tela deve indicar que a instalação foi bem-sucedida. Clique em Close (Fechar) para sair dessa tela.

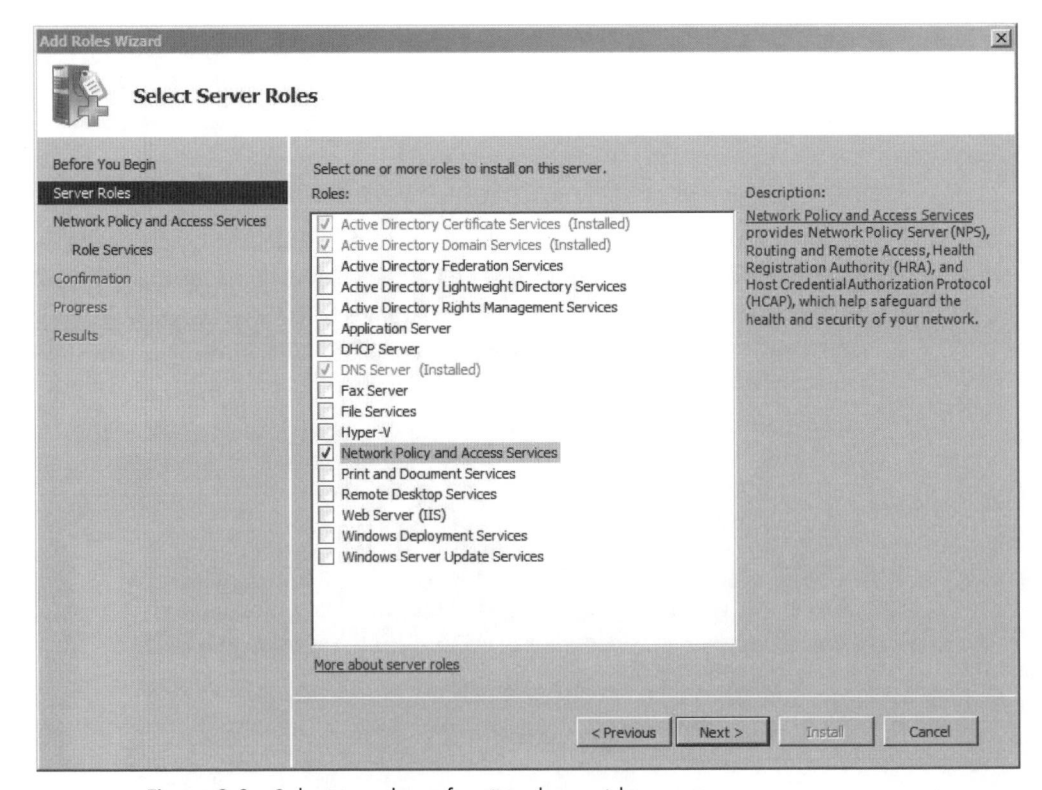

Figura 9-3 Selecionando as funções do servidor.

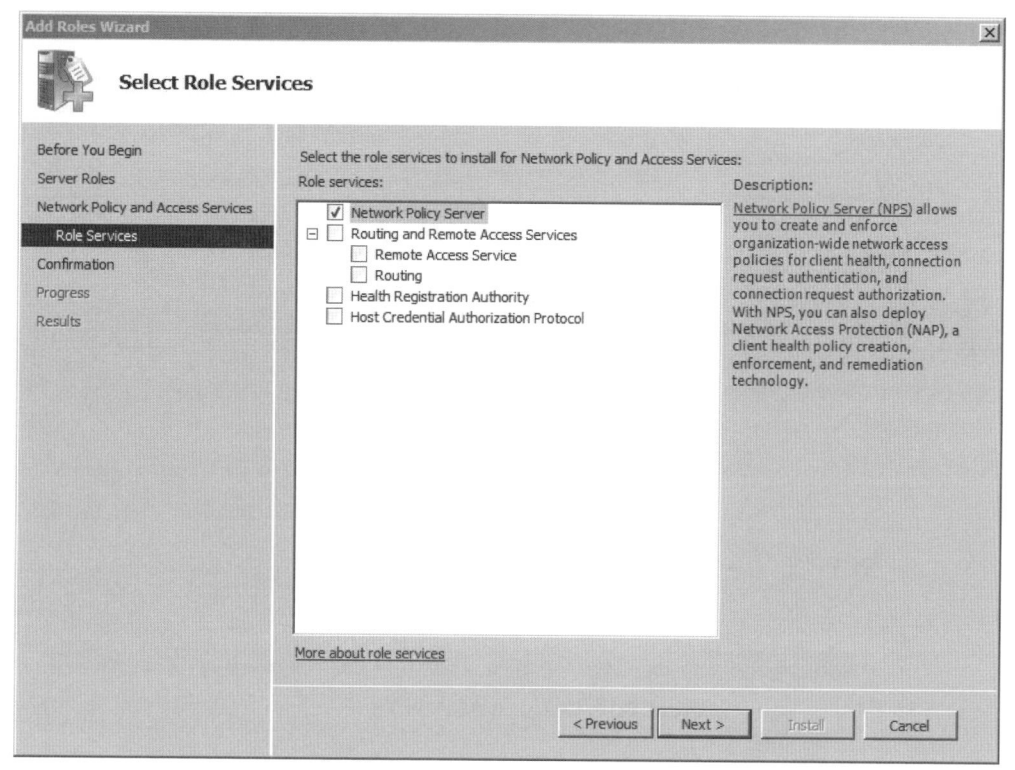

Figura 9-4 Selecionando os serviços de função.

Agora, configuraremos nosso recém-instalado servidor de diretivas de rede. Abra o Server Manager, expanda Roles e verá uma nova entrada chamada "Network Policy and Access Services". Se você realçar o primeiro nó chamado "NPS (Local)", verá uma tela semelhante à Figura 9-5. A maneira mais fácil de configurar nosso servidor NAP para executar a autenticação RADIUS na rede sem fio é com o assistente de configuração de NAP. Para iniciar o assistente, clique na caixa suspensa e selecione "RADIUS server for 802.1x Wireless or Wired Connections" ("Servidor RADIUS para conexões 802.1x sem fio ou com fio"). Em seguida, clique no link Configure 802.1x (Configurar 802.1x).

Na próxima tela, selecione o botão de rádio Secure Wireless Connections (Conexões Sem Fio Seguras) e forneça um nome apropriado na caixa de texto. Na Figura 9-6, é possível ver que usamos o nome "Secure Wireless Connections". Não é muito criativo, mas podemos avançar.

Na tela aberta agora, adicionaremos os autenticadores 802.1x. Em nossa rede sem fio, os autenticadores são os pontos de acesso. Clique em Add e forneça as informações de cada ponto de acesso. Você deve criar um segredo compartilhado exclusivo para cada um deles. As informações devem ficar parecidas com

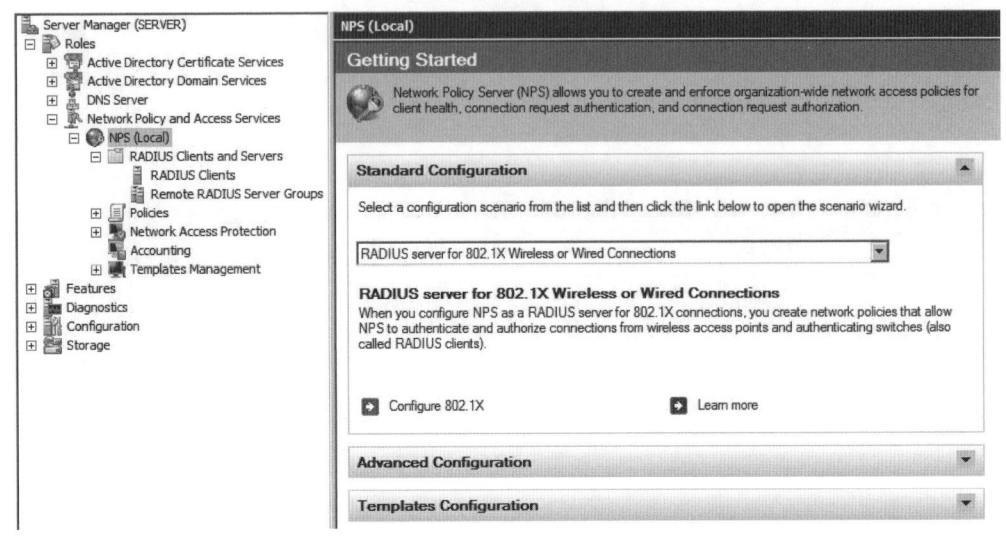

Figura 9-5 Assistente de configuração 802.1x.

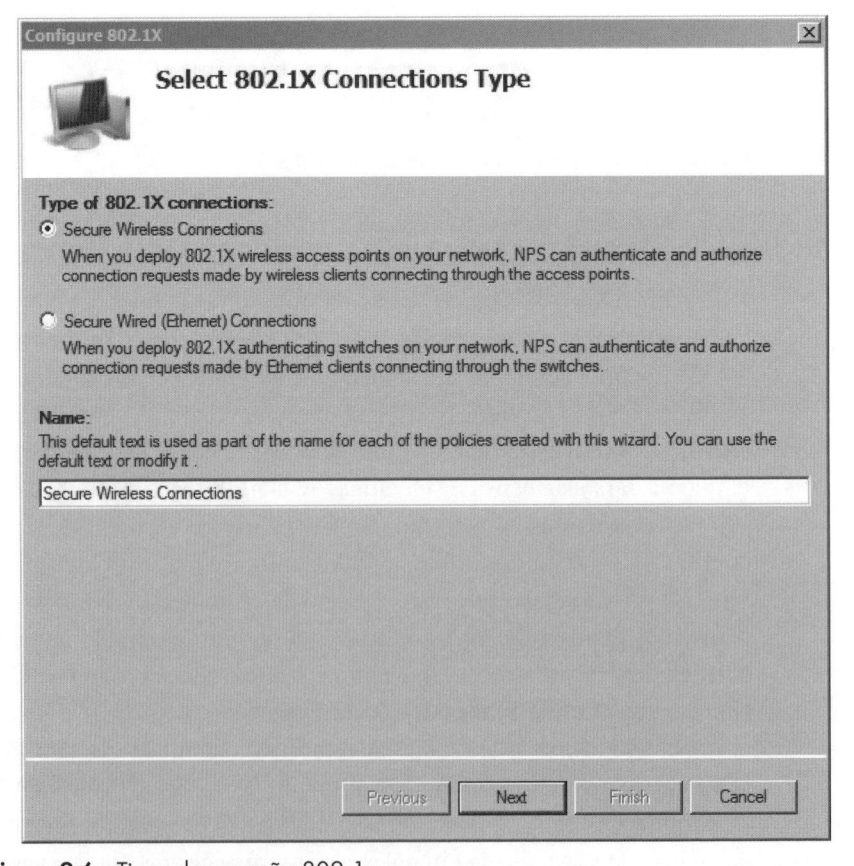

Figura 9-6 Tipos de conexão 802.1x.

as da Figura 9-7. Clique em OK para continuar. Clique em Add e insira os pontos de acesso adicionais existentes.

Quando terminar de adicionar seus pontos de acesso, clique em Next. A próxima janela permite definir o método de autenticação que os clientes usarão (consulte a Figura 9-8). Nesse caso, queremos que nosso cliente se autentique com as credenciais de seu domínio, logo, selecione o menu suspenso e a opção "Microsoft: EAP Protegido (PEAP)". Clique em Next para continuar.

Dica

Não se confunda com as duas opções apresentadas aqui:

Microsoft: EAP Protegido (PEAP)
Microsoft: Senha Segura (EAP MS-CHAPv2)

Você deve lembrar que, em segundo plano, o PEAP usa o MS-CHAPv2, mas o faz por um encapsulamento criptografado. Não é recomendável selecionar o EAP MS--CHAPv2 porque ele é muito menos seguro do que o PEAP.

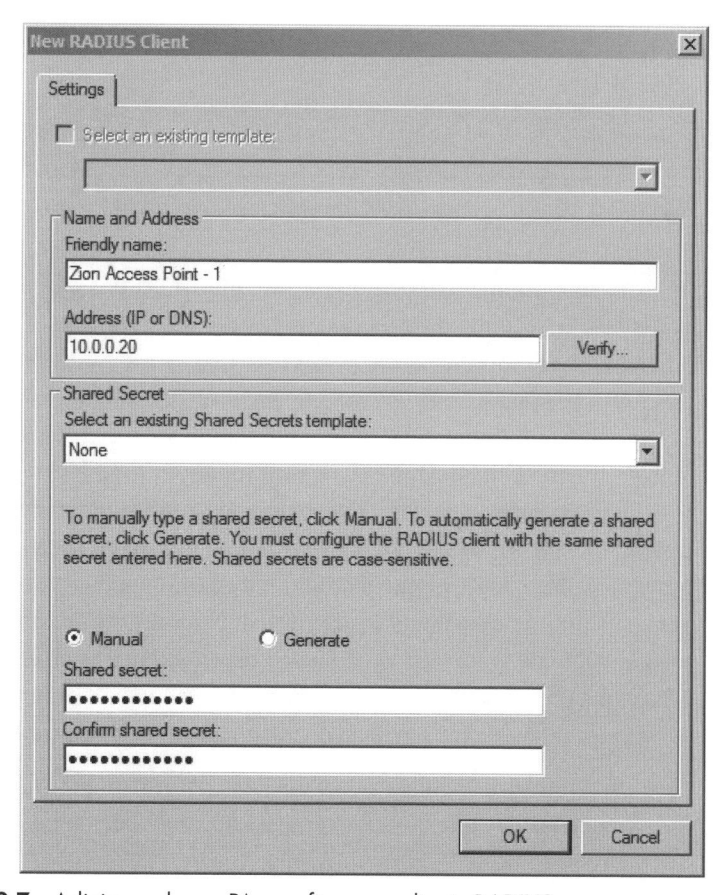

Figura 9-7 Adicionando um PA sem fio como cliente RADIUS.

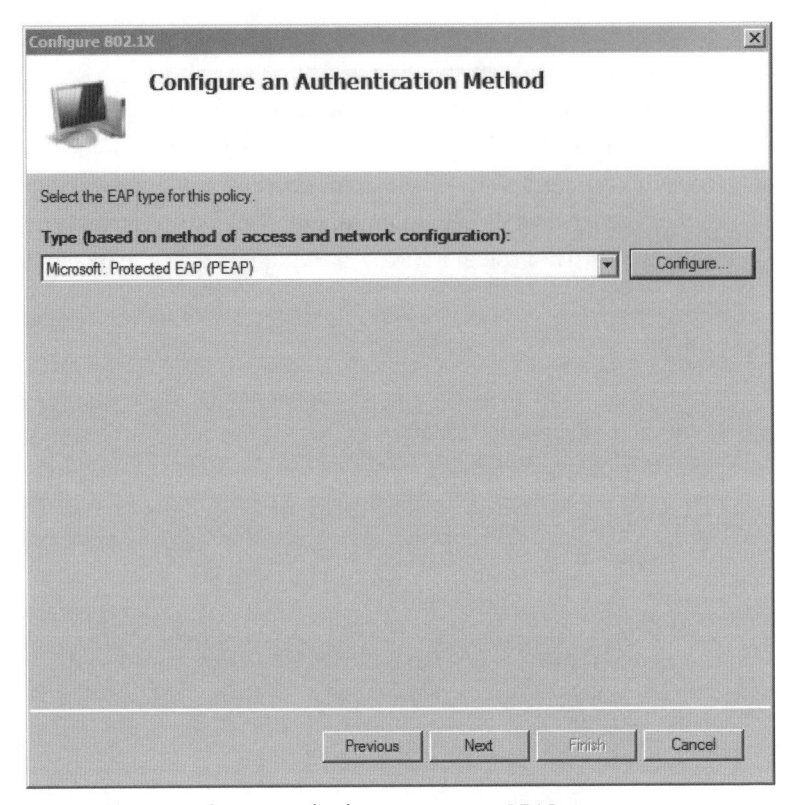

Figura 9-8 Selecionando o método de autenticação PEAP.

Na tela seguinte, você pode configurar os grupos que têm permissão para se autenticar segundo essa diretiva (consulte a Figura 9-9). Clique em Add para adicioná-los. Lembre-se, os usuários não precisam ser membros de todos os grupos dessa lista para se autenticar; só precisam ser membros de um dos grupos. Em nosso exemplo, mantivemos a simplicidade e criamos um grupo chamado WirelessUsers. Clique em Next para continuar.

Temos, então, a tela em que você pode configurar atributos de controle de tráfego se esse for usado por seus pontos de acesso. Não se trata de uma configuração padrão, logo, clique em Next para continuar. Na tela seguinte, podemos ver o resumo do assistente. Essa é uma tela muito útil. Examine-a por um momento. Além de exibir todos os pontos de acesso que você configurou, ela também exibe o nome da diretiva de solicitação de conexão e ou da diretiva de rede.

O servidor de diretivas de rede informa o seguinte para cada tipo de diretiva:

- As diretivas de solicitação de conexão permitem que você designe se as solicitações de conexão serão processadas localmente ou encaminhadas para servidores RADIUS remotos.

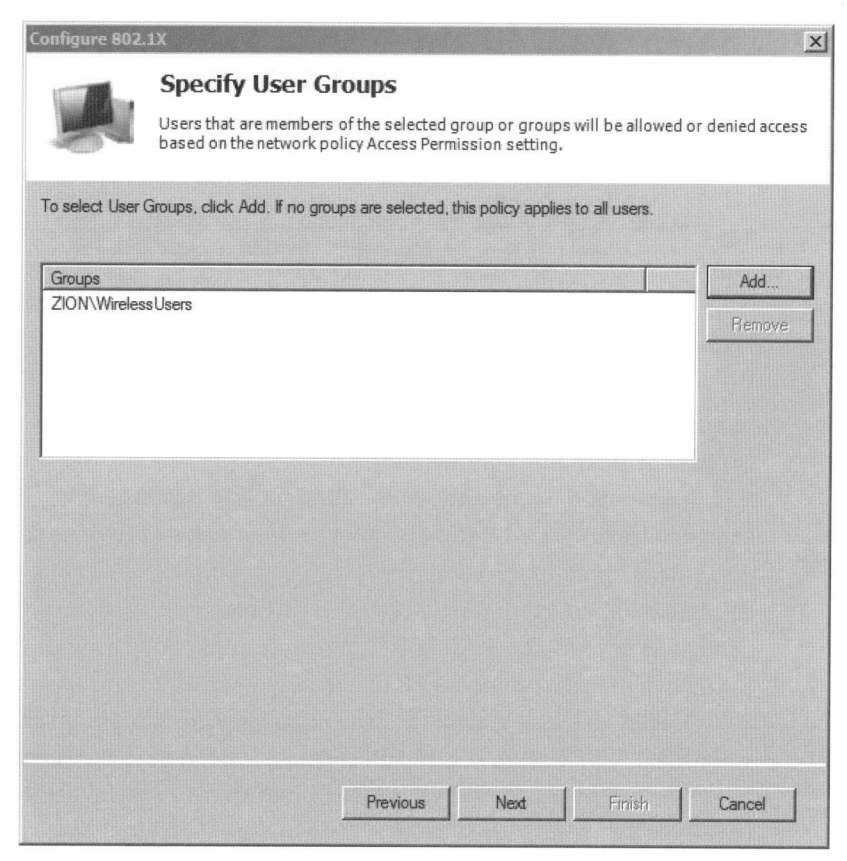

Figura 9-9 O grupo do Active Directory ao qual a diretiva será aplicada.

- As diretivas de rede permitem que você designe quem está autorizado a se conectar com a rede e as circunstâncias sob as quais podem ou não se conectar.

Para a diretiva de rede que configuramos, as condições são que a solicitação venha de um dispositivo 802.11 e o usuário pertença ao grupo WirelessUsers e esteja se autenticando com o PEAP. Se o usuário se autenticar com sucesso e as condições forem atendidas, ele receberá acesso à rede.

Agora seu NPS está configurado, mas você precisa executar uma última tarefa para permitir que ele comece a processar solicitações. Clique com o botão direito do mouse no nó "NPS (Local)" novamente e selecione Register Server in Active Directory (Registrar Servidor no Active Directory). Você verá, então, a mensagem da Figura 9-10.

Configure o ponto de acesso sem fio

Ironicamente, a configuração do ponto de acesso sem fio costuma ser a parte mais fácil do projeto. Não abordaremos a definição das configurações básicas da rede

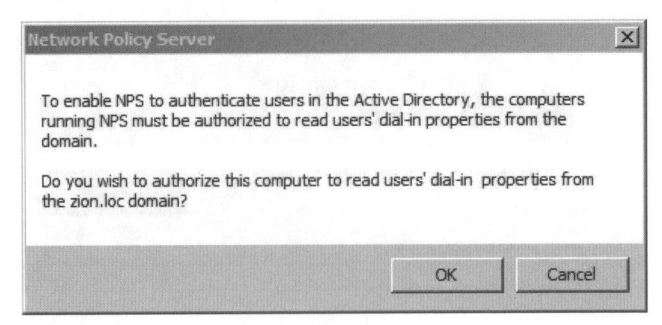

Figura 9-10 Mensagem de registro do NPS.

sem fio - a essa altura você já deve conhecê-las. Supõe-se que itens como o SSID e o canal tenham sido configurados.

Na Figura 9-11, podemos ver a configuração de um Linksys WRT54G executando o firmware dd-wrt. Mesmo que a interface de seu ponto de acesso seja diferente, a configuração deve ser igualmente simples. Você notará que o modo de segurança está configurado com WPA2-Enterprise, o que nos dá a opção de configurar um servidor RADIUS. Também configuramos o algoritmo WPA com o AES e não com o protocolo TKIP que, criptograficamente, é menos seguro.

Tudo o que você precisa para autenticar seus clientes é o endereço IP do servidor RADIUS e o segredo compartilhado que configurou anteriormente. Terminamos! Lembre-se, o autenticador RADIUS (nesse caso, o ponto de acesso) não tem

Figura 9-11 Configuração básica do ponto de acesso WPA2-Enterprise.

CAPÍTULO 9   Implantação de redes sem fio seguras   **223**

conhecimento de como você faz a autenticação no servidor RADIUS de destino. Seja com o uso do PEAP, de certificados ou qualquer outro método, a configuração é a mesma no ponto de acesso porque a autenticação real é feita no servidor RADIUS.

Configure o cliente sem fio

É muito fácil configurar o cliente sem fio. No caso em que o cliente estiver se conectando manualmente, não haverá qualquer configuração. Se o usuário for membro do domínio do Active Directory, suas credenciais serão usadas automaticamente na autenticação no servidor RADIUS.

Se quisermos configurar os clientes para se conectar automaticamente sem ser preciso configurar uma rede sem fio ou mesmo clicar duas vezes na rede sem fio disponível, podemos configurar um objeto de diretiva de grupo (GPO). Você pode optar pela criação de uma nova diretiva de grupo ou fazer o acréscimo a uma GPO existente. Normalmente, recomendo a criação de um novo objeto de diretiva de grupo, mas você pode decidir por si próprio. Manter as GPOs exclusivas de um conjunto geral de tarefas é um bom meio de evitar o erro humano.

Abra o Server Manager, navegue para Features | Group Policy Management (Recursos | Gerenciamento de Diretiva de Grupo), expanda o nó Domains (Domínios) e, então, expanda o seu domínio. Encontre a unidade organizacional à qual gostaria de aplicar a GPO, clique com o botão direito do mouse e selecione "Create a GPO in this domain, and link it here" ("Criar uma GPO neste domínio e vinculá-la aqui").

Clique com o botão direito do mouse no novo GPO, selecione Edit (Editar) e navegue para Computer Configuration | Policies | Windows Settings | Wireless Network (IEEE 802.11) Policies (Configuração do Computador | Diretivas | Configurações do Windows | Configurações de Segurança | Diretivas de Rede Sem Fio (IEEE 802.11)). Se clicar com o botão direito do mouse no nó Wireless Network (IEEE 802.11) Policies, verá duas opções:

- Create a New Wireless Network Policy for Windows Vista and Later Releases (Criar uma nova diretiva de rede sem fio para o Windows Vista e versões posteriores)
- Create a New Windows XP Policy (Criar uma nova diretiva do Windows XP)

As opções de configuração são quase idênticas nas duas alternativas. Examinaremos a diretiva do Windows XP porque, atualmente, esse é o mais popular entre os sistemas operacionais Windows para computadores desktop. A Figura 9-12 mostra as opções de configuração da guia General (Geral). Aqui, grande parte da configuração é autoexplicativa: dê um nome para a diretiva e configure-a para só permitir conexões com redes da infraestrutura.

Em seguida, clique na guia Preferred Networks (Redes Preferenciais) e em Add para adicionar as configurações específicas de sua rede sem fio. Você verá a janela New Preferred Settings Properties (Novas Propriedades de Configuração

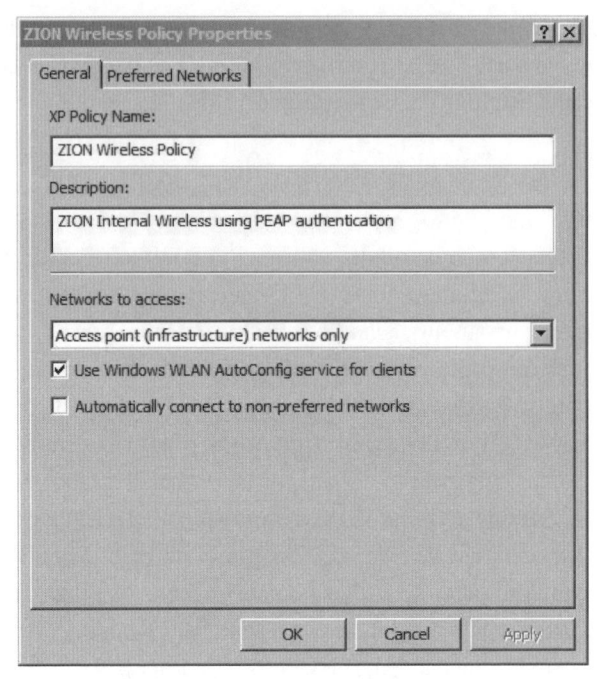

Figura 9-12 Nova diretiva de rede sem fio da GPO.

Figura 9-13 GPO adiciona rede sem fio preferencial.

Preferenciais) mostrada na Figura 9-13. Novamente, a maioria dos campos é fácil de preencher e você irá configurá-los com as mesmas definições de SSID, autenticação e criptografia de sua rede sem fio.

Clique na guia IEEE 802.1x para definir as configurações de autenticação. Selecione "Microsoft: Protected EAP (PEAP)" ("Microsoft: EAP Protegido (PEAP)") como o tipo de PEAP. Se quiser, você pode desmarcar a opção "Authenticate as computer when computer information is available" ("Autenticar como computador se houver informações disponíveis"). A janela de configuração deve ficar semelhante à da Figura 9-14.

Se você clicar no botão Settings dessa janela, verá a janela mostrada na Figura 9-15. Aqui, notará que a opção "Validate Server Certificate" ("Validar certificado do servidor") é incluída como parte da configuração do PEAP. No Capítulo 6, vimos que ela fornece autenticação mútua. O servidor está autenticando o cliente com as credenciais deste, e o cliente está autenticando o servidor com o seu certificado. Você também notará que, em segundo plano, o PEAP está usando o protocolo MS-CHAPv2. Clique em OK para fechar as janelas abertas.

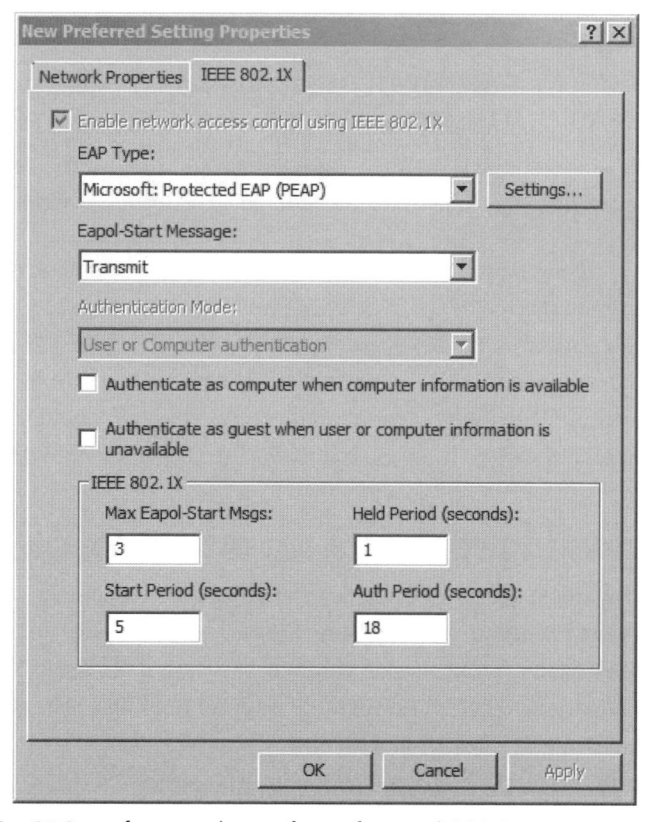

Figura 9-14 GPO configura rede sem fio preferencial 802.1x.

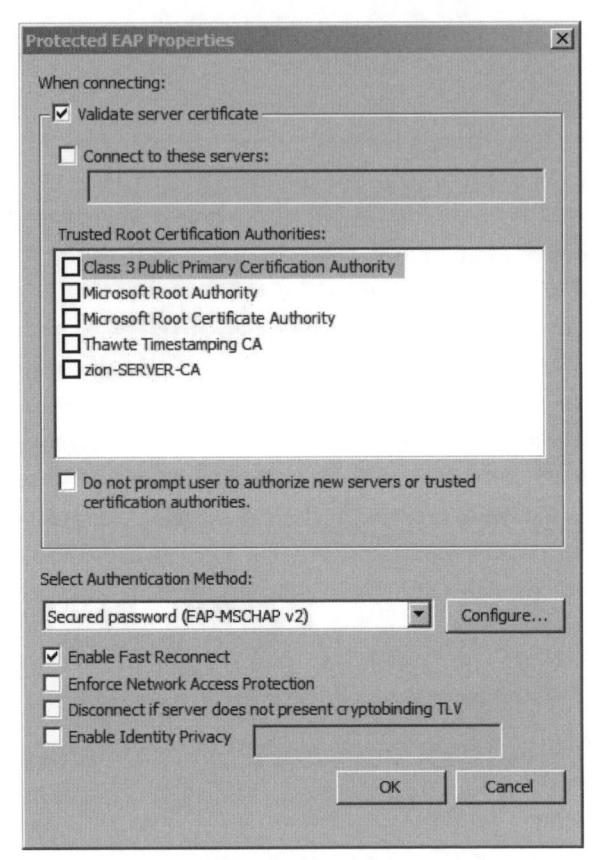

Figura 9-15 Configurações de PEAP da rede sem fio preferencial do GPO.

É só. Agora, se você fizer login em uma maquina apropriada, ela se conectará automaticamente com a rede sem fio. Lembre-se, para que tudo funcione para o usuário, ele deve ser membro do grupo WirelessUsers, e seu computador deve estar na unidade organizacional Wireless (para obter a GPO). Além disso, verifique se o computador cliente está configurado para usar o utilitário de configuração zero sem fio e não o utilitário de seu driver de rede sem fio.

Solucionando problemas na autenticação PEAP

Infelizmente, você pode se deparar com uma situação em que tenha que solucionar problemas de acesso de um cliente à sua rede sem fio. Pelo que vi em minha experiência, problemas de autenticação com a rede sem fio raramente são provenientes do cliente. Em geral, é um problema nos sistemas backend, inclusive nas comunicações RADIUS entre o ponto de acesso sem fio e o servidor ou um problema com a configuração do próprio NPS.

Isso não significa que você não deva começar com as etapas de solução de problemas mais básicas e simples que puder. Por exemplo, é bom verificar se está digitando a senha corretamente quando usar o WPA-PSK ou se está digitando as credenciais certas ao se autenticar em uma rede WPA-Enterprise. Geralmente, as informações de depuração obtidas em um dispositivo cliente são limitadas e genéricas (o que não as torna muito úteis). Além de as informações de *log* não serem úteis, as ações do dispositivo cliente podem ser enganosas.

Por exemplo, suponhamos que, em mais de uma ocasião, enquanto você estava solucionando falhas de autenticação em uma rede WPA-Enterprise, o servidor RADIUS tenha negado acesso ao cliente (registrando um evento de falha), mas esse exibiu a mensagem "obtendo um endereço IP". Normalmente, o cliente só exibe essa mensagem após uma autenticação bem-sucedida. Depois de aproximadamente 15 segundos, o tempo-limite do cliente expira e ele exibe "não conectado". Isso pode levá-lo a seguir o caminho errado de solução do problema, fazendo-o pensar que há uma falha em seu servidor DHCP. Mas a solução é dar ao cliente acesso para se autenticar no servidor RADIUS.

Solucionando problemas na autenticação RADIUS

O melhor local para solucionar problemas de autenticação RADIUS é no próprio servidor RADIUS. Você pode visualizar os eventos registrados para o servidor RADIUS abrindo o Server Manager, expandindo Roles e clicando no nó principal "Network Policy and Access Services". Na parte central da tela, verá os eventos registrados para esse serviço. Você também pode visualizar os mesmos eventos abrindo o Event Viewer (Visualizador de Eventos) (clique em Start (Iniciar), digite **eventvwr** e pressione ENTER) e acessando Custom Views | Server Roles | Network Policy and Access Services (Modos de Exibição Personalizados | Funções de Servidor | Serviços de Acesso e Diretiva de Rede). Examinar os eventos no visualizador pode ser mais útil porque há um espaço maior para a lista de eventos.

Consideraremos alguns cenários comuns que você verá ao trabalhar com o servidor RADIUS do Windows.

Autenticador RADIUS inválido

Na Figura 9-16, podemos ver o exemplo de um erro no servidor RADIUS. Esse erro indica que um ponto de acesso está tentando se autenticar no servidor RADIUS, mas esse não tem o dispositivo listado como um cliente válido. A solução é simples: apenas adicione o cliente acessando Server Manager | Roles | Network Policy and Access Services | NPS (Local) | RADIUS Clients and Servers | RADIUS Clients (Gerenciador de Servidores | Funções | Serviços de Acesso e Diretiva de Rede | NPS (Local) | Clientes e Servidores RADIUS | Clientes RADIUS). Clique com o botão direito do mouse em RADIUS Clients e selecione New (Novo).

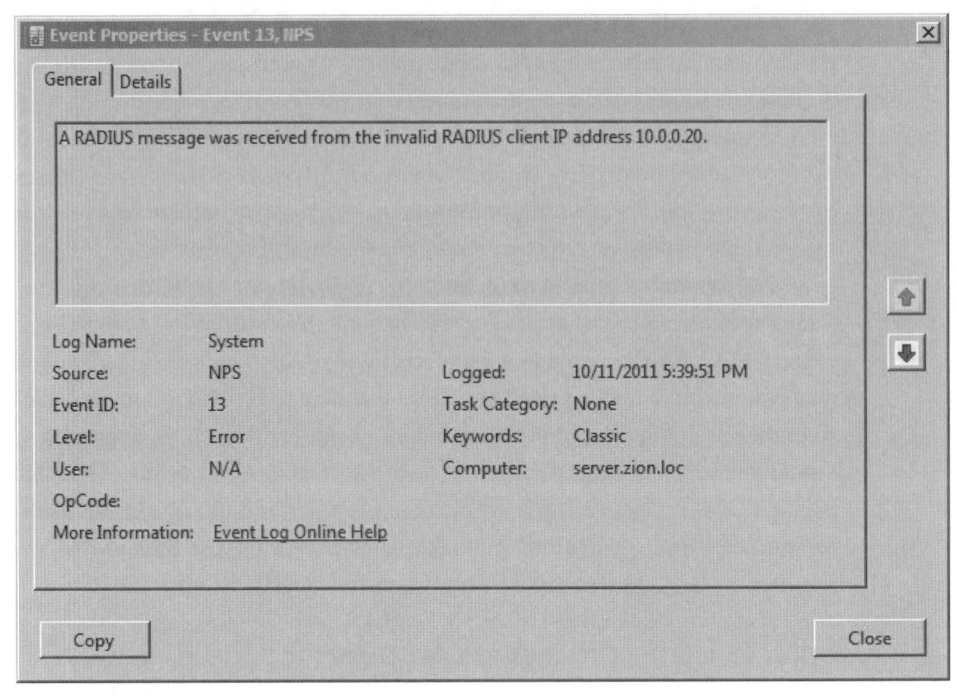

Figura 9-16 Erro no servidor RADIUS por ausência de configuração.

Além disso, você deve assegurar que o segredo compartilhado seja o mesmo no cliente e no servidor.

Acesso negado ao cliente

Descobrir a razão exata para o servidor RADIUS negar acesso a um cliente pode ser uma tarefa, no mínimo, incômoda. Isso piora quando o *log* do servidor RADIUS tem eventos de falha relativamente genéricos.

Como exemplo, examine a Figura 9-17. Nesse erro, podemos ver a mensagem genérica "Network Policy Server denied access to a user". Se você rolar até o fim do evento, verá o texto exibido na Figura 9-18. A mensagem explica que as propriedades de discagem da conta do usuário no Active Directory são responsáveis pelo fato de o acesso ter sido negado. Você pode ajustar as configurações no Active Directory ou pela Group Policy do NPS.

A diretiva de rede que configuramos anteriormente dava acesso a qualquer usuário do grupo WirelessUsers. Nesse caso, está sendo negado acesso ao usuário JustinKennedy porque ele não é membro do grupo. Para resolver esse problema e permitir que o usuário se autentique na rede sem fio, só precisamos adicionar sua conta ao grupo WirelessUsers. Isso é mostrado no *log* de eventos? Julgue por si próprio.

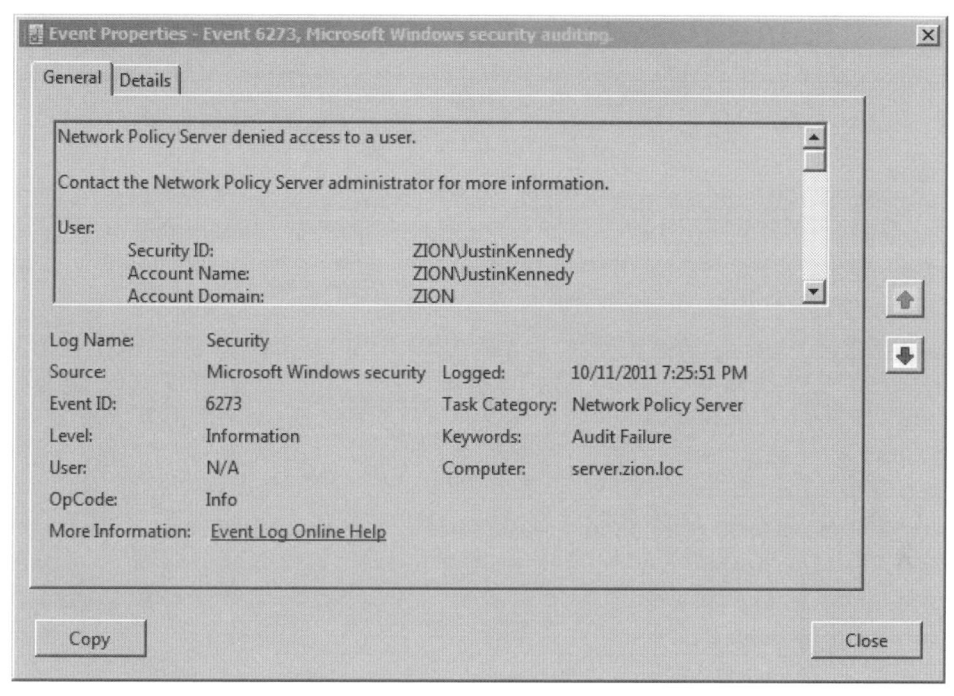

CAPÍTULO 9   Implantação de redes sem fio seguras   **229**

Figura 9-17   Acesso negado ao usuário mostrado no *log* de auditoria RADIUS.

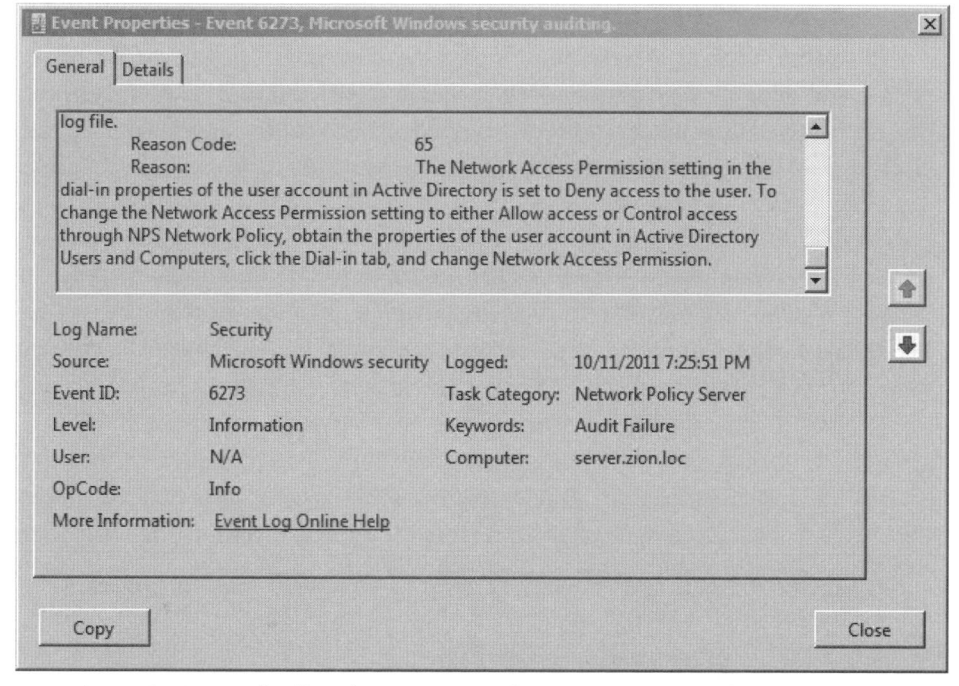

Figura 9-18   Os detalhes do acesso negado ao usuário mostrados no *log* de auditoria RADIUS.

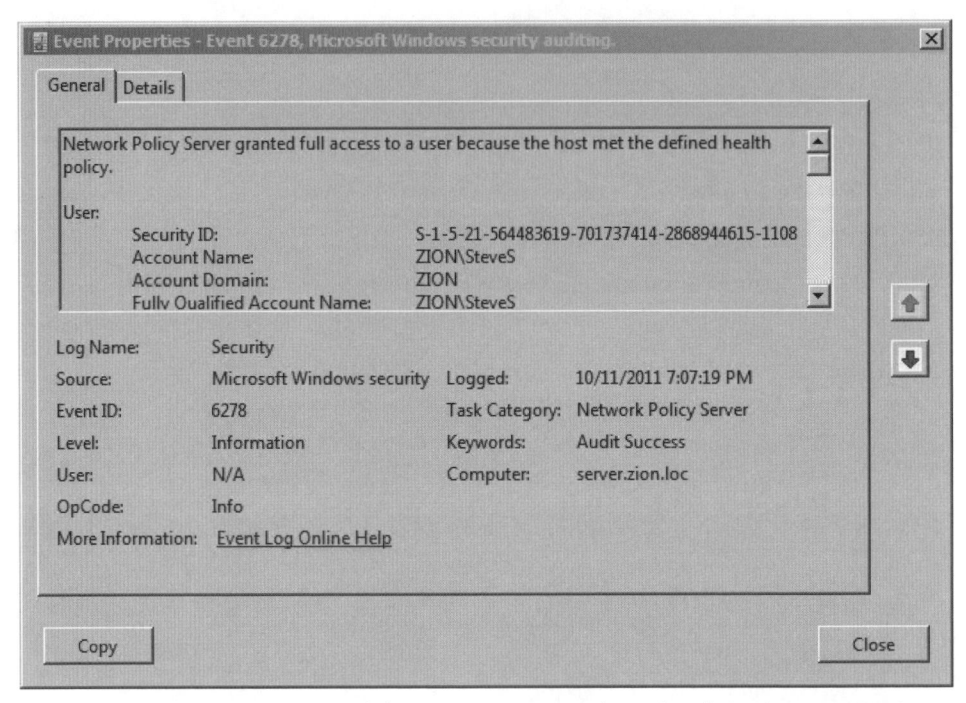

Figura 9-19 Acesso concedido ao usuário mostrado no *log* de auditoria RADIUS.

Na Figura 9-19, podemos ver uma mensagem de autenticação bem-sucedida para o usuário SteveS. Nesse ponto das comunicações, no que diz respeito ao servidor NPS, o usuário recebeu acesso à rede sem fio. Se essa mensagem for exibida no servidor RADIUS, mas o cliente não conseguir acessar a rede sem fio, você deve procurar problemas no cliente ou no ponto de acesso.

Se tudo falhar...

Não se esqueça de seguir também as etapas padrão de solução de problemas do Windows. Se estiver com problemas estranhos, interrompa e reinicie o serviço NPS. Você pode fazê-lo no Server Manager: clique com o botão direito do mouse em NPS (Local) e selecione Stop NPS Server (Parar Serviço NPS). Em seguida, clique com o botão direito do mouse e selecione Star NPS Service (Iniciar Serviço NPS).

Além disso, não tenha medo de excluir tanto a diretiva de rede quanto a diretiva de solicitação de conexão. Pode ser útil percorrer novamente as etapas do assistente de configuração 802.1x. Não se apresse e verifique se todas as opções selecionadas são as desejadas.

Protegendo sua rede sem fio

Proteger sua rede sem fio com outras medidas além das fornecidas pelo padrão 802.11i é uma etapa crucial. Mostraremos aqui exemplos de alguns dos conceitos que você aprendeu no Capítulo 6. Lembre-se, independentemente de estarmos lidando com um ou com 100 pontos de acesso, os conceitos básicos permanecem os mesmos. Quando existem mais pontos de acesso, surgem algumas preocupações e benefícios adicionais, que discutiremos em breve.

Segmentando redes sem fio

No Capítulo 6, vimos que você deve projetar suas redes sem fio com o conceito do privilégio mínimo. Ou seja, não existirão duas redes sem fio exatamente iguais, porque os requisitos de sua rede só serão encontrados nela.

Você pode aplicar o conceito do privilégio mínimo a algumas características de sua rede sem fio, inclusive as seguintes:

- Restrições aos usuários que podem acessar a rede sem fio
- Restrições à hora em que os usuários podem se associar à rede sem fio
- Restrições às sub-redes IP de destino
- Restrições às portas TCP de destino

Restringindo usuários

Criar restrições para os usuários que podem acessar a rede sem fio é uma tarefa relativamente fácil, mas quase sempre ignorada. Em geral, as empresas apenas decidem que todos os funcionários devem ter permissão para fazer login na rede. Até mesmo empresas pequenas com somente alguns usuários podem se beneficiar por conceder acesso apenas àqueles que precisarem da rede sem fio. Se você tratar todas as contas como possíveis fontes de comprometimento, não tem como errar.

Não é difícil restringir os usuários que podem se autenticar na rede sem fio. Você deve lembrar da Figura 9-9, em que configuramos o grupo WirelessUsers para ter acesso à rede. Tente seguir um sistema semelhante e só adicione ao grupo membros que precisem acessar a rede sem fio. Não cometa o erro de configurar a diretiva de modo a permitir acesso ao grupo Usuários do Domínio ou de adicionar todas as pessoas de sua empresa ao grupo WirelessUsers.

Também é preciso lembrar que o WPA2-Enterprise fornece restrições muito melhores do que o WPA-PSK. Você poderia achar que, com o WPA2-PSK, obteria o mesmo resultado apenas dando a chave pré-compartilhada para os usuários selecionados. Embora seja verdade, lembre-se de que não são fornecidas informações de registro. Não há como distinguir um usuário do outro. Logo, se você precisar negar acesso a um único usuário, terá de alterar a PSK e redistribuí-la para todos os usuários exceto ele em vez de apenas removê-lo de um grupo no Active Directory com o WPA2-Enterprise. Lembre-se também de que, se você optar por permitir que os próprios usuários insiram a PSK, eles não a tratarão de maneira tão sigilosa quanto suas credenciais.

Restringindo a hora

Restringir o período do dia em que os usuários podem acessar sua rede sem fio é outra ótima maneira de adicionar uma camada de segurança à rede. Em certos casos, isso pode ser muito difícil de administrar, mas qualquer nível de restrição à hora será um benefício. Comece com os períodos óbvios em que você possa negar acesso e prossiga a partir daí. Por exemplo, alguém usa a rede sem fio no fim de semana? Se ninguém usar, negue acesso nos fins de semana. Alguém usa a rede entre 9h da noite e 6h da manhã durante a semana? Se ninguém usar, negue o acesso nesse período.

Lembre-se também de que você pode criar duas diretivas de rede separadas dentro da configuração do RADIUS se tiver usuários individuais que realmente precisem de acesso nessas horas incomuns. A primeira diretiva seria aplicada à maioria de seus usuários e só lhes daria acesso à rede sem fio durante as horas de trabalho normais, e a segunda daria acesso à rede apenas a um subconjunto de usuários durante o horário não comercial.

Para configurar restrições de data e hora, abra o Server Manager e navegue para Roles | Network Policy and Access Services | NPS (Local) | Policies | Network Policies (Funções | Serviços de Acesso e Diretiva de Rede | NPS (Local) | Diretivas | Diretivas de Rede). Você deve ver a diretiva Secure Wireless Connections que criamos anteriormente; clique nela com o botão direito do mouse e selecione Properties (Propriedades). Clique na guia Constraints (Restrições) e selecione Day and Time Restrictions (Restrições de Dia e Hora). Marque a caixa "Allow access only on these days and at these times" ("Permitir acesso somente nos seguintes dias e horários") e selecione Edit para escolher os horários. Selecione OK duas vezes para fechar as duas janelas.

Como mostra a Figura 9-20, podemos aplicar um alto nível de granularidade às restrições. Vê todas as caixas brancas? São as horas em que um invasor perderia seu tempo tentando se autenticar na rede sem fio.

Restringindo sub-redes e portas TCP da rede

Restringir os fluxos de usuários sem fio na rede é uma tarefa relativamente simples e, mesmo assim, poucas empresas o fazem. O projeto e a configuração de listas de acesso de firewalls tornaram-se tarefas tão comuns que você não deve ter problemas para executá-las.

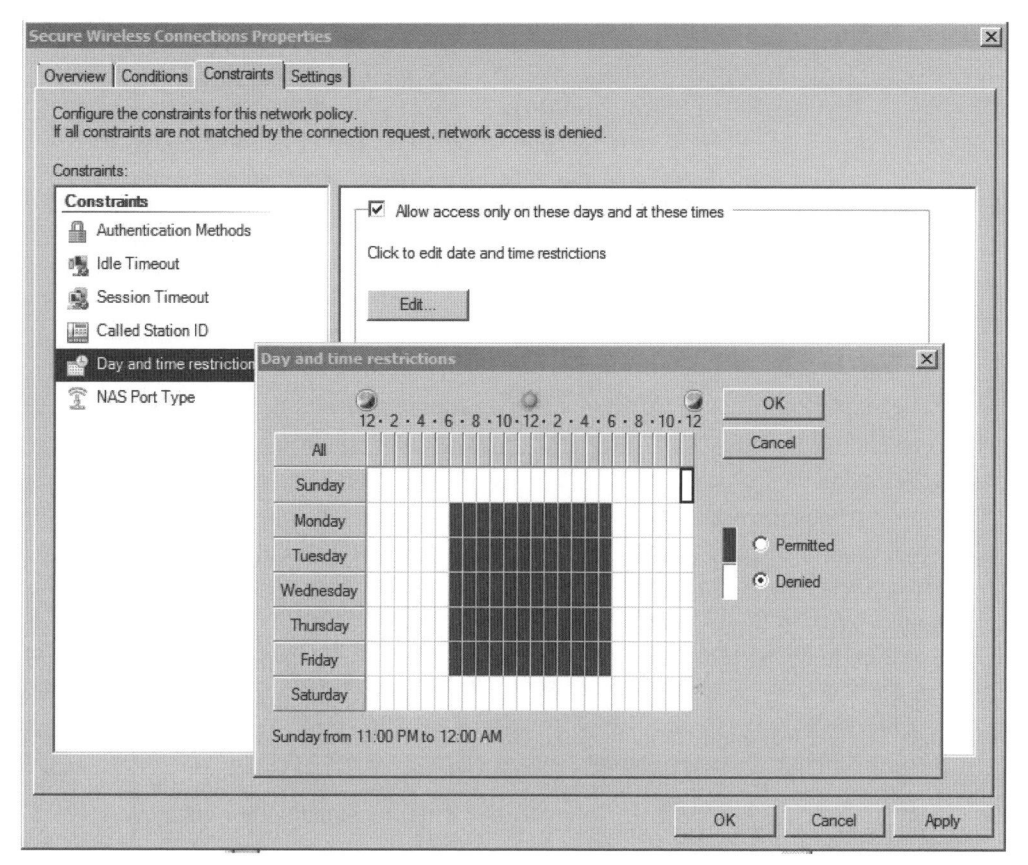

CAPÍTULO 9   Implantação de redes sem fio seguras   **233**

Figura 9-20   Controlando as horas de acesso com a diretiva de rede.

Uma introdução rápida à sintaxe das listas de acesso da Cisco o ajudará a entender. Aqui está a sintaxe básica de uma entrada da lista de acesso:

```
access-list name extended action protocol source destination eq port
```

Sintaxe	Descrição
name	O nome da lista de acesso.
extended	Palavra-chave para designar o tipo de lista de acesso que estamos criando. Existem mais opções disponíveis quando configuramos uma lista de acesso estendida, logo, aqui todos os nossos exemplos usarão a lista de acesso estendida.
action	A ação é permitir ou negar para definir se permitiremos ou descartaremos o tráfego correspondente à essa entrada da lista de acesso.

(continua)

Sintaxe	Descrição
protocol	O protocolo pode ser IP, TCP ou UDP. Se você escolher o IP, só especificará os *hosts* ou sub-redes de origem e destino. Se escolher o TCP ou o UDP, também poderá definir uma porta TCP ou UDP para fazer a filtragem.
source	O *host* ou a sub-rede de origem. Se a origem for um *host*, use a palavra-chave *host* seguida do endereço IP. Se for uma rede, você deve especificar a sub-rede seguida por sua máscara.
destination	O *host* ou a sub-rede de destino. Se o destino for um *host*, use a palavra-chave *host* seguida do endereço IP. Se for uma rede, você deve especificar a sub-rede seguida por sua máscara.
eq	Uma palavra-chave que significa "equals". Ela nos permite definir a porta TCP ou UDP de destino.
port	A porta TCP ou UDP de destino.

Veja um exemplo:

```
access-list MY-ACL extended permit tcp host 10.0.0.10 192.168.0.0 255.255.255.0 eq 80
```

Nesse exemplo, criamos uma lista de acesso chamada MY-ACL. Estamos permitindo a passagem de qualquer tráfego TCP proveniente do *host* com endereço IP 10.0.0.10 e endereçado à sub-rede 192.168.0.0/24 de porta TCP de destino 80 (HTTP).

Veja mais um exemplo:

```
access-list NEW-ACL extended deny ip 192.168.0.0 255.255.0.0 host 10.0.0.10
```

Nele, criamos uma lista de acesso chamada NEW-ACL. Essa lista só está examinando o endereço IP, logo, não definiremos portas TCP ou UDP. Nesse caso, estamos bloqueando qualquer pacote encaminhado do endereço 192.168.0.0/16 para o *host* 10.0.0.10.

Além disso, você pode usar a palavra-chave "any" na maioria dos argumentos, inclusive na origem, destino e porta, para representar, bem, qualquer coisa.

Começaremos com um exemplo extremo e daremos continuidade a partir daí. Suponhamos que criássemos uma rede sem fio para nossos usuários internos e a única coisa à qual eles precisassem de acesso fosse um aplicativo Web seguro residente em um servidor interno com endereço IP 10.0.0.100. A arquitetura é mostrada na Figura 9-21.

Nesse exemplo, podemos ver que o servidor está na mesma rede de outros sistemas internos. Em vez de darmos aos usuários da rede sem fio acesso à sub-rede 10.0.0.0/24, eles só poderão acessar esse servidor na porta 443 (Secure HTTP).

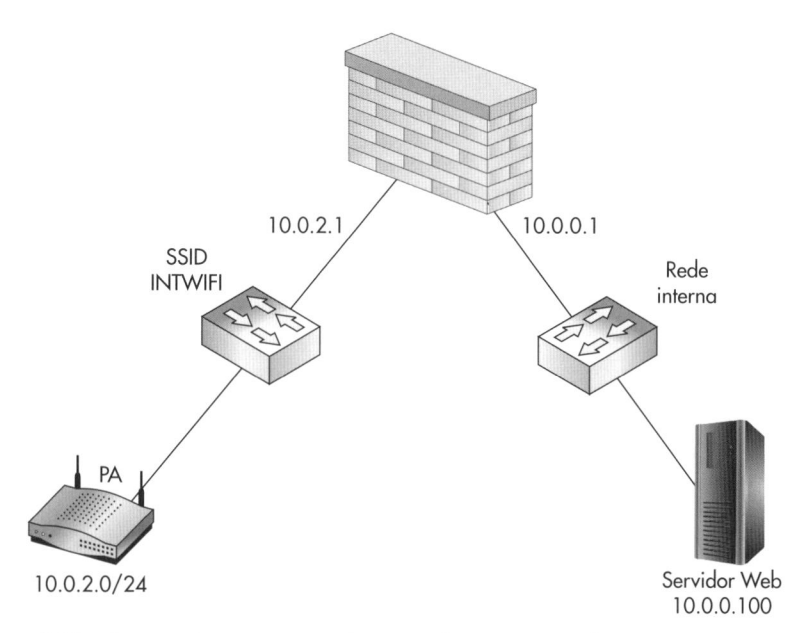

Figura 9-21 Destino único para usuários sem fio em uma rede interna.

O ponto mais lógico para a criação das listas de acesso é no firewall. Ele tem uma interface tanto na sub-rede de LAN sem fio (10.0.2.1) quanto na rede interna (10.0.0.1). Uma configuração relevante para o firewall seria:

```
Interface Ethernet0/1
   ip address 10.0.0.1 255.255.255.0
   nameif INTERNAL
Interface Ethernet0/2
   ip address 10.0.2.1
   nameif WIRELESSLAN

access-list WIFI-ACL extended permit tcp 10.0.2.0 255.255.255.0 10.0.0.100 eq 443

access-group WIFI-ACL in interface WIRELESSLAN
```

Como funciona

Também é preciso destacar que a regra final padrão na maioria das listas de acesso de firewalls é "negar acesso de qualquer origem a qualquer destino". Logo, mesmo que você não a tenha visto aqui, a regra final é "deny any any".

A configuração parece bem simples, certo? Certo, mas faltam algumas coisas. Nesse exemplo, como o ponto de acesso autenticará os usuários? Lembre-se, o ponto de acesso tem de se comunicar com o servidor RADIUS usando uma das duas portas RADIUS (UDP 1812 ou UDP 1645). Em nosso caso, o servidor está usando a porta 1812, logo, também permitiremos esse acesso. Mas e quanto ao DNS? É verdade que o usuário pode inserir o endereço IP do servidor e não o nome de domínio, mas com que frequência ele o faz? Portanto, temos de adicionar a porta UDP 53 para pesquisas de DNS. Algo que pode ser esquecido é o fato de que muitas vezes os usuários não inserem a URL usando "https://" e apenas digitam o nome em seus navegadores. Normalmente, isso é tratado via um redirecionamento de HTTP no próprio servidor, logo, permitiremos o acesso da porta 80 para o servidor Web.

Agora, nossa lista de acesso, que começou com uma linha, ficará mais parecida com essa:

```
access-list WIFI-ACL extended permit tcp 10.0.2.0 255.255.255.0 host 10.0.0.100 eq 443
access-list WIFI-ACL extended permit tcp 10.0.2.0 255.255.255.0 host 10.0.0.100 eq 80
access-list WIFI-ACL extended permit udp 10.0.2.0 255.255.255.0 host 10.0.0.90 eq 53
access-list WIFI-ACL extended permit udp host 10.0.2.10 host 10.0.0.90 eq 1812
```

> **Em ação**
>
> Para atingir esse estado, você precisa conhecer todos os aplicativos que estão em execução. Por si só, essa tarefa já é muito intimidante. Se você não souber que portas TCP ou UDP um aplicativo específico usa, comece pela sua documentação. Se mesmo assim não tiver certeza da existência de portas adicionais, sempre é possível analisar o tráfego usando um monitor de rede como o Wireshark.

E a direção oposta? Nossa lista de acesso atual restringe o acesso da LAN sem fio à LAN interna, mas não na direção oposta. Nesse cenário muito simples, talvez possamos negar totalmente o acesso da LAN interna à LAN sem fio. As únicas conexões que podemos ter de adicionar são protocolos de administração para o ponto de acesso. Você está usando um protocolo de gerenciamento seguro como o SSH, não está? Então, a aparência mais provável da lista de acesso seria essa:

```
access-list LAN-ACL extended permit tcp any host 10.0.2.10 eq 22
access-list LAN-ACL extended deny ip any 10.0.2.0 255.255.255.0
access-list LAN-ACL extended permit ip any any
```

Nossa configuração de firewall final seria:

```
Interface Ethernet0/1
   ip address 10.0.0.1 255.255.255.0
   nameif INTERNAL
Interface Ethernet0/2
   ip address 10.0.2.1
   nameif WIRELESSLAN
```

```
access-list WIFI-ACL extended permit tcp 10.0.2.0 255.255.255.0 host 10.0.0.100 eq 443
access-list WIFI-ACL extended permit tcp 10.0.2.0 255.255.255.0 host 10.0.0.100 eq 80
access-list WIFI-ACL extended permit udp 10.0.2.0 255.255.255.0 host 10.0.0.90 eq 53
access-list WIFI-ACL extended permit udp host 10.0.2.10 host 10.0.0.90 eq 1812

access-list LAN-ACL extended permit tcp any host 10.0.2.10 eq 22
access-list LAN-ACL extended deny ip any 10.0.2.0 255.255.255.0
access-list LAN-ACL extended permit ip any any

access-group WIFI-ACL in interface WIRELESSLAN
access-group LAN-ACL in interface INTERNAL
```

> **No mundo real**
>
> Você também notará que a última linha é uma regra "permit any". Isso é para permitir que a sub-rede de LAN interna acesse a Internet. Essa última linha da lista de acesso viola claramente o princípio do privilégio mínimo, mas estamos nos concentrando nos componentes que se relacionam diretamente com a rede sem fio. Certifique-se de que sua lista de acesso para conexões com a Internet seja tão rigorosa quanto a ACL da LAN sem fio.

Esse é um exemplo muito simples que pode funcionar dependendo do ambiente. Algo assim faz todo o sentido para sistemas de ponto de vendas ou de controle de estoques sem fio em que, normalmente, dispositivos portáteis só precisam se comunicar com um sistema backend. Mas e quanto a redes sem fio mais complexas? Vejamos como nossa configuração de firewall poderia mudar.

Pegaremos o exemplo anterior e adicionaremos duas informações: os usuários da rede sem fio precisam de acesso à Internet, e a rede interna é maior do que uma sub-rede. Nesse caso, já que a rede sem fio também é usada para o acesso a recursos internos, não podemos simplesmente negar acesso à sub--rede interna. Você deve estar achando que uma entrada "permit ip any any" no fim de nossa lista de acesso resolveria o problema, mas não teria o efeito desejado.

O código a seguir ilustra uma maneira incorreta de criar uma lista de acesso:

```
access-list WIFI-ACL extended permit tcp 10.0.2.0 255.255.255.0 host 10.0.0.100 eq 443
access-list WIFI-ACL extended permit tcp 10.0.2.0 255.255.255.0 host 10.0.0.100 eq 80
access-list WIFI-ACL extended permit udp 10.0.2.0 255.255.255.0 host 10.0.0.90 eq 53
access-list WIFI-ACL extended permit udp host 10.0.2.10 host 10.0.0.90 eq 1812
access-list WIFI-ACL extended permit ip any any
```

Em vez de permitir acesso à Internet, essa lista permitiria o acesso a todos os recursos internos. Para atingir nosso objetivo, primeiro temos de negar acesso a todas as sub-redes internas e, então, permitir o acesso às outras sub-redes de destino. Uma maneira comum de fazê-lo é negando acesso a todos os endereços da RFC 1918 e depois permitir qualquer acesso.

> **JARGÃO**
>
> A **RFC 1918** (que é a abreviação de Request For Comment 1918) define o "endereçamento IP privado" que não é roteado pela Internet. Você deve conhecer as redes definidas na RFC. Aqui estão elas, direto da RFC:
>
> ```
> 10.0.0.0         -   10.255.255.255   (10/8 prefix)
> 172.16.0.0       -   172.31.255.255   (172.16/12 prefix)
> 192.168.0.0      -   192.168.255.255  (192.168/16 prefix)
> ```
>
> Se quiser algo agradável para ler na hora de dormir, acesse a RFC em http://tools.ietf.org/html/rfc1918.

Portanto, a lista de acesso correta ficaria parecida com esta:

```
access-list WIFI-ACL extended permit tcp 10.0.2.0 255.255.255.0 host 10.0.0.100 eq 443
access-list WIFI-ACL extended permit tcp 10.0.2.0 255.255.255.0 host 10.0.0.100 eq 80
access-list WIFI-ACL extended permit udp 10.0.2.0 255.255.255.0 host 10.0.0.90 eq 53
access-list WIFI-ACL extended permit udp host 10.0.2.10 host 10.0.0.90 eq 1812
access-list WIFI-ACL extended deny ip 10.0.2.0 255.255.255.0 10.0.0.0 255.0.0.0
access-list WIFI-ACL extended deny ip 10.0.2.0 255.255.255.0 172.16.0.0 255.240.0.0
access-list WIFI-ACL extended deny ip 10.0.2.0 255.255.255.0 192.168.0.0 255.255.0.0
access-list WIFI-ACL extended permit ip any any
```

Você deve ter notado que, após a última instrução de negação, é preciso adicionar a entrada "permit ip any any". Como discutimos anteriormente, há uma regra implícita "deny ip any any" no fim da lista de acesso, logo, devemos incluir essa regra para permitir o acesso de saída.

DMZ interna

Examinamos um cenário simples em que usuários da rede sem fio só precisavam acessar um único sistema interno e a Internet. E se eles precisassem acessar várias máquinas internas? Qual a melhor maneira de tratar essa situação?

Uma opção que você deve conhecer é o uso de uma zona desmilitarizada (DMZ). Você pode criar sub-redes separadas dedicadas a recursos que tanto usuários internos quanto da rede sem fio precisem acessar e, então, criar regras de firewall que restrinjam cada grupo de usuários apenas aos sistemas e serviços aos quais precisem de acesso. Na Figura 9-22, podemos ver o diagrama de uma rede básica com uma DMZ.

> **Em ação**
>
> Alguns pontos de acesso sem fio permitem a criação de listas de acesso no próprio ponto de acesso. Isso pode fazer sentido para implantações muito pequenas, mas imagine as dores de cabeça administrativas envolvidas na atualização de listas de acesso até mesmo em poucos pontos de acesso.

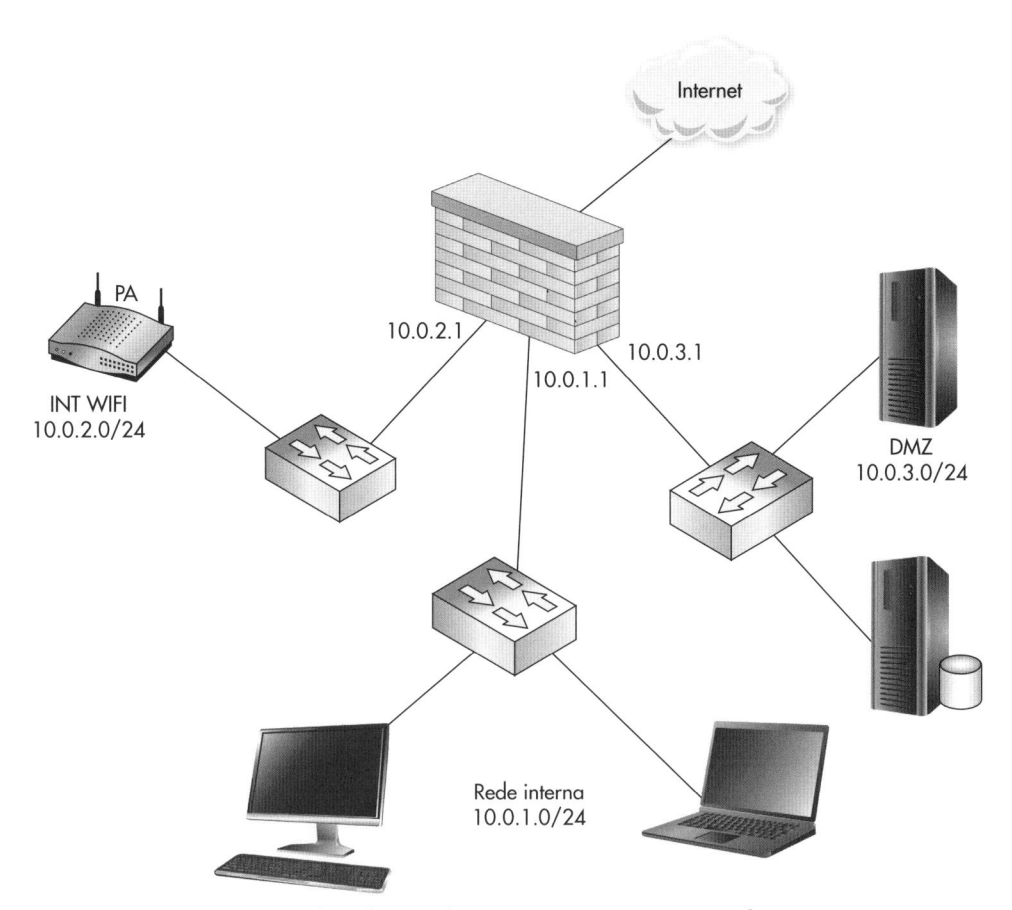

CAPÍTULO 9   Implantação de redes sem fio seguras   **239**

Figura 9-22   Zona desmilitarizada para acesso interno e sem fio.

Nesse exemplo, é possível ver que, na DMZ, temos a sub-rede 10.0.3.0/24. Tanto a rede sem fio quanto a rede interna precisam de acesso à DMZ. Como nos exemplos anteriores, você também deve configurar o firewall para bloquear o acesso de saída da DMZ para essas sub-redes. A configuração do firewall poderia ser a seguinte:

```
Interface Ethernet0/1
   ip address 10.0.1.1 255.255.255.0
   nameif INTERNAL

Interface Ethernet0/2
  ip address 10.0.2.1
  nameif WIRELESSLAN

Interface Ethernet0/3
 ip address 10.0.3.1 255.255.255.0
 nameif DMZLAN

access-list INTERNAL-ACL extended permit ip 10.0.1.0 255.255.255.0 10.0.3.0
```

```
                                              255.255.255.0
access-list INTERNAL-ACL extended deny ip 10.0.1.0 255.255.255.0 10.0.0.0 255.0.0.0
access-list INTERNAL-ACL extended permit ip any any

access-list WIFI-ACL extended permit ip 10.0.2.0 255.255.255.0 10.0.3.0 255.255.255.0
access-list WIFI-ACL extended deny ip 10.0.2.0 255.255.255.0 10.0.0.0 255.0.0.0
access-list WIFI-ACL extended permit ip any any

access-list DMZ-ACL extended deny ip 10.0.3.0 255.255.255.0 any

access-group INTERNAL-ACL in interface INTERNAL
access-group WIFI-ACL in interface WIRELESSLAN
access-group DMZ-ACL in interface DMZLAN
```

Na configuração anterior, você notará que cada interface tem uma lista de acesso aplicada a ela. A primeira linha da lista de acesso permite que a sub-rede dessa interface acesse a sub-rede da DMZ. A segunda linha nega o acesso a todas as outras sub-redes da sub-rede 10.0.0.0. Para concluir, a última linha permite que a sub-rede de origem acesse qualquer coisa na Internet.

Você também notará que negamos aos *hosts* da DMZ acesso ao que quer que seja. Essa é uma boa ideia que depende da função dos servidores. Por exemplo, alguns de seus servidores podem requerer atualizações do fabricante e, portanto, precisariam de acesso à Internet para obtê-las. Além disso, no exemplo anterior, permitimos que os clientes sem fio acessassem a DMZ de maneira irrestrita; porém, dependendo do tamanho da DMZ, seria aconselhável criar uma lista de acesso para restringir mais o acesso.

Várias redes sem fio (SSIDs)

Adicionar vários SSIDs ao mesmo ponto de acesso não é logicamente diferente do que vimos no exemplo anterior. Sua configuração variará um pouco só porque agora você tem de lidar com LANs virtuais (VLANs) e protocolos de entroncamento (como o 802.1q). No entanto, seu projeto funcionaria de forma idêntica. Na Figura 9-23, podemos ver o layout de uma rede básica usando vários SSIDs no mesmo ponto de acesso e troncos 802.1q retornando para um dispositivo da camada 3.

Há muitas razões para criarmos várias redes sem fio, o que pode ser considerado quase o mesmo que dividir logicamente um *switch* usando LANs. Poderíamos criar várias redes sem fio para separar usuários por cargo, função, nível de privilégio e assim por diante. Em nosso exemplo, criamos duas redes sem fio chamadas INTWIFI e CONSWIFI para serem usadas por consultores para acessar apenas a DMZ. Aqui está a configuração do firewall:

```
Interface Ethernet0/1
    ip address 10.0.1.1 255.255.255.0
   nameif INTERNAL
```

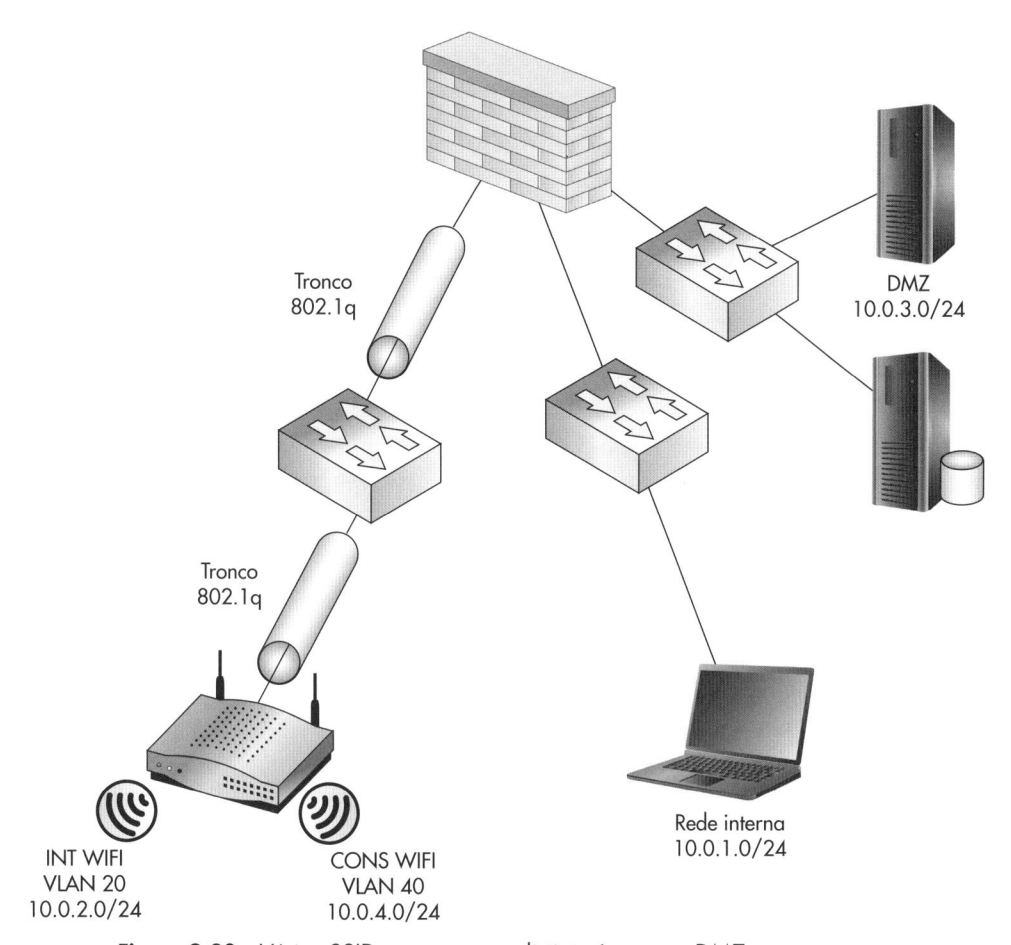

CAPÍTULO 9   Implantação de redes sem fio seguras   **241**

Figura 9-23   Vários SSIDs com acesso distinto à mesma DMZ.

```
Interface Ethernet0/2.20
  ip address 10.0.2.1
  vlan 20
  nameif INT-WIFI-LAN

interface Ethernet0/2.40
 ip address 10.0.4.1
 vlan 40
 nameif  CONS-WIFI-LAN

Interface Ethernet0/3
 ip address 10.0.3.1 255.255.255.0
 nameif DMZLAN

access-list INTERNAL-ACL extended permit ip 10.0.1.0 255.255.255.0 10.0.3.0
255.255.255.0
access-list INTERNAL-ACL extended deny ip 10.0.1.0 255.255.255.0 10.0.0.0 255.0.0.0
access-list INTERNAL-ACL extended permit ip any any
```

```
access-list WIFI-ACL extended permit ip 10.0.2.0 255.255.255.0 10.0.3.0 255.255.255.0
access-list WIFI-ACL extended deny ip 10.0.2.0 255.255.255.0 10.0.0.0 255.0.0.0
access-list WIFI-ACL extended permit ip any any

access-list CONS-ACL extended permit ip 10.0.4.0 255.255.255.0 10.0.3.0 255.255.255.0
access-list CONS-ACL extended deny ip any any

access-list DMZ-ACL extended deny ip 10.0.3.0 255.255.255.0 any

access-group INTERNAL-ACL in interface INTERNAL
access-group WIFI-ACL in interface INT-WIFI-LAN
access-group CONS-ACL in interface CONS-WIFI-LAN
access-group DMZ-ACL in interface DMZLAN
```

Você notará que a lista de acesso CONS-ACL concede à sub-rede de consultores acesso à sub-rede da DMZ e, então, nega acesso a tudo o mais. Também notará que, agora, as interfaces têm uma VLAN atribuída a cada uma das redes sem fio. A configuração do ponto de acesso espelha isso, com a rede INTWIFI sendo atribuída à VLAN 20, e a rede CONSWIFI atribuída à VLAN 40. A configuração em um ponto de acesso sem fio da Cisco teria uma aparência assim:

```
dot11 ssid INTWIFI
  vlan 20

dot11 ssid CONSWIFI
  vlan 40
```

A configuração do ponto de acesso variará de acordo com o fabricante. Apenas lembre-se de que a VLAN é atribuída ao SSID, logo, normalmente sua área de configuração fica na página de configuração do SSID.

> **Como funciona**
>
> As informações da VLAN nunca são enviadas para os dispositivos clientes. Em vez disso, ficam totalmente restritas ao ponto de acesso que associa o BSSID exclusivo à VLAN.

Redes sem fio remotas

A implantação de vários pontos de acesso, inclusive em locais remotos, não altera quaisquer dos princípios. Você ainda tem de determinar o que os clientes sem fio precisam acessar e restringi-los o máximo possível.

CAPÍTULO 9   Implantação de redes sem fio seguras   **243**

O que vimos

Neste capítulo, abordamos as etapas de configuração de uma rede WPA2-Enterprise usando o PEAP na autenticação. Isso incluiu o servidor backend de autenticação, que foi controlado pelo serviço NPS do Windows 2008. Em seguida, discutimos medidas eficazes para a segmentação de seu tráfego sem fio usando listas de controle de acesso de firewalls.

Configure uma rede WPA2-Enterprise com a autenticação PEAP

- Configure o WPA2 no ponto de acesso usando o AES e a autenticação RADIUS no servidor NPS do Windows.

Configure o servidor de diretivas de rede do Microsoft Windows 2008

- Configure diretivas de rede e de solicitação de conexão para definir que usuários podem acessar a rede sem fio e de que clientes RADIUS serão aceitas solicitações.
- Configure a diretiva de grupo para definir a rede sem fio à qual os clientes devem se conectar automaticamente.

Estratégias de segmentação de redes sem fio

- Bloqueie o tráfego nas duas direções
- Redes DMZ sem fio
- Várias redes sem fio

CAPÍTULO 10

Tratamento do acesso de convidados à rede sem fio

CAPÍTULO 10   Tratamento do acesso de convidados à rede sem fio   **245**

> **Neste capítulo, veremos**
>
> - Autenticação de usuários convidados e gerenciamento de suas credenciais
> - Uso de portais cativos na Web
> - Segmentação de redes sem fio para convidados a partir de redes internas
> - Permissão de acesso seguro a recursos internos

Neste capítulo, discutiremos os diversos métodos para o tratamento do acesso de convidados. Examinaremos oportunidades de você reutilizar a rede sem fio de convidados para permitir que usuários convidados, por exemplo, consultores, acessem recursos de rede internos. Você conhecerá os principais problemas que terá de considerar ao projetar redes sem fio para convidados.

Redes de convidados e acesso à Internet

Muitas vezes, as empresas apenas implantam uma rede sem fio aberta, dão a ela um SSID que inclui a palavra *guest*, separam-na da rede interna com um firewall e se dão por satisfeitos. Infelizmente, algumas questões de segurança desse projeto podem não ser consideradas. Como nos exemplos anteriores, um das perguntas mais importantes que você pode fazer é: "Preciso realmente implantar a funcionalidade sem fio para convidados, e onde exatamente quero chegar?"

Por exemplo, se seu objetivo for fornecer acesso de "convidado" para consultores ou fornecedores de sua empresa, o projeto da rede sem fio pode ficar bem diferente do que se você estivesse querendo fornecer acesso à Internet para visitantes ou clientes. De qualquer forma, é preciso definir claramente as necessidades e como a funcionalidade sem fio as atenderá.

Pode parecer uma tarefa fácil fornecer acesso à Internet para clientes e visitantes de sua empresa, mas você deve levar em consideração certas questões antes de implantar uma solução. As principais preocupações da hospedagem de uma rede sem fio aberta são as seguintes:

- Ataques originários de sua conexão com a Internet
- Conteúdo ilegal sendo hospedado em sua conexão com a Internet
- Conteúdo ilegal sendo baixado com o uso de sua conexão com a Internet
- Informações privadas internas sendo enviadas por rede sem fio sem criptografia

> **No mundo real**
>
> Lembre-se, mesmo que você consiga provar que um funcionário não tem culpa, sua empresa pode acabar sendo responsável por qualquer atividade ilegal que ocorra a partir de uma conexão da Internet de sua propriedade. Há relatos graves de pessoas enfrentando problemas pelo que outros usuários fizeram usando suas redes sem fio abertas. Um exemplo extremo envolveu um homem sendo preso porque outra pessoa usou sua rede sem fio aberta para baixar pornografia infantil. Ele conseguiu provar sua inocência, mas é algo pelo qual ninguém gostaria de passar.

Você tem de saber as implicações de alguém fazer algo que não deveria a partir de sua conexão com a Internet. Imagine uma situação em que uma pessoa usasse sua rede sem fio aberta para atacar outra empresa. A empresa poderia transferir o problema para você – e, possivelmente, processá-lo.

Se alguém enviar ou receber conteúdo ilegal e esse for rastreado até sua rede, você pode ser responsabilizado. O conteúdo não precisa ser muito grave. Empresas como a Motion Picture Association of America (MPAA) e a Recording Industry Association of America (RIAA) têm sido rigorosas contra o download de filmes e música. Sua empresa pode não ter culpa de algo ilegal, mas é caro provar isso. Esse é um exemplo perfeito em que a prevenção é mais barata do que a cura.

Aqui estão algumas dicas para a proteção do acesso de convidados à Internet:

- Autenticar usuários convidados, onde viável.
- Usar credenciais exclusivas, onde viável.
- Restringir o acesso apenas a usuários convidados (sem usuários internos!).
- Criptografar o tráfego.
- Usar credenciais com expiração automática.

Autenticando usuários convidados e gerenciando suas credenciais

Uma solução para o combate aos problemas apresentados por uma rede de convidados é autenticar os convidados de alguma forma. Existem várias opções quando se trata de autenticar convidados, e a essa altura você já deve conhecer a maioria delas. Examinemos as diferentes opções disponíveis e as vantagens de cada uma.

As opções técnicas para a autenticação dos usuários de sua rede de convidados são as seguintes:

- Senha compartilhada com o uso de recursos sem fio integrados (WPA Pre-Shared Key)
- Credenciais de autenticação exclusivas (WPA-Enterprise)
- Sistemas de portal Web cativo

Os benefícios do uso de uma senha compartilhada em vez de credenciais exclusivas para cada usuário em redes de convidados são os mesmos de qualquer outra rede. A vantagem do uso de credenciais exclusivas é podermos identificar mais facilmente quem está se autenticando na rede e, portanto, auditar o acesso e o uso. A principal desvantagem do uso de credenciais exclusivas para cada usuário convidado é um aumento relevante na sobrecarga administrativa. Ela se manifesta no fato de alguém ter de criar o nome de usuário e senha de cada convidado e distribuir as credenciais para eles. Isso não é tão difícil quanto parece, porém, dá mais trabalho.

Várias empresas passam essa tarefa para funcionários não técnicos (como recepcionistas). Graças ao Controle de Acesso Baseado em Função (RBAC, Role-Based Access Control), muitos sistemas de administração de redes sem fio permitem que os usuários criem contas de convidado sem ter acesso para alterar outros aspectos do sistema.

Há empresas que preferem usar uma senha compartilhada entre todos os convidados. Nem sempre essa é a melhor opção, porque ela não permite o rastreamento e a auditoria do uso. Normalmente, a maioria dos usuários não trata como sigilosas credenciais de convidado compartilhadas, fornecendo-as para quem quer que peça. Por outro lado, as pessoas não são tão rápidas para compartilhar credenciais que sejam atribuídas especificamente para elas.

Em certas situações, controlar rigorosamente o acesso de convidados criando um usuário exclusivo para cada um pode ser um exagero. Por exemplo, se um hospital movimentado quisesse fornecer acesso à Internet a convidados e visitantes, seria irracional pedir a cada convidado que solicitasse uma identificação de usuário e senha para acessar a rede de convidados. Isso poderia facilmente tornar-se uma função de tempo integral para a pessoa responsável por criar as contas de convidado.

> **Em ação**
>
> Controle de Acesso Baseado em Função (RBAC) é um termo genérico para a atribuição de privilégios com base na função de uma pessoa em um sistema. Quase sempre os sistemas de gerenciamento de redes sem fio têm uma interface Web simples que muitos usuários conhecem e com a qual podem interagir. Em nosso exemplo, poderíamos dar à recepcionista uma conta no sistema de gerenciamento da rede sem fio apenas para que ela criasse identificações de login de convidado e nada mais. Essa "função" poderia se chamar "administrador de convidados".

A maioria dos locais autentica usuários convidados pedindo que se apresentem fisicamente em uma área específica como a recepção e solicitando a senha de convidado da rede sem fio. Dependendo de sua área de atuação, essa autenticação pode não ser suficiente. As pessoas responsáveis por fornecer as credenciais de convidado devem ser treinadas sobre como, quando e para quem dar credenciais.

Usando portais cativos na Web

Você deve conhecer muito bem os portais cativos. São sistemas que "capturam" a solicitação HTTP de um usuário e o redirecionam para uma página em que ele tem de se autenticar antes de poder acessar a Internet. Normalmente, essa "página de portal" para a qual o usuário é redirecionado reside no *host* do portal cativo, mas também pode ser tratada por um servidor central, às vezes localizado na Internet.

> **Em ação**
>
> Lembre-se, a própria natureza de "convidados" dos usuários dificulta autenticá-los, mas isso não quer dizer que seja impossível. Pense no que está tentando evitar autenticando os usuários convidados. Em geral, tentamos impedir que pessoas que não sejam realmente convidadas usem a rede sem fio.
>
> Logo, mesmo que um método de autenticação não seja perfeito, pode ser suficientemente bom para executar essa tarefa. Solicitando que os usuários façam algo que alguém que quisesse usar sua rede sem fio para convidados com fins maliciosos não conseguiria, você pode eliminar a ameaça de um suposto invasor. Aqui estão algumas soluções possíveis:
>
> - Fornecer uma identidade alternativa (carteira de habilitação, cartão de estudante e assim por diante)
> - Deixar algo em troca pelo acesso de convidado (chaves do carro, cartão de crédito e assim por diante)
> - Chamar um atendente para obter credenciais
> - Ir à recepção para obter credenciais
>
> Dessas opções, o método mais fácil e eficiente parece ser os convidados solicitarem credenciais em algum local que eles tenham que visitar fisicamente. É claro que isso não deterá um invasor determinado, mas, se você também tiver uma câmera de vídeo na área para manter um registro de quem solicitou credenciais, pode reduzir bastante o risco.

Em geral, o usuário é "forçado" a se autenticar quando tenta visitar um site. Ele deve inserir suas credenciais de autenticação manualmente em um formulário. Essa autenticação pode ser composta por uma simples senha compartilhada ou por credenciais exclusivas. Muitos portais cativos permitem até mesmo que o usuário solicite credenciais ou se registre em uma conta.

Os portais cativos funcionam de maneira muito semelhante ao 802.1x, porém, são mais perceptíveis para o usuário final. Como o 802.1x, um portal cativo não permite que o usuário acesse recursos de rede até ter se autenticado com sucesso. Diferentemente daquele padrão, os portais cativos não costumam autenticar os usuários de maneira automática quando da associação à rede sem fio. Em vez disso, o usuário pode se associar integralmente a uma rede sem fio e obter um endereço IP antes de ser "forçado" a se autenticar.

Também é preciso mencionar que podem surgir problemas de segurança pelo simples fato de o portal cativo permitir o acesso de protocolos aparentemente inofensivos como o DNS e ICMP. Se um usuário malicioso conseguisse encapsular tráfego dentro de pacotes DNS ou ICMP, poderia burlar a necessidade de autenticação no portal cativo. Seria preciso que o invasor configurasse um servidor antecipadamente para receber as mensagens DNS fictícias e retornar o conteúdo apropriado parecendo uma mensagem DNS como na Figura 10-1. No entanto, já existem programas que fazem exatamente isso.

Alguns portais cativos usam técnicas um pouco diferentes para redirecionar o usuário, mas o resultado final é o mesmo. Há um numero impensável de opções para a escolha de um portal cativo. Várias opções de fonte aberta, gratuitas e comerciais estão disponíveis. Além disso, existem muitos serviços de portal cativo que tratam da autenticação, da criação de contas e, até mesmo, da cobrança.

Vários sistemas de portal cativo existentes foram incluídos em firmware, como nos projetos OpenWRT e DD-WRT. Muitos pontos de acesso, gerenciadores de pontos de acesso e sistemas de pontos de acesso leves mais novos já exibem a funcionalidade de portal cativo no momento da instalação. Na Figura 10-2, podemos ver o exemplo de um ponto de acesso redirecionando o usuário para um sistema de portal cativo baseado na Internet. O agente no ponto de acesso é muito compacto e simplesmente espera a mensagem de autenticação do servidor da Internet, que indica que o usuário foi autenticado com sucesso.

Em ação

Embora pareça que o portal cativo bloqueie todo o tráfego antes de os usuários se autenticarem, é preciso entender algumas nuances desse processo. Por exemplo, a maioria dos portais cativos ainda permite que consultas DNS passem pela Internet para o usuário pesquisar *hosts*, tentar acessar o site e ser redirecionado para a página de autenticação. Normalmente, os portais cativos também permitem que o ICMP passe para fins de solução de problemas.

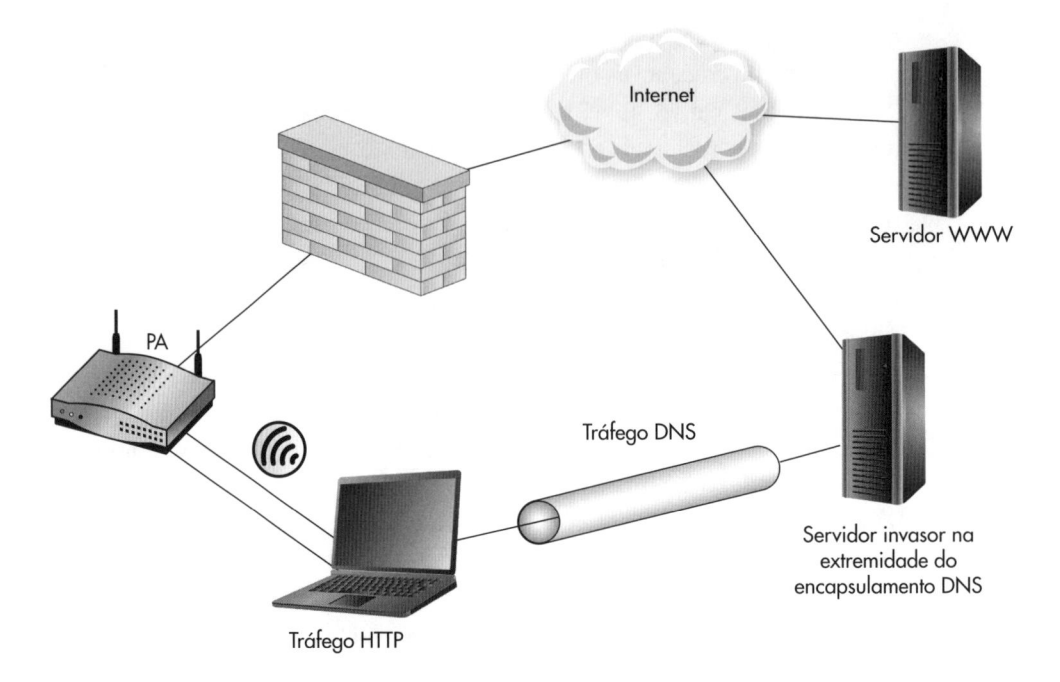

① Cliente envia solicitação HTTP, encapsulada em tráfego DNS.

② Servidor de encapsulamento DNS recebe tráfego e faz solicitação HTTP legítima.

③ Servidor HTTP responde ao servidor do encapsulamento DNS.
Servidor do encapsulamento envia resposta para cliente codificada em tráfego DNS.

Figura 10-1 Encapsulando tráfego IP em pacotes DNS.

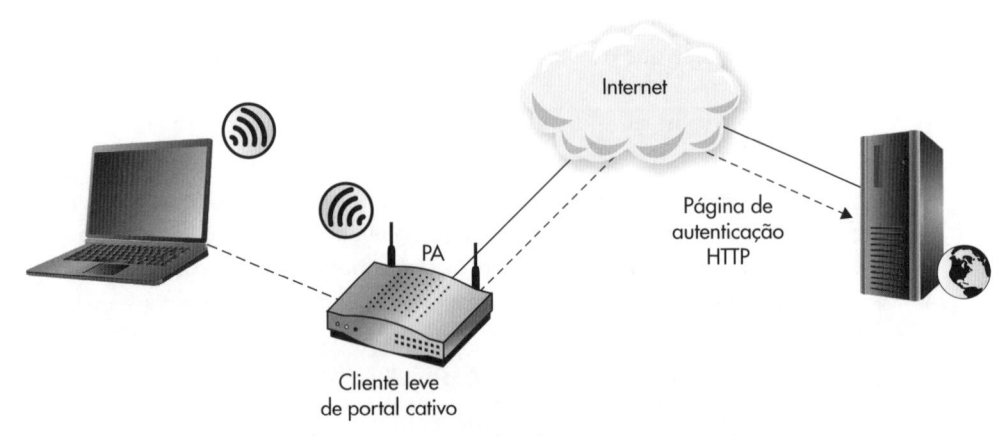

Figura 10-2 Portal cativo com servidor de autenticação na Internet.

Somente usuários convidados

Isso pode parecer óbvio, mas você deve entender bem por que só usuários convidados devem usar uma rede de convidados. Especificamente, você quer impedir que funcionários internos usem sua rede sem fio para convidados. A principal razão para não querer usuários internos na rede de convidados é porque isso introduz um risco desnecessário. Mesmo quando a rede estiver protegida com o uso de criptografia e você estiver autenticando usuários convidados, deve considerar sua rede de convidados uma rede quase hostil.

Se um funcionário interno se conectar com uma rede de convidados, outros usuários dessa rede poderão atacar tanto o dispositivo cliente quanto a comunicação proveniente dele. Você deve lembrar que discutimos no Capítulo 5 as várias maneiras de atacar um sistema cliente sem fio.

Já que qualquer comunicação de rede sigilosa proveniente do dispositivo cliente será criptografada, você pode achar que não há nada a temer. Mesmo se a maioria das comunicações de clientes sem fio estiver protegida, só precisamos que um único protocolo não seja seguro para o cliente ficar totalmente comprometido, o que pode se tornar uma base clandestina em sua rede interna. Mesmo protocolos seguros como o SSL podem ser burlados ou até invalidados. Para recapitular alguns dos vetores de ataque disponíveis, consulte o Capítulo 5.

Além disso, alguns dos sistemas de segurança mais importantes de sua rede interna podem não estar presentes na rede de convidados. Por exemplo, você poderia forçar seus usuários a usar um *proxy* Web na rede interna e não exigir o mesmo dos usuários convidados. Isso permitiria que usuários internos acessassem sites possivelmente perigosos ou inapropriados enquanto estivessem na rede de convidados.

Esse é outro exemplo básico que mostra por que você quer autenticar usuários convidados. Além de querer verificar se os usuários estão realmente autorizados a usar a rede sem fio para convidados, você também quer verificar se eles são apenas convidados e não funcionários internos.

Criptografando o tráfego

Só porque uma rede sem fio deve ser usada por não funcionários, isso não significa que a criptografia não possa ser usada. Criptografar o tráfego assegura que pessoas que não deveriam vê-lo não o façam. O fato de possíveis invasores não poderem injetar tráfego ou manipular tráfego cliente só ajuda a tornar a rede sem fio para convidados uma rede menos hostil.

Pelas razões já mencionadas, o uso de uma rede WPA2-PSK com chave compartilhada pode ser uma boa opção para algumas redes sem fio para convidados. Outra boa opção é criar uma rede WPA2-Enterprise e só permitir que usuários de um "grupo de convidados" se autentiquem. As etapas seriam idênticas às abordadas no Capítulo 8.

Você também pode ativar a funcionalidade adicional já embutida no Windows para permitir que usuários regulares criem contas de usuário convidado sem dar a eles outros privilégios. Na verdade, é muito simples configurar isso no Active Directory. Abra Active Directory Users and Computers (Usuários e Computadores do Active Directory) e crie um grupo de convidados da rede sem fio. Clique com o botão direito do mouse no grupo e selecione Properties (Propriedades). Clique na guia Managed by (Gerenciado Por) e no botão Change (Alterar) (consulte a Figura 10-3). Insira o nome do usuário que você deseja que gerencie a associação a esse grupo. Marque a caixa chamada "Manager can update membership list" ("O gerente pode atualizar a lista de membros") e clique em Apply (Aplicar).

Como você pode ver na Figura 10-3, demos ao usuário Nate S autorização para gerenciar o grupo chamado WirelessGuests. Agora, tudo que temos de fazer é criar um Microsoft Management Console (MMC, Console de Gerenciamento Microsoft) no desktop de Nate e ensiná-lo a adicionar usuários ao grupo WirelessGuests.

Usando credenciais de vencimento automático

Todas as contas de usuário de sua empresa devem ser configuradas para expirar automaticamente após um período de tempo apropriado, o que deve ocorrer prin-

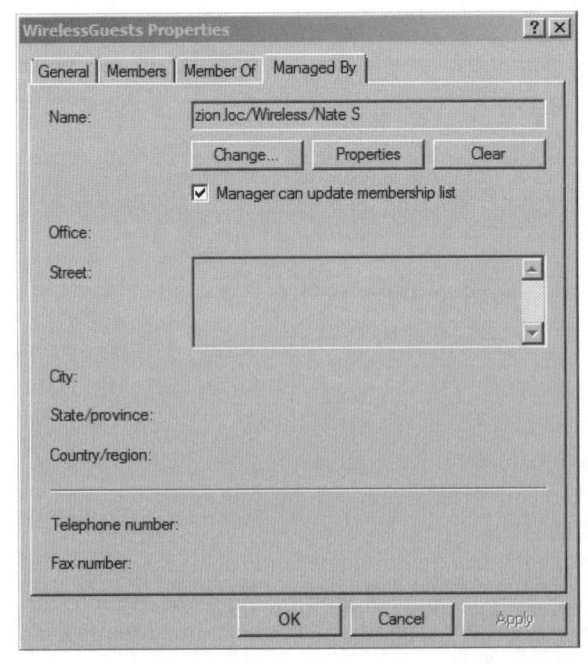

Figura 10-3 Configurando o gerenciamento de grupos no Active Directory.

cipalmente para contas de convidados. Não deixe de considerar isso e determine um período razoável para suas contas permanecerem ativas antes que sejam desativadas automaticamente. Falando de um modo geral, para contas compartilhadas, você deve tentar dar o prazo de vencimento mais rápido possível e, para credenciais exclusivas, pode estender o período. Muitas empresas acham melhor ter contas compartilhadas que expirem em um prazo semanal ou até mesmo diário. É claro que, como tudo mais, você tem de determinar o que faz mais sentido para suas necessidades específicas.

Permitindo o acesso seguro a recursos internos

Conceder a consultores acesso à rede interna via uma rede sem fio de "convidados" apresenta seus próprios desafios. Ela deve ser considerada mais como um portal rigorosamente controlado em sua rede do que como uma rede de convidados tradicional, sendo conceitualmente muito semelhante a uma DMZ. Existem algumas opções, e a solução que funcionaria melhor para seu ambiente pode ser definida de acordo, principalmente, com os recursos da rede interna que os consultores terão de acessar. Entre as melhores opções, temos as seguintes:

- Autenticação dos consultores
- Segmentação da rede com uma zona desmilitarizada (DMZ)
- DMZ com estações de salto
- Rede virtual privada

O uso de sistemas como a VPN e as estações de salto permite a reutilização da rede sem fio de acesso de convidados à Internet para que eles também selecionem recursos internos. Isso pode ser muito econômico, já que só precisamos configurar uma única rede sem fio para usuários convidados, mas ela deve ser configurada com cuidados quanto à segurança.

Autenticando consultores

A autenticação de usuários externos que precisem de acesso a algum recurso interno é muito importante. Definitivamente, é aconselhável evitar o uso de credenciais compartilhadas para consultores. A atribuição de credenciais exclusivas para usuários externos fornece recursos de auditoria muito melhores e um controle de acesso mais rigoroso.

Lembre-se, normalmente, não podemos garantir que usuários externos tratarão suas contas com o mesmo nível de cuidado dos funcionários. Logo, até mesmo eventos de login bem-sucedidos de contas de consultor devem ser monitorados mais de perto. Infelizmente, a funcionalidade interna de monitoramento e notificação de eventos específicos do Windows é bastante limitada. É comum essa tarefa ficar para algum tipo de solução de gerenciamento de *log*. Você também deve configurar as contas de consultor para serem desativadas automaticamente após um determinado período. A desativação automática da conta não tem, necessariamente, que ocorrer quando você souber que o consultor não precisará mais dela. A criação de todas as contas com um período de desativação automática predeterminado (p. ex., três meses) é uma boa prática. O período mais adequado dependerá de sua situação específica.

Você precisa conhecer a função das opções de autenticação da rede sem fio e como elas podem ajudar ou atrapalhar tanto na autenticação quanto no controle do acesso de consultores à sua rede interna. Por exemplo, se você usar o WPA-PSK para autenticar consultores em sua rede, precisará de um sistema adicional para autenticá-los individualmente em outros sistemas. Isso pode ou não ser um problema, mas considere que, se você já estiver criando contas separadas (e individuais) em outro sistema (o Active Directory, p. ex.), pode ser útil o esforço extra de configurar o WPA2-Enterprise e também auditar o acesso individual de cada consultor à rede sem fio.

Esse também pode ser um momento perfeito para o uso de um banco de dados RADIUS autônomo. Se, por exemplo, os consultores não precisarem acessar servidores de domínio ou serviços do Active Directory, você pode manter todos os seus sistemas totalmente separados, inclusive o servidor de autenticação.

Segmentando redes sem fio para convidados a partir de redes internas

Segmentar a rede é uma solução possível para dar aos consultores acesso a recursos internos, mas, novamente, isso depende dos recursos que eles tenham de acessar. Não abordaremos esse assunto com detalhes porque vimos muitos exemplos de configurações de segmentação de rede no Capítulo 9. No entanto, lembre-se de que, nesse cenário, a rede de consultores deve ser considerada uma DMZ e tratada como área sigilosa.

Não se esqueça de que, aqui, estamos falando apenas sobre restringir que recursos os consultores podem acessar; isso não significa que você não deva continuar autenticando os usuários e criptografando seu tráfego.

Na Figura 10-4, é possível ver que estamos usando o WPA2 para fornecer tanto a autenticação dos consultores quanto a criptografia de seu tráfego. Mas, nesse cenário, não temos controle sobre o que cada usuário está acessando. Trata-se de uma solução que é melhor quando esse nível de granularidade não é necessário e todos os usuários externos têm de acessar os mesmos recursos.

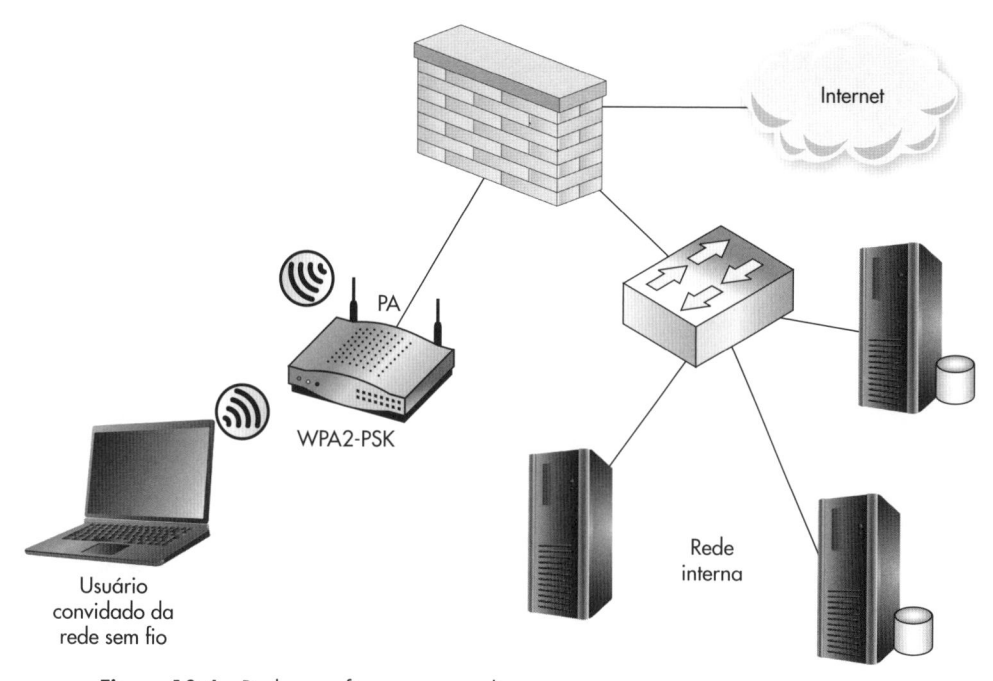

Figura 10-4 Rede sem fio para consultores.

> **Nota**
> Não é aconselhável dar a pessoas de fora acesso irrestrito à rede interna a menos que isso seja absolutamente necessário.

DMZ com estações de salto

Outra opção para o fornecimento de acesso a recursos internos que funciona de maneira muito semelhante a uma VPN envolve o uso de estações de salto. Uma estação de salto é um sistema com o qual nos conectamos para, então, acessar o sistema de destino, parecendo-se muito com um *proxy*. As estações de salto podem assumir muitas formas e não estão ligadas a uma tecnologia específica. Normalmente, usamos um serviço que disponibiliza uma sessão interativa com a máquina remota como o Secure Shell (SSH), o Remote Desktop Protocol (RDP) ou o Citrix. Na Figura 10-5, é possível ver que temos nossa estação de salto em um servidor RDP da DMZ.

O Citrix e o RDP são usados em sistemas Windows para dar acesso a uma interface desktop a partir da qual podemos processar executáveis comuns. O SSH fornece uma interface textual de linha de comando para o sistema remoto, mas é extremamente flexível (consulte a Figura 10-6). Uma das vantagens do uso de estações

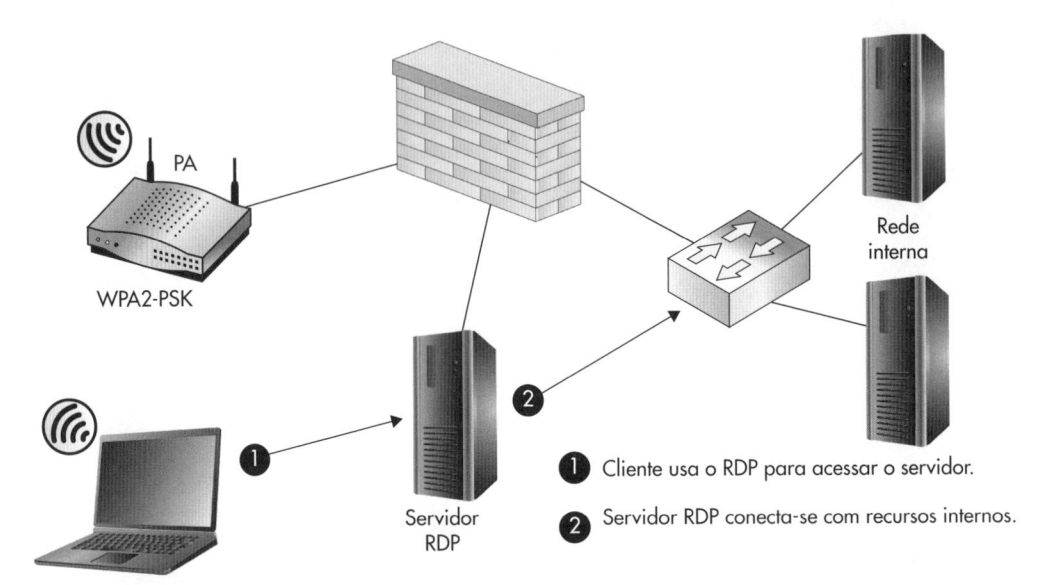

Figura 10-5 DMZ com uma estação de salto RDP.

de salto é que, geralmente, não precisamos de algo pré-instalado no sistema cliente. Por exemplo, você poderia optar por usar o RDP em sua estação de salto porque todas as versões modernas do Windows vêm com um cliente RDP pré-instalado.

Na Figura 10-6, é possível ver que estamos usando um servidor SSH como estação de salto. O SSH fornece algumas opções avançadas, como a possibilidade de se criar um encapsulamento como o de uma VPN. Esse recurso permite que o sistema cliente roteie tráfego pelo encapsulamento SSH criptografado diretamen-

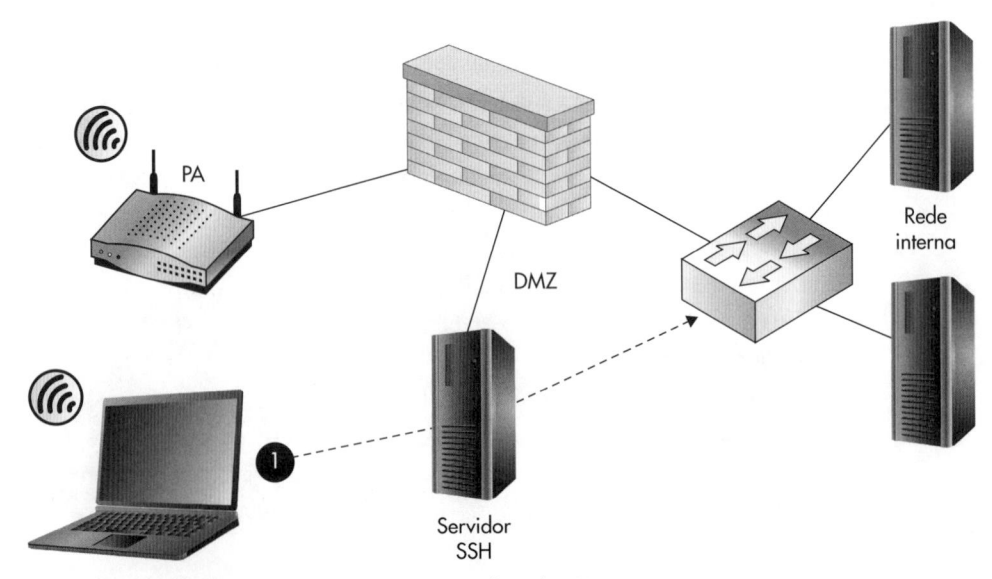

Figura 10-6 DMZ com uma estação de salto SSH.

te até os sistemas finais aos quais o servidor SSH tem acesso. Logo, é recomendável configurar as ACLs do firewall para restringirem o acesso desse sistema a outras partes da rede. Não se esqueça de que, no caso dos encapsulamentos SSH, o IP de origem continua sendo o do servidor SSH, portanto, só temos de criar uma única ACL para controlar o acesso a recursos internos.

Independentemente do sistema escolhido como estação de salto, certifique-se de que ele dê acesso apenas aos serviços e funções que os consultores precisarem acessar. Essa pode ser uma tarefa muito complexa. Por exemplo, o servidor RDP e muitos servidores SSH permitem que os usuários transfiram arquivos por padrão. Os dois sistemas permitem a restrição dessa funcionalidade, mas isso é algo que deve ser considerado no projeto da solução de estação de salto.

Rede virtual privada

A rede virtual privada é definitivamente uma tecnologia que resistiu ao teste do tempo. A VPN (virtual private network) cria redes "virtuais" seguras via uma rede menos segura criptografando (e autenticando) o tráfego entre os pontos de extremidade. O exemplo básico de uma VPN seria um *host* que tivesse de se comunicar com outro *host* pela Internet. Já que a Internet é considerada uma rede pública, que não é totalmente confiável, podemos configurar um encapsulamento criptografado para proteger nossa comunicação contra pessoas que tentarem escutar sorrateiramente.

Há basicamente dois modos de operação para uma VPN: de rede e de *host*. No modo de *host*, a estação final se conecta com um único *host* e toda a comunicação entre esses dois pontos de extremidade é criptografada, como na Figura 10-7. O *host* A tem uma VPN que termina diretamente no *host* B.

No modo de rede, a estação final se conecta com um gateway VPN e, então, tem acesso a vários nós do outro lado do gateway. Você notará que, normalmente, o tráfego de rede só é criptografado até o gateway VPN; depois dele, o tráfego é descriptografado e enviado para a estação final pretendida. Na Figura 10-8, podemos ver que a comunicação do *host* A se encontra criptografada até o gateway VPN e, então, é enviada descritografada diretamente para os *hosts* pretendidos do local B.

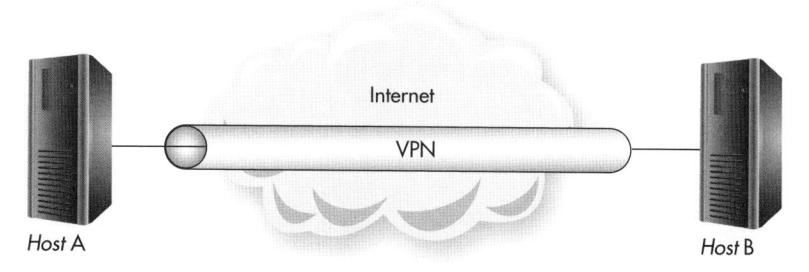

Figura 10-7 VPN de *host* para *host*.

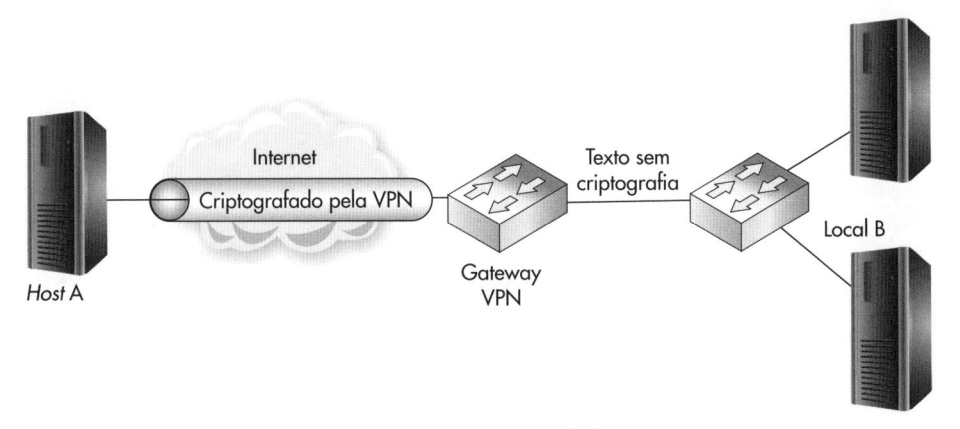

Figura 10-8 VPN em modo de encapsulamento de *host* para gateway.

Também é possível configurar uma VPN de rede entre dispositivos de gateway VPN. Isso lhe daria a opção de criptografar tráfego entre muitos *hosts* via uma rede não confiável, como na Figura 10-9. Os *hosts* do local A que quiserem se comunicar com algum *host* do local B terão seu tráfego criptografado à medida que ele passar pela Internet.

Você precisa saber onde a conexão segura de uma VPN começa e onde ela termina. Por exemplo, usar uma VPN de um dispositivo para outro, mas, mesmo assim, enviar o tráfego descriptografado por uma rede sem fio não adiciona qualquer benefício à proteção do tráfego pela VPN.

Há várias opções quando se trata de appliances e protocolos VPN, mas as tecnologias subjacentes são apenas algumas. Aqui estão os protocolos mais populares para a criação de encapsulamentos VPN:

- Secure Sockets Layer/Transport Layer Security (SSL/TLS)
- Internet Protocol Security Extensions (IPSec)

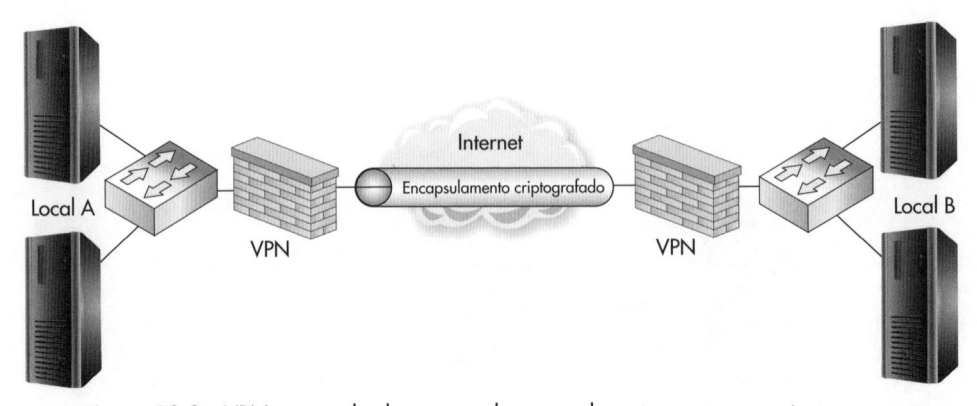

Figura 10-9 VPN em modo de encapsulamento de gateway para gateway.

- Point-to-Point Tunneling Protocol (PPTP)
- Secure Shell (SSH)

Você já deve conhecer o Secure Sockets Layer (SSL). É a tecnologia usada para proteger as comunicações com servidores Web pela Internet. O Transport Layer Security (TLS) é o protocolo de próxima geração projetado para substituir o SSL. Quase todos os sites que visitamos que usam o HTTPS são protegidos com o uso do SSL ou TLS.

A diferença entre as comunicações SSL pela Internet e uma VPN SSL é que, normalmente, temos acesso a mais de uma porta TCP (ou serviço de rede) na rede de destino com uma VPN SSL. As VPNs SSL ganharam muita popularidade nos últimos anos. A maior vantagem de seu uso é que elas são bastante fáceis de configurar. Além de o próprio servidor SSL ser muito fácil de configurar, o cliente é leve e fácil de instalar. Muitos usuários sabem como é visitar um site usando o HTTPS e, geralmente, é mais simples para eles lidarem com uma VPN SSL. A principal desvantagem é que ela não foi amplamente integrada aos dispositivos existentes porque ainda é uma tecnologia nova para VPNs e pode ser um pouco mais cara do que outras tecnologias de VPN.

As VPNs SSL também têm a vantagem de permitir o uso de VPNs no estilo portal. Com um aplicativo VPN SSL, você pode criar um portal que funcione de maneira muito semelhante a um site seguro típico. Uma vez conectados ao portal, os usuários podem acessar outros sistemas e aplicativos clicando em links. O portal tem de ser configurado por um administrador, porém, é mais um método pelo qual as pessoas podem acessar facilmente os sistemas de que precisam.

O Secure *Shell*, que costuma ser usado no gerenciamento seguro de sistemas Unix e Linux (e, mais recentemente, em dispositivos de rede), é outra ótima opção para a criação de uma VPN. Muitos usuários estão acostumados a usar o SSH visando uma administração segura, mas podem não saber o quanto ele é versátil. Usando clientes e servidores SSH, você pode criar VPNs tanto de *host* quanto de rede, embora seja muito mais comum vermos VPNs de *host* quando o SSH é usado.

O Internet Protocol Security Extensions (IPSec) estende o TCP/IP para adicionar criptografia e autenticação de pacotes IP. A principal vantagem do uso do IPSec em vez de outras tecnologias é sua ubiquidade. Há muito tempo o IPSec é *a* tecnologia de VPN.

> **JARGÃO**
> Na configuração do IPSec, os termos **modo de transporte** e **modo de encapsulamento** são usados para descrever VPNs de *host* e VPNs de rede, respectivamente. Há diferenças sutis entre os termos transporte e encapsulamento.

Muitos produtos existentes, como roteadores e firewalls, que adicionaram a funcionalidade de VPN, o fizeram com esse protocolo. A principal desvantagem do uso do IPSec é que ele requer muito mais configuração e um melhor conhecimento do protocolo subjacente se comparado com o SSL ou o SSH. O IPSec pode estar na extremidade de VPNs de *host* e de rede. Uma abordagem completa do IPSec e de suas opções de configuração não faz parte do escopo deste livro.

O Point-to-Point Tunneling Protocol (PPTP) é mais uma ótima opção disponível para a criação de VPNs. A maioria das versões do Windows dá suporte nativo ao PPTP; logo, ele tem sido massivamente implantado em ambientes Windows. O PPTP funciona de maneira muito semelhante ao IPSec, mas costuma ser usado para VPNs de *host* para rede.

Há um número inacreditável de opções quando se trata de selecionar a tecnologia de terminação da VPN. Estão disponíveis muitas soluções na forma de "appliances" que têm como sua principal função terminar a VPN. Geralmente, elas se chamam *gateways VPN* ou *concentradores de VPN*. A tecnologia das VPNs se tornou tão comum que a maioria dos fornecedores de firewalls inclui algum nível de funcionalidade de VPN em seus produtos. Essa é outra ótima oportunidade para reutilizar a infraestrutura de segurança existente para dar suporte à sua rede sem fio.

Opções de VPN para redes sem fio

Os dispositivos de gateway VPN podem ser uma solução perfeita para o fornecimento de acesso seguro à sua rede interna. Ao selecionar um dispositivo de gateway VPN mais apropriado para o seu ambiente, é recomendável que você considere que dispositivos estão instalados atualmente assim como os serviços e sistemas que os consultores precisam acessar. Também deve considerar necessidades futuras e não apenas as imediatas.

Algumas opções de terminação de conexões VPN são os firewalls, roteadores, appliances VPN, servidores Windows e servidores Unix. Cada sistema apresenta suas próprias vantagens e desvantagens. Quando são usados dispositivos de infraestrutura como firewalls, roteadores e appliances VPN, normalmente é mais fácil implementar listas de controle de acesso (ACLs) para limitar que sistemas e serviços um cliente VPN pode acessar.

A maioria dos dispositivos VPN permite a autenticação de usuários em bancos de dados externos padrão, geralmente usando algo como o RADIUS. É claro que isso permite a autenticação dos usuários com base em seu grupo, como nas redes WPA2-Enterprise. Dependendo de suas necessidades, você pode criar um banco de dados de usuários local que só exista em seu dispositivo VPN.

Na Figura 10-10, podemos ver um exemplo do uso de uma infraestrutura existente para dar suporte às nossas necessidades de acesso seguro de consultores a recursos internos. Criamos uma rede sem fio aberta para dar aos consultores

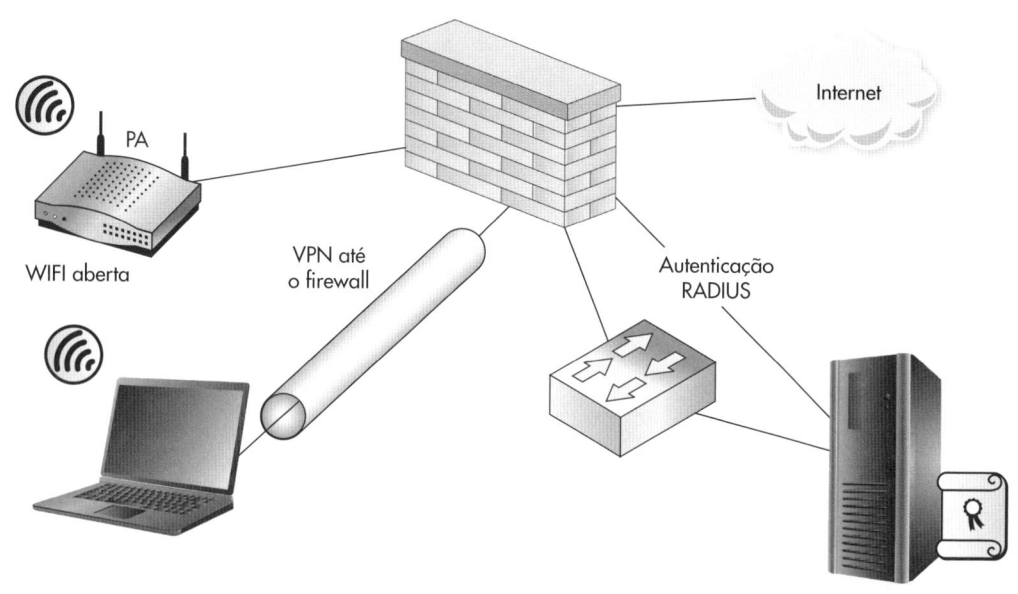

CAPÍTULO 10   Tratamento do acesso de convidados à rede sem fio   **261**

Figura 10-10   VPN IPSec até um firewall via rede sem fio aberta.

acesso à Internet. A única coisa necessária para o acesso à Internet é uma conta de convidado compartilhada do portal cativo. Em seguida, para acessar recursos internos, o consultor teria de criar um encapsulamento VPN até o firewall. Nesse caso, estamos usando um encapsulamento VPN IPSec.

Já que estamos usando um firewall para terminar nossa VPN, podemos configurar listas de controle de acesso para restringir o que os usuários da VPN podem acessar. Aqui, estamos permitindo o acesso à sub-rede inteira de nossa DMZ e bloqueando-o a todos os outros recursos internos. Os usuários da VPN devem receber um endereço IP em uma sub-rede exclusiva que não apresente sobreposição com outros segmentos de rede.

O exemplo anterior funciona bem para situações em que os recursos que os consultores precisam acessar não estão confinados a uma única sub-rede. Você também pode criar uma ACL que restrinja o acesso dos consultores a serviços específicos em servidores espalhados pela empresa inteira.

Na Figura 10-11, podemos ver que, em vez do encapsulamento VPN que termina no firewall, estamos usando um encapsulamento VPN PPTP que termina em um servidor Windows interno.

Mais uma vez, as razões para se escolher o uso de um sistema interno e não um dispositivo da infraestrutura depende totalmente da situação. Talvez você não tenha um firewall que dê suporte à terminação de uma conexão VPN. Ou pode não conhecer a configuração de uma VPN em dispositivos da infraestrutura e ficar mais à vontade configurando uma VPN PPTP em um servidor Windows.

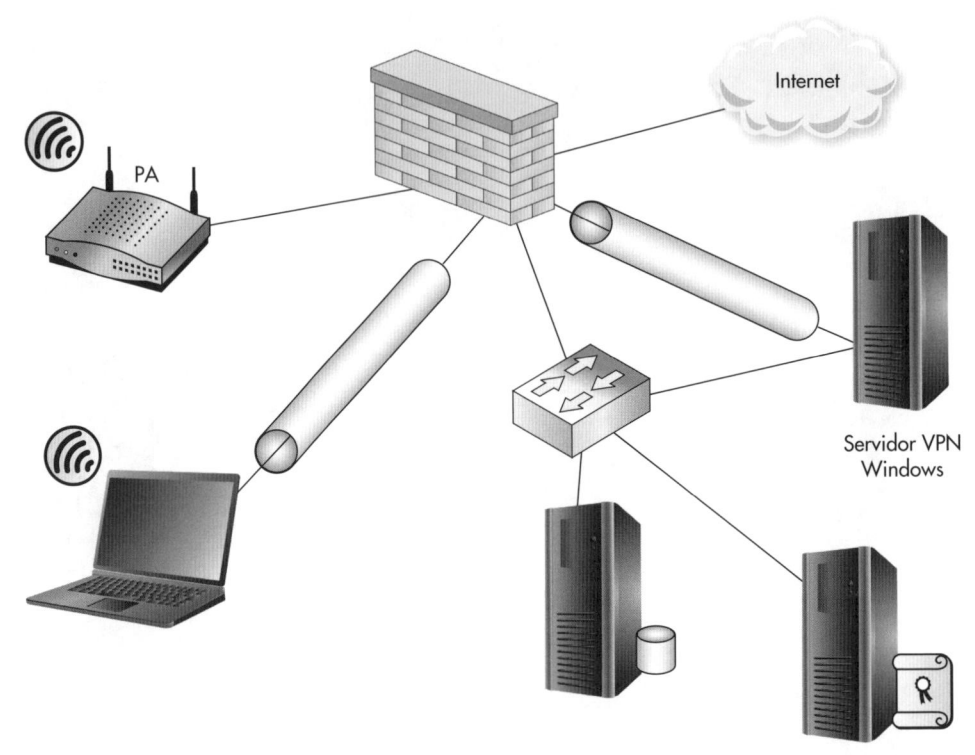

Figura 10-11 VPN PPTP indo até um servidor Windows em uma DMZ.

Caso você opte por usar um dispositivo que não seja o firewall, há algumas opções para como o usuário verá (e se conectará com) o sistema da VPN. Você pode optar por manter o sistema atrás do firewall, deixar o tráfego das portas TCP apropriadas transpô-lo e, assim, a VPN criará um encapsulamento passando pelo firewall, como mostrado na Figura 10-11.

Alternativamente, pode dar ao sistema uma segunda conexão de rede e usar a sub-rede sem fio. Em algumas situações, é necessário evitar esse procedimento, enquanto em outras pode ser muito apropriado. De um modo geral, você deve evitá-lo se decidir usar um servidor como dispositivo de terminação da VPN. Expor um sistema inteiro a uma rede potencialmente hostil não é uma boa ideia, em especial no caso do uso de uma rede sem fio aberta e autenticação de convidados com algo como um portal cativo. É claro que você poderia usar um firewall no *host* e desativar serviços desnecessários na interface conectada à rede sem fio para protegê-lo, mas essa ainda não é uma solução ótima.

Por outro lado, a configuração de um dispositivo concentrador de VPN como dual-homed é uma solução interessante (consulte a Figura 10-12). Dispositivos da infraestrutura costumam ser mais apropriados para essa tarefa. É preciso observar que só porque o gateway VPN tem uma conexão com a rede interna e possivelmente

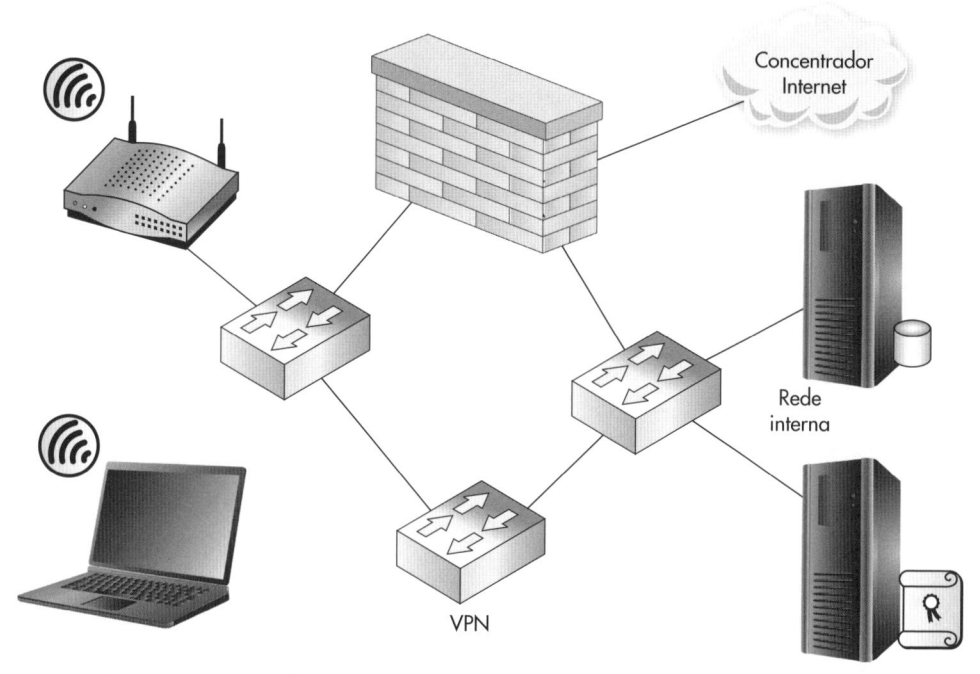

CAPÍTULO 10   Tratamento do acesso de convidados à rede sem fio   **263**

Figura 10-12   Appliance de gateway VPN dual-homed.

com outros segmentos de rede, isso não quer dizer que alguém que tiver acesso à VPN pelo gateway terá acesso irrestrito a esses segmentos. É claro que você pode dar acesso irrestrito ou criar listas de acesso muito restritivas, como em um firewall.

O que vimos

Neste capítulo, abordamos as opções para a criação de redes de convidados e redes para serem usadas por pessoal externo. Lembre-se, há muitas opções para o projeto de uma rede de convidados e a solução dependerá em grande parte de suas necessidades assim como da topologia de rede existente.

Autenticando usuários convidados e gerenciando suas credenciais

- Identificação dos usuários convidados
- Credenciais compartilhadas
- Credenciais exclusivas

Usando portais cativos na Web

- Autenticação interna
- Autenticação externa

Segmentando redes sem fio para convidados a partir de redes internas
- Usando zonas desmilitarizadas
- Assegurando a aplicação do princípio do privilégio mínimo

Permitindo o acesso seguro a recursos internos
- Usando estações de salto
- Usando redes virtuais privadas

CAPÍTULO 11

Tratamento de pontos de acesso não autorizados e o futuro da segurança de redes sem fio

> **Neste capítulo, veremos**
>
> - Tratamento de pontos de acesso não autorizados
> - Outras tecnologias sem fio
> - Soluções de próxima geração
> - Proteção do cliente

Neste capítulo, discutiremos os diversos métodos para o tratamento de pontos de acesso não autorizados e examinaremos maneiras de identificá-los e rastreá-los em sua rede manualmente. Você também conhecerá algumas das tecnologias disponíveis para enumerar automaticamente redes sem fio não autorizadas e reagir a elas.

Além disso, abordaremos os métodos de proteção de seus dispositivos clientes contra redes sem fio não autorizadas e o uso da diretiva de grupo na restrição das redes sem fio às quais eles podem se associar. Discutiremos estratégias para a criação de seus próprios programas de educação em segurança e como você pode aproveitar ao máximo o programa.

Para o caso de haver dúvidas sobre as tecnologias sem fio, abordaremos brevemente a aplicação de seu novo conhecimento sobre segurança a tecnologias sem fio diferentes e futuras. Você também será apresentado a duas tecnologias muito interessantes para a implantação e gerenciamento de redes sem fio: sistemas leves de rede sem fio e sistemas de rede sem fio baseados em nuvem.

Tratando pontos de acesso não autorizados

Os pontos de acesso não autorizados se tornaram uma espécie de questão polêmica. Pontos de acesso não autorizados são qualquer ponto de acesso sem fio que exista em sua rede sem consentimento da empresa. Até mesmo pontos de acesso não autorizados "seguros" que estejam conectados à sua rede podem trazer risco à segurança. Pode ser um pouco complicado impedir a existência de pontos de acesso não autorizados, mas não é impossível. Além de ser crucial que você encontre e remova-os da rede, também pode ser divertido!

Discutimos em capítulos anteriores os diversos tipos de dispositivos que podem ser usados na criação de redes sem fio não autorizadas, assim como a possibilidade de esses dispositivos serem inseridos deliberada ou acidentalmente em sua rede. Lembre-se, independentemente da intenção, um ponto de acesso não autorizado traz graves riscos à segurança.

> **Em ação**
>
> As redes sem fio não autorizadas têm recebido tanta atenção que alguns padrões de conformidade exigem que as empresas lidem com elas especificamente. Por exemplo, o Payment Card Industry (PCI) Data Security Standard, que é o padrão de segurança que empresas que processam informações de cartão de crédito devem seguir, apresenta o seguinte requisito:
>
> *PCI-DSS 2.0: 11.1 Procure a presença de pontos de acesso sem fio e detecte pontos de acesso não autorizados trimestralmente.*
>
> Mesmo que sua empresa não precise estar em conformidade com o PCI, é uma ótima prática adotar esse processo.

Impedindo o acesso de redes sem fio não autorizadas

Há muitas maneiras confiáveis de impedir que redes sem fio não autorizadas operem em sua rede. Veja bem, eu não disse "impedir que sejam conectadas à sua rede". Não há como *impedir* que dispositivos sem fio não autorizados sejam conectados a ela. O melhor que você pode fazer é educar seus usuários sobre os perigos de conectar dispositivos não autorizados à rede e reforçar a política com disciplinas administrativas se eles não respeitarem. No que diz respeito a impedir que pessoas de fora tragam dispositivos não autorizados para a rede com fins maliciosos, você tem que deixar essa tarefa para a segurança física. Além disso, deve educar seus usuários a notificarem o departamento de TI se notarem algo que não pareça apropriado ligado em uma tomada de rede.

Bem, se não há como impedir que os dispositivos sejam conectados à rede, você deve tentar impedir que eles funcionem adequadamente uma vez que estiverem conectados. Aqui estão as melhores soluções para impedir seu funcionamento:

- 802.1x (controle de acesso baseado em porta)
- Controle de acesso à rede
- Segurança de portas

Controle de acesso 802.1x baseado em porta

Sim, o bom e velho 802.1x. Você já deve conhecê-lo bem. Lembre-se, o 802.1x não permite que a comunicação de um dispositivo ultrapasse o autenticador (nesse caso, um *switch* de rede) até que ele seja autenticado. Para fazer uma revisão mais detalhada, volte ao Capítulo 9. No caso em questão, o *switch* de rede desempenharia um papel semelhante ao de um ponto de acesso configurado com o WPA2-Enterprise e seria considerado nosso autenticador 802.1x.

Como no caso do 802.1x para redes sem fio, temos a flexibilidade de fazer a autenticação usando vários sistemas backend. Na Figura 11-1, é possível ver que estamos autenticando em um servidor RADIUS, que autentica o usuário examinando o Active Directory. As mesmas restrições que abordamos em capítulos anteriores podem ser configuradas aqui – restrições baseadas em usuário, grupo ou até mesmo hora do dia para conceder ou negar acesso à rede.

Se você configurar seus *switches* para exigirem a autenticação 802.1x, como isso impedirá que uma rede sem fio não autorizada opere em sua rede? O primeiro e mais importante ponto é que um invasor não deve ter credenciais válidas na rede. Mesmo se ele ligar à rede um dispositivo com um solicitante (software cliente) de 802.1x, não poderá se autenticar e, portanto, a porta será inútil para o invasor.

A maioria dos pontos de acesso atuais não tem um software solicitante de 802.1x, o que impede que grande parte dos dispositivos consiga operar na rede. Isso também evita que usuários internos regulares tentem conectar um ponto de acesso comum à rede simplesmente porque não funcionaria.

Há uma situação que o 802.1x não ajuda a evitar. Se um usuário interno (provavelmente, com más intenções) usasse um dispositivo, por exemplo, um laptop, para agir como ponto de acesso, ele poderia se autenticar no *switch* usando suas credenciais e, então, configurar a placa de rede sem fio no laptop para fornecer serviços sem fio para outros usuários (consulte a Figura 11-2). Nesse cenário, o 802.1x sozinho não teria como impedir a ação. Lembre-se, no entanto, que trata-se de um cenário extremo, e, se você tiver um usuário interno capaz de fazer isso, deve ter problemas maiores para resolver.

Agora, examinaremos o exemplo mais básico de configuração do 802.1x em um *switch* Cisco. Após inserir o modo de configuração, definimos nosso servidor RADIUS com o comando radius-server. Nesse exemplo, o servidor RADIUS é o 10.0.0.10 e estamos usando a senha RADIUS RadPassword1.

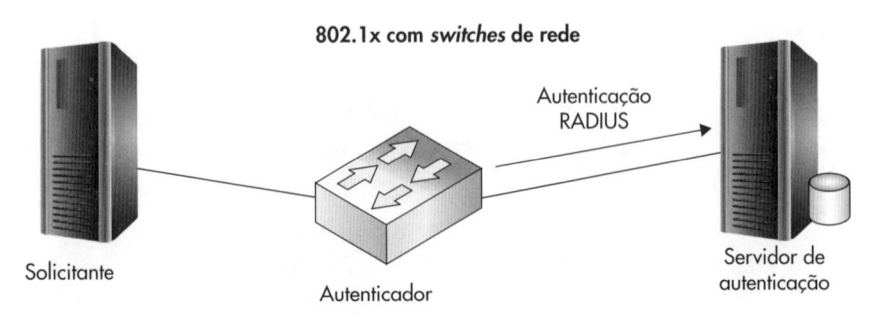

Figura 11-1 *Switches* de rede 802.1x.

CAPÍTULO 11   Tratamento de pontos de acesso não autorizados e o futuro... **269**

> **Em ação**
>
> Se a ativação do 802.1x em um *switch* de rede impede que um ponto de acesso funcione, você deve estar se perguntando se isso também impedirá que o seu ponto de acesso funcione. Lembre-se de que a ativação do 802.1x para um *switch* de rede ocorre por porta. Logo, é só desativar o 802.1x para qualquer porta conectada a um ponto de acesso autorizado. É o que deve ser feito também com uplinks de outros dispositivos que não deem suporte ao 802.1x, como outros *switches*, impressoras e assim por diante.

Em seguida, usamos o comando aaa new-model, que ativa serviços AAA no dispositivo. Configuramos, então, dot1x para usar a lista de servidores RADIUS definidos. Nesse exemplo, só temos um servidor RADIUS configurado, logo, o *switch* fará a autenticação nele.

```
ZionSw# configure terminal
ZionSw(config)#radius-server host 10.0.0.10 auth-port 1812 key RadPassword1
ZionSw(config)# aaa new-model
ZionSw(config)# aaa authentication dot1x default group radius
ZionSw(config)# interface fastethernet0/9
ZionSw(config-if)# dot1x port-control auto
ZionSw(config-if)# end
```

A etapa seguinte foi a configuração da interface fastethernet 0/9. Para ativar a autenticação 802.1x nessa porta, simplesmente usamos o comando dot1x port-

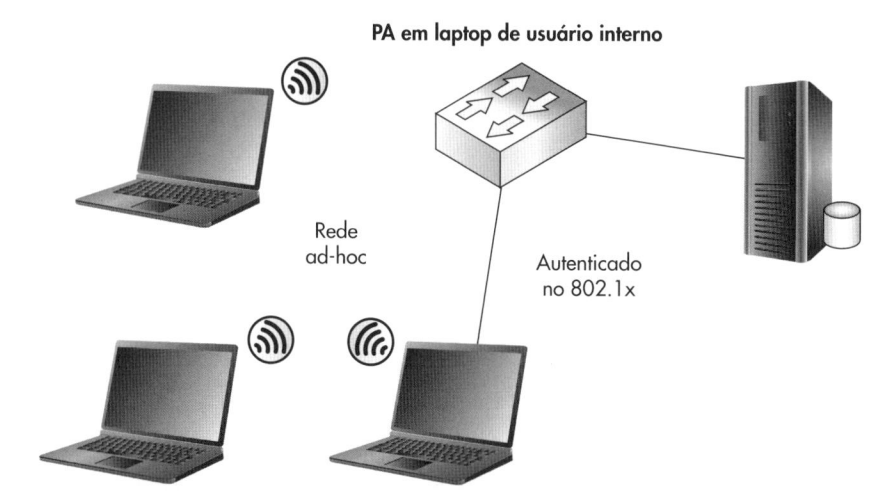

Figura 11-2   Usuário interno usando um laptop para burlar o 802.1x e definir um ponto de acesso.

-control auto. Voilà! Agora, qualquer dispositivo conectado à interface fa0/9 terá que se autenticar no *switch* Zion antes de poder acessar a rede.

```
ZionSw2# configure terminal
ZionSw2(config)#radius-server host 10.0.0.10 auth-port 1812 key
RadPassword1
ZionSw2(config)# aaa new-model
ZionSw2(config)# aaa authentication dot1x default group radius
ZionSw2(config)# interface range fastethernet0/3 - 24
ZionSw2(config-if)# dot1x port-control auto
ZionSw2(config-if)# end
```

Como você pode ver na Figura 11-3, temos dois *switches* conectados via interface FastEthernet0/1. Também temos um ponto de acesso na interface FastEthernet0/2 no segundo *switch*. Poderíamos aplicar manualmente o comando dot1x port-control auto a cada interface, no entanto, é mais fácil usar o comando interface range. Usando o comando interface range, aplicamos os comandos posteriores a todas as interfaces especificadas. Um exame completo da configuração do 802.1x em seus *switches* de rede não faz parte do escopo deste livro. Para ver um guia de configuração mais detalhado, acesse o site do fabricante do *switch*.

> **Em ação**
>
> Normalmente, mas nem sempre, o NAC usa o 802.1x no backend para facilitar a autenticação do dispositivo cliente. Outras opções de NAC podem ser baseadas em agentes, em que a estação final deve instalar um software cliente para verificar configurações e permitir que os clientes acessem a rede.

802.1x com uplink de swicth

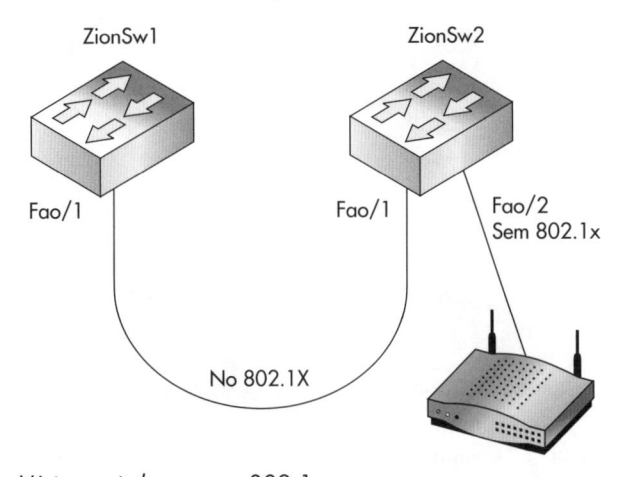

ZionSw1   ZionSw2

Fao/1   Fao/1   Fao/2
                    Sem 802.1x

No 802.1X

Figura 11-3 Vários *switches* com o 802.1x.

Controle de acesso à rede

O Network Access Control é uma tecnologia extraordinária que funciona de maneira semelhante ao 802.1x e aperfeiçoa a ideia de autenticação dos pontos de extremidade antes que eles possam usar a rede. O NAC se baseia no 802.1x nos permitindo examinar os pontos de extremidade e verificar se estão de acordo com certas políticas técnicas configuradas. Essas políticas técnicas podem incluir a verificação de se o ponto de extremidade tem um software antivírus atualizado instalado, se tem patches ou service packs atualizados e até mesmo a verificação de determinadas configurações do registro, definições de configuração e muitas outras opções.

Se um usuário conectasse um ponto de acesso não autorizado em sua rede restrita pelo NAC, você teria uma situação semelhante à descrita anteriormente com o 802.1x. No fim das contas, muito disso dependerá de como você configurou suas políticas de NAC. Por exemplo, algumas soluções de NAC nos permitem colocar dispositivos não autenticados em quarentena em uma VLAN restrita. Essa VLAN poderia permitir que os dispositivos acessassem apenas recursos específicos, como a Internet, ou não permitir qualquer acesso.

Mas isso não quer dizer que você deva sair implantando o NAC para combater o risco de acesso proveniente de redes sem fio não autorizadas. No entanto, se já tiver o NAC ou estiver considerando implantá-lo, é bom saber que ele também pode reduzir o risco de surgimento de pontos de acesso não autorizados. Existem muitas opções para soluções de NAC e um número inacreditável de maneiras de configurá-las.

> **Na prática**
>
> O Network Access Protection (NAP) é a resposta da Microsoft aos seus rivais do NAC. O NAP funciona de forma muito semelhante ao NAC por impor políticas aos sistemas dos pontos de extremidade. No entanto, atualmente, ele não se integra (bem) ao equipamento de rede, logo, é uma pena, mas o NAP não o ajudará a evitar pontos de acesso não autorizados.

Segurança de portas

A segurança de portas permite a configuração de restrições de endereços MAC em portas de *switch* físicas. As restrições podem limitar o número total de endereços MAC com permissão para entrar em uma porta específica ou a porta pode ser configurada para permitir apenas certos endereços MAC. Você também pode configurar a medida a ser tomada se uma dessas restrições for violada. A medida pode ser a desativação da porta e/ou a notificação a um administrador. Alternativamente, pode descartar qualquer pacote que não venha de um endereço MAC de origem autorizado. Se você configurar a segurança de modo a desativar a porta, um administrador terá de ativá-la manualmente para que volte a um estado funcional.

Você precisa conhecer o funcionamento e as limitações da segurança de portas se pretende usá-la. Normalmente, não é recomendável ativar a segurança de portas em uplinks entre *switches*. Para atingir nosso objetivo de impedir o surgimento de pontos de acesso não autorizados, devemos configurar a segurança somente em portas de "borda", ou portas que se conectem com dispositivos finais. Examinemos alguns cenários simples. Primeiro, configuraremos nosso *switch* para só permitir um único endereço MAC na porta:

```
ZionSw1# configure terminal
ZionSw1(config)# interface fastethernet0/10
ZionSw1(config-if)# switchport mode access
ZionSw1(config-if)# switchport port-security
ZionSw1(config-if)# end
```

No exemplo anterior, é possível ver que precisamos apenas do comando switchport port-security para ativar a segurança de porta na interface FastEthernet0/10. Ele usa a configuração padrão de só permitir na porta um único endereço MAC conhecido dinamicamente. Se mais endereços MAC forem detectados na porta, a interface será desativada.

O que ocorreria se alguém conectasse um ponto de acesso em uma porta que restringisse o número total de endereços MAC a um? Como você pode ver na listagem abaixo, a interface Fa0/10 mudou para um estado de inatividade (nesse caso, err-disable) devido a uma violação na segurança da porta. Nesse modo, ela não permite que pacote algum passe pela porta. Agora temos de considerar por quê. No exemplo em questão, mesmo havendo apenas um cliente conectado ao ponto de acesso sem fio, o *switch* viu tráfego proveniente do próprio ponto de acesso (endereço MAC 2222.2222.2222) assim como do sistema cliente e, portanto, há duas entradas de endereços MAC detectadas nessa interface, o que desativa a porta.

```
%PM-4-ERR_DISABLE: psecure-violation error detected on Fa0/10, putting
Fa0/10 in err-disable state
%PORT_SECURITY-2-PSECURE_VIOLATION: Security violation occurred, caused by
MAC address 2222.2222.2222 on port FastEthernet0/10.
%LINEPROTO-5-UPDOWN: Line protocol on Interface FastEthernet0/10, changed
tate to down
%LINK-3-UPDOWN: Interface FastEthernet0/10, changed state to down
```

> **Em ação**
>
> Como podemos deduzir das tecnologias mencionadas anteriormente, um método de segurança comum é a desativação da porta se ela violar uma das políticas configuradas. Uma maneira de adicionar outra camada de segurança a seus *switches* é desativar qualquer porta não usada. Por si só, essa não é uma solução perfeita, mas, definitivamente, é uma boa prática adotá-la. Ela aumentará o trabalho administrativo porque você terá de ativar manualmente uma porta quando precisar conectar um novo dispositivo, mas essa é uma tarefa fácil e muito comum em alguns segmentos industriais. Lembre-se, no entanto, de que só essa medida não impede que um invasor remova uma conexão de rede do conector e ligue um ponto de acesso nele. Para evitá-lo, é recomendável usar várias medidas de segurança, como aplicar o 802.1x e desativar portas desnecessárias.

Também poderíamos optar por permitir que apenas certos endereços MAC entrassem no *switch* pelas portas configuradas. Os endereços MAC que têm permissão para entrar em uma porta específica são chamados de *endereços MAC seguros*. Podemos definir, de forma manual, os endereços MAC permitidos em uma porta, detectá-los dinamicamente ou combinar as duas ações.

Na verdade, a segurança de portas tem muitas outras opções de configuração. Abordamos alguns dos cenários mais comuns. Para ter uma noção mais completa das opções de configuração disponíveis, acesse o site da Cisco.

Detectando manualmente redes sem fio não autorizadas

Atualmente, a detecção manual de redes sem fio não autorizadas é o método de detecção predominante. É claro que um dos principais métodos de detecção manual envolve algumas das habilidades que você aprendeu no Capítulo 4. Basicamente, você praticará o wardriving na área do escritório, mesmo não estando em seu carro.

Em primeiro lugar, precisamos saber como definir uma rede sem fio não autorizada e o que fazer ao encontrar uma? Um ponto de acesso não autorizado é qualquer dispositivo sem fio não autorizado que esteja conectado à sua rede. Uma vez que você detectar um possível dispositivo sem fio, deve determinar se ele está conectado à rede.

A primeira etapa é escolher a ferramenta de enumeração de redes sem fio que se quer usar. Lembre-se, você não pode depender somente das ferramentas internas de seu sistema operacional porque elas não exibirão redes sem fio que não estiverem transmitindo seu SSID. Você também deve usar uma ferramenta que exiba o endereço MAC do ponto de acesso e possa capturar tráfego e exibir dispositivos clientes associados. Por que é desejável que ela capture tráfego? Quanto mais informações você obtiver sobre a rede de destino, melhor. Isso inclui os endereços MAC de clientes associados à rede sem fio não autorizada e os endereços IP de clientes e destinos.

Também é recomendável considerar diferentes tecnologias além de, por exemplo, o 802.11a/b/g/n. Se você estiver examinando o ambiente com uma placa 802.11n, não conseguirá enumerar redes sem fio 802.11a em sua área. Logo, é preciso selecionar a ferramenta a ser usada. Como você deve lembrar, no Capítulo 4 vimos que as melhores opções são as seguintes:

- **Kismet**   De fonte aberta, executada no Linux e muito flexível
- **Netstumbler**   Baseada no Windows, orientada por GUI e muito fácil de usar
- **MacStumbler**   Mac OS, orientada por GUI

Se você enumerar uma rede não autorizada aberta, existem algumas opções para determinar onde ela termina. A maneira mais simples de determinar se é na sua rede é associar-se a ela. Uma vez associado, você deve verificar seu endereço IP para ver se é um endereço interno de sua rede. No entanto, não deve parar por aí, porque o ponto de acesso pode estar executando a Conversão de Endereço de Rede (NAT, Network Address Translation). Você deve tentar efetuar ping ou navegar para um servidor interno e, como último recurso, sempre é possível verificar o endereço IP atual da conexão de Internet navegando para um site como o Whatismyip.com.

E se enumerar uma rede não autorizada criptografada, o que deve fazer? Baseado em tudo que aprendeu, não pense que deve ignorar uma rede sem fio só porque ela foi criptografada. Lembre-se, um invasor astuto pode proteger a rede sem fio para impedir que curiosos vejam o que ele está fazendo. Mesmo se um funcionário fosse responsável por inserir o ponto de acesso criptografado em sua rede, isso pode ser um risco à segurança. E se a chave de criptografia selecionada for muito fraca ou, pior, um padrão? Logo, você também deve tomar medidas para determinar se uma rede criptografada está conectada à sua rede.

Como coletar informações suficientes sobre uma rede sem fio criptografada sem tentar quebrar a criptografia? Fácil. É preciso lembrar que, ainda que a rede esteja criptografada, é possível ver os endereços MAC tanto dos clientes associados a ela quanto do próprio ponto de acesso. Se você procurar esses endereços MAC em seus *switches*, poderá determinar se estão em sua rede.

Não se esqueça de que os endereços MAC têm um total de seis bytes, geralmente representados como 12 dígitos hexadecimais. Os três primeiros bytes representam o identificador organizacional exclusivo (OUI, organizationally unique identifier). Os três últimos são específicos e exclusivos da estação final (consulte a Figura 11-4).

CAPÍTULO 11   Tratamento de pontos de acesso não autorizados e o futuro...   **275**

Estrutura do endereço MAC

$$\underbrace{12AD34}_{\substack{\text{OUI} \\ \text{Identificador} \\ \text{do fabricante}}} \underbrace{CD56EF}_{\substack{\text{Identificador} \\ \text{do dispositivo}}}$$

Figura 11-4   Estrutura do endereço MAC.

Essa técnica oferece uma maneira eficaz para o rastreamento de pontos de acesso sem fio sem o uso de tecnologias sem fio, somente com a infraestrutura de *switches*. Se você já tiver identificado uma rede sem fio que suspeita que esteja conectada à sua rede, pode procurar endereços MAC (ou o OUI do endereço MAC) nas tabelas CAM de seus *switches* (CAM é a abreviação de content addressable memory). Essas são as tabelas dos *switches* que listam que endereços MAC existem fora de que portas. É isso que permite ao seu *switch* funcionar de maneira mais eficaz do que um hub e enviar tráfego para portas específicas e não para todas as portas.

Com *switches* Cisco, você pode usar o comando show mac-address-table, que exibirá todos os endereços MAC que passaram pelo *switch* assim como em que porta ele os detectou, como no exemplo a seguir, em que vemos só cinco endereços MAC detectados nesse *switch*:

```
Zion-Switch#show mac-address-table dynamic
Mac Address Table
-------------------------------------------

Vlan    Mac Address       Type        Ports
----    -----------       --------    -----
1       0004.5a21.9427    DYNAMIC     Fa0/9
1       109a.dd70.0881    DYNAMIC     Fa0/9
1       00e0.4cad.2284    DYNAMIC     Fa0/22
1       8888.8888.8888    DYNAMIC     Fa0/4
1       0008.7420.8519    DYNAMIC     Fa0/5
Total Mac Addresses for this criterion: 5
Zion-Switch#
```

A primeira coluna exibe a VLAN em que o endereço MAC associado está. Nesse exemplo, parece que o *switch* não tem uma VLAN configurada porque todos os endereços MAC estão na VLAN 1 (a VLAN padrão). A coluna seguinte é o endereço MAC dividido em três grupos de dois dígitos hexadecimais com o uso de pontos em vez de vírgula. Não me pergunte o porquê, mas é comum encontrarmos endereços MAC nesse formato em equipamento de rede. A próxima coluna exibe se esse endereço MAC foi conhecido dinamicamente ou atribuído estaticamente à porta (nesse caso, todos os endereços MAC foram conhecidos dinamicamente). A última coluna exibe a porta em que o *switch* detectou tráfego proveniente desse endereço MAC.

No exemplo em questão, podemos ver que há dois endereços MAC na porta Fa0/9. Se esse fosse um *switch* autônomo, não veríamos portas com mais de um endereço MAC, logo, examinemos com mais cuidado. Começaremos fazendo uma pesquisa com o OUI dos endereços MAC para obter informações sobre o que podem ser dispositivos. Você pode pesquisar o site do IEEE em *http://standards.ieee.org/develop/regauth/oui/public.html*. Se inserir o OUI do endereço MAC (os seis primeiros dígitos hexadecimais) e clicar em Search, verá a empresa responsável pelos endereços. Quanto ao primeiro endereço MAC, procuramos 00045a e descobrimos que esse é um dispositivo Linksys. Em seguida, se procurarmos 109add, veremos que esse OUI pertence a um dispositivo Apple. Agora estamos chegando a algum lugar. Baseados nisso, podemos concluir que um ponto de acesso Linksys com um cliente Apple está conectado à nossa rede. No entanto, lembre-se de que um invasor pode alterar o endereço MAC, logo, não devemos basear nossas suposições somente no OUI do endereço MAC.

A próxima etapa seria acompanhar a porta Fa0/9 no *switch* para determinar onde ela termina fisicamente. Esse processo pode ser muito diferente, dependendo de seu ambiente. Algumas empresas são organizadas e mantêm uma lista atualizada de onde os cabos terminam fisicamente em sua organização, porém, o mais frequente é a informação não estar completa ou atualizada. Não se esqueça de que um ponto de acesso não é a única razão para vermos vários endereços MAC na mesma porta. Por exemplo, na Figura 11-5 temos dois *switches* conectados um ao outro. Vejamos qual seria a aparência da tabela CAM do *switch* 1 em comparação com a do *switch* 2.

```
    Zion-Switch1#show mac-address-table dynamic
Mac Address Table
-------------------------------------------

Vlan    Mac Address     Type        Ports
----    -----------     --------    -----
```

> **Em ação**
>
> Um método eficaz para o rastreamento de pontos de acesso não autorizados seria procurar nas tabelas CAM apenas o OUI de um ponto de acesso observado. Por exemplo, no caso anterior, poderíamos usar o comando show mac-address-table | include 0004.5a, que exibiria qualquer endereço MAC começando com 0004.5a, já identificado como de um possível dispositivo Linksys.

CAPÍTULO 11   Tratamento de pontos de acesso não autorizados e o futuro...   **277**

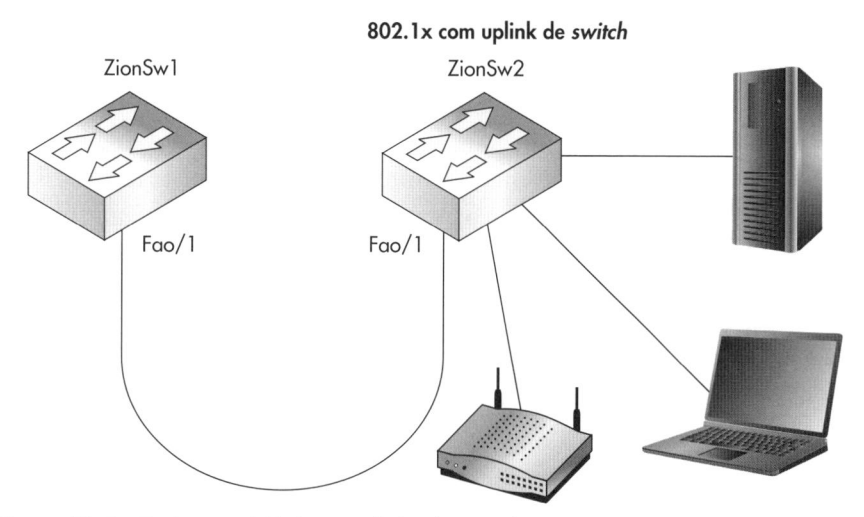

Figura 11-5 Endereços MAC em uplinks de *switch*.

```
1    0004.5a21.9427    DYNAMIC    Fa0/1
1    109a.dd70.0881    DYNAMIC    Fa0/1
1    00e0.4cad.2284    DYNAMIC    Fa0/1
Total Mac Addresses for this criterion: 3
Zion-Switch1#

Zion-Switch2#show mac-address-table dynamic
Mac Address Table
-------------------------------------------

Vlan    Mac Address        Type        Ports
----    -----------        --------    -----
1       0004.5a21.9427     DYNAMIC     Fa0/9
1       109a.dd70.0881     DYNAMIC     Fa0/18
1       00e0.4cad.2284     DYNAMIC     Fa0/15
Total Mac Addresses for this criterion: 3
Zion-Switch2#
```

É possível ver que o primeiro *switch* detecta todos os três endereços MAC como da porta Fa0/1. Se rastrearmos essa porta, veremos que ela é o uplink que conduz a Zion-Switch2. Verificando a tabela CAM de Zion-Switch2, saberemos onde os dispositivos terminam.

Rastreando pontos de acesso não autorizados e maliciosos

No exemplo anterior, começamos com um cenário em que não sabíamos se um ponto de acesso não autorizado estava conectado ao nosso ambiente e decidimos encontrar um consultando as tabelas CAM de nosso *switch* e procurando qualquer porta que tivesse mais de um endereço MAC. Esse não é um sistema totalmente seguro, como já mencionado. E se o ponto de acesso fosse inserido maliciosamente e um invasor astuto impedisse que ele enviasse tráfego ou configurasse o NAT para que o *switch* de borda só visse um endereço MAC nessa porta?

Precisamos de uma maneira de identificar pontos de acesso em um cenário de pior hipótese. Digamos que um invasor configurasse um ponto de acesso para o ataque mais furtivo possível. Ele mudou o endereço MAC tanto de seu cliente quanto do ponto de acesso, configurou o ponto de acesso para usar o canal 12, está usando o NAT para que só vejamos um endereço MAC em nossas tabelas CAM (o do ponto de acesso), não está transmitindo seu SSID e está usando um SSID com um nome inofensivo. Como encontraremos esse ponto de acesso? Começaremos ativando uma de nossas ferramentas favoritas de detecção de redes sem fio. Selecionaremos o airodump para os próximos exemplos. Para recapitular como se usa o airodump, consulte o Capítulo 4. Na Listagem 11-1, é possível ver que enumeramos uma rede sem fio com o SSID oculto INSECURE.

Listagem 11-1: Usando o airodump para enumerar endereços MAC

```
CH11 ][ BAT: 2 hours 58 mins ][ Elapsed: 4 s ][ 2011-06-12 13:47 ][ WPA handshake: 22:22

BSSID              PWR RXQ Bracons    #Data, #/s  CH   MB   ENC  CIPHER AUTH ESSID

22:22:22:22:22:22  -60  23     16        13   5   11   54e  WPA2 TKIP   PSK  INSECURE

BSSID              STATION            PWR     Rate  Lost  Packets  Probes
22:22:22:22:22:22  44:44:44:44:44:44  -18      1- 1   362     39
```

Nesse exemplo, podemos ver que o ponto de acesso tem o endereço MAC 22:22:22:22:22:22 e o cliente tem o endereço MAC 44:44:44:44:44:44. É claro que esses endereços MAC não são legítimos e estão sendo usados aqui para fins ilustrativos. Se um invasor quisesse ser ainda mais furtivo, poderia nos enganar com endereços MAC como esses, que podem representar uma impressora ou outro computador.

Agora que temos o endereço MAC tanto de um cliente quanto de um ponto de acesso, podemos procurar em nossas tabelas CAM esses dois endereços específicos. Para procurar em nossas tabelas CAM um endereço MAC específico, é só executar o comando show mac-address-table como sempre e limitá-lo com "include" para que procure apenas linhas que coincidam com nossa *string* de pesquisa. No exemplo a seguir, procuramos a *string* "2222", que corresponde ao endereço MAC do ponto de acesso. No entanto, a pesquisa não retornou coisa alguma. Em seguida, procuramos "4444", que é o endereço MAC do dispositivo cliente. Como você pode ver, esse endereço MAC está localizado na porta Fa0/19.

CAPÍTULO 11   Tratamento de pontos de acesso não autorizados e o futuro...   **279**

> **No mundo real**
>
> Houve uma época em que trabalhei em operações de rede para uma das 10 empresas líderes da Fortune. Rastrear endereços MAC até portas físicas era uma tarefa comum em uma rede tão grande. Você deve dominar esse processo porque ele é muito útil em várias situações.

Você também notará que o cabeçalho da saída do comando, indicando para o que são as colunas, não está mais aparecendo. Isso é normal porque o comando include só exibirá linhas que coincidam fielmente com o que inserimos.

```
Zion-Switch#show mac-address-table | include 2222
Zion-Switch#

Zion-Switch#show mac-address-table | include 4444
1       4444.4444.4444    DYNAMIC      Fa0/19
Zion-Switch#
```

Mas e se o invasor for realmente astuto e usar um endereço MAC totalmente diferente para a porta Ethernet em seu ponto de acesso sem fio e usar o NAT para ocultar o endereço MAC do cliente? Nesse caso, não podemos empregar esse método e nossa melhor opção é a antiga técnica de rastrear o ponto de acesso sem fio com base na intensidade do sinal.

Há dispositivos sem fio especializados disponíveis exatamente para essa tarefa, mas é questionável se eles fornecem algum benefício a mais do que apenas usar o Netstumbler ou o Kismet. Ambos têm a funcionalidade de exibição da intensidade do sinal e a mapeiam quando ela muda com o tempo. A interface de sinais do Netstumbler é mostrada na Figura 11-6.

Figura 11-6   Intensidade do sinal no Netstumbler.

É preciso lembrar que, às vezes, pode ser enganoso usar só a intensidade do sinal. Embora seja extremamente raro ser levado a um local muito distante da rede de destino, usar somente o gráfico de sinais pode resultar em pistas erradas. Quando você tiver uma intensidade de sinal constantemente forte, deve procurar o ponto de acesso nas redondezas.

Você também deve levar em consideração que, normalmente, quando o dispositivo é colocado com o lado certo para cima e com as antenas esticadas nessa direção, o sinal da conexão sem fio tende a se propagar mais fortemente em formato de meia bolha, como mostrado na Figura 11-7. Logo, em alguns cenários, se alguém colocar um ponto de acesso entre dois andares, você deve receber um sinal mais forte diretamente no andar de cima do que sob o ponto de acesso no andar de baixo. Isso não deve trazer dificuldade alguma, a não ser demorar um pouco mais para o ponto de acesso ser encontrado.

Também é preciso conseguir encontrar frequências de conexão sem fio que estejam fora do alcance do equipamento sem fio. Por exemplo, nos Estados Unidos, podem ser usados os canais de 1 a 11. No entanto, a maioria dos equipamentos de hardware pode dar suporte aos canais 1 a 14. Logo, se um invasor configurar um ponto de acesso para o canal 14 e o inserir em sua rede, como você o detectará? Há placas de rede sem fio disponíveis que também permitem a captação dessas outras frequências (a placa de rede sem fio USB Alfa, p. ex.). As placas Alfa são muito populares por possibilitar a regulação manual da energia e a configuração de canais até o 14.

Tratando pontos de acesso não autorizados

Digamos que você tivesse localizado o ponto de acesso não autorizado. O que deve fazer agora? Apenas desligá-lo e sentir-se satisfeito por um trabalho bem

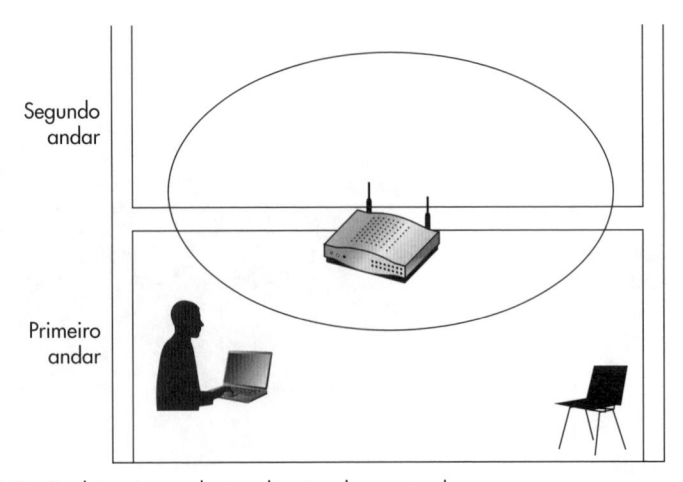

Figura 11-7 Padrão típico de irradiação do ponto de acesso.

feito? Essa é outra decisão que deve ser tomada por alguém que possa tomar decisões executivas. Quase sempre, a resposta é não o desligar da rede; em vez disso, você precisa coletar evidências para a tomada de possíveis medidas legais. Também é recomendável que tente rastrear quem está usando a rede sem fio e o que está fazendo nela.

Quais as melhores maneiras de determinar como um ponto de acesso malicioso está sendo usado? Uma vez que você tiver rastreado fisicamente o ponto de acesso, deve monitorar o tráfego que entrar em sua rede por intermédio dele. Pode fazer isso configurando uma porta SPAN para que copie todo o tráfego que entrar no *switch* proveniente do ponto de acesso e com destino a outra porta, a qual deve, então, conectar um farejador e monitorar (e salvar) todos os pacotes que passarem pela conexão. As portas SPAN foram abordadas com detalhes no Capítulo 6. Normalmente, é muito fácil configurar a aplicação de uma porta SPAN; a seguir temos um exemplo simples em um *switch* Cisco:

```
Zion-Switch1(config)#monitor session 1 source interface fastethernet0/9
Zion-Switch1(config)#monitor session 1 destination interface fastethernet0/20
```

Nesse exemplo, estamos instruindo ao *switch* para copiar todos os pacotes que entrarem ou saírem pela interface fastethernet0/9 e enviar uma cópia desses pacotes para fastethernet0/20. Não importa para onde um pacote for destinado; se entrar vindo do ponto de acesso ou tiver como destino essa porta, poderemos visualizá-lo. Lembre-se, a configuração de seu modelo de *switch* pode ser diferente, mas não deve ser mais complicada. Outra opção é simplesmente conectar um hub entre o ponto de acesso e seu *switch*. Assim você poderá conectar seu *sniffer* em qualquer porta no hub e visualizar todos os pacotes vindos do invasor.

Em ação

Sempre que você estiver lidando com um possível problema legal, terá de tratar todas as decisões e ações com muito cuidado. Manter um registro detalhado das decisões e medidas tomadas, acompanhadas de data e hora, é crucial. Mesmo no caso de algo tão simples quanto o tratamento de um único ponto de acesso não autorizado, você pode ficar rapidamente sobrecarregado. Não tenha medo de chamar uma equipe profissional de resposta a incidentes para ajudar. É preciso ficar atento às armadilhas para assegurar que as evidências coletadas possam realmente ser usadas em uma ação legal. E não esqueça: documente sempre.

> **Em ação**
>
> O que você faria se não existissem clientes associados atualmente à rede sem fio não autorizada? Apenas presumiria que ela foi colocada aí acidentalmente sendo, então, esquecida? Seria certo remover o ponto de acesso sem investigar um pouco mais? É claro que a resposta é depende. Você tem que decidir o que faz mais sentido para seu ambiente, inclusive levando em consideração o possível risco de deixar o ponto de acesso onde se encontra. No entanto, lembre-se de que simplesmente remover o ponto de acesso não lhe dará qualquer pista de quem o colocou aí ou por quê. Você deve considerar o uso de um *sniffer* de rede ou IDS para monitorar qualquer atividade vinda do ponto de acesso. Se nada for observado dentro de um período razoável (duas a quatro semanas, p. ex.), considere sua remoção.

Também é preciso considerar a melhor maneira de rastrear fisicamente qualquer pessoa que usar a rede sem fio. Ir ao estacionamento e examinar todos os carros pode demonstrar que você está à procura de alguém. Em vez disso, primeiro decida se as autoridades legais devem ser envolvidas. Se decidir esperar para entrar em contato com as autoridades, determine cuidadosa, mas rapidamente, sua estratégia para encontrar a pessoa que está usando a rede.

> **Em ação**
>
> Para muitos de nós, não seria um incômodo viver como em um filme de espionagem, rastreando o invasor que tenta entrar na rede. Mas, antes de derrubar a porta do estacionamento e disparar armas de fogo, verifique se o ponto de acesso não foi colocado por um funcionário. Verificar com outros profissionais de TI e até mesmo apenas perguntar aos funcionários que estejam perto do local onde você descobriu o ponto de acesso pode ser o melhor ponto de partida.

Alertar seus colegas de TI para que fiquem atentos a qualquer comportamento estranho é um bom começo. Na verdade, alertar outros funcionários para tomar cuidado e lhes dizer a quem contatar se virem algo suspeito pode ser muito útil. Se você tiver um sistema de gerenciamento de rede sem fio, talvez ele consiga ajudá-lo fornecendo o local aproximado de qualquer dispositivo cliente associado ao ponto de acesso não autorizado. Se não tiver o sistema, só lhe sobrará o método antigo, que envolve dar uma volta e procurar o culpado.

Embora você pudesse empregar métodos tecnológicos para ajudá-lo, pode ser mais fácil primeiro procurar nos locais óbvios. Se estiver usando um escritório compartilhado, talvez seja mais complicado porque o invasor pode estar localizado em uma área a qual você não tenha acesso fácil. Mesmo assim, comece com os locais óbvios. E se tiver câmeras de segurança, não deixe de empregá-las para procurar o culpado de forma imperceptível.

Detecção automatizada de redes sem fio não autorizadas

Além de usar a abordagem manual, você também pode empregar certas tecnologias para ajudá-lo a descobrir redes sem fio não autorizadas. Algumas delas apenas o ajudarão, enquanto as mais sofisticadas farão quase todo o trabalho.

Várias soluções usam a infraestrutura sem fio existente para examinar as frequências de conexões sem fio e alertar sobre pontos de acesso não autorizados. Normalmente, soluções de pontos de acesso leves têm essa funcionalidade embutida nos próprios pontos de acesso e controladores. Muitos desses sistemas oferecem funcionalidades realmente interessantes além do simples alerta. Por exemplo, podem permitir que você estime uma posição aproximada para o ponto de acesso não autorizado com base na intensidade do sinal de vários pontos de acesso.

Para usar esse recurso, primeiro você teria que obter a imagem de um mapa da área em que implantou seus pontos de acesso. Pode usar a planta de um prédio, a imagem de um campus ou até mesmo uma imagem salva a partir de um serviço como o Google Maps. Você, então, desenharia uma linha no mapa (usando uma ferramenta do appliance) para definir a escala da imagem, como no caso de uma polegada da tela corresponder a dez pés na realidade. Agora, quando seu sistema de ponto de acesso leve detectar um ponto de acesso não autorizado, poderá exibir o local aproximado no mapa.

Em ação

Usei o método a seguir muitas vezes durante testes de penetração: caminhei até a empresa de destino, plantei um ponto de acesso, fui embora e comecei a penetração da rede a partir do estacionamento. Logo, procurar alguém com um laptop em um carro estacionado pode ser um bom ponto de partida. Ironicamente, ainda não fui pego. Espero que, se algum dia for contratado para proteger sua rede, você não tenha dificuldades para me encontrar!

Um sistema assim também pode alertar o administrador quando detectar um ponto de acesso não autorizado. A maioria dos sistemas fornece o recurso de inserir um BSSID específico em uma lista branca, para quando você notar que o BSSID não está conectado à sua rede e não quiser mais ser alertado sobre sua presença. Alguns sistemas fornecem até mesmo o recurso de desautenticação de clientes da rede não autorizada. Esse pode ser um ótimo recurso para impedir que seus clientes internos se associem a uma rede sem fio insegura.

Sistemas sem ênfase em redes sem fio também podem ajudá-lo a identificar quando um dispositivo não autorizado for colocado em sua rede. As melhores opções são um sistema de detecção de invasão e o arpwatch.

O arpwatch é um programa de fonte aberta que nos permite procurar "eventos ARP" na rede. Ele mantém um banco de dados de pares atuais de endereço IP e endereço MAC e pode alertá-lo sobre qualquer alteração. Além disso, pode alertá-lo sobre qualquer novo endereço MAC que observar. O arpwatch é muito fácil de instalar e configurar; na verdade, vem pré-instalado no BackTrack. Ele é muito semelhante a um IDS pelo ruído que gera quando instalado. No entanto, ao ser configurado e executado por um curto período, precisa de pouca manutenção e é muito útil.

Para executar o arpwatch no BackTrack e receber alertas sobre eventos via email, primeiro você tem de instalar o programa sendmail usando apt-get install sendmail. Agora, pode executar o arpwatch e especificar qualquer endereço de email para o qual os alertas serão enviados. No exemplo a seguir, configuramos o arpwatch para monitorar a interface eth0 e alertar admin@zion.com sobre qualquer evento.

```
root@bt:~# apt-get install sendmail
root@bt:~# arpwatch -i eth0 -m admin@zion.com
```

A seguir, temos o exemplo de um alerta de email de um novo endereço MAC detectado na interface eth0. É preciso notar que as informações do fornecedor de Ethernet são extraídas de um banco de dados com base no OUI e, portanto, nem sempre são precisas. O alerta também fornece a hora em que esse endereço MAC foi visto pela primeira vez, o que pode ser uma ótima informação para seus registros.

```
hostname: <unknown>
 ip address: 10.0.0.201
 interface: eth0
 ethernet address: 08:00:27:f7:24:c1
 ethernet vendor: CADMUS COMPUTER SYSTEMS
 timestamp: Sunday, November 13, 2011 17:41:10 -0500
```

Outras tecnologias sem fio

Você pode ter perguntas sobre como outras tecnologias sem fio afetarão a segurança de sua empresa, mas, na verdade, já tem quase todas as respostas. Os mesmos problemas de segurança que ocorrem no 802.11a/b/g/n têm de ser combatidos, não importando a tecnologia sem fio subjacente. Tecnologias como o Bluetooth, redes sem fio de longo alcance e redes sem fio de banda larga (802.16) precisam assegurar a confidencialidade, a integridade e a disponibilidade de seus clientes e sistemas.

Os ataques específicos são exclusivos de cada tecnologia, mas os vetores de ataque são os mesmos. Por exemplo, o Bluetooth (802.15), que é uma tecnologia de curto alcance usada para criar "redes pessoais sem fio", ou WPANs, é vulnerável ao mesmo tipo de ataques das redes sem fio 802.11 tradicionais. Por exemplo, quando a comunicação não tem criptografia, alguém pode facilmente monitorá-la e capturar os dados.

O Bluetooth opera na frequência 2.4GHz, que é a mesma das tecnologias 802.11, mas tem um alcance muito mais curto (por projeto). Foi projetado para dispositivos eletrônicos dos consumidores como teclados, mouses, fones de ouvido e assim por diante. Pesquisadores demonstraram que, com antenas de alto alcance, eles podem se comunicar com dispositivos Bluetooth a partir de locais muito distantes, de até alguns quilômetros em certos casos. É claro que isso tem as mesmas implicações que afetam outros sistemas sem fio por não termos certeza se os sinais não serão captados por possíveis invasores.

O Zigbee é um protocolo de rede sem fio para dispositivos de curto alcance e baixo consumo de energia. Ele opera em algumas frequências, inclusive dando suporte à frequência 2.4GHZ. Foi projetado principalmente para ser usado dentro de soluções de dispositivos menores como os utensílios domésticos. No futuro, teremos tecnologias sem fio que não serão baseadas no que existe hoje, logo, elas também terão de fornecer medidas de segurança para os seguintes vetores de ataque:

- "Espionagem"
- Negação de serviço
- Segurança criptográfica

Soluções de próxima geração

Dois sistemas representam o futuro das soluções sem fio. São as soluções leves sem fio e as soluções sem fio em nuvem. Esses sistemas não mudam os princípios que você aprendeu neste capítulo, mas facilitam consideravelmente a implantação e o gerenciamento de redes sem fio de larga escala.

Outra tecnologia emergente é o sistema de detecção de invasão (IDS) de redes sem fio. Você deve lembrar que falamos nesses sistemas no Capítulo 6. Embora ache possível obter os mesmos benefícios com o uso de um IDS tradicional para redes com fio, a tecnologia está sempre mudando e os sistemas IDS para redes sem fio começam a oferecer recursos interessantes. Fica a seu cargo descobrir se eles valem o custo adicional.

Soluções sem fio leves

Definitivamente, as soluções sem fio leves devem ser usadas em qualquer implantação de redes sem fio de média a larga escala. Elas nos permitem implantar pontos de acesso e configurá-los automaticamente com base nos perfis criados. A maioria das soluções leves atuais se baseia no Lightweight Access Point Protocol (LWAPP) ou no protocolo Control and Provisioning of Wireless Access Points (CAPWAP).

Na verdade, muitos pontos de acesso sem fio existentes podem ser atualizados (com uma simples atualização de firmware) para "leves" e apresentar algumas das vantagens das tecnologias leves. As duas marcas líderes das soluções sem fio leves atuais são a Cisco e a Aruba. Não entraremos nos detalhes do que cada uma oferece; em vez disso, discutiremos como os sistemas LWAPP funcionam.

Quando você receber um novo ponto de acesso LWAPP do fabricante, poderá tirá-lo da caixa e ligá-lo diretamente à sua rede. Supondo que o controlador sem fio tenha sido configurado corretamente, o ponto de acesso o consultará, baixará sua configuração e começará a servir conexões sem fio automaticamente em minutos. Esse processo geral é mostrado na Figura 11-8. Existem algumas maneiras de o ponto de acesso "encontrar" o controlador sem fio. As duas mais populares são ele transmitir na camada 2 procurando o controlador ou obter o endereço IP do controlador via DHCP. Isso é feito com a configuração da opção 43 do escopo DHCP com o endereço IP do controlador. Alternativamente, você pode criar uma entrada DNS para o controlador sem fio que o ponto de acesso poderá consultar. Por exemplo, no caso de pontos de acesso LWAPP da Cisco,

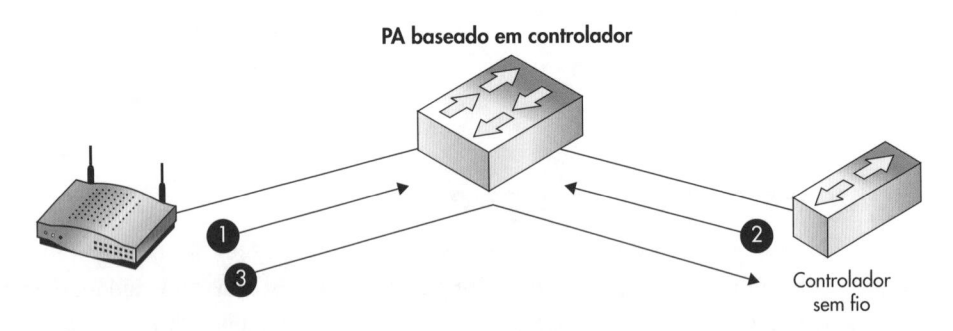

PA baseado em controlador

① PA transmite em conexão ethernet procurando controlador.

② Controlador responde "Estou aqui".

③ Ponto de acesso baixa configuração a partir do controlador.

Figura 11-8 Procura feita por pontos de acesso baseados em controlador.

você criaria um registro DNS para cisco-lwapp-controller.localdomain apontando para seu controlador.

Lembre-se, o uso de sistemas sem fio leves não muda os fundamentos aprendidos neste livro. Você continuará definindo as mesmas configurações de criptografia e autenticação recomendadas e aplicando-as aos seus pontos de acesso; só o que muda é o gerenciamento e a configuração de backend dos pontos de acesso. Normalmente, você gerenciaria o controlador (e, portanto, os perfis de configuração para pontos de acesso) por uma interface Web no próprio controlador.

Os sistemas baseados em controlador também facilitam o gerenciamento de pontos de acesso sem fio. Como mencionado anteriormente, a maioria dos sistemas de gerenciamento pode carregar uma imagem, definir a escala e marcar os locais em que os pontos de acesso foram instalados. O controlador pode, então, exibir os locais aproximados de clientes associados, pontos de acesso não autorizados e até mesmo dispositivos clientes não autorizados. Também é possível visualizar um *mapa de áreas quentes*, que exibe uma estimativa da intensidade de conexões sem fio em diferentes áreas do mapa. Além disso, a funcionalidade interna de IPS de redes sem fio pode ser usada a partir de todos os pontos de acesso.

Soluções sem fio baseadas em nuvem

As soluções sem fio baseadas em nuvem são uma nova espécie de pontos de acesso sem fio que, atualmente, estão levando os benefícios dos pontos de acesso LWAPP um passo além. Hoje, o principal fornecedor de soluções sem fio baseadas em nuvem é a Meraki (www.meraki.com). É importante entender que esses pontos de acesso não são pontos de acesso LWAPP, mas funcionam de maneira semelhante. Em vez de o ponto de acesso consultar a rede local para encontrar um controlador, ele é pré-configurado com o endereço do controlador Meraki localizado na Internet.

Provavelmente, a parte mais complexa da implantação de uma solução LWAPP seja a configuração do controlador. Com as soluções sem fio baseadas em nuvem, não é preciso configurar e implantar o controlador. Ele já existe (na nuvem) e está pronto para configurar e controlar os pontos de acesso sem fio.

> **Em ação**
>
> *Nuvem* é um novo termo técnico para algo que já existe há muito tempo – serviços hospedados na Internet. Nos últimos anos, várias tecnologias existentes migraram para a nuvem, que nunca tinha sido oferecida assim antes. Para usar serviços sem fio na nuvem, é preciso pegar o controlador de ponto de acesso, que costumava ficar na rede local, e passá-lo para um local de hospedagem na Internet.

> **Nota orçamentária**
>
> O fato de você não precisar mais pagar por um controlador significa que é possível economizar com o uso de uma solução sem fio baseada em nuvem. No entanto, é preciso considerar todos os custos das duas soluções se custo for uma preocupação. A principal vantagem é que você não terá o custo do controlador ou de sua configuração (treinamento ou consultoria). A principal desvantagem é que haverá o custo contínuo da inscrição no serviço, além de se ficar preso à estrutura de preços do fornecedor.

Os pontos de acesso são gerenciados por intermédio de uma interface Web, e temos todas as opções de configuração que já usávamos. Uma vez que o ponto de acesso for conectado à rede, ele baixará sua configuração a partir do controlador na Internet e funcionará como um ponto de acesso comum. Na Figura 11-9, podemos ver a topologia geral de uma solução sem fio baseada em nuvem. Se o controlar não puder ser acessado, o ponto de acesso continuará funcionando normalmente; no entanto, você não poderá visualizar suas estatísticas ou reconfigurá-lo até restaurar comunicações com o controlador.

Você pode achar que os pontos de acesso sem fio baseados em nuvem não seriam tão robustos quanto os pontos de acesso tradicionais, mas eles oferecem serviços idênticos que podem ser configurados em uma interface Web amigável. Alguns dos serviços são os seguintes:

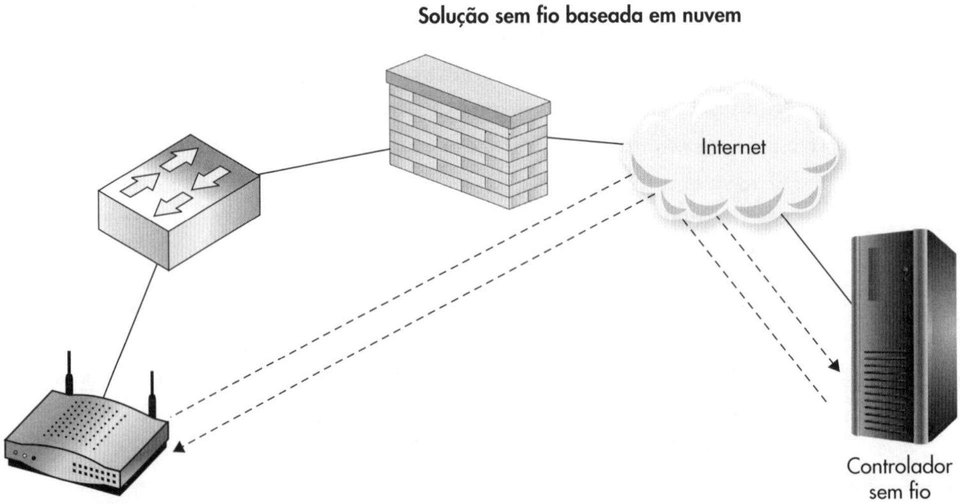

Figura 11-9 Pontos de acesso baseados em nuvem.

CAPÍTULO 11   Tratamento de pontos de acesso não autorizados e o futuro...

- Detecção de pontos de acesso não autorizados
- Funcionalidade de mapeamento
- Qualidade de serviço
- Filtragem de conteúdo
- Modelagem do tráfego (largura de banda restritiva)
- Páginas *splash* e portais cativos

IDS específico de redes sem fio

Os sistemas de detecção de intrusão a redes sem fio desempenham a mesma função de um IDS tradicional, exceto por terem o benefício adicional de monitorar indicações de ataques nas ondas aéreas. Com o uso de sistemas IDS para redes sem fio, não precisamos tomar as mesmas decisões de posicionamento dos sistemas de invasão tradicionais. Em vez disso, é necessário criar uma estratégia de implantação física para o fornecimento de um monitoramento eficaz do espaço aéreo de locais que precisem ser monitorados.

No que diz respeito aos sistemas IDS para redes sem fio comerciais, atualmente não há rivais para a Fluke Networks Airmagnet Enterprise. O Airmagnet usa dispositivos de varredura específicos de redes sem fio que previsivelmente se parecem muito com vários pontos de acesso sem fio. Ele dá suporte a varreduras que ultrapassam as frequências de qualquer placa de rede sem fio existente – indo bem além dos canais 1 a 14.

Para ver uma lista completa de todas as funcionalidades fornecidas pelo Airmagnet, acesse o site da Fluke em *http://www.flukenetworks.com*.

Você também pode usar o Kismet como sistema IDS específico de redes sem fio. Ele funciona de maneira muito semelhante ao que estamos acostumados a encontrar em um programa de wardriving; na verdade, é possível ter uma boa ideia de seu funcionamento como IDS executando-o a partir de um laptop. Você pode usar uma interface sem fio no computador do IDS ou usar os dispositivos de drone do Kismet para enviar informações para o servidor Kismet.

O Kismet tem uma boa lista de assinaturas IDS. Algumas delas incluem a detecção do seguinte:

- *Spoofing* de pontos de acesso (alerta se uma resposta de sinal ou sondagem for enviada a partir de um novo endereço MAC)
- Alterações no canal em que um ponto de acesso opera
- Excesso de desautenticações
- Desassociação enviada para um endereço de difusão
- Detecção de ferramentas de varredura ativas como o Netstumbler

Proteção do cliente

É claro que a proteção de seus pontos de extremidade sem fio deve ser prioritária. No Capítulo 5, discutimos várias maneiras de explorar e comprometer sistemas finais e sua comunicação na rede. Existem soluções técnicas e não técnicas que asseguram a integridade dos sistemas finais. Obviamente, você pode mitigar a maioria dos riscos educando de maneira apropriada os usuários que usarem seus sistemas sem fio.

Educação do usuário

Uma das coisas mais importantes que você pode fazer para aumentar a segurança de seus pontos de extremidade é treinar apropriadamente as pessoas responsáveis por eles! Muitas empresas oferecem treinamento automatizado (em geral, via vídeos que podem ser acessados pela Internet) ou em sala de aula. No entanto, após ler este livro, você já tem todas as informações de que precisa para elaborar um ótimo programa de treinamento de preocupação com a segurança.

Certifique-se de personalizar todo o treinamento para que atenda as necessidades específicas de sua empresa. Você deve tornar as informações úteis para os usuários, em sua vida tanto pessoal quanto profissional. Agregar valor auxiliando os usuários a se proteger contra a exploração na vida diária ajudará a assegurar que eles prestem atenção e aproveitem ao máximo o treinamento. Além de tornar as informações aplicáveis para seus alunos, você deve torná-las interessantes. A maioria dos ataques detalhados neste livro é muito interessante! Se você explicar aos usuários os ataques que podem ocorrer (e que são bastante usados) atualmente e reforçar a explicação com demonstrações atraentes, com certeza chamará sua atenção.

Aqui estão alguns dos tópicos específicos que você pode abordar:

- Como o uso de hotspots afeta a segurança
- A possibilidade de invasores visualizarem comunicações não criptografadas
- A importância do SSL e como detectar anomalias
- Quando e onde os usuários devem ver conexões sem fio corporativas (só nas dependências da corporação)
- Notificação de dispositivos sem fio não autorizados
- A importância de não compartilhar senhas e outras informações de segurança
- O tratamento de questões comuns e incomuns relacionadas à segurança (avisos de antivírus, detecção de vírus, avisos de IDS e assim por diante)
- Quem contatar em caso de dúvidas e possíveis problemas de segurança

CAPÍTULO 11   Tratamento de pontos de acesso não autorizados e o futuro...   **291**

Soluções técnicas para a segurança de pontos de extremidade

O tópico da segurança dos pontos de extremidade se tornou um assunto polêmico, e a indústria tem respondido com várias opções para assegurar esse tipo de proteção. Os sistemas tradicionais de segurança de pontos de extremidade não devem ser ignorados, e é preciso que você saiba como tudo funciona em conjunto para assegurar que os dispositivos sem fio permaneçam seguros. Sistemas sem ênfase em redes sem fio como antivírus, sistemas de detecção de intrusão e sistemas de prevenção de intrusão estão no topo da lista.

Objetos de diretiva de grupo

Você pode usar as configurações de conexão sem fio do Windows dentro da diretiva de grupo para restringir os recursos aos quais os usuários podem se conectar. Crie um novo objeto de diretiva de grupo e expanda Computer Configuration | Policies | Security Settings | Wireless Network (IEEE 802.11) Policies (Configuração do Computador | Diretivas | Configurações de Segurança | Diretivas de Rede Sem Fio (IEEE 802.11)). Em seguida, clique com o botão direito do mouse na tela à direita e selecione Create a New Wireless Network Policy for Windows Vista and Later Releases (Criar uma Nova Diretiva de Rede Sem Fio para o Windows Vista e Versões Posteriores). A primeira janela que verá será semelhante à Figura 11-10. Nessa janela, adicione qualquer uma das redes sem fio com a qual quiser que esse cliente possa se conectar.

Em seguida, clique na guia Network Permissions (Permissões de Rede) e verá uma janela semelhante à Figura 11-11. As opções da parte superior dessa tela são muito simples. A primeira impede que o sistema se associe a redes ad--hoc sem fio. Se você tiver negado especificamente o acesso a qualquer rede sem fio, pode privar o usuário até mesmo de visualizar as redes sem fio da lista do utilitário de configuração de WLANs do Windows. A quarta opção permite que os usuários criem perfis sem fio que qualquer outro usuário do computador local poderá usar. É claro que essa é uma questão discutível se a quinta caixa de seleção também for marcada. A opção Only Use Group Policy Profiles for Allowed Networks (Usar Somente Perfis da Diretiva de Grupo Para Redes Permitidas) é importante. Se for ativada, os usuários só poderão se conectar a redes sem fio que tenham sido configuradas pela diretiva de grupo.

As três últimas opções, sob Windows 7 Policy Settings (Configurações de Diretivas do Windows 7), só são aplicáveis ao Windows 7 – dá para entender? A primeira opção é importante porque proíbe os usuários de transformar sua máquina em um ponto de acesso (um novo recurso do Windows 7). A segunda proíbe o computador de armazenar credenciais de usuário para serem usadas na autenticação

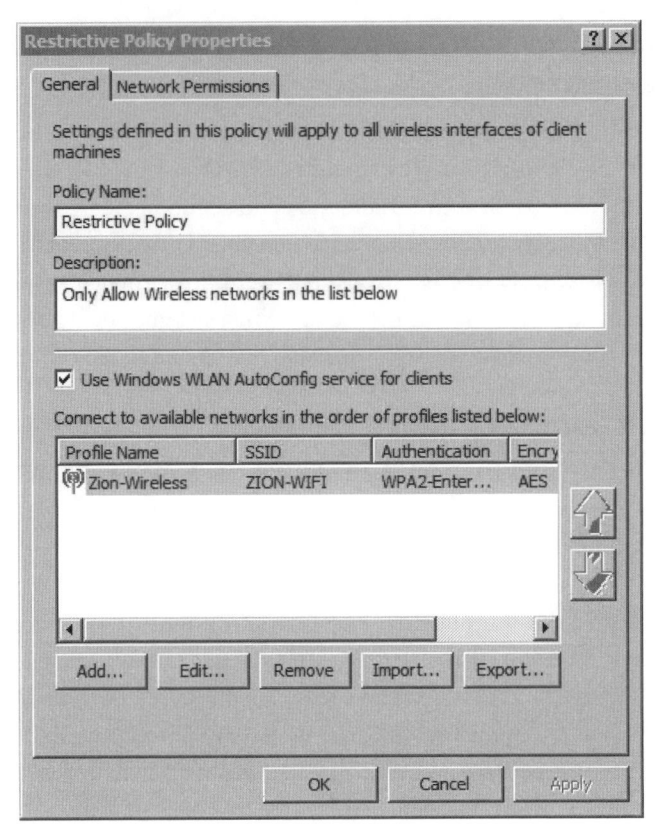

Figura 11-10 GPO de restrição de acesso a redes sem fio.

em redes sem fio quando não houver qualquer usuário conectado. A última opção configura o período de tempo que um computador deve esperar antes da conexão automática a uma rede preferencial.

Lembre-se de considerar bem todas as suas opções e determinar *exatamente* que riscos está mitigando ao implantar uma solução de segurança específica. No caso da configuração de um GPO para limitar as redes sem fio às quais um cliente pode se associar, o que exatamente está evitando? Ao só permitir que os usuários se conectem com redes sem fio configuradas, está evitando que eles se conectem com possíveis redes maliciosas.

Não se esqueça, no entanto, de que, se você tiver configurado redes sem fio preferenciais com métodos de autenticação fracos, provavelmente isso não ajudará muito contra um invasor. No Capítulo 5, vimos que o invasor pode responder a sinais do computador cliente alegando ser uma rede sem fio solicitada. Logo, se você tiver configurado uma rede sem fio preferencial sem criptografia ou autenticação, ele pode fingir ser essa rede onde quer que o usuário esteja. Lembre-se também de que, se você estiver usando o WPA2-Enterprise sem autenticar o ponto de acesso, seus usuários ainda podem estar vulneráveis.

CAPÍTULO 11   Tratamento de pontos de acesso não autorizados e o futuro...   **293**

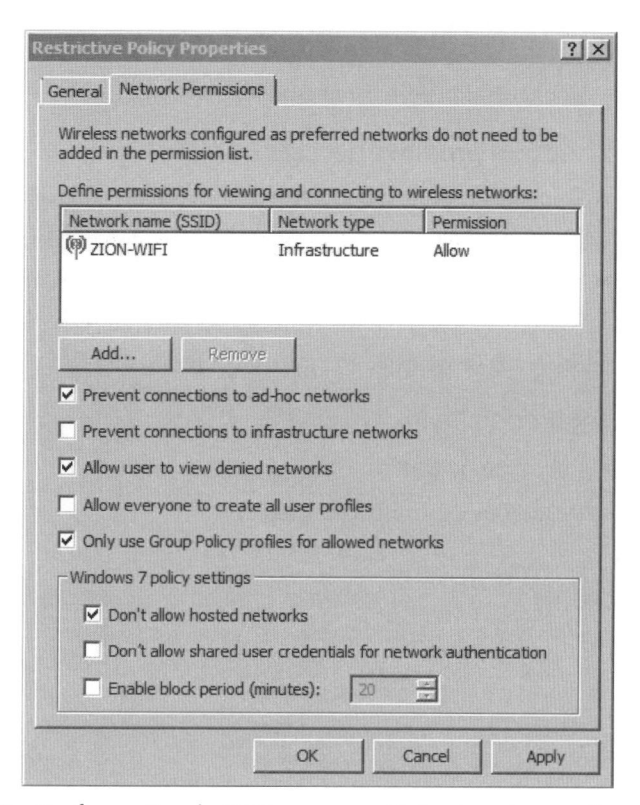

Figura 11-11   Configurações de GPO para a restrição de redes sem fio.

O que vimos

Neste capítulo, abordamos maneiras de você tratar redes sem fio não autorizadas. Você aprendeu maneiras de impedir que um dispositivo não autorizado opere apropriadamente em sua rede assim como maneiras de rastreá-lo lógica e fisicamente. Além disso, abordamos os tópicos a seguir:

Tratando pontos de acesso não autorizados

- Impedindo que dispositivos sem fio operem em sua rede usando
  - Controle de acesso 802.1x baseado em porta
  - Controle de acesso de rede
  - Segurança de portas
- Usando o programa arpwatch para procurar em sua rede novos clientes e tráfego ARP suspeito
- Detectando redes sem fio não autorizadas usando ferramentas de enumeração de redes sem fio
- Rastreando dispositivos sem fio pela consulta às tabelas CAM de seus *switches*

Outras tecnologias sem fio
- Conhecendo vetores de ataque recorrentes

Soluções de próxima geração
- Soluções de pontos de acesso leves (usando controladores em sua rede local para gerenciar pontos de acesso leves)
- Soluções sem fio baseadas em nuvem (sistemas baseados na Internet para configurar e gerenciar pontos de acesso sem fio)
- Sistemas de detecção de intrusão a redes sem fio

Proteção do cliente
- Educação do usuário
- Restrições de diretiva de grupo

APÊNDICE

Linux: O sistema operacional preferido do engenheiro de rede sem fio

O sistema operacional Linux

Durante sua carreira, certamente você irá se deparar com vários sistemas operacionais independentemente das atribuições de seu cargo. Só alguns sistemas operacionais dominam o universo de TI, e, definitivamente, o Linux faz parte desse grupo. Se você nunca teve a oportunidade de trabalhar com o Linux, agora é a hora certa para tal. Existem muitas ferramentas de segurança de redes sem fio disponíveis para o Linux que não são executadas no Windows ou no Mac OS. Além de ser um sistema operacional desktop perfeito para usuários de redes sem fio, ele também é um participante importante do mercado de servidores. Seu conhecimento do Linux será um grande benefício para você e sua carreira.

O Linux é um sistema operacional (kernel) livre e de fonte aberta lançado sob o modelo de licença pública GNU. O termo *fonte aberta* significa que o código subjacente está disponível para quem quiser ver e manipular. Isso é o oposto dos softwares mais comerciais, que são de *fonte fechada*, ou seja, o código-fonte não está disponível para o público.

Variações ou "versões" diferentes do Linux são chamadas de *distribuições Linux*. Pode ser um pouco confuso tentar entender por que existem tantas distribuições Linux, quais são as diferenças e por que uma seria melhor do que a outra. Após passar algum tempo com algumas distribuições, você entenderá rapidamente o que torna cada uma exclusiva e começará a desenvolver sua própria preferência por diferentes distribuições. Tecnicamente, o nome Linux deriva do kernel do sistema operacional, criado por Linus Torvalds. No entanto, muitas pessoas chamam o próprio sistema operacional e todas as suas distribuições de "Linux", o que é perfeitamente aceitável.

Vejamos algumas das principais diferenças entre as várias distribuições Linux:

- O software padrão disponível na instalação
- O suporte disponível de uma empresa comercial
- Os programas de gerenciamento de software
- Os processos de instalação

Provavelmente, as duas diferenças mais importantes sejam o suporte disponível de uma empresa comercial e os programas padrão instalados. Muitas empresas só permitem que um software de fonte aberta seja usado em seu ambiente se souberem que haverá suporte disponível. Algumas distribuições Linux, inclusive o RedHat e o SuSe, oferecem suporte comercial (e muito bom). Para ver uma lista mais extensa de distribuições Linux, acesse o site Distrowatch.com. Aqui está uma lista das distribuições Linux mais populares (sem ordem específica):

- BackTrack
- RedHat

APÊNDICE Linux: O sistema operacional preferido do engenheiro...

- SuSe
- Debian
- Ubuntu
- Gentoo
- Slackware
- Fedora

Se você é iniciante no Linux ou nem mesmo chegou a tocar nele antes, não se preocupe! Nem um pouco. Apesar de o Linux ser extenso, na verdade é muito fácil de se acostumar com ele. O ambiente gráfico foi projetado de tal forma que torna a navegação intuitiva para pessoas que conhecem o Windows. Instalei o Linux no laptop de minha namorada (que não é da área técnica) e ela não teve problema algum para fazer tudo de que precisava. Conectar-se a uma rede sem fio, navegar na Internet, baixar arquivos, redigir documentos – ela não teve problemas para fazer tudo isso sem ajuda.

Neste livro, são abordados muitos utilitários e ferramentas que só funcionam no Linux, mas isso não o torna mais difícil de usar. Você achará o Linux um sistema operacional configurado muito logicamente, talvez até mais do que os sistemas operacionais comerciais que está acostumado a usar.

BackTrack: a distribuição do Linux que usamos

Todas as ferramentas de ataque abordadas nos Capítulos 4 e 5 vêm pré-instaladas no BackTrack, assim como algumas das ferramentas de defesa abordadas no Capítulo 6. Quando este texto foi escrito, o BackTrack versão 5 R1 estava sendo oferecido. O BackTrack pode ser executado em computadores Intel tanto de 32 quanto de 64 bits.

Além de todas as ferramentas direcionadas a redes sem fio, o BackTrack vem com uma quantidade inacreditável de outras ferramentas de segurança pré-instaladas. Se você é responsável pela segurança de sua empresa, ou mesmo se a segurança for apenas um hobby, achará útil essa extensa lista de ferramentas. O BackTrack é baseado na distribuição Debian do Linux, ou seja, usa o conjunto de utilitários apt na instalação do programa. O grupo de comandos apt facilita muito a instalação, desinstalação, atualização ou gerenciamento dos programas existentes no computador.

Nota

Se você não tem certeza se seu computador tem 32 ou 64 bits, pode descobrir visualizando as informações do processador na BIOS. Alternativamente, se estiver usando o sistema operacional Windows, clique com o botão direito do mouse em Meu Computador e selecione Propriedades para ver essa informação.

Baixando e gravando o BackTrack

O sistema operacional BackTrack pode ser baixado de sua página de download (*http://www.backtrack-linux-org/downloads/*). Nessa página, você pode ser solicitado a se registrar. Se quiser fornecer seu endereço de email, fique à vontade; no entanto, não é necessário.

Selecione a versão que deseja baixar (atualmente, a versão mais recente é o BackTrack 5 R3). Em WM Flavor, selecione Gnome. Esse campo indica que gerenciador de janelas será baixado. Os gerenciadores de janelas implementam a aparência do ambiente gráfico do Linux. Os diversos gerenciadores de janelas fornecem uma aparência e opções de configuração diferentes para a alteração do ambiente gráfico. É provável que o Gnome e o KDE sejam as duas opções mais populares. Ambos lembram muito a área de trabalho do Windows que você deve conhecer.

Selecione a arquitetura do computador em que executará o BackTrack. Na seção Image, selecione ISO. Um ISO é basicamente uma "imagem" de um DVD inteiro em um único arquivo. A maioria dos programas de gravação de DVDs nos permite gravar um ISO diretamente em um DVD. Se você conhece o BitTorrent, pode selecione a opção Torrent; caso contrário, selecione Direct para baixar o arquivo diretamente de backtrack-linux-org. O arquivo tem mais de 2GB, logo, não caberá em um CD.

Seu navegador deve ficar com uma aparência semelhante à da Figura A-1.

Uma vez que você tiver baixado o ISO do BackTrack, terá de gravá-lo em um DVD para poder inicializar o sistema operacional. A maioria dos programas de gravação de DVDs tem uma opção como "Gravar uma Imagem de DVD" ou

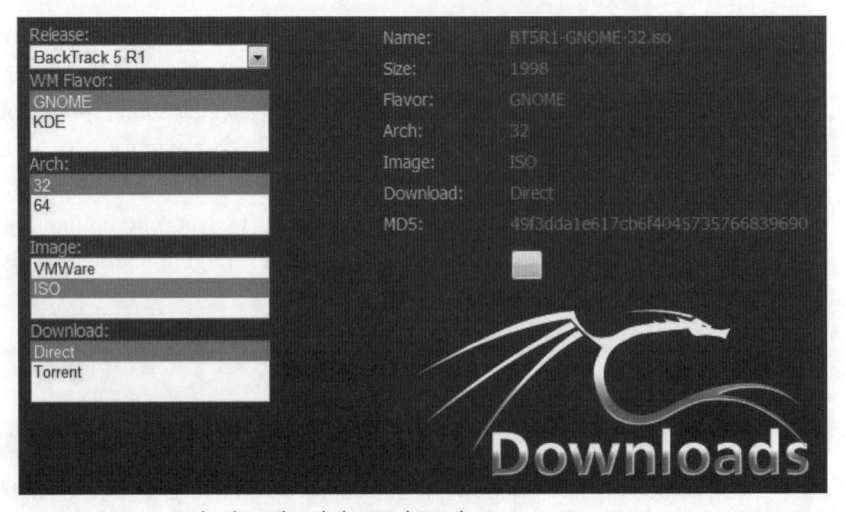

Figura A-1 Página de download do BackTrack.

APÊNDICE   Linux: O sistema operacional preferido do engenheiro...   **299**

"Gravar um DVD Inicializável". Se você gravar um DVD de dados comum, seu computador não poderá fazer a inicialização a partir dele. Certifique-se de saber que opções devem ser selecionadas em seu programa de gravação específico para tornar o DVD inicializável.

Inicializando o BackTrack a partir de uma unidade USB

Como alternativa a gravar um DVD inicializável, você pode usar um programa chamado UNetbootin para extrair o arquivo ISO para uma unidade USB e tornar a unidade inicializável (consulte a Figura A-2). Para criar uma unidade USB inicializável do Linux, baixe o UNetbootin de *http://unetbootin.sourceforge.net* clicando no botão grande de download do sistema operacional a partir do qual o executará.

O UNetbootin inclui um recurso que baixa o sistema operacional e depois o copia na unidade USB. Não precisamos usá-lo porque já baixamos o ISO. Descobri que é mais confiável baixar o ISO separadamente e depois copiá-lo em uma unidade USB usando o UNetbootin.

Em vez de selecionar a distribuição na parte superior do UNetbootin, clique no botão de rádio Diskimage na parte inferior. Selecione ISO e navegue até o local do ISO do BackTrack. Nas caixas abaixo, selecione USB Drive como configuração do tipo e escolha a letra da unidade na caixa Drive. Clique no botão OK e na unidade USB e, quando o ISO estiver copiado, você terá uma unidade USB inicializável.

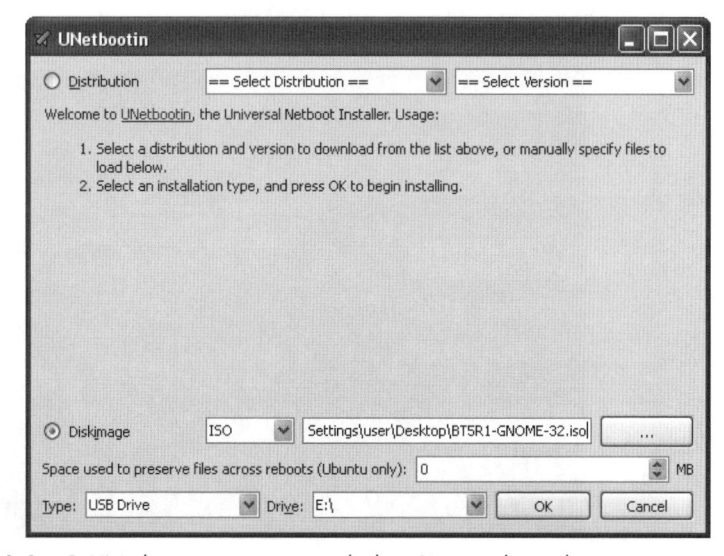

Figura A-2   O UNetbootin cria uma unidade USB inicializável.

```
ISOLINUX 3.63 Debian-2008-07-15  Copyright (C) 1994-2008 H. Peter Anvin
boot: _
```

Figura A-3   Tela de inicialização do BackTrack.

Inicializando o BackTrack

Fazer a inicialização usando seu novo DVD ou unidade USB do BackTrack é muito simples. Quando executar a primeira inicialização, você verá um prompt semelhante ao da Figura A-3. Apenas pressione ENTER nessa tela para ver o menu de seleção de inicialização, mostrado na Figura A-4.

No menu de seleção de inicialização, são exibidas algumas opções que mudam como o BackTrack é carregado. Para as tarefas deste livro, você pode selecionar a primeira opção: BackTrack Text – Default Boot Text Mode. A terceira opção, BackTrack Forensics, é ótima para a execução da análise forense de um sistema e, por padrão, não "toca" nas unidades físicas. Você também pode fazer a inicialização do sistema operacional de seu computador selecionando a última opção, Hard Drive Boot. Vale a pena verificar as outras opções, mas elas não o ajudarão com os exemplos.

Uma vez que a inicialização do BackTrack terminar, você verá um prompt de terminal como o seguinte:

```
root@root:~#
```

Você perceberá duas notas acima do prompt de terminal informando que a senha root padrão é toor (root de trás para frente) e que o comando que inicia o

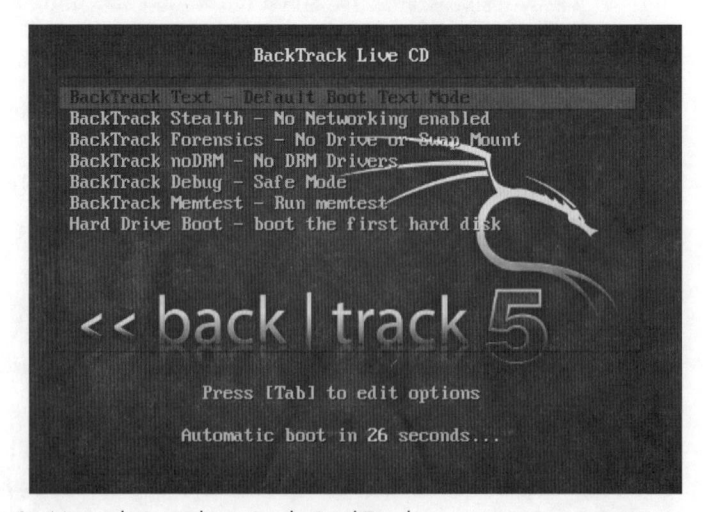

Figura A-4   Menu de inicialização do BackTrack.

ambiente gráfico é startx. Para iniciar o ambiente gráfico, é só digitar o comando **startx**, que carrega o X. O Linux, diferentemente do Windows, não está rigorosamente ligado a um ambiente gráfico e pode ser executado até mesmo sem que ele seja carregado. O ambiente gráfico, chamado de X ou X11, é muito básico. Acima do X é executado um gerenciador de janelas, que adiciona recursos e "embeleza" ainda mais a aparência do Linux.

O ambiente gráfico do Gnome

A interface do Linux é muito intuitiva, e, em pouquíssimo tempo, você estará navegando nela como um especialista. A barra na parte inferior da tela exibe todas as janelas abertas, de maneira semelhante ao que ocorre na barra de tarefas do Windows. Essas barras são chamadas de *painéis* no Gnome. Ao contrário do que vemos no Windows, o botão inferior esquerdo não é Iniciar; em vez disso, ele minimiza todas as janelas que estão abertas atualmente (muito útil). Você também notará quatro quadrados ao longo do lado direito da mesma barra. Eles representam áreas de trabalho virtuais que mantêm as janelas abertas separadas, o que pode ser bastante útil quando você tiver muitas janelas abertas. Você pode abrir as janelas de uma tarefa específica em uma área de trabalho e, então, mudar para as outras áreas de trabalho clicando nos ícones correspondentes na parte inferior à direita.

O ícone de dragão no canto superior esquerdo funciona de maneira muito semelhante ao botão Iniciar do Windows. Clique nele para visualizar uma lista de grupos de programas comuns. A partir do grupo Internet, você pode iniciar o navegador Firefox ou abrir o gerenciador de rede Wicd. O programa Wicd é usado para configurar interfaces de rede sem e com fio por intermédio de uma interface gráfica fácil de usar. Se você já usou a ferramenta de configuração de redes sem fio do Windows, não terá problemas para usar o Wicd.

Também temos um botão Places no painel principal. Ele inclui atalhos para "regiões" locais como a pasta-base e qualquer unidade conectada localmente. À direita, temos o botão System, que contém várias tarefas encontradas no Painel de Controle do Windows, como a configuração de mouse, teclado, som, gerenciamento de energia e assim por diante.

À direita de System, você verá o ícone mostrado na Figura A-5. Trata-se de um atalho para o terminal do Gnome. O terminal do Gnome adiciona alguns recursos gráficos úteis ao terminal X padrão. Por exemplo, você pode realçar um texto no terminal, selecionar Edit | Copy e, então, colá-lo onde necessário. Você também pode abrir vários terminais em uma janela usando abas. Para criar uma nova aba, clique em File e selecione Open Tab.

Figura A-5 O ícone de terminal do Gnome.

Comandos básicos do Linux

Historicamente, as pessoas têm achado o Linux um sistema operacional difícil de usar, em parte porque ele dá ênfase à linha de comando. É verdade que, no passado, os ambientes gráficos não eram tão intuitivos quanto hoje; no entanto, grande parte do poder do Linux vem do fato de podermos executar qualquer tarefa diretamente a partir da linha de comando. Isso também significa que todas as tarefas podem ser geradas em script, o que agiliza muito tarefas comuns.

Vejamos algumas das tarefas mais básicas que você terá de executar no Linux:

- Entender o *shell* do Linux
- Executar comandos
- Obter ajuda
- Navegar no sistema de arquivos do Linux
- Instalar softwares no BackTrack
- Administração básica de usuários
- Configurar a rede
- Entender as permissões de arquivos
- Criar scripts básicos

Entendendo o shell do Linux

No Windows, você está acostumado a executar cmd.exe quando quer usar ferramentas de linha de comando. No Linux, existem algumas opções de interfaces para a linha de comando. No nível mais básico, a maioria dos *shells* é quase idêntica. Você só verá diferença quando começar a criar scripts para *shells* distintos. Abordaremos a criação de scripts com mais detalhes em breve.

O *shell* mais popular é o Bourne Again Shell, ou bash. Trata-se de um jogo de palavras com o A Shell, ou ash. Cada *shell* tem seu próprio conjunto de comandos internos; por exemplo, cd (abreviação de change directory) vem embutido no *shell* em vez de ser um programa binário externo.

Executando comandos

É extremamente fácil executar um comando a partir de um *shell* – é só digitar o comando. Não podemos esquecer a variável PATH, que informa ao *shell* em que pastas devem ser procurados os programas que queremos executar. No *shell* bash, o caminho é configurado com a variável $PATH. Para visualizar o caminho atual, digite **echo $PATH** (lembre-se de que, nas variáveis, há diferenciação entre maiúsculas e minúsculas).

Os comandos mais básicos para a movimentação dentro do sistema de arquivos são os mesmos do Windows, como mostrado na tabela a seguir. O comando cd é usado na passagem para outro diretório e dir lista o conteúdo do diretório atual. No entanto, você deve se acostumar a usar o comando ls, que é a abreviação de *list*. O comando ls é basicamente a versão do Linux para dir. Muitos sistemas têm um alias configurado para que, quando um usuário digitar o comando dir, o comando ls seja executado.

Comando	Descrição
cd	Usado para mudar o diretório (p. ex., cd /home/).
ls	Usado para listar o conteúdo do diretório (p. ex., ls /home/).
cat	Usado para concatenar arquivos ou exibir seu conteúdo (p. ex., cat file.txt).
whereis	Usado para exibir o local de programas binários ou arquivos (p. ex., whereis vi).
pwd	Present Working Directory. Usado para exibir o diretório atual (p. ex., pwd).
alias	Usado para criar o alias de um comando (p. ex., alias l="ls –l –color").
grep	Usado para procurar linhas que coincidam com um padrão específico.

O comando alias é, provavelmente, uma das mais úteis e, mesmo assim, subutilizadas ferramentas de um sistema Linux. Ele vem embutido no *shell* bash e permite a criação de uma espécie de atalho de comando. Quando você começar a explorar o Linux e usá-lo com mais frequência, notará que, quase sempre, é preciso digitar os mesmos comandos com argumentos semelhantes. Não seria bom se pudesse digitar bem menos caracteres e a mesma ação ser executada? Com o comando alias, você pode fazer exatamente isso!

Comecemos com o exemplo mais básico. Na Figura A-6, você pode ver que, primeiro, tentamos executar o comando p, mas fomos informados de que ele não é válido. Em seguida, configuramos p para ser um alias do programa pwd (Present Working Directory). Assim, quando inserimos p, o programa pwd foi executado, exibindo nosso diretório de trabalho atual.

Para ver os aliases atuais, é só executar o comando alias. Na Figura A-7, podemos ver os aliases padrão configurados para o *shell* de seu BackTrack.

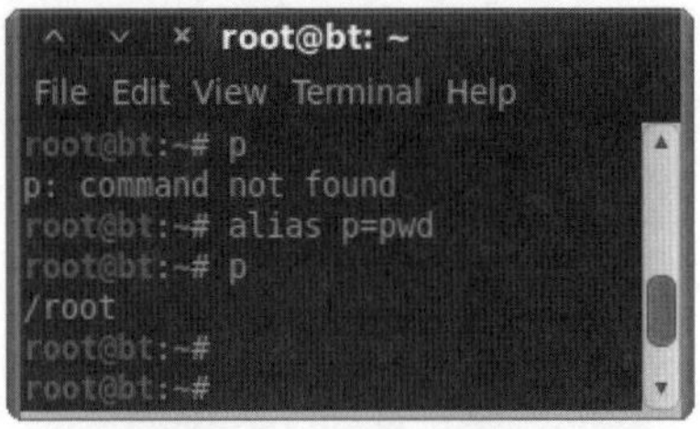

Figura A-6 Um exemplo do comando alias.

Agora, examinemos um exemplo um pouco mais complexo. E se quisermos criar um alias tanto para o comando quanto para seus argumentos? É só colocar o comando inteiro entre aspas, como no exemplo a seguir:

root@bt:~# alias l='ls -l -color'

Outro comando que você precisa conhecer é grep. O comando grep nos permite procurar um padrão específico dentro de qualquer saída de texto. Ele é extremamente flexível, logo, não entraremos em detalhes aqui. O exemplo mais básico seria exibir o conteúdo de um arquivo usando o comando cat, com um pipe passar a saída para grep, e procurar a palavra *root*. O comando teria essa aparência:

cat file.txt | grep root

O pipe é um caractere especial que você pode usar entre comandos para enviar a saída de um comando como entrada para outro. Normalmente, sua tecla fica acima da tecla ENTER no teclado. No exemplo anterior, pegamos a saída do comando cat e a enviamos como entrada para o comando grep.

Obtendo ajuda com comandos do Linux

É bastante fácil obter ajuda e informações adicionais sobre programas e sistemas Linux. Além dos recursos usuais da Internet, como fóruns e sites, existem algumas opções internas para a obtenção de ajuda. Os três comandos mais úteis para se obter ajuda relacionada a um programa conhecido são man, info e help. O comando man significa manual, e é só fornecer o nome do programa como

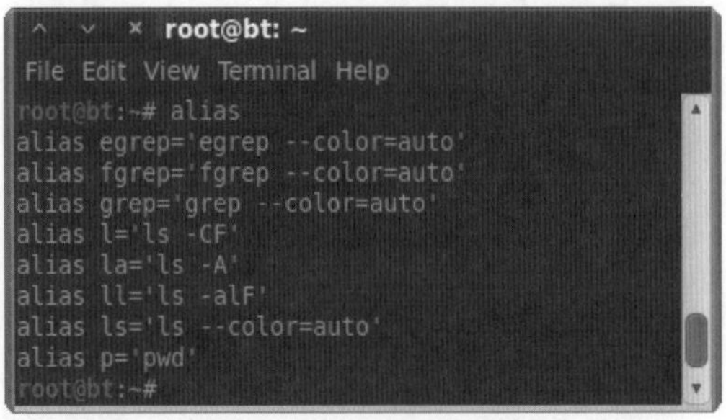

Figura A-7 Comandos alias padrão.

argumento. Por exemplo, para ver a página do manual referente ao comando nslookup, você digitaria o seguinte:

```
man nslookup
```

Uma versão mais recente do comando man é o comando info, que normalmente fornece mais informações do que man. A sintaxe é a mesma; é só fornecer o nome do programa como argumento. Também há o comando help, que fornece informações úteis sobre o *shell* bash. Isso pode ser extremamente prático quando você estiver criando scripts bash.

Você também pode usar os comandos apropos e find se precisar apenas de uma indicação da direção certa. O comando apropos procura nas páginas do manual a palavra-chave fornecida. Por exemplo, se você usar o comando a seguir, apropos encontrará qualquer página do manual sobre ferramentas relacionadas a conexões sem fio (muito útil):

```
apropos wireless
```

Da mesma forma, você precisa conhecer o comando find. Ele apenas procura no caminho especificado qualquer palavra-chave fornecida, semelhante a como opera a funcionalidade de busca do Windows. Um exemplo muito básico seria o seguinte:

```
find / -iname "passwd"
```

O primeiro argumento é o diretório a ser pesquisado; nesse caso, estamos começando no diretório raiz e pesquisando todos os subdiretórios. O último argumento é o nome do arquivo que estamos procurando. O argumento iname solicita ao comando find que procure qualquer arquivo chamado passwd não importando a caixa das letras (não diferencia maiúsculas de minúsculas). Como a maioria dos comandos do Linux, o comando find tem muitas opções disponíveis que o tornam extremamente flexível. Você também pode usar os caracteres especiais que está acostumado a usar no Windows. Por exemplo, para procurar arquivos com a *string* "passwd" em qualquer local de seu nome, poderia usar "passwd". Se quiser, examine outras opções usando o comando man.

A tabela a seguir resume os comandos básicos do Linux.

Comando	Descrição
man	Exibe a página do manual referente ao comando fornecido
info	Exibe a página de informações do comando fornecido
help	Exibe ajuda referente a funções internas do *shell*
apropos	Busca palavras-chave nas páginas do manual
find	Procura no sistema de arquivos as palavras-chave específicas

Navegando no sistema de arquivos do Linux

O sistema de arquivos do Linux é muito simples e, com o tempo, você o achará bem mais fácil de usar do que o sistema de arquivos do Windows. No Windows, nos acostumamos a usar a unidade C como partição raiz; no Linux, a partição raiz é indicada apenas por uma barra. Tudo, inclusive outras unidades, fica localizado em algum local sob a pasta raiz.

A tabela a seguir lista algumas das pastas mais importantes da instalação padrão do BackTrack.

Pasta	Descrição
/	O diretório raiz, que contém todos os outros diretórios
/etc	Contém muitos arquivos de configuração, para programas tanto do sistema quanto individuais
/bin	Contém programas binários muito básicos
/sbin	Contém binários do sistema
/lib	Contém bibliotecas compartilhadas, semelhantes às DLLs do Windows
/home	Contém diretórios do usuário, como na pasta C:\Documents and Settings\ do Windows
/root	O diretório-base do usuário root
/proc	Contém informações dinâmicas sobre processos e o estado atual do sistema
/pentest	Um diretório específico do BackTrack com muitas das ferramentas de segurança mencionadas neste livro
/mnt	Contém pontos de montagem de outras unidades, inclusive de CD, USB e assim por diante

Um ponto representa o diretório de trabalho atual. Logo, para listar o conteúdo de seu diretório atual, você poderia executar o comando a seguir:

```
ls ./
```

Para representar o diretório acima de seu diretório atual, você pode usar dois pontos. O diretório pai ficaria assim:

```
../
```

Você também pode passar para um diretório acima, dessa forma:

```
cd ../
```

Instalando softwares no BackTrack

O BackTrack foi baseado na distribuição Debian do Linux, ou seja, o sistema básico para a instalação de softwares é o grupo apt de ferramentas. Não poderia ser mais fácil instalar softwares em um sistema operacional baseado no Debian. Você pode procurar um programa, e, uma vez identificado o nome do pacote, deve apenas executar o apt, que baixará automaticamente o programa, junto com qualquer arquivo necessário a partir de uma lista de servidores definidos (e aprovados), e o instalará em seu sistema.

Usando o apt, você pode até atualizar seu sistema operacional inteiro automaticamente. Isso seria como digitar um comando e seu computador Windows XP ser atualizado para o Windows 7 pela Internet! Muito engenhoso, em minha opinião. A maioria das ferramentas e programas mencionada neste livro vem pré-instalada no BackTrack, o que o torna a distribuição perfeita para nossas necessidades. No entanto, examinemos um exemplo simples de instalação do pidgin, um cliente de bate-papo popular multiprotocolo.

A primeira coisa que devemos fazer é verificar se a lista de softwares disponíveis para download está atualizada. Para fazê-lo, é só executar o comando apt-get com o argumento update, como mostrado aqui:

```
root@root:~# apt-get update
```

Para o apt poder atualizar todos os seus índices, você tem de estar conectado à Internet. Será exibida uma saída extensa; não se preocupe com o que cada linha diz individualmente. No fim da saída, é possível que você veja uma linha semelhante à seguinte:

```
W: Some index files failed to download, they have been ignored,
or old ones used instead.
```

Isso é normal; significa apenas que alguns dos servidores de nossa lista podem estar inacessíveis nesse momento. Em seguida, procuraremos o nome do programa que queremos instalar usando apt-cache search. Nesse caso, sabemos seu nome; logo, usaremos o comando a seguir:

```
root@root:~# 'apt-cache search pidgin'
```

No lado esquerdo da saída está o nome do pacote que pode ser instalado. Você notará que são exibidos muitos resultados na busca do pidgin. Isso ocorre porque os resultados incluem não só o programa propriamente dito, mas qualquer coisa que faça referência ao pidgin. Normalmente, é preciso percorrer a lista para encontrar o candidato mais provável ao pacote que se deseja instalar. Em outras situações, pode haver um tutorial que informe o pacote a ser instalado.

Nesse caso, estamos vendo apenas um pacote chamado "pidgin". Parece um possível candidato, portanto, o instalaremos. Ele será instalado com o uso da opção apt-get install:

```
root@root:~# apt-get install pidgin
```

Você notará que, antes de o programa ser instalado, é informado o espaço em disco necessário à instalação. Nesse caso, meros 36,9MB de espaço em disco são necessários. Digite **y** para confirmar e verá o programa ser baixado e instalado. Quando acabar, você será levado novamente ao terminal e poderá executar o programa. Digite **pidgin** para executá-lo.

A seguir, temos a colinha de uma instalação feita com o programa apt:

Comando	Descrição
apt-get update	Atualiza os arquivos do índice de fontes do apt.
apt-cache search	Procura um pacote específico nos arquivos do índice do apt.
apt-get install	Baixa e instala o pacote especificado.

Administração básica de usuários

Usuários e grupos são criados e gerenciados de maneira um pouco diferente dos sistemas Windows. As contas de usuário são armazenadas no arquivo /etc/passwd (chamado de arquivo de senhas). O arquivo de senhas é um arquivo baseado em texto com cada conta em uma linha separada. Examinemos algumas das entradas do arquivo de senhas (consulte a Figura A-8).

Os campos são separados por dois pontos, e o primeiro campo é o nome do usuário. Na Figura A-8, você verá que a primeira entrada é da conta root. O segundo campo, que é simplesmente a letra x, denota que a senha está armazenada em outro local. Ironicamente, as senhas não são mais armazenadas no arquivo de senhas. Já que ele pode ser lido por todos os usuários do sistema, faz sentido armazenar as senhas em um arquivo separado.

O último campo exibe o *shell* padrão do usuário; o usuário root usa o *shell* bash localizado em /bin/bash. O campo anterior identifica o diretório-base do usuário (/root para o usuário root) e o que vem antes lista o nome do grupo primário do qual o usuário é membro.

As senhas são armazenadas em forma criptografada no arquivo /etc/shadow. Na Figura A-9, você verá que procuramos uma entrada para root no arquivo shadow. Notará também que a senha está em código *hash*.

Figura A-8 Conteúdo do arquivo de senhas.

APÊNDICE   Linux: O sistema operacional preferido do engenheiro...   **309**

Figura A-9   A entrada "root" no arquivo shadow.

É muito simples alterar senhas. Em um terminal, digite o comando password sem argumentos; ele solicitará sua senha antiga e que você insira a nova senha duas vezes. Você também pode redefinir uma senha para outra conta de usuário fornecendo o nome de login como argumento para o programa passwd. Por exemplo, para alterar a senha da conta de usuário jsmith, você digitaria o seguinte:

```
passwd jsmith
```

Para criar novas contas de usuário, você pode usar o programa useradd ou o script adduser. Forneça ao script adduser o nome de usuário que gostaria de adicionar e ele solicitará o resto das informações. É possível ver na Figura A-10 que executamos

```
adduser neo
```

e nos foi solicitado o resto das informações necessárias.

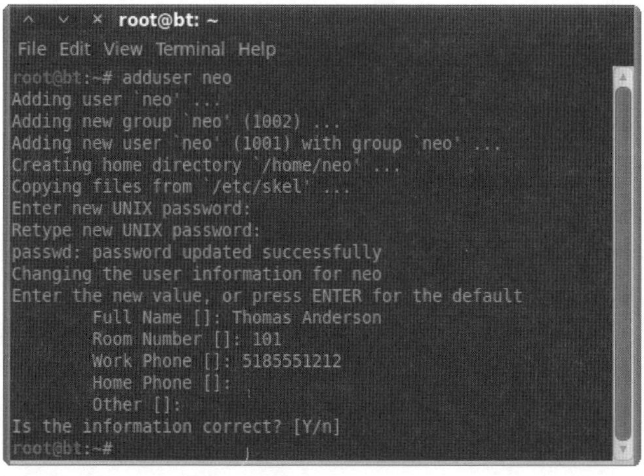

Figura A-10   Exemplo do comando adduser.

Configuração básica da rede

O Linux é um sistema operacional extremamente direcionado a redes. Essas são ótimas notícias, já que você está lendo um livro sobre redes! Vários comandos internos e programas padrão vêm instalados para executar uma grande quantidade de tarefas de rede, nos dando inclusive a oportunidade de usar scripts para todas as configurações de rede imagináveis.

Algumas das ferramentas de linha de comando que você está acostumado a usar no Windows também existem no Linux, e a maioria delas inclui melhorias que fornecem funcionalidades adicionais ou, pelo menos, as fazem funcionar melhor ou mais rápido do que suas equivalentes do Windows. Comandos como ping, nslookup e telnet funcionam quase de maneira idêntica às versões do Windows.

É claro que não podemos examinar todos os comandos de rede e argumentos disponíveis e seus usos; no entanto, a tabela a seguir fornece uma boa lista introdutória. Não deixe de testar cada um dos comandos; se precisar de ajuda, lembre-se das habilidades que aprendeu anteriormente sobre obtenção de ajuda.

Comando	Descrição
ifconfig	Configuração de interface de rede
ping	Solicitação básica de eco ICMP
traceroute	Rastreia o caminho da rede até um *host* remoto
telnet	Cliente telnet
ssh	Cliente SSH completo
nc	"Canivete suíço" de redes Netcat
wget	Busca arquivos via HTTP e FTP
nslookup	Programa de resolução DNS

O comando ifconfig (abreviatura de interface configuration) é o mais básico para a configuração de uma interface de rede em um computador Linux. Como você pode ver na Figura A-11, a simples execução do comando individualmente exibe todas as interfaces habilitadas no momento (mas não necessariamente conectadas).

Quase sempre, interfaces Ethernet com fio são chamadas de ethX, em que X é um número exclusivo. No entanto, às vezes outras interfaces de rede, inclusive interfaces sem fio, têm um nome ethX. Na Figura A-11, podemos ver que a primeira interface Ethernet (eth0) tem o endereço IP 192.168.1.105 e o endereço MAC 08:00:27:52:2b:75. Para exibir todas as interfaces (até mesmo as desativa-

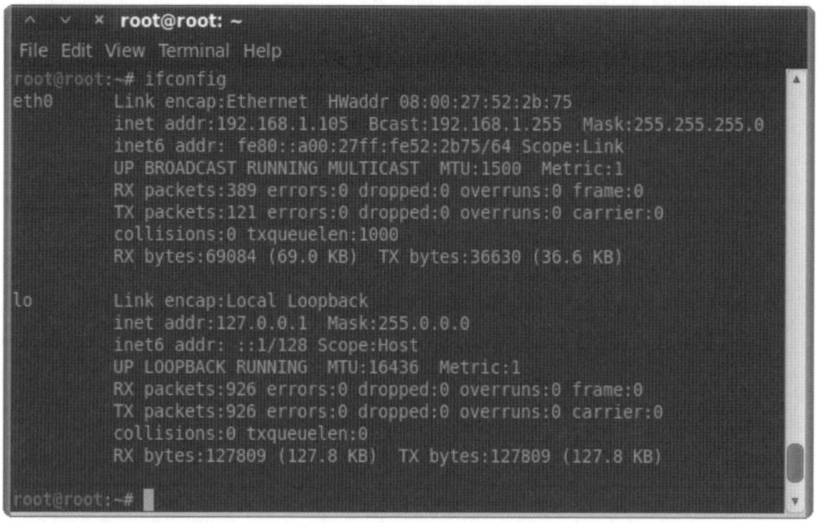

APÊNDICE   Linux: O sistema operacional preferido do engenheiro...   **311**

Figura A-11   O comando de configuração de rede ifconfig.

das), use a opção –a. Para habilitar uma interface, use a palavra-chave up. Aqui está um exemplo:

```
#ifconfig eth1 up
```

Opção	Descrição
-a	Exibe todas as interfaces
up	Habilita a interface especificada (p. ex., ifconfig eth1 up)
down	Desativa a interface especificada (p. ex., ifconfig eth1 down)

Para configurar um endereço IP estático, digite-o seguido da palavra-chave netmask e da máscara de rede, como no exemplo abaixo.

```
root@root:~# ifconfig eth0 192.168.1.10 netmask 255.255.255.0
```

Para visualizar e manipular a tabela de roteamento, use o comando route. O comando route sem qualquer opção exibe a tabela de roteamento atual.

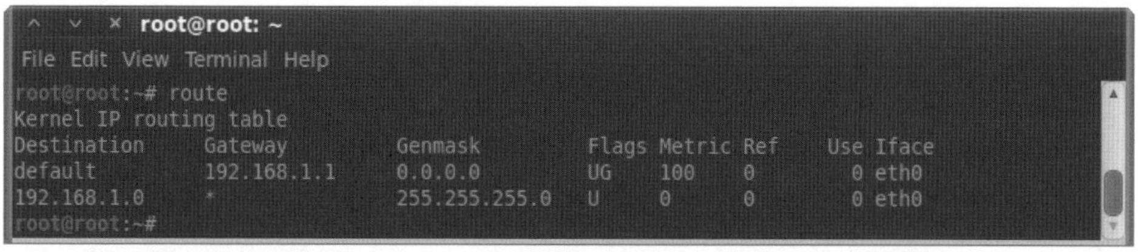

Figura A-12   Visualizando a tabela de roteamento em um *host* Linux.

Como você pode ver na Figura A-12, o gateway padrão foi configurado como 192.168.1.1.

Você pode adicionar uma rota estática usando o comando route com a palavra-chave add. As palavras-chave "default gateway" também podem ser usadas para adicionar um gateway padrão, como no exemplo a seguir:

root@root:~# route add default gateway 192.168.1.10

Em geral, os servidores DNS são armazenados no arquivo /etc/resolv.conf. Usando o comando cat que aprendemos anteriormente, examinaremos o arquivo /etc/resolv.conf existente. Na Figura A-13, você pode ver que temos dois servidores DNS configurados com o uso do comando nameserver e que nosso domínio de pesquisa padrão é zion.loc.

No entanto, todos os métodos anteriores são a maneira manual de definir as configurações básicas de rede. Se você preferir um método gráfico de configuração, pode abrir o gerenciador de configuração de rede Wicd clicando em Applications | Internet | Wicd Network Manager. Se receber uma mensagem de erro dizendo que não pode se conectar ao D-Bus do Wicd, ignore-a e clique em OK para fechar. Em seguida, clique em Properties sob o tipo de interface que deseja configurar (com ou sem fio) e clique novamente em Properties.

Na Figura A-14, vemos uma janela muito semelhante à janela Configuração de IP do Windows. Apenas insira as entradas apropriadas e clique em OK para aplicar a configuração. Um recurso muito útil é o de podermos criar diferentes perfis de conexão. Se você visita algumas redes com frequência e deseja salvar suas informações de endereço IP, pode criar perfis separados e aplicá-los com um simples clique do mouse.

Entendendo as permissões de arquivos do Linux

As permissões de arquivos do Linux são muito diferentes das do Windows. Isso pode ser um pouco complicado para iniciantes, mas será fácil quando você se acostumar. Para visualizar as permissões de um arquivo ou diretório, use o argumento –l com ls. A Figura A-15 mostra um diretório com dois resultados.

A linha de cada arquivo começa com dez bits possíveis; se um bit estiver ativado, você verá um caractere. Se não estiver, verá um traço. A primeira entrada

Figura A-13 Arquivo de resolução DNS resolv.conf.

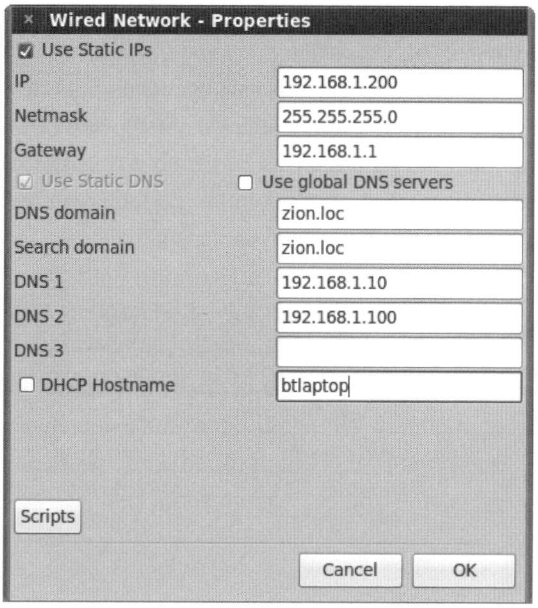

APÊNDICE   Linux: O sistema operacional preferido do engenheiro...   **313**

Figura A-14   Configuração gráfica da rede com o uso do Wicd.

da Figura A-15 é de um diretório; podemos dizer que é um diretório porque a primeira entrada é "d", enquanto, para um arquivo, ela seria apenas um traço. Após o bit do diretório estão três grupos de três bits. Os bits são o bit de leitura, o bit de gravação e o bit de execução, que são exibidos como r, w e x, respectivamente, quando ativados. Os três grupos de bits representam as permissões do usuário especificado, do grupo especificado e de todos os outros usuários do sistema, respectivamente.

O usuário e o grupo vêm após as permissões do arquivo. Na Figura A-15, o proprietário do arquivo é o usuário root, e o grupo é o grupo root. O primeiro bloco de permissões foi configurado com rwx, ou seja, o usuário root tem permissões de leitura, gravação e execução nesse diretório. O segundo bloco de permissões foi configurado com r-x, isto é, qualquer membro do grupo root pode ler e executar esse diretório. Para concluir, o último bloco também foi configurado com r-x, ou seja, todos os outros usuários do sistema podem ler e executar o dire-

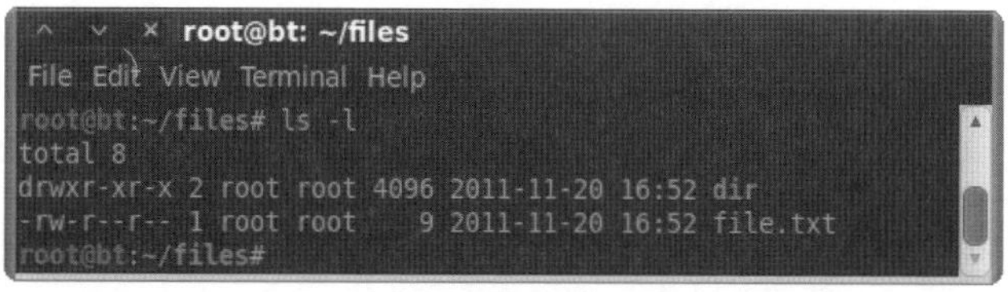

Figura A-15   Visualizando permissões de arquivo na linha de comando.

tório. É preciso notar que o bit de execução tem de estar ativo no diretório para o usuário poder entrar nele.

Para ajustar as permissões de um arquivo ou diretório, você deve usar o comando chmod, que é a abreviação de *change mode*. Primeiro, designe os usuários para os quais deseja alterar as permissões e, então, especifique que permissões devem ser adicionadas ou removidas. As letras usadas para os usuários são u, g, o e a. Elas representam os seguintes usuários:

Caractere	Descrição
u	O proprietário do arquivo
g	O grupo do arquivo
o	Todos os outros usuários do sistema
a	Todos os usuários (proprietário do arquivo, grupo do arquivo e demais usuários)

As permissões são representadas com rwx. Você pode adicionar permissões com um sinal de adição (+) e removê-las com um sinal de subtração (-).

Caractere	Descrição
r	Bit de leitura
w	Bit de gravação
x	Bit de execução

Examinemos alguns exemplos. Para remover todas as permissões de um arquivo chamado file.txt, você usaria o comando a seguir:

```
chmod a-rwx file.txt
```

Então, para permitir que só o proprietário fizesse leituras e gravações no arquivo, usaria este comando:

```
chmod u+rw file.txt
```

Qualquer programa que você quiser executar terá de estar com o bit de execução ativado. Logo, para permitir que todos os usuários do sistema possam executar o programa, use o comando abaixo:

```
chmod a+x ./program
```

Embora haja mais coisas a se aprender sobre a configuração de permissões de arquivos e diretórios, para começar isso é suficiente.

Criação de scripts básica

É extremamente fácil criar scripts até mesmo para a execução de tarefas muito complicadas. Os scripts mais básicos usam o *shell* nativo escolhido; no entanto, existem linguagens mais robustas como Perl para tratar tarefas mais avançadas. Usando scripts, você pode chamar qualquer programa externo apenas digitando seu nome como faria normalmente, com os mesmos argumentos.

Examinemos um script básico. Abra o programa gedit digitando **gedit** em um terminal ou abrindo Aplicações | Acessórios | Editor de Texto gedit. Insira o texto a seguir e salve o arquivo como script.sh:

```
#!/bin/bash
echo "== Checking Current Date =="
date
echo "== Currently logged in users =="
who
```

Para concluir, dê a esse arquivo permissões de execução com o comando a seguir:

```
chmod a+x script.sh
```

Na Figura A-16, é possível ver que, primeiro, procuramos as permissões do arquivo para verificar se ele é executável. Fizemos isso executando ls com as opções –lh e, depois, usando grep com o nome do arquivo. Podemos ver que o bit de execução está ativo. Em seguida, executamos nosso script, que forneceu uma saída interessante com os comandos date e who incluídos nela. Você notará que, para duas linhas, incluímos o comando echo, que simplesmente exibe o texto fornecido no terminal. Os sinais de dupla igualdade não possuem significado especial; foram adicionados apenas para facilitar a leitura da saída.

Se você perceber que está digitando os mesmos comandos repetidamente, deve considerar a criação de um script personalizado para não precisar pressionar algumas teclas.

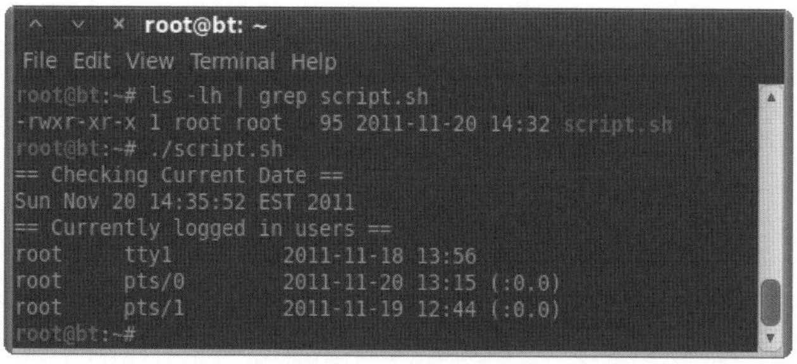

Figura A-16 A saída de nosso exemplo de script.

Conclusão

Com os detalhes apresentados neste apêndice, você tem informações suficientes para começar a usar o Linux como sistema operacional. Da conexão com a rede e definição de suas configurações à inclusão de novas contas de usuário e criação de scripts para execução rápida de tarefas comuns, você verá que pode executar facilmente a maioria das tarefas que costumava executar no Windows. Quase todos os sistemas operacionais têm muitas opções de configuração – o bastante para preencher livros inteiros –, e o Linux não é exceção. Se você pretende adotar o Linux como seu sistema operacional, não deixe de consultar *Linux: The Complete Reference, Sixth Edition,* de Richard Petersen (McGraw-Hill, 2007), ou *Linux Administration: A Beginner's Gude*, *Sixth Edition,* de Wale Soyinka (McGraw-Hill, 2012).

GLOSSÁRIO

GLOSSÁRIO

802.11x Termo que inclui todas as tecnologias 802.11: 802.11a, 802.11b, 802.11g e 802.11n.

802.1x Autenticação baseada em porta. O 802.1x nega acesso dos usuários a um segmento de rede ao qual eles estejam fisicamente conectados até que sejam autenticados.

AES Advanced Encryption Standard. Algoritmo de criptografia de chave simétrica usado por várias tecnologias.

análise de ameaças Abordagem alternativa ao gerenciamento de riscos que envolve a identificação e análise de possíveis ataques, ameaças e riscos e a preparação de medidas defensivas apropriadas.

ARP Address Resolution Protocol. Protocolo da camada 2 usado na determinação do endereço de camada 2 (MAC) correspondente a um endereço da camada 3.

ataque MITM Ataque de homem-no-meio (Man-in-the-Middle). Ataque em que um invasor fica posicionado no caminho lógico entre uma estação final e seu destino para visualizar ou manipular suas comunicações.

auditoria Verificação formal que analisa se as políticas estão sendo seguidas, normalmente executada por auditores internos de uma empresa ou por terceiros independentes.

Balanced Scorecard (BSC) Estrutura de medição de desempenho que tem por objetivo melhorar as medidas tradicionais de desempenho financeiro usando medidas estratégicas não financeiras, fornecendo, assim, uma visão balanceada do desempenho organizacional. Desenvolvida nos anos 1990 pelo Dr. Robert Kaplan (Harvard Business School) e Dr. David Norton. (Para ver informações adicionais, consulte *www.balancedscorecard.org*).

botnet Botnet maliciosa é uma rede de computadores comprometidos usada para transmitir informações, enviar spam ou iniciar ataques de negação de serviço (DoS) direcionados ao alvo especificado pelo invasor. Basicamente, uma botnet maliciosa é um grupo de computadores, agindo como um supercomputador, criada e gerenciada por um *hacker*, um fraudador ou um criminoso cibernético.

BSS Basic Service Set. O grupo mais básico de estações sem fio se comunicando para formar uma rede sem fio.

BSSID Basic Service Set Identifier. Identificador exclusivo de um BSS. Usa o mesmo formato de um endereço MAC.

CAPWAP Control and Provisioning of Wireless Access Points. Padrão aberto baseado no LWAPP para configuração e gerenciamento de pontos de acesso sem fio a partir de um controlador central.

CCMP Counter Mode with Cipher Block Chaining Message Authentication Control Protocol (CCM Protocol). Tecnologia de criptografia usada com o WPA2 para substituir o protocolo mais fraco TKIP.

charter Documento que descreve os direitos e privilégios específicos concedidos pela empresa para a equipe de segurança da informação.

CID Confidencialidade, integridade e disponibilidade. O acrônimo CID é padrão na indústria e é usado para descrever três dos conceitos mais importantes de um sistema de informações seguro (às vezes, chamado de *tríade CID*).

competências básicas Os benefícios básicos de um programa que adicionam valor. São as funções primárias de um programa e não podem ou devem ser executadas por grupos ou parceiros externos.

computação em nuvem Como definido pelo National Institute of Standards and Technology (NIST) dos Estados Unidos, computação em nuvem é um modelo para a habilitação de acesso de rede ubíquo, conveniente e sob demanda a um pool compartilhado de recursos de computação configuráveis (p. ex., redes, servidores, armazenamento, aplicativos e serviços) que pode ser provisionado e liberado rapidamente com o mínimo esforço de gerenciamento e interação do provedor de serviços. O modelo em nuvem promove disponibilidade e é composto por cinco características básicas, três modelos de serviço e quatro modelos de implantação.

confidencialidade Prevenção contra a divulgação de informações para pessoas não autorizadas.

conformidade Obediência a um conjunto de políticas e padrões. Duas categorias amplas de conformidade são a conformidade com as políticas internas (específica de uma empresa) e a conformidade com políticas, padrões e estruturas externos ou reguladores.

consultor Especialista em um assunto que é contratado para executar um conjunto específico de atividades. Normalmente, uma relação de tarefas descreve os objetivos que devem ser atingidos pelo consultor e os prazos para a entrega de cada resultado.

dados sujos Dados que têm correlação não confirmada ou origens não documentadas ou que são tendenciosos, não independentes, internamente incoerentes, imprecisos, incompletos, inadequados à integração com dados de outras fontes importantes, inapropriados para uso por ferramentas que automatizam a computação e visualização, ou não têm integridade em algum outro aspecto.

declaração da missão   Descreve os objetivos gerais de um programa de segurança da informação e fornece diretrizes para seu direcionamento estratégico.

depuração de dados   Ações executadas em um conjunto de dados para melhoria de sua qualidade e obtenção de uma melhor precisão, integridade ou consistência.

direção desejada para os objetivos   Direção para a qual você quer que a avaliação dos resultados do projeto siga a fim de obter os benefícios de um programa de avaliação de segurança da informação, principalmente o benefício da melhoria.

disponibilidade   O grau segundo o qual as informações estão disponíveis quando solicitadas por terceiros autorizados. A disponibilidade pode ser medida como a porcentagem de tempo em que as informações ficam disponíveis para serem usadas por sites autorizados. Por exemplo, um site comercial pode tentar obter uma disponibilidade acima de 99%.

EAP   Extensible Authentication Protocol. Estrutura protocolar usada para executar vários métodos de autenticação empregados no WPA e WPA2.

endereço MAC   Media Access Control. Endereço que identifica de maneira exclusiva um nó em uma rede da camada 2.

escopo do projeto   Indica a abrangência do projeto, normalmente com a identificação das diferentes regiões, redes e/ou grupos de pessoas que o projeto engloba.

ESSID   Extended Service Set Identifier. Identifica um ou mais conjuntos de serviços básicos conectados e, em geral, é conhecido como o nome de rede legível por humanos.

evento Black Swan   Evento que é altamente improvável e, portanto, acaba ficando no fim da lista de prioridades. Consulte *The Black Swan: The Impact of the Highly Improbable*, de Nassim Taleb, para saber mais sobre a teoria dos eventos Black Swan.

extensão do resultado projetado   Ponto de uma alteração onde você quer chegar ao avaliar os resultados projetados.

falso negativo   Resultado que indica que não existem problemas onde, na verdade, eles existem, como ocorre quando um detector de vulnerabilidades relata incorretamente que não existem vulnerabilidades em um sistema que tem uma vulnerabilidade.

falso positivo   Resultado que indica que existe um problema onde, na verdade, não existe, como ocorre quando um detector de vulnerabilidades identifica incorretamente uma vulnerabilidade que não existe em um sistema.

fluxo de trabalho   Conjunto de regras que controla o relacionamento das etapas requeridas para a conclusão de um processo. Os relacionamentos podem incluir a ordem da sequência, condições de ramificação, a execução de laços e o numero de repetições.

força bruta   Abordagem de certa forma não técnica para obtenção de uma senha em que todas as combinações de opções possíveis são tentadas até o valor correto ser obtido.

gerenciamento de projeto   Definição de um objetivo final e identificação das atividades, etapas e recursos necessários à sua execução.

GPS   Global Positioning System. Sistema global que usa satélites para determinar o local preciso de receptores GPS no planeta.

honeypot   Sistema projetado para enganar um tipo específico de usuário, normalmente um invasor, simulando os atributos de um sistema vulnerável.

inclinação de uma linha   Valor que representa a rapidez com que os valores de y estão aumentando ou caindo à medida que os valores de x aumentam. Inclinação da linha = $(y_2 - y_1) / (x_2 - x_1)$, em que (x_1, y_1) e (x_2, y_2) são quaisquer dois pontos da linha

integridade   Prevenção contra a modificação de dados por pessoas não autorizadas.

intercepção de uma linha   Identifica o ponto em que a linha cruza o eixo vertical y. Normalmente, uma intercepção é expressa com um único valor (b), mas também pode ser expressa como o ponto (0, b).

LWAPP   Lightweight Access Point Protocol. Protocolo usado na configuração e no gerenciamento de vários pontos de acesso a partir de um controlador central.

offshoring   Contratar mão de obra de pessoas de um país diferente (para uso interno ou externo)

OLAOP   Online Analytical Processing – Processamento Analítico Online. Tipo específico de mecanismo de armazenamento e recuperação de dados otimizado para consultas rápidas que envolvam a sumarização de dados considerando-se vários fatores ou dimensões.

orquestração Supervisão administrativa que assegura que o fluxo de trabalho seja executado como especificado. Inclui funções como adotar medidas de avaliação, operacionalizar sua implementação, agendar a obtenção de cálculos em intervalos periódicos e executar e distribuir atualizações. *Consulte também* fluxo de trabalho.

padrões de classificação de informações Padrões que especificam o tratamento dos dados (requisitos de armazenamento, transferência, acesso, criptografia e assim por diante) de acordo com sua classificação (públicos, privados, confidenciais, diferenciados, etc).

PEAP Protected EAP. Implementação do protocolo EAP dentro de um encapsulamento TLS criptografado.

PKI Infraestrutura de Chaves Públicas. A tecnologia, os servidores, os sistemas e os processos humanos que dão suporte à criptografia de chave pública e aos certificados digitais.

portal cativo Tecnologia que intercepta a sessão de rede de um usuário e o impede de alcançar o serviço pretendido até ter executado uma tarefa especificada, como aceitar os termos do serviço ou fornecer informações de autenticação.

PPTP Point-to-Point Tunneling Protocol. Tecnologia de rede virtual privada normalmente vista em plataformas Windows.

prazo do resultado projetado Quanto tempo você quer despender para chegar à extensão do resultado projetado.

priorização Tentativa de determinar a importância relativa de tarefas, projetos e iniciativas.

quartis Divisão de todas as observações em quatro grupos iguais que contêm um quarto mais baixo de todos os valores observados (primeiro quartil), um quarto mais alto de todos os valores observados (quarto quartil) e os dois quartos intermediários – um quarto acima e um quarto abaixo do valor da mediana (ou o valor que divide o conjunto de observações em duas metades iguais).

RADIUS Remote Authentication Dial-In User Service. Sistema flexível para a autenticação de usuários com consulta a um banco de dados central.

RASCI Metodologia de gerenciamento para a atribuição de papéis em projetos que envolvam muitas pessoas e equipes. Cada letra do termo RASCI corresponde a um diferente tipo de papel: Responsável, Aprovador, Sustentador, Consultor e Instruído. Cada papel tem responsabilidades correspondentes.

RBAC Role-Based Access Control – Controle de Acesso Baseado em Função. Método para a determinação de acesso baseado na função do usuário dentro do sistema.

RFP Request for Proposal – Solicitações de Proposta. Documento que a empresa usa para solicitar propostas para um projeto que tenha requisitos específicos. Ela pode, então, usar as respostas para avaliar e comparar as propostas de vários fornecedores.

ROI Retorno sobre investimento. O grau do benefício obtido em relação ao custo de um determinado investimento.

RSPAN Remote Switch Port Analyser. Sistema que encaminha tráfego para um *switch* remoto onde ele pode ser analisado por dispositivos farejadores de pacotes.

segurança da informação Proteção de informações e sistemas de informações contra acesso, uso, divulgação, modificação ou destruição não autorizado. Também chamada de segurança de dados, segurança de computadores ou segurança de TI.

sniffer Hardware e/ou software que é capaz de capturar e analisar tráfego de rede.

SPAN Switch Port Analyzer. Tecnologia de *switch* de rede usada para copiar pacotes de uma ou mais portas de origem para uma ou mais portas de destino, normalmente para fins de análise de tráfego de rede.

SSID Service Set Identifier. Identifica um ou mais conjuntos de serviços básicos conectados e normalmente é conhecido como o nome de rede legível por humanos.

SSL Secure Sockets Layer. Protocolo de criptografia usado para criar encapsulamentos em uma rede insegura. Normalmente, é usado na criação de conexões HTTP seguras pela Internet.

stakeholders Líderes responsáveis pela tomada de decisões cruciais e principais apoiadores que conduzem as mudanças em toda a empresa.

terceirização Contratação de mão de obra fornecida por terceiros.

teste de penetração Teste autorizado usado para simular os esforços de um invasor e determinar a fragilidade de um sistema específico.

TKIP Temporal Key Integrity Protocol. Solução temporária para ajudar a reduzir os riscos das fragilidades criptográficas do WEP.

TLS Transport Layer Security. O substituto de próxima geração do protocolo SSL.

vaca-sagrada Termo usado para uma prática que é implementada simplesmente porque "sempre foi feito assim", sem que se leve em consideração sua utilidade ou se ela pode ajudar a atingir um objeto ou resultado específico.

VI Vetor de Inicialização. Valor de 24 bits que precede a chave WEP empregado para gerar entropia para que a mesma chave nunca seja usada duas vezes.

VLAN Virtual Local Area Network – Rede Virtual Local. Tecnologia para a criação de várias redes virtuais na camada 2 a partir do mesmo dispositivo físico.

VPN Virtual Private Network – Rede Virtual Privada. Tecnologia que cria um link virtual protegido entre sistemas finais de uma rede insegura.

wardriving Método de descoberta de todas as redes sem fio disponíveis em uma determinada área pela "locomoção" com equipamentos sem fio apropriados.

WEP Wired Equivalent Privacy. Tecnologia usada para autenticação e criptografia de comunicações em redes 802.11.

WPA Wi-Fi Protected Access. Padrão de segurança de conexões sem fio projetado para eliminar totalmente as vulnerabilidades do protocolo WEP.

Índice

Símbolos

| (pipe), execução de comandos do Linux e, 304-305

Números

11 princípios de segurança. *Consulte* princípios de segurança
32 bits, versões do BackTrack, 297
40 bits, WEP de, 57
60 bits, versões do BackTrack, 297
104 bits, WEP de, 57
802.1q (protocolo de entroncamento), 240
802.1x (controle de acesso baseado em porta)
   adicionando autenticadores para rede sem fio, 218-221
   aplicando autenticação a redes sem fio, 142-144
   definindo configurações de autenticação, 202-205
   impedindo o acesso de redes sem fio não autorizadas, 267-270
   instalando o servidor RADIUS e, 206-208
   portais cativos comparados a, 249
   RADIUS e, 183-185
   reconfiguração como abordagem de solução de problemas, 230
   uso da autenticação, 318-324
   visão geral de, 182-184
802.11x
   criando nova diretiva, 202-204
   definição, 318-324
   modo monitor e, 106-107
   visão geral de, 18-20
802.15 (Bluetooth), 284-285
802.11i (padrão WPA2), 64

A

AAA (autenticação, autorização e atribuição de responsabilidade)
   ativando serviços AAA, 269
   no RADIUS, 180-181
acesso de convidado
   autenticação e gerenciamento de credenciais, 246-248
   autenticando consultores, 253-256
   credenciais de vencimento automático, 252-253
   criptografando tráfego em redes de convidados, 251-252
   DMZ com estações de salto para, 255-257
   opções de VPN para redes sem fio, 260-264
   permitindo o acesso a recursos internos, 253
   portais cativos, 248-250
   restringindo apenas a usuários convidados, 251
   segmentando a rede de convidados a partir da rede interna, 254
   visão geral de, 245-246
   VPNs (redes virtuais privadas), 256-260
ACLs (listas de controle de acesso)
   clientes VPN e, 260-262
   firewalls, 231-234
   permitindo o acesso de convidados a recursos internos, 256-257
   segmentação da rede e, 137-138

Address Resolution Protocol. *Consulte* ARP
  (Address Resolution Protocol)
AES (Advanced Encryption Standard)
  algoritmos de criptografia do WPA2, 65
  configuração de pontos de acesso, 220-222
  definição, 318-324
  métodos de criptografia do WPA, 140-141
airbase, configurando o laptop Linux como ponto de acesso, 112-115
aircrack
  quebrando a chave pré-compartilhada do WPA, 94-95
  tentando quebrar a chave WEP, 87-88
airdecap, descriptografando pacotes protegidos pelo WEP, 91
aireplay
  ataque de reenvio de pacote e, 89
  desautenticando clientes, 93-94
airmon, colocando a placa de rede sem fio no modo monitor, 86, 92
airodump
  monitorando comunicações inseguras, 105-106
  rastreando ou enumerando endereços MAC de redes não autorizadas, 278-280
  salvando o tráfego de rede sem fio capturado, 86-87, 92-93
  tendo como alvo clientes sem fio, 105
algoritmos assimétricos, 164-165
algoritmos simétricos, 164-165
analisador de espectro Wi-Spy da Metageek, 34-35
analisadores de espectro, 34-35
analisadores de protocolo, 44
análise de ameaça, 318-324
Android OS
  aplicativo Wardrive, 84
  smartphones e, 29, 34-35
antenas
  tipos de, 31-33
  visão geral de, 31
antenas direcionais
  parabólicas, 33
  yagi, 31-33
antenas onidirecionais, 31
aplicativo Wardrive
  definição, 74
  recursos de, 84
Apple Airport Express, 27-28
Armazenamento das Autoridades de Certificação Raiz Confiáveis, 172-174, 180-181, 201-202

armazenamentos de certificados
  acessando a partir do Console de Gerenciamento Microsoft, 200-201
  visão geral de, 172-174
ARP (Address Resolution Protocol)
  ataques de ARP *spoofing* (*poisoning*), 49-51
  ataques de reenvio de pacotes ARP, 63, 89-90
  definição, 318-324
arpwatch, para detecção de redes não autorizadas, 283-284
arquivo de senhas, administração de usuários no Linux, 307-309
arquivo PCAP, 108-109
arquivos, Linux
  navegando no sistema de arquivos, 305-307
  permissões, 312-315
arquivos de dicionário, 66
assinaturas digitais, 165-175
associação, com pontos de acesso, 22-23
ataque Beck-Tews, ao TKIP, 69
ataque chop-chop, quebra do WEP e, 61
ataque de chave relacionada, quebrando o WEP e, 61
ataque FMS, decifrando o WEP e, 60
ataque Korek, quebrando o WEP e, 61
ataque PTW, quebrando o WEP e, 61
ataques
  a redes criptografadas com o WEP, 62-63
  a redes protegidas com o WPA, 65-66
  algoritmos de criptografia do WPA e, 65
  ao TKIP, 69
  armazenando dados e decifrando quando conveniente, 47
  ataques de ARP *spoofing*, 49-51
  ataques de DHCP não autorizado, 50-51
  ataques de força bruta ao WPS, 68
  ataques de redirecionamento ICMP, 51-52
  ataques MITM (de homem-no-meio), 47-49
  ataques MITM ao SSL e de SSL-*stripping*, 52-53
  autenticação e, 53-54
  autenticação WEP e, 54-55
  captura de pacotes passiva, 45-47
  como o WEP funciona, 56-59
  como o WPA funciona, 64-65
  criptografia e, 55-56
  defendo-se contra. *Consulte* defendo-se contra ataques
  história da quebra do WEP, 59-62
  negação de serviço do WPA, 69
  quebrando a chave pré-compartilhada WPA, 66-67
  reconhecimento de elementos sem fio, 43-44

Índice **327**

resumo, 69-70
revelando o SSID, 44-45
spoofing de desautenticação do WPA, 67-68
visão geral de, 42-43
ataques de DHCP não autorizado, 50-51
ataques de dicionário, 66
ataques de estouro de *buffer*, 49
ataques de força bruta
   a senhas, 46-47
   ataque de força bruta ao WPS, 68
   ataques de dicionário, 66
   definição, 318-324
ataques de homem-no-meio. *Consulte* ataques MITM (de homem-no-meio)
ataques de injeção de pacotes, ataques ao WEP, 63
ataques de negação de serviço, 67-69
ataques de SSL *stripping*, 120-122
ataques de SSL *stripping*, 52-53
ataques de tabela rainbow, 67
ataques MITM (de homem-no-meio)
   atacando mensagens protegidas por criptografia de chave pública, 169-172
   ataques de ARP *spoofing*, 49-51
   ataques de DHCP não autorizado, 50-51
   ataques de DNS *spoofing*, 118-119
   ataques de redirecionamento ICMP, 51-52
   ataques de SSL-*stripping*, 120-122
   ataques MITM ao SSL, 120-121
   ataques MITM ao SSL e de SSL-*stripping*, 52-53
   atualizações de antivírus falsas, 122-123
   clientes sem fio e, 117-118
   definição, 318-324
   página falsa de autenticação na Web, 119-120
   visão geral de, 47-49
ataques MITM ao SSL, 52-53, 120-121
atribuição de responsabilidade
   ativando serviços AAA, 269
   no RADIUS, 180-181
atualizações de antivírus, simulando, 122-123
auditorias, 318-324
autenticação
   802.1x e, 182-184
   acesso de convidado e, 246-249
   aplicando a redes sem fio, 141-143
   ataques de *spoofing* de desautenticação do WPA, 67-68
   de consultores, 253-256
   de rede sem fio, 169-170, 210-212
   pontos acesso e, 22-23

   pré-login, 201-205
   RADIUS (Remote Authentication Dial-In User Service). *Consulte* RADIUS (Remote Authentication Dial-In User Service)
   selecionando o método de autenticação, 218-222
   usando certificados digitais, 165, 171-174
   visão geral de, 53-54
   WEP (Wired Equivalent Privacy) e, 54-55
autenticação, autorização e atribuição de responsabilidade (AAA)
   ativando serviços AAA, 269
   no RADIUS, 180-181
autenticação aberta, suporte do WEP a, 54
autenticação de chave compartilhada, 54-55
autoridade certificadora. *Consulte* CA (autoridade certificadora)
autorização
   ativando serviços AAA, 269
   no RADIUS, 180-181

B

BackTrack
   baixando e instalando, 298-299
   distribuições do sistema operacional Linux, 35-37
   inicializando, 300-301
   instalando softwares em, 306-308
   navegando no sistema de arquivos, 305-307
baixando o BackTrack, 298-299
Balanced Scorecard (BSC), 318-324
bash (Bourne Again Shell), 302-303
Basic Service Set (BSS), 318-324
Basic Service Set Identifier. *Consulte* BSSIDs (Basic Service Set Identifiers)
Bluetooth (802.15), 284-285
botnet, 318-324
Bourne Again Shell (bash), 302-303
BSC (Balanced Scorecard), 318-324
BSS (Basic Service Set), 318-324
BSSIDs (Basic Service Set Identifiers)
   definição, 318-324
   listas brancas, 283-284
   transmissões e, 22-23
   visão geral de, 21-22

C

CA (autoridade certificadora)
   a Thawte como, 175-176
   a VeriSign como, 173-175
   aviso de certificado não confiável, 173-174

configuração do modelo de certificado e registro automático, 193-194
criação de objeto de diretiva de grupo e aplicação à unidade organizacional, 194-197
criação de unidades organizacionais e grupo de usuários, 193-195
criação e emissão de modelos de certificado, 196-201
CRLs (Listas de Certificados Revogados), 178-179
DNS dando suporte à comunicação com, 179-180
estrutura do servidor, 177-179
fazendo login na estação de trabalho e obtendo certificado de usuário, 200-202
implantando a CA empresarial, 184-185
instalação dos Serviços de Certificados do Active Directory, 190-193
instalação e configuração, 189-190
obtendo chaves públicas em, 172-174, 176-178
visão geral de, 171-172
camada 2
criptografia WEP em, 56
segmentação de rede, 137-138
camada 3
segmentação de rede e, 137-138
switches, 137-138, 148
câmeras de segurança, clientes sem fio em ambientes empresariais, 99-100
cantenas, 32-33
CAPWAP (Control And Provisioning of Wireless Points)
definição, 318-324
protocolos para pontos de acesso leves, 21-22
soluções de próxima geração, 286
CAs intermediárias, 177-178
CAs subordinadas, 177-178
CCMP (Counter Mode with Cipher Block Chaining Message Authentication Control Protocol)
algoritmos de criptografia do WPA2, 65
definição, 318-324
métodos de criptografia do WPA, 140-141
certificados digitais
assinando dados digitalmente usando chaves privadas, 165-167
chaves públicas e privadas em, 165-166
confiança e, 173-174
fazer login na estação de trabalho e obter certificado de usuário, 200-202
implantando, 184-185
não repúdio e, 176-177
padrão X.509 e, 173-175

principais campos de, 175-176
tratando certificados comprometidos, 178-179
uso de autenticação, 171-174
charters, 318-324
chave WEP
quebrando, 90-91
tentativa de quebra, 87-88
chaves privadas
enviando mensagens seguras, 168-170
na criptografia assimétrica, 165-166
chaves públicas
enviando mensagens seguras, 168-170
na criptografia assimétrica, 165-166
obtendo com a CA (autoridade certificadora), 172-178
CID (confidencialidade, integridade e disponibilidade)
aplicando a redes sem fio, 140-141
definição, 318-324
visão geral de, 16-17
cifra RC4
com o uso do TKIP, 64
na autenticação WEP, 55-56, 59
uso em protocolos de segurança, 57
cifras de bloco, 56
cifras de fluxo
cifra RC4. *Consulte* cifra RC4
versus cifras de bloco, 56
Citrix, para sessões interativas em máquinas remotas, 255-256
clientes sem fio
ataques de DNS *spoofing*, 118-119
ataques de SSL *stripping*, 120-122
ataques MITM (de homem-no-meio), 117-118
ataques MITM ao SSL, 120-121
atualizações de antivírus falsas, 122-123
capturando pacotes, 108-111
configurando laptop Linux para agir como um ponto de acesso, 112-115
configurando para rede WPA2-Enterprise, 222-226
definindo-os como alvo com o airodump, 105
educação do usuário e, 290
fatores que exacerbam vulnerabilidades de, 100-103
forçando a comunicação com, 110-113, 115-116
GPOs para proteger, 291-294
Kismet definindo como alvo, 103-104
monitorando comunicações inseguras, 105-108
operações padrão e, 115-117
página falsa de autenticação na Web, 119-120

protegendo, 290
reconhecimento de elementos sem fio e, 103
solucionando problema de aceso negado, 228-230
soluções técnicas para a segurança de pontos de extremidade, 291-292
telefones e impressoras como dispositivos clientes, 26
tipos de dispositivos sem fio, 99-100
vulnerabilidades de, 99-101
comando adduser, administração de usuários no Linux, 309-310
comando alias, 302-304
comando apropos, 304-306
comando cd (change directory), 302-303
comando chmod, 313-315
comando dir (directory), 302-303
comando find, 304-306
comando grep, 303-304
comando help, 305-306
comando ifconfig, 310-311
comando info, 304-306
comando ipconfig, 76
comando iwconfig, 74
comando iwlist
  definição, 74
  página do manual de, 75
  saída de, 75-77
comando ls (list), 302-303
comando man, 304-306
comando route, tratando a tabela de roteamento com, 311-312
comandos, Linux
  configuração de rede, 309-313
  executando, 302-305
  obtendo ajuda, 304-306
  opções de *shell*, 302-303
competências básicas, 318-324
comprometimentos à segurança, internos *versus* externos, 14-16
computação em nuvem
  definição, 318-324
  soluções de próxima geração, 287-289
comunicação
  forçando os clientes a conversar conosco, 100-101
  monitorando comunicação insegura, 105-108
  verificando a segurança de clientes sem fio, 99-102
confidencialidade. *Consulte também* CID (confidencialidade, integridade e disponibilidade)
  definição, 318-324
  na tríade CID, 16-17

configuração
  alterando configurações padrão, 139-141
  configurações padrão que podem ser exploradas, 100-101, 115-117
configuração de rede, sistema operacional Linux, 309-313
configurações padrão
  alterando, 139-141
  que podem ser exploradas, 100-101, 117
conformidade, 318-324
consequências (impacto), de exploração de vulnerabilidades, 10, 12-13
Console de Gerenciamento Microsoft (MMC), 200-202
consultores
  autenticação de, 253-256
  definição, 318-324
  protegendo o acesso a recursos internos, 260-262
contexto, em defesa, 128-129
Control And Provisioning of Wireless Points. *Consulte* CAPWAP (Control And Provisioning of Wireless Points)
controle de acesso
  acesso de usuários e, 230-232
  baseado na hora, 231-232
  listas de acesso de firewalls e, 231-234
  permitindo o acesso de convidados a recursos internos, 253
  restringindo o acesso da LAN interna à LAN sem fio, 236-238
  restringindo o acesso da LAN sem fio à LAN interna, 234-236
  restringindo redes de convidados apenas a usuários convidados, 251
conveniência, curva de sino da segurança x conveniência, 7-8
credenciais, FTP, 111-112
credenciais, usuário
  gerenciando para o acesso de convidado, 246-248
  vencimento automático, 252-253
credenciais de vencimento automático, o acesso de convidados e, 252-253
criptografia
  algoritmos do WPA2, 65
  aplicando a redes sem fio, 140-141
  atacando o WEP, 62-63
  cifras de fluxo *versus* cifras de bloco, 56
  de tráfego em redes de convidados, 251-252
  quebrando o WEP, 85-91
  rede sem fio, aspectos básicos, 22-23

visão geral de, 55
WEP. *Consulte* WEP (Wired Equivalent Privacy)
WPA. *Consulte* WPA (Wi-Fi Protected Access)
criptografia de chave compartilhada (simétrica), 55
criptografia de chave pública
    algoritmos simétricos e assimétricos, 164-165
    atacando mensagens protegidas pela criptografia de chave pública, 169-172
    exemplo de envio de uma mensagem segura, 168-170
    funções de *hash* e, 166-169
    processo de assinatura digital, 165-167
criptografia de chave pública (assimétrica), 55
CRLs (Listas de Certificados Revogados)
    uso pelos Serviços de Certificados Microsoft, 179-180
    visão geral de, 178-179
custos qualitativos, no cálculo do risco, 10
custos quantitativos, no cálculo do risco, 10

D

dados
    armazenando e decifrando quando conveniente, 47
    depuração, 318-324
dados sujos, 318-324
daemons, Linux, 113-115
Data Security Standard, PCI (Payment Card Industry), 267
dBi (decibéis isotrópicos), intensidade do sinal da antena medida em, 31
decibéis isotrópicos (dBi), intensidade do sinal da antena medida em, 31
decifrações criptográficas, 60
declarações de missão, 318-324
defendendo-se contra ataques
    atualizando a rede existente, 134-136
    avaliação das redes sem fio, 138-143
    contexto e realidade em, 128-129
    Defesa em Profundidade, 15-16, 135-137
    defesas inúteis, 143-146
    defesas úteis (boas), 146
    em novas implantações, 130
    em redes existentes, 131-135
    firewalls, 146-148
    gateways de autenticação na Web, 158
    honeypots, 157-158
    princípios de projeto, 135-136
    privilégio mínimo, 136-138
    roteadores em, 148

    segmentação da rede, 137-139
    sistemas IDS/IPS, 151-158
    switches em, 149-151
    vantagem dos invasores, 128-129
    visão geral de, 128
Defesa em Profundidade
    componentes da estratégia, 135-137
    visão geral de, 15-16
detecção
    de pontos de acesso não autorizados, 139-140
    Defesa em Profundidade, 136-137
    detecção automatizada de redes não autorizadas, 282-284
    detectando manualmente redes não autorizadas, 273-277
    princípios de segurança, 16-17
detectores portáteis de rede sem fio, 34-35
DHCP (Dynamic Host Control Protocol), ataques de DHCP não autorizado, 50-51
diligência prévia, na segurança de redes sem fio, 140-141
direção desejada para os objetivos, 318-324
diretiva de grupo
    permitindo o uso da autenticação pré-login, 201-202
    Serviços de Certificados Microsoft e, 179-180
diretiva de rede
    configurando para rede WPA2-Enterprise, 219-222
    redefinindo, 230
    restringindo o acesso à rede de acordo com a hora, 231-232
diretiva de solicitação de conexão, 230
disponibilidade. *Consulte também* CID (confidencialidade, integridade e disponibilidade)
    definição, 318-324
    na tríade CID, 16-17
dispositivos médicos, clientes sem fio em ambientes empresariais, 99-100
dispositivos sem fio, tipos de, 99-100
dispositivos VPN, 260-261
distribuição Debian
    BackTrack baseado em, 297
    Instalando softwares no BackTrack e, 306-307
DMZ (zona desmilitarizada)
    com estações de salto para acesso de convidado, 255-257
    criando interna, 238-240
    segmentando a rede de convidados a partir da rede interna, 254
    vários SSIDS e, 240-243
DNS (Domain Name System)
    arquivo de resolução (resolv.conf), 311-312

Índice

ataques de DNS *spoofing*, 118-119
DHCP e, 50
pesquisa de DNS, 118
portais cativos e, 249-250
serviços de certificados suportados por, 179-180
DVD players, clientes sem fio em ambientes empresariais, 99-100
Dynamic Host Control Protocol (DHCP), ataques de DHCP não autorizado, 50-51

E

EAP (Extensible Authentication Protocol). *Consulte também* PEAP (Protected EAP)
    autenticação em redes sem fio, 141-142
    com o uso do RADIUS, 182-183
    definição, 318-324
EAP-TLS (Extensible Authentication Protocol-Transport Layer Security), 141-143
editor de texto, programa gedit como, 304-305
endereçamento IP privado (RFC 1918), 237-238
endereços IP
    arpwatch monitorando alterações em, 283-284
    configurando estáticos, 311-312
    detectando manualmente redes não autorizadas e, 274
    RFC 1918 (endereçamento IP privado), 237-238
endereços MAC (Medias Access Control)
    alterando com o comando ifconfig, 76
    arpwatch monitorando alterações em, 283-284
    definição, 318-324
    detectando manualmente redes não autorizadas e, 274-277
    filtrando, 143-145
    rastreando ou enumerando o endereço MAC de ponto de acesso não autorizado com o airodump, 278-280
    segurança de portas e, 271-273
    visão geral de, 21-22
engenharia social, 115-116
entroncamentos, VLAN, 149-151
escopo do projeto, 318-324
ESSID (Extended Service Set Identifier)
    de clientes sem fio, 101-102
    definição, 318-324
    exibindo com iwlist, 77
    visão geral de, 21-22
estações de salto, fornecendo acesso de convidado a recursos internos, 255-257
eventos Black Swan, 318-324
Extended Service Set Identifier. *Consulte* ESSID (Extended Service Set Identifier)
extensão do resultado projetado, 318-324
Extensible Authentication Protocol. *Consulte* EAP (Extensible Authentication Protocol)
Extensible Authentication Protocol-Transport Layer Security (EAP-TLS), 141-143

F

falsos negativos, 318-324
falsos positivos, 318-324
ferramenta Kismac
    definição, 74
    recursos de, 84
ferramenta Kismet
    baixando e instalando, 78-79
    como IDS específico, 288-289
    definição, 74
    detectando manualmente redes não autorizadas, 274
    interface principal, 81-82
    opções de inicialização e registro, 79-80
    rastreando ou enumerando o endereço MAC do ponto de acesso sem fio com o airodump, 279
    recursos de, 78
    tendo como alvo clientes sem fio, 103-104
    visualizando pacotes e dados capturados, 82-83
ferramentas/gadgets sem fio
    analisadores de espectro, 34-35
    antenas, 31-33
    detectores portáteis de redes sem fio, 34-35
    dispositivos clientes, 26
    sistemas operacionais, 35-37
    smartphones e PDAs, 34-35
    tipos de pontos de acesso, 26-30
    unidades de GPS, 34
    visão geral de, 25
File Transfer Protocol (FTP)
    capturando credenciais FTP, 111-112
    protocolos sem criptografia, 46
firewall IPTables, 114-115
firewalls
    configurando o firewall IPTables, 114-115
    criando DMZ interna, 238-240
    listas de controle de acesso, 231-234
    opções para terminar conexões VPN, 260-261
    vários SSIDS e, 241-242
    visão geral de 146-148
firmware DD-WRT, 27-28
Fluke Networks Airmagnet Enterprise, como IDS específico, 288-289
fluxos de trabalho, 318-324
fonte aberta, sistema operacional Linux como, 296

FTP (File Transfer Protocol)
　　capturando credenciais FTP, 111-112
　　protocolos sem criptografia, 46
função Serviços de Acesso e Diretiva de Rede
　　instalando, 216-217
　　instalando servidor RADIUS e, 204-210
funções de *hash*
　　exercício de obtenção do *hash* MD5 de um arquivo de texto simples, 167-168
　　visão geral de, 166-168

G

gaiolas de Faraday, 143-145
gateways de autenticação na Web, 158
gateways VPN (concentradores), 259-260
gerenciador de janelas KDE, 298
gerenciadores de janelas (WMs), selecionando para o BackTrack, 298
gerenciamento de projeto, 318-324
Global Positioning System (GPS), 34, 318-324
Gnome
　　ambiente gráfico, 300-302
　　selecionando gerenciador de janelas para o BackTrack, 298
GPOs (objetos de diretiva de grupo)
　　aplicando a unidades organizacionais, 194-197
　　configurando clientes sem fio, 222-226
　　criando, 194-196
　　permitindo o uso da autenticação pré-login, 201-202
　　protegendo clientes sem fio, 291-294
GPS (Global Positioning System), 34, 318-324
GPS Globalsat Bu-353, 34
GPSs Garmin, 34
grupos, administração de usuários no Linux, 307-310

H

hackers, 17-18
handshake de quatro vias
　　na autenticação WEP, 54
　　no WPA-PSK, 66
hash unidirecional, 166-167
honeypots
　　definição, 318-324
　　quando usar, 157-158
　　visão geral de, 136-137
hora, restringindo o acesso à rede de acordo com, 231-232
hotspots móveis
　　recursos de, 27-28
　　Verizon 4G LTE, 29

hotspots portáteis, 27-28
Hotspotter, detector portátil de redes sem fio, 34-35
HTTP (Hypertext Transfer Protocol)
　　portais cativos capturando solicitações HTTP de usuários, 248
　　protocolos sem criptografia e, 46

I

IANA (Internet Assigned Numbers Authority), 181-182
ICMP (Internet Control Message Protocol)
　　ataques de redirecionamento ICMP, 51-52
　　portais cativos e, 249
identificador organizacional exclusivo (OUI), de endereço MAC, 274-276
IDS/IPS (sistema de detecção de invasão/sistema de proteção de invasão)
　　considerações antes de instalar, 151-152
　　detecção automatizada de redes não autorizadas, 283-284
　　gerenciando, 155-156
　　IDS específico de redes sem fio, 288-289
　　medidas preventivas de segurança, 16-17
　　monitorando com, 156
　　opções para o recebimento de tráfego de rede, 153-155
　　quando usar e onde posicionar, 153
　　sistemas sem fio, 157-158
　　soluções de próxima geração, 284-286
　　visão geral de, 151-158
IEEE (Institute of Electrical and Electronic Engineers)
　　802.1x (controle de acesso baseado em porta), 182-185
　　padrões de conexões sem fio 802.11x, 18-20
IETF (Internet Engineering Task Force), 180-181
IMAP (Internet Mail Access Protocol), 46
impedimentos
　　Defesa em Profundidade, 136-137
　　princípios de segurança, 16-17
implantação paralela, de nova rede sem fio, 134-135
inclinação de uma linha, 318-324
Infraestrutura de Chaves Públicas. *Consulte* PKI (Infraestrutura de Chaves Públicas)
Institute of Electrical and Electronic Engineers (IEEE)
　　802.1x (controle de acesso baseado em porta), 182-185
　　padrões de conexões sem fio 802.11x, 18-20
integridade. *Consulte também CID*
　　(confidencialidade, integridade e disponibilidade)
　　definição, 318-324
　　na tríade CID, 16-17

intercepção de uma linha, 318-324
interfaces Ethernet, exibindo todas com o comando ifconfig, 310-311
Internet Assigned Numbers Authority (IANA), 181-182
Internet Control Message Protocol (ICMP)
   ataques de redirecionamento ICMP, 51-52
   portais cativos e, 249
Internet Engineering Task Force (IETF), 180-181
Internet Mail Access Protocol (IMAP), 46
Internet Protocol Security (IPSec)
   acesso seguro de consultores a recursos internos, 260-262
   criando encapsulamentos VPN, 258-260
invasores, vantagens de, 128-129
iPhones, 34-35
IPSec (Internet Protocol Security)
   acesso seguro de consultores a recursos internos, 260-262
   criando encapsulamentos VPN, 258-260

L

laboratório de teste, criando, 25
laboratório de teste de redes sem fio, criando, 25
LANs sem fio (WLANs)
   restringindo o acesso da LAN interna à LAN sem fio, 236-238
   restringindo o acesso da LAN sem fio à LAN interna, 234-236
LDAP (Lightweight Directory Access Protocol), 173-175
licença pública GNU, 296
Lightweight Directory Access Protocol (LDAP), 173-175
Listas de Certificados Revogados (CRLs)
   uso pelos Serviços de Certificados Microsoft, 179-180
   visão geral de, 178-179
listas de controle de acesso. *Consulte* ACLs (listas de controle de acesso
listas de palavras, ataques de dicionário, 66
listas negras, o privilégio mínimo e, 136-138
logs de auditoria, aceso negado ao cliente, 229
LWAPP (Lightweight Access Point Protocol)
   definição, 318-324
   protocolos para pontos de acesso leves, 21-22
   soluções baseadas em nuvem e, 287-288
   soluções de próxima geração, 286-287

M

MacStumbler, detectando manualmente redes não autorizadas, 274
mapa de áreas quentes, de pontos de acesso sem fio, 287
máscara de rede, configurando endereços IP estáticos, 311-312
matriz de risco, 10
MD5 (Message Digest Five), 166-167
menu de inicialização, BackTrack, 300
Message Digest Five (MD5), 166-167
minipontos de acesso, 27-28
mitigação de risco, 13-14
MMC (Console de Gerenciamento Microsoft), 200-202
modelos de certificado
   configuração, 193-194
   criando e emitindo, 196-201
   implantando, 184-185
   Serviços de Certificados Microsoft e, 179-181
modo Ad-Hoc, modos de operação de redes sem fio, 19-20
modo de *host*, VPNs (redes virtuais privadas), 256-258
modo de rede, VPNs, 256-258
modo Infraestrutura, modos de operação de redes sem fio, 19-20
modo monitor, tráfego 802.11, 106-107
modo promíscuo, captura de pacotes em, 106-107
monitorando
   clientes sem fio, 101-103
   uso malicioso de pontos de acesso, 280-281
MS-Chapv2, 225-226

N

NAC (Network Access Control), 270-271
não repúdio, certificados digitais e, 176-177
NAP (Network Access Protection), 270-271
NAT (Network Address Translation)
   detectando manualmente redes não autorizadas, 274
   modo Ad-Hoc e, 19-20
   ocultando endereços MAC, 279
Netstumbler
   definição, 74
   detectando manualmente redes não autorizadas, 274
   rastreando ou enumerando o endereço MAC de ponto de acesso não autorizado com o airodump, 279
   recursos de, 84
Network Access Control (NAC), 270-271
Network Access Protection (NAP), 270-271

Network Address Translation. *Consulte* NAT (Network Address Translation)
Networking: A Beginner's Guide (Hallberg), 6
NPS (servidor de diretivas de rede)
    acesso negado ao cliente, 228-230
    configuração do servidor RADIUS como, 185-186, 215-222
    reiniciando com etapa de solução de problemas, 230
números pseudoaleatórios (valor nonce), *handshake* de quatro vias no WPA e, 66

O

objetos de diretiva de grupo. *Consulte* GPOs (objetos de diretiva de grupo)
OCSP (Online Certificate Status Protocol), 178-179
ocultação do SSID
    estratégias inúteis para a defesa de redes sem fio, 144-146
    usando o Kismet para encontrar rede oculta, 83
    visão geral de, 44-45
ocultação do WEP, 145-146
offshoring, 318-324
OLAP (processamento analítico online), 318-324
Online Certificate Status Protocol (OCSP), 178-179
opção de varredura, iwlist, 75
opções de *shell*, sistema operacional Linux, 302-303
operações padrão, clientes sem fio e, 115-117
orquestração, 318-324
OUI (identificador organizacional exclusivo), de endereço MAC, 274-276
OUs (unidades organizacionais)
    aplicação de objeto de diretiva de grupo a, 194-197
    configurando clientes sem fio e, 225-226
    criando para rede sem fio, 193-195

P

pacotes
    captura de pacotes passiva, 45-47
    capturando pacotes de clientes, 108-111
pacotes de resposta de sondagem, 73
pacotes de solicitação de sondagem, 73
padrão X.500, 173-175
padrão X.509, 173-175
padrões de classificação de informações, 318-324
página de autenticação na Web, simulando, 119-120
painéis, Gnome, 300-301
pastas, navegando no sistema de arquivos do Linux, 305-307

PCI (Payment Card Industry), Data Security Standard, 267
PDAs, 34-35
PEAP (Protected EAP)
    acesso negado ao cliente, 228-230
    aplicando autenticação a redes sem fio, 141-143
    autenticador RADIUS inválido, 227-228
    configurando clientes sem fio e, 224-226
    definição, 318-324
    reiniciando o serviço NPS, 230
    selecionando método de autenticação para rede sem fio, 218-222
    solucionando problemas, 226-227
período de inatividade, lidando com, 133-135
permissões, arquivo do Linux, 312-315
pipe (|), executando comandos do Linux e, 304-305
PKI (Infraestrutura de Chaves Públicas)
    confiança e, 173-174
    criptografia assimétrica em, 55
    criptografia de chave pública e, 164-165
    definição, 318-324
    visão geral de, 163-164
Point-to-Point Protocol. *Consulte* PPTP (Point-to-Point Protocol)
ponto de acesso D-Link G730AP, 27-28
pontos de acesso. *Consulte também* pontos de acesso não autorizados
    autônomos *versus* baseados em controlador, 20-22
    como autenticadores na rede sem fio, 218-221
    configurando o laptop Linux para agir como, 112-115
    configurando para a rede sem fio, 208-211
    configurando para a rede WPA2-Enterprise, 220-223
    criando para a rede WPA2-Enterprise, 185-186
    detectando não autorizados, 139-140
    sinais e, 22-23
    tipos de, 26-30
    vários SSIDS para o mesmo ponto de acesso, 240-243
    visão geral de, 20-21
pontos de acesso autônomos, 20-22
pontos de acesso baseados em controlador
    soluções de próxima geração, 286-287
    visão geral de, 20-22
pontos de acesso G730AP, D-Link, 27-28
pontos de acesso leves. *Consulte também* CAPWAP (Control And Provisioning of Wireless Points); LWAPP (Lightweight Access Point Protocol)
    soluções de próxima geração, 286-287
    visão geral de, 21-22

Índice **335**

pontos de acesso Linksys WRT54G. *Consulte* ponto de acesso WRT54G
pontos de acesso não autorizados
   802.1x (controle baseado em porta), 267-270
   avaliação de, 139-140
   detecção automatizada de, 139-140
   detecção manual de, 273-277
   detectando, 139-140
   evitando, 267
   NAC (Network Access Control) e, 270-271
   rastreando, 277-280
   segurança de portas e, 271-273
   tratando, 266-267, 280-283
   visão geral de, 266
pontos de acesso WRT54G
   configurando, 208-211, 220-223
   visão geral de, 27-28
POP3 (Post Office Protocol), 46
portais cativos
   acesso de convidados e, 248-250
   definição, 318-324
portas
   evitando redes sem fio não autorizadas, 271-273
   restringindo o acesso à rede e, 231-233
portas TCP, restringindo o acesso de rede a, 231-234
portas UDP, atribuídas ao RADIUS, 181-182
Post Office Protocol (POP3), 46
PPTP (Point-to-Point Protocol)
   criando encapsulamentos VPN, 258-260
   definição, 318-324
   VPN até servidor Windows, 261-263
prato de satélite, como antena parabólica, 33
prazo do resultado projetado, 318-324
prevenção
   Defesa em Profundidade, 136-137
   falha na, 16-18
   princípio de, 16-17
   redes sem fio não autorizadas, 267
princípios de projeto, defendendo-se contra ataques, 135-136
princípios de segurança
   CID (confidencialidade, integridade e disponibilidade),16-17
   controles de cálculo e mitigação de riscos, 9-12
   Defesa em Profundidade, 15-16
   falhas na prevenção, 16-18
   impossibilidade de eliminar todo o risco, 8-9
   não é apenas manter os criminosos do lado de fora, 14-16
   nem todos os riscos podem ser mitigados, 13-14

   prevenção, detecção e impedimentos, 16-17
   privilégio mínimo, 15-16
   ROI não aplicável a risco, 15-16
   segurança *versus* conveniência, 7-8
   visão geral de, 7
priorização, 318-324
privilégio mínimo
   princípio do, 15-16
   protegendo a rede sem fio, 136-138, 230-231
probabilidade de exploração de vulnerabilidade, 10, 12-13
processamento analítico online (OLAP), 318-324
produtos sem fio da Aruba, 30
produtos sem fio da Cisco, 30
programa gedit, 314-315
programa Wicd
   configurando interfaces sem e com fio, 300-301
   para a configuração gráfica da rede, 312-313
Protected EAP. *Consulte* PEAP (Protected EAP)
protocolos sem criptografia, 45-46
PSK (chaves pré-compartilhadas)
   aplicando autenticação a redes sem fio, 141-142
   autenticando usuários convidados, 247
   chaves WEP, 58
   criptografando tráfego de convidados, 251
   protegendo a rede sem fio, 230-232
   quebrando a chave WPA, 66-67
   WPA, 64

Q

QoS (Quality of Service), ataques ao TKIP e, 69
quartis, 318-324

R

RADIUS (Remote Authentication Dial-In User Service)
   acesso negado ao cliente, 228-230
   autenticação no Active Directory, 268-269
   configuração do servidor RADIUS, 185-186, 204-210, 215-222
   definição, 318-324
   para autenticação com dispositivos VPN, 260-261
   solucionando problemas de autenticador RADIUS inválido, 227-228
   usando com controle de acesso 802.1x baseado em porta, 183-185
   visão geral de, 180-183
RASCI (Responsável, Aprovador, Sustentador, Consultor e Instruído), 318-324

RBAC (Controle de Acesso Baseado em Função)
  autenticando usuários convidados, 247
  definição, 318-324
RDP (Remote Desktop Protocol), 255-256
realidade, em defesa, 128-129
reconhecimento de elementos sem fio
  aplicativo Wardrive, 84
  ativo e passivo, 43-44
  clientes sem fio e, 103
  comando iwlist para, 75-77
  ferramenta Kismac, 84
  ferramenta Kismet para, 78-83
  Netstumbler, 84
  visão geral de, 73-74
recursos internos
  acesso seguro de consultores a, 260-262
  brechas na segurança, 14
  criando DMZ interna, 238-240
  estações de salto fornecendo acesso de convidado a, 255-257
  permitindo o acesso de convidado a, 253
  retringindo o acesso da LAN interna à LA sem fio, 236-238
  retringindo o acesso da LAN sem fio à LA interna, 234-236
  segmentando a rede de convidados a partir da rede interna, 254
rede Autogroup Probe, Kismet, 103
rede sem fio, aspectos básicos
  associação e autenticação, 22-23
  criptografia, 22-23
  identificadores (SSID, BSSID e endereços MAC), 21-22
  padrões 802.11x de rede sem fio, 18-20
  pontos de acesso, 20-21
  pontos de acesso autônomos *versus* baseados em controlador, 20-22
  sinais e transmissões, 22-23
  visão geral de, 18-19
rede sem fio aberta, preocupações com, 245-246
rede WPA2-Enterprise, arquitetura de 802.1x e, 182-185
  algoritmos simétricos e assimétricos, 164-165
  atacando mensagens protegidas por criptografia de chave pública, 169-172
  autenticação usando certificados digitais, 171-174
  chaves públicas e privadas para o envio de mensagens seguras, 168-170
  estrutura do servidor de autoridade certificadora, 177-179
  funções de *hashing* e, 166-168
  implantando, 184-186
  introdução a, 162-163
  obtendo chaves públicas com a autoridade certificadora, 172-178
  PKI e, 163-164
  processo de assinatura digital, 165-167
  RADIUS e, 180-185
  Serviços de Certificados Microsoft e, 179-181
  serviços de suporte dos serviços de certificados, 179-180
  tratando certificados comprometidos, 178-179
rede WPA2-Enterprise, configurando
  configuração de clientes sem fio, 222-226
  configuração de pontos de acesso, 220-223
  configuração de servidor RADIUS como servidor de diretivas de rede, 215-222
  visão geral de, 214-215
rede WPA2-Enterprise, implantando
  autenticação de redes, 210-212
  configuração de modelo de certificado e registro automático,193-194
  configuração de ponto de acesso, 208-211
  configuração de servidor RADIUS, 204-210
  criação de objeto de diretiva de grupo e aplicação a unidade organizacional, 194-197
  criação de unidades organizacionais e grupo de usuários, 193-195
  criação e emissão de modelos de certificado, 196-201
  fazer login na estação de trabalho e obter certificado de usuário, 200-202
  instalação dos Serviços de Certificados do Active Directory, 190-193
  instalação e configuração da CA, 189-190
  permitindo o uso da autenticação pré-login, 201-205
  visão geral de, 189
rede WPA2-Enterprise, protegendo
  adicionando vários SSIDs no mesmo ponto de acesso, 240-243
  criando DMZ interna, 238-240
  listas de acesso de firewall, 231-234
  redes remotas e, 242-243
  restringindo o acesso da LAN interna à LAN sem fio, 236-238
  restringindo o acesso da LAN sem fio à LAN interna, 234-236
  restringindo o acesso de acordo com a hora, 231-232
  restringindo o acesso de usuários, 230-232

segmentação da rede, 230-231
visão geral de, 230-231
redes sem fio pessoais (WPANs), 284-285
redes sem fio remotas, protegendo, 242-243
redes virtuais locais. *Consulte* VLANs (redes virtuais locais)
redes virtuais privadas. *Consulte* VPNs (redes virtuais privadas)
registro, opções do Kismet, 80
registro automático
    aplicando GPOs a unidades organizacionais, 194-197
    configuração, 193-194
    fazer login na estação de trabalho e obter certificado de usuário, 200-202
    Serviços de Certificados Microsoft e, 179-181
Remote Authentication Dial-In User Service. *Consulte* RADIUS (Remote Authentication Dial-In User Service)
Remote Desktop Protocol (REDP), 255-256
Remote Switch Port Analyser (RSPAN)
    definição, 318-324
    espelhamento de portas e, 154-156
resolv.conf (arquivo de resolução), DNS, 311-312
Responsável, Aprovador, Sustentador, Consultor e Instruído (RASCI), 318-324
Retorno sobre Investimento. *Consulte* ROI (Retorno sobre Investimento)
RFC (Request for Comment), 237-238
RFP (Request for Proposal), 318-324
riscos
    cálculo de, 9-12, 17-18
    impossibilidade de eliminação de todos, 8-9
    nem todos os riscos devem ser mitigados, 13-14
ROI (Retorno sobre Investimento)
    avaliando o risco em relação ao, 9
    definição, 318-324
    não aplicável à segurança, 15-16
roteadores
    dual-homed, 138-139
    opções para terminar conexões VPN, 260-261
    visão geral de, 148
roteadores dual-homed, 138-139
RSPAN (Remote Switch Port Analyzer)
    definição, 318-324
    espelhamento de portas e, 154-156

S

scripts, sistema operacional Linux, 314-316
Secure Hash Algorithm (SHA), 166-167
Secure Shell. *Consulte* SSH (Secure Shell)
Secure Sockets Layer. *Consulte* SSL (Secure Sockets Layer)
Secure Sockets Layer/Transport Layer Security (SSL/TLS), 258-260
segmentação da rede
    firewalls em, 146-148
    na defesa de redes sem fio, 137-139
    protegendo rede WPA2-Enterprise, 230-231
    roteadores em, 148
    separando a rede de convidados da rede interna, 254
    switches em, 149-151
segurança da informação, 318-324
segurança da infraestrutura, 139-140
segurança do ponto de extremidade, soluções técnicas para, 291-292
segurança física
    avaliação de, 139-140
    de clientes sem fio, 103
senha, quebrando do WPA, 91-95
senhas
    algoritmo de *hash* para armazenamento do valor criptografado de, 166-167
    ataques de força bruta a, 46-47
    autenticando usuários convidados, 247
Service Set Identifiers. *Consulte* SSIDs (Service Set Identifiers)
serviços de certificados
    instalação dos Serviços de Certificados do Active Directory, 190-193
    Serviços de Certificados Microsoft, 179-181
    serviços de suporte, 179-180
Serviços de Certificados do Active Directory (AD CS), 190-193
Serviços de Certificados Microsoft
    registro automático e modelos de certificado, 179-181
    visão geral de, 179-180
Serviços de Domínio do Active Directory (AD DS), 179-180
servidor de diretivas de rede. *Consulte* NPS (servidor de diretivas de rede)
servidores Windows
    instalação dos Serviços de Certificados do Active Directory em, 190-193
    instalando o NPS em, 216
    opções para terminar conexões VPN, 260-261
SHA (Secure Hash Algorithm), 166-167
Simple Mail Transfer Protocol (SMTP), 46
sinais
    clientes sem fio e, 101-102
    pontos de acesso e, 22-23

sistema de detecção de invasão. *Consulte* IDS/IPS (sistema de detecção de invasão/sistema de proteção de invasão)
sistema de proteção de invasão. *Consulte* IDS/IPS (sistema de detecção de invasão/sistema de proteção de invasão)
sistemas de bate-papo, protocolos sem criptografia e, 46
sistemas de gerenciamento de energia, 99-100
sistemas operacionais, 35-37, 78. *Consulte também* por tipos individuais
sistemas operacionais Linux
  administração de usuários, 307-310
  ajuda com comandos, 304-306
  ambiente gráfico Gnome, 300-302
  baixando e instalando o BackTrack, 298-299
  compatibilidade do Kismet com, 78
  configuração de rede, 309-313
  configurando o laptop Linux como ponto de acesso, 112-115
  criando unidade USB inicializável, 299-300
  daemons, 113-115
  executando comandos, 302-305
  inicializando o BackTrack, 300-301
  instalando softwares no BackTrack, 306-308
  lista de distribuições populares, 296-297
  navegando no sistema de arquivos, 305-307
  opções de *shell*, 302-303
  opções para terminar conexões VPN, 260-261
  permissões de arquivo, 312-315
  scripts, 314-316
  segurança de redes sem fio e, 35-36
  visão geral de, 296
sistemas operacionais Mac
  compatibilidade do Kismet com, 78
  ferramenta Kismet e, 84
  segurança de redes sem fio e, 35-36
sistemas operacionais Windows
  compatibilidade do Kismet com, 78
  configurando clientes sem fio e, 222-226
  Netstumbler e, 84
  privilégios da conta de convidado, 252
  protegendo clientes sem fio, 291-294
  segurança de redes sem fio e, 35-36
  sessões interativas em máquinas remotas, 255-256
  smartphones e, 34-35
small office/home office (SOHO), 27-28
smartphones, 34-35
SMTP (Simple Mail Transfer Protocol), 46
sniffers
  definição, 318-324
  monitorando comunicações inseguras, 105-108

sniffers de rede
  decodificando protocolos sem criptografia, 45
  visão geral de, 44
software, instalando em sistemas operacionais Linux, 306-308
SOHO (small office/home office), 27-28
solicitantes, 802.1x, 182-184
soluções baseadas em nuvem da Meraki, 287
soluções de próxima geração
  IDS específico de redes sem fio, 288-289
  soluções baseadas em nuvem, 287-289
  soluções leves, 286-287
  visão geral de, 284-286
sondagens
  Kismet, 103-104
  no reconhecimento de elementos sem fio, 43
SPAN (Switch Port Analyzer)
  definição, 318-324
  espelhamento de portas e, 154-155
  monitorando o uso malicioso de pontos de acesso, 280-281
SSH (Secure Shell)
  criando encapsulamentos VPN, 258-260
  para sessões interativas em máquinas remotas, 255-257
  restringindo o acesso da LAN interna à LAN sem fio, 236-237
SSIDs (Service Set Identifiers)
  adicionando vários para o mesmo ponto de acesso, 240-243
  ataques de tabela rainbow e, 67
  definição, 318-324
  visão geral de, 21-22
SSL (Secure Sockets Layer)
  ataques de SSL-*stripping*, 52-53, 120-122
  ataques MITM e, 52-53, 120-121
  burlando ou invalidando, 251
  definição, 318-324
SSL/TLS (Secure Sockets Layer/Transport Layer Security), 258-260
stakeholders, 318-324
sub-redes, restringindo o acesso de rede a, 231-234
Switch Port Analizer. *Consulte* SPAN (*Switch* Port Analizer)
switches
  camada 3, 137-138
  como autenticador 802.1x, 268-270
  exibindo endereços MAC, 275
  segmentação da rede e, 137-138
  visão geral de, 149-151

T

Tcpdump, Android OS e, 29
tecnologias sem fio
    afetando a segurança organizacional, 284-285
    IDS específico de redes sem fio, 288-289
    soluções baseadas em nuvem, 287-289
    soluções de próxima geração, 284-286
    soluções leves, 286-287
televisões, clientes sem fio em ambientes empresariais, 99-100
Temporal Key Integrity Protocol. *Consulte* TKIP (Temporal Key Integrity Protocol)
terceirização, 318-324
terminal X, Gnome, 301-302
testes de caixa branca, tipos de testes de penetração, 133-134
testes de caixa preta, tipos de testes de penetração, 133-134
testes de penetração
    definição, 318-324
    tipos de, 132
    versus avaliação de vulnerabilidade, 132
testes de penetração de caixa cinza, 133-134
Thawte, 175-176
The Black Swan: The Impact of the Highly Improbable (Taleb), 318-324
TJX Companies, exemplo de hacking, 30
TKIP (Temporal Key Integrity Protocol)
    atacando, 69
    definição, 318-324
    métodos de criptografia do WPA, 140-141
    WPA baseado em, 64
TLS (Transport Layer Security)
    definição, 318-324
    SSL/TLS, 258-260
transmissões
    clientes sem fio e, 101-102
    desativando a transmissão do SSID, 22-23
Transport Layer Security (TLS)
    definição, 318-324
    SSL/TLS, 258-260

U

Ubuntu, opções de sistema operacional Linux, 35-36
UNetbootin, tornando unidade USB inicializável, 299
unidade de DVD, inicializando o BackTrack, 300-301
unidade USB, unidade USB inicializável para sistema operacional Linux, 299-300
unidade USB inicializável
    inicializando o BackTrack, 300-301
    para o sistema operacional Linux, 299-300

unidades organizacionais. *Consulte* OUs (unidades organizacionais)
usuários
    administração, sistema operacional Linux, 307-310
    criando grupos de usuários para rede sem fio, 193-195
    educando, 290
    especificando grupos de usuários para diretivas de acesso, 221-222
    restrições de acesso em rede WPA2-Enterprise, 230-232
Usuários e Computadores do Active Directory, 252
utilitários app
    instalação de softwares no BackTrack e, 306-308
    no BackTrack, 297
    sistemas operacionais Linux e, 35-36

V

vacas-sagradas, 318-324
valor nonce (números pseudoaleatórios), *handshake* de quatro vias no WPA e, 66
variável PATH, executando comandos do Linux e, 302-303
VeriSign, 173-175
vetores de inicialização. *Consulte* VIs (vetores de inicialização)
vírus, 122-123
vírus Cavalo de Troia, 122-123
VIs (vetores de inicialização)
    chaves WEP e, 59
    definição, 318-324
    detectando falhas devido ao número insuficiente de, 88
    vulnerabilidade do WEP e, 60-61
VLANs (redes virtuais locais)
    definição, 318-324
    dividindo o *switch* físico em *switches* lógicos, 149-151
    endereços MAC associados a, 275
    NAC (Network Access Control) e, 270-271
    segmentação da rede e, 137-138
    vários SSIDs e, 240-243
VPNs (redes virtuais privadas)
    definição, 318-324
    entre dispositivos de gateway, 257-259
    estações de salto comparadas a, 255-256
    modos de *host* e de rede, 256-258
    opções para redes sem fio, 260-264
    protocolos para a criação de encapsulamentos VPN, 258-260
    visão geral de, 256-257

vulnerabilidades
  avaliação *versus* testes de penetração, 132
  consequências e probabilidades, 10, 12-13
  de clientes sem fio, 99-101
  fatores que exacerbam vulnerabilidades de clientes, 100-103

W

wardriving
  definição, 318-324
  detectores portáteis sem fio e, 34-35
  no reconhecimento de elementos sem fio, 44
  visão geral de, 32
WEP (Wired Equivalent Privacy)
  atacando redes criptografadas com o WEP, 62-63
  autenticação e, 54-55
  como funciona, 56-59
  definição, 318-324
  história da quebra, 59-62
  inútil na defesa de redes sem fio, 145-146
  quebrando a criptografia WEP, 85-91
  suporte no 802.11b, 18-19
Wi-Fi Protected Access. *Consulte* WPA (Wi-Fi Protected Access)
Wi-Fi Protected Setup (WPS), ataques de força bruta, 68
Wired Equivalent Privacy. *Consulte* WEP (Wired Equivalent Privacy)
Wireshark
  capturando credenciais FTP, 111-112
  capturando pacotes de clientes, 108-111
WLANs (LANs sem fio)
  restringindo o acesso da LAN interna à LAN sem fio, 236-238
  restringindo o acesso da LAN sem fio à LAN interna, 234-236
WMs (gerenciadores de janelas), selecionando para o BackTrack, 298
WPA (Wi-Fi Protected Access)
  atacando redes protegidas pelo WPA, 65-66
  ataque de força bruta ao WPS, 68
  autenticando usuários convidados no WPA-Enterprise, 247
  como funciona, 64-65
  definição, 318-324
  métodos de criptografia de, 140-141
  negação de serviço do WPA, 69
  quebrando a chave pré-compartilhada WPA, 66-67
  quebrando a senha WPA, 91-95
  spoofing de desautenticação do WPA, 67-68
WPA2
  algoritmos de criptografia, 65
  criptografando o tráfego de convidados, 251
  versões do WPA, 64
  WPA-PSK comparado com o WPA2-Enterprise, 230-232
WPANs (redes pessoais sem fio), 284-285
WPA-PSK
  autenticando usuários convidados, 247
  criptografando tráfego de convidados, 251
  visão geral de, 64
  WPA2-Enterprise comparado com, 230-232
WPS (Wi-Fi Protected Setup), ataques de força bruta, 68

Z

Zigbee, 284-285
zona desmilitarizada. *Consulte* DMZ (zona desmilitarizada)